Estas oraciones espirituales por sus hijos le darán una confianza profunda y firme ante el trono de la gracia. Saber que Dios escucha sus oraciones mantendrá su corazón con gran esperanza.

Fern Nichols
Fundadora de Moms in Prayer International (Cuando las madres oran juntas)

Un padre piadoso desea criar bien a sus hijos, pero, al final del día, nos damos cuenta de que, tristemente, somos insuficientes. No podemos cambiar el corazón de nuestros hijos. No podemos traerlos a la fe. Sin importar con cuánta consistencia les enseñemos, su corazón no está en nuestras manos. Esta es la razón por la cual este libro, gema maravillosa, es tan importante. En él no solo encontrará ánimo para leer la Biblia en un año por el bien de su propia fe, también será animado a hacer la cosa más importante respecto a la crianza de sus hijos: será motivado a orar. Mi amiga, Nancy, le dio un regalo impagable; un libro de devocionales y oraciones para meditar y orar durante todo el año por sus pequeños (o grandes) amores. El Señor, en cuyas manos está su corazón, puede hacer cosas maravillosas.

Elyse Fitzpatrick
Autora de *Good News for Weary Women* (Buenas nuevas para las mujeres cansadas) y coautora de *Give Them Grace* (Dales gracia)

A pesar de las otras áreas de la vida en las cuales me convencí de que estoy obteniendo los mejores resultados, la maternidad me muestra con completa claridad cuánto necesito a mi Padre celestial. El ser mamá hizo que ponerme de rodillas fuera más importante que cualquier otra cosa. Lo que Nancy nos da en este libro es mejor que un manual de cómo orar o ser padres. No nos garantiza hijos salvos ni obedientes ni exitosos si seguimos sus palabras; nos muestra el camino hacia las palabras de vida. Nancy nos ayuda a invocar el modelo de las Escrituras en nuestra batalla diaria por la santidad como padres mientras damos a conocer nuestras peticiones a Dios con humildad y esperanza. Cuando nuestras palabras no alcanzan, su Palabra suple nuestras necesidades.

Jen Wilkin
Autora, maestra bíblica y mamá de cuatro

T0286699

Me encanta la forma en que Nancy Guthrie ha tomado el método de orar la Biblia y lo ha aplicado específicamente a los padres que oran la Palabra de Dios con sus hijos y por ellos. Cada devocional es sencillo y fácil de usar, incluye un pasaje bíblico breve, un párrafo de pensamiento devocional y una oración que Nancy compuso en conexión con el pasaje seleccionado. También incluyó espacios en blanco donde puede insertar el nombres de cada uno de sus hijos mientras ora por ellos. Me hubiera gustado que Caffy y yo hubiéramos tenido este libro cuando nuestra hija estaba creciendo. Sin lugar a duda, les daré una copia del libro a ella y a su esposo para que lo usen con nuestros nietos.

Donald S. Whitney

Profesor de espiritualidad bíblica en Southern Baptist Theological Seminary (Seminario teológico bautista del sur); autor de *Orando la Biblia.*

DEVOCIONAL
EN UN AÑO

ORACIONES
BÍBLICAS

POR

NUESTROS
HIJOS

DEVOCIONAL
EN UN AÑO

ORACIONES
BÍBLICAS
POR
NUESTROS
HIJOS

NANCY GUTHRIE

Tyndale House Publishers
Carol Stream, Illinois, EE. UU.

Visite Tyndale en Internet: TyndaleEspanol.com y BibliaNTV.com.

Tyndale y el logotipo de la pluma son marcas registradas de Tyndale House Ministries.

Devocional en un año: Oraciones bíblicas por nuestros hijos

© 2025 por Nancy Guthrie. Todos los derechos reservados.

Originalmente publicado en inglés en el 2016 como *The One Year Praying through the Bible for Your Kids* por Tyndale House Publishers, Inc. con ISBN 978-1-4964-1336-9.

Ilustración del patrón abstracto en la portada © Eli Berr/Shutterstock. Todos los derechos reservados.

Fotografía del autor © 2021 por Claire Thomas, the XOXO Photography. Todos los derechos reservados.

Diseño: Dean Renninger

Traducción al español: Marcelo Rubén Valdez para AdrianaPowellTraducciones

Edición en español: Ayelén Horwitz para AdrianaPowellTraducciones

Para información acerca de descuentos especiales para compras al por mayor, por favor contacte a Tyndale House Publishers a través de espanol@tyndale.com.

ISBN 979-8-4005-0056-5

Impreso en Estados Unidos de América
Printed in the United States of America

30	29	28	27	26	25	24
7	6	5	4	3	2	1

Prólogo

RECUERDO CUANDO ERA UN JOVEN ESTUDIANTE cómo me sorprendió un párrafo del diario del escritor danés del siglo XIX Søren Aabye Kierkegaard (1813–1855). Él escribió que el «peligro más grande» que un niño puede experimentar es no tener un padre «librepensador», sino tener un padre ortodoxo de cuya vida el niño, de manera subliminal, saque la conclusión de que Dios no es amor infinito. Kierkegaard era un hombre fuera de lo común (¡quería las palabras «El Individuo» escritas en su lápida!). Y los hombres fuera de lo común a menudo tienen perspectivas extraordinarias; esta, en particular, persistió en mi mente desde esos años de mi juventud hasta el día de hoy.

Es demasiado fácil quedar atrapado en una forma de pensar basada en el desempeño cuando pensamos en lo que significa ser padres cristianos: hacer y decir todas las cosas cristianas correctas y, en el proceso, producir en el hogar la clase de atmósfera que describió Kierkegaard. Pero la verdad es que los hijos respiran el aire espiritual que sus padres inhalan y exhalan como, por ejemplo, la noción de quién es Dios como Padre, del amor de Jesús como Salvador, de la ayuda del Espíritu Santo *o todo lo opuesto*. Y, para ser perfectamente sincero, debo decir que este es el elemento que, a menudo, está ausente en los manuales de consejería acerca de cómo ser padres cristianos que nos ofrecen los expertos en la crianza de los hijos. Podemos tratar de programar nuestra vida y la de nuestro hogar para hacer «lo correcto», pero ser padres es mucho más que eso, es *ser auténticos*, tiene que ver con *quiénes somos* como cristianos e implica nuestra comunión con Dios. Se refiere a nuestra confianza en él como nuestro Padre, a nuestro amor por Jesucristo como nuestro Salvador y Señor y a nuestro caminar en la sabiduría que el Espíritu nos da en las páginas de las Escrituras.

Nuestros hijos no son simples átomos y moléculas que deben ser manipulados mediante el uso de las técnicas correctas. De hecho, si somos sus padres biológicos, sorprendentemente, hemos participado en el acto de traer a la vida a criaturas eternas que llevan la imagen de Dios. Si somos padres adoptivos, le hemos dado la bienvenida a nuestro hogar y corazón a pequeñas personas que están destinadas a permanecer por toda la eternidad. Y nuestra función primaria en la vida, la más elevada y la más exigente, es prepararlos para que vivan eternamente. Sí, ser padres es *así de importante*. La clave está en nuestro propio caminar con Dios.

Debido a que usted está sosteniendo este libro en sus manos y ha comenzado a ojear sus páginas, debo contarle sobre Nancy Guthrie. ¡Si todavía no lo hizo, lo insto a que consiga una copia para usted! Este libro es la obra de un amor inmenso (no solo el de Nancy, sino también el de su esposo, David). *No es un manual sobre «cómo hacer las cosas»*. No, es una guía sobre «cómo ser». Trata acerca de quiénes somos, de lo que llegamos a ser y de cuán bien conocemos a Dios en nuestros gozos y pruebas, nuestras cargas y oraciones como padres. No toma el camino fácil para ofrecernos una serie de cosas que debemos hacer para convertirnos en padres cristianos exitosos. Por el contrario, toma el camino difícil para guiarnos con paciencia, a diario, a través del mensaje de toda la Biblia de modo que podamos reflexionar y orar de una manera que se relacione con la experiencia práctica de ser papá o mamá todos los días.

En estas páginas, Nancy ilustra el sabio adagio que dice: «Se necesita la Biblia completa para hacer un cristiano completo» y lo aplica a ser padres. Nancy tiene una comprensión excelente de la trama del Antiguo Testamento y una valoración real de la importancia de los Salmos para nuestras oraciones y del libro de Proverbios para nuestra paternidad. Ha entretejido esto en un libro que lo animará y lo desafiará a leer toda la Biblia (y lo ayudará a seguir adelante, quizás, por primera vez en su vida). El consejo es sencillo: inhale (la Palabra de Dios) y exhale (el amor de Dios). Richard de Chichester (1197–1253) estaba en lo cierto al reducir sus peticiones a lo esencial: «Por estas tres cosas oro: para verte con mayor claridad, para amarte con mayor sinceridad, para seguirte con mayor proximidad». En las exposiciones de enseñanza bíblica del libro y en las guías generosas y honestas de Nancy para orar, el libro *Oraciones bíblicas por nuestros hijos* nos ayuda a todos a hacer justamente eso.

Nancy Guthrie es bien conocida como alguien que habla en grandes reuniones de mujeres y que tiene un amor profundo por la Palabra de Dios y que, además, se goza en los tesoros que encuentra en ella. Por lo tanto, es posible que el resto de nosotros supongamos que ella pertenece al rango superior de supermujer. Quienes conocemos a los Guthrie, sin embargo, sabemos acerca de su ministerio para los padres que sufren y que ellos mismos continúan siendo peregrinos que llevan sobre sus hombros las cargas de la vida. En este devocional, Nancy simplemente nos señala la fuente de la cual ella misma bebió. Para hacer eco de las palabras de Pablo a los corintios, ella está compartiendo con nosotros el consuelo con el cual Dios la consoló, los desafíos a través de los cuales Dios la hizo pasar, los gozos que Dios le dio y la Palabra que Dios nos ha hablado a todos nosotros. Ella sabe que la madre del mejor de los hijos experimentó una espada que le atravesó su alma (Lucas 2:35); y también sabe, cómo ser una Ana que carga sus propias penas con gracia: «Esta, presentándose en la misma hora [...] hablaba del niño a todos los que esperaban la redención en Jerusalén» (Lucas 2:38, RVR60).

Entonces, ahora, que comience su viaje de un año. Está en buenas manos con su guía porque lleva consigo la mejor de las guías: la Palabra de Dios. Haga una pausa todos los días a la orilla del camino para leer este devocional y orar por sus hijos. Si lo hace, creo que sentirá agradecimiento por esta inmensa obra de amor de parte de Nancy Guthrie e, incluso más, por la sabiduría y la gracia de Dios.

Sinclair B. Ferguson
Pastor, autor, profesor, padre, y abuelo

Unas palabras de parte de Nancy antes de que comience

SER PADRES TRAE APAREJADO GOZOS INCREÍBLES e indescriptibles. Debido a que nuestros hijos son tan importantes para nosotros, sin embargo, ser padres también puede traer aparejados desafíos increíbles e incluso sufrimientos devastadores. Para realizar esta tarea tan importante, necesitamos que nuestros pensamientos, actitudes, sueños y deseos sean moldeados por las Escrituras. Por lo tanto, escribí este devocional como un medio para permitirle a Dios que nos guíe todos los días en esta tarea sumamente importante que debemos realizar.

Al armar el *Devocional en un año: Oraciones bíblicas por nuestros hijos*, tuve el propósito de escribir el libro que yo misma realmente necesitaba. Aunque muchos de mis deseos y expectativas para mis hijos pueden ser santos, reconozco que son fáciles de corromper por cosas como la cultura en la cual vivimos, por un sentido torcido de competencia con los otros padres, por una comprensión insuficiente de lo que una madre debería ser y hacer, así como por mis propias idolatrías y puntos ciegos. Por lo tanto, necesito que las Escrituras obren en mí para moldear de nuevo mis anhelos más profundos para mis hijos. También necesito una dosis diaria de conocimiento, una infusión diaria de esperanza y un recordatorio diario de gracia en lo que concierne a mi maternidad.

Necesito que la Palabra me confronte con mi pecado porque, con facilidad, me enfoco demasiado en los errores de mis hijos. Necesito que la Palabra me desafíe a cambiar porque me siento tentada a pensar que solo es mi hijo quien necesita cambiar. Necesito que la Palabra me recuerde el evangelio, que mis pecados fueron pagados por la muerte de Cristo y que mi esperanza futura está anclada en su resurrección, porque a veces pienso que mi hijo es quien tiene más necesidad del evangelio que yo.

Quizás usted piense lo mismo. Si es así, *Oraciones bíblicas por nuestros hijos* es para usted.

Otra razón por la cual me dispuse a escribir este libro y por la cual lo escribí de la manera en que lo hice es porque sé que necesito orar más por mis hijos que preocuparme por ellos. Necesito orar que Dios haga lo que prometió que haría en lugar de suponer que lo hará. Necesito hablar con Dios acerca de lo que solo él puede hacer en la vida de mis hijos en lugar de hablar con los demás sobre mis preocupaciones acerca de la vida de mis hijos. Pero con el paso de los años, mis oraciones estuvieron dirigidas más hacia el yo que a estar saturadas por las Escrituras, lo cual significa que oro por las mismas cosas una y otra vez. Mis oraciones, con frecuencia, son moldeadas más por mis deseos torpes y, a veces, egoístas para mis hijos que por el propósito sublime que Dios tiene para todos sus hijos. Por lo tanto, necesito que las Escrituras moldeen y dirijan mis oraciones y que me animen a perseverar en oración. Necesito que la Palabra de Dios me provea palabras frescas y pasión renovada para orar por mis hijos todos los días.

Tal vez usted necesite lo mismo. Si es así, *Oraciones bíblicas por nuestros hijos* es para usted.

Lo que no necesito es otra lista de cosas que debo ser o hacer para que mis hijos salgan «bien». No necesito una guía sobre cómo hacer las cosas para lograr que mis hijos tengan confianza en sí mismos, eviten las drogas, digan «no» al sexo premarital y mantengan la fe. No se trata de que no quiera esas cosas o que no esté abierta a nuevas ideas o a consejos de expertos sobre cómo encarar el difícil trabajo de ser padres*. Se trata de que vi demasiados padres grandiosos y fieles criar hijos que luchan de manera significativa para mantenerse en la fe o que se alejan de ella y, a la vez, demasiados padres no tan grandiosos, me atrevería a afirmar, que crían hijos fantásticos. Como resultado, sé que no hay fórmulas simplistas para la crianza de los hijos.

Necesito mucho más que buenos consejos. Necesito que los mandamientos y las expectativas de las Escrituras me libren de ser una madre complaciente y que la gracia y la misericordia que presentan las Escrituras me salven de la culpa en la crianza de los hijos. Necesito que las Escrituras desinflen el orgullo que crece en mí cuando ellos están haciendo bien las cosas y me siento tentada

---

*De hecho, consulté una amplia variedad de fuentes mientras escribía este libro, comenzando por los clásicos sobre paternidad cristiana, comentarios bíblicos y sermones grabados mientras analizaba lo que las Escrituras tienen para enseñarnos acerca de criar a nuestros hijos. Hice una lista de muchos de los materiales de referencia en la sección «Notas», la cual comienza en la página XX. Las fuentes de citas directas dentro de la lectura diaria también están mencionadas allí.

a quedarme con el crédito. Y necesito que las Escrituras me libren de la desesperación que amenaza hundirme cuando mis hijos están trastabillando y me siento tentada a asumir toda la culpa.

Necesito un recordatorio constante de que, aunque tengo influencia y responsabilidad, no tengo control sobre mis hijos ni sobre todo lo que sucede en su mundo. Aunque puedo enseñarles las Escrituras, no puedo ser el Espíritu Santo en su vida. Aunque puedo confrontar las actitudes pecaminosas que necesitan cambiar, no puedo generar vida espiritual en mis hijos que los lleve a tener cambios duraderos. Solo el Espíritu Santo puede hacer eso. Lo que sí puedo hacer es orar por mis hijos y criarlos de la mejor manera posible, la cual siempre será imperfecta. Puedo buscar activamente confiar en Dios y seguir confiando en que Dios hará lo que yo no puedo.

A esta altura de la maternidad reconozco que las cosas que más deseo para mis hijos son las cosas que solo Dios puede hacer. Y deseo pedirle con fidelidad y persistencia que las haga.

Quizás usted desea lo mismo. Si es así, *Oraciones bíblicas por nuestros hijos* es para usted.

Oír a Dios y responder en oración

Como padres, queremos escuchar todo lo que Dios tiene que decirnos. Como resultado, deseamos ser cada vez más consistentes respecto a abrir su Palabra todos los días para escucharlo. Cuando escribí *Oraciones bíblicas por nuestros hijos*, no busqué pasajes que se refieran de manera específica a la crianza de los hijos. La verdad es que no hay tantos pasajes sobre ese tema. Por el contrario, este libro recorre toda la Biblia durante el transcurso de un año, extrayendo de la lectura diaria de las Escrituras enseñanzas para los padres. *Oraciones bíblicas por nuestros hijos* provee y sigue el *One Year Bible Reading Plan* (Plan de lectura de la Biblia en un año). Lo animo encarecidamente a que lea los pasajes de la lista todos los días, sabiendo que Dios promete que su Palabra «siempre produce fruto; logrará todo lo que yo quiero, y prosperará en todos los lugares donde yo la envíe» (Isaías 55:11). ¡Pero si se pierde un día o más, no se dé por vencido! Ni siquiera tiene que tratar de ponerse al día. Simplemente, siga con la lectura bíblica diaria cuando pueda.

Cada devocional profundiza la lectura en una parte determinada de las Escrituras propuestas para ese día con el fin de encontrar una pepita de verdad y esperanza a la cual los padres puedan aferrarse. Cada día ofrece palabras frescas para comenzar sus oraciones por sus hijos basadas en el texto del día.

Al acercarnos a la Palabra así, recibimos todo el consejo de Dios en lugar de simplemente ir a las partes que nos interesan. Permitimos que Dios proponga la agenda y provea el énfasis para nuestra conversación con él.

Después de escuchar lo que tiene que decirnos, como haríamos en cualquier relación saludable, respondemos. En el iniciador de las oraciones de la mayoría de los días, encontrará un espacio en blanco en el cual puede insertar el nombre de sus hijos o de sus hijas. De esta manera agudizará su capacidad y desarrollará el hábito de orar la Biblia de una forma específica por su hijo o sus hijos.

Haciendo ajustes mientras lee

Debido a que intencionadamente escribí este libro para que sea aplicable a un amplio rango de lectores, es probable que necesite hacer algunos ajustes a medida que lee. Para cumplir con mi deseo de ser lo más inclusiva posible, de que las oraciones sean lo menos complicadas y libres de cargas posibles, y de hacer que la lectura sea tan personal como me resultó posible, utilicé una variedad de pronombres en todo el libro. Notará que, a veces, hago referencia a los hijos como «él» y, a veces, como «ella». En ocasiones, la referencia es a un hijo o una hija en forma singular y, a veces, a los hijos en forma plural. Cuando uso «él» y resulta que usted tiene una hija, espero que haga los ajustes necesarios en su mente mientras lee. Cuando hablo en forma singular y usted tiene muchos hijos, espero que haga las modificaciones necesarias.

Uso «nosotros» con mayor frecuencia en las oraciones porque tengo la esperanza de que el matrimonio lea junto estos devocionales mientras se prepara por las mañanas, en el teléfono durante el día, después de que los niños se van a dormir o antes de quedarse dormidos durante las noches. Aun así, también reconozco que muchas mamás y papás leerán solos; ya sea porque sus cónyuges no leen con ellos o porque son padres solteros. Si esta es su situación, cuando utilizo «nosotros» en las oraciones, espero que haga el ajuste necesario para que sea «yo» y que esta expresión «nosotros» nunca sea algo que lo desanime.

Otro desafío que presenta poner en práctica toda la Biblia es que todos los miembros de nuestra familia y nuestros hijos están en diferentes lugares espiritualmente. De hecho, a menudo nos cuesta saber en qué estado espiritual están nuestros hijos. Ninguno de nosotros, sin importar cuán involucrados estemos como padres, podemos ver con claridad el interior del estado espiritual de nuestros hijos. El enfoque continuo a lo largo de este libro es pedirle a Dios que nos salve y nos santifique tanto a nosotros como a nuestros hijos. Orar para que Dios atraiga a sus hijos hacia sí mismo no significa que su hijo o su hija no hayan sido ya atraídos hacia Cristo para salvación. Al orar así reconocemos que las Escrituras hablan de la salvación como algo que Dios logró en el pasado, que está haciendo ahora y que culminará en el futuro. *Nos salvó* poniendo nuestros pecados sobre Cristo y acreditándonos la justicia de Cristo. *Nos está salvando* al santificarnos a través de su Palabra y de su Espíritu. Y *nos salvará* glorificándonos y trayéndonos a nuestro hogar eterno con él en la resurrección.

Algunos de los que lean este libro estarán confiados en que sus hijos están conectados a Cristo para salvación a través de la fe. Otros tendrán esperanza, pero estarán sinceramente inseguros de que eso haya sucedido. Incluso otros estarán bastante seguros de que sus hijos todavía no se aferraron a Cristo. Mi deseo fue escribir oraciones para que los padres de todas las categorías encuentren palabras adecuadas para orar por sus hijos. Todos compartimos el deseo de que nuestros hijos sean atraídos hacia Cristo y, una vez que hayan sido traídos a su familia, crezcan en santidad y sean conformados cada vez más a la imagen de Cristo. Y debido a que sabemos que esta es la voluntad de Dios, podemos estar seguros de que esta es una oración que le complace responder.

Oraciones bíblicas por nuestros hijos no fue escrito para padres de niños de un cierto rango de edad. Desde el día en que nuestros hijos nacen hasta el día en que vean que somos colocados en una sepultura, siempre tendremos necesidad de sabiduría piadosa para guiarlos y motivarlos. De la misma manera, ellos siempre necesitarán que el Espíritu de Dios haga su obra en su vida de la forma en que solo él lo puede hacer. Entonces, no importa cuántos años tengan nuestros hijos, las Escrituras nos ayudan a orar que Dios continúe atrayéndolos hacia sí mismo, transformándolos a su imagen y cuidándolos, y para que un día los lleve con él.

Mi oración por usted mientras comienza

Mientras estuve escribiendo *Oraciones bíblicas por nuestros hijos*, no solo estuve tomando estas verdades para mí como madre y orando estas oraciones por mi propio hijo, sino que también estuve orando por usted y por todos los otros padres que leerán este libro. Oré por todos los gozos y las satisfacciones únicos que está encontrando a lo largo de este camino de criar hijos, así como por los desafíos que enfrenta y los temores con los cuales batalla. Estoy orando que el año que viene sea un año en el cual descubra nuevas perspectivas respecto a criar hijos y que también experimente un sentido fresco de la gracia que lo cubre.

Me parece que lo más apropiado es que mis oraciones por usted sean moldeadas por las Escrituras. Por lo tanto, esta es mi oración por usted, mi amigo/mi amiga, adaptada de Efesios 1:

Oro que se mantenga continuamente involucrado a lo largo de este libro, pidiéndole a Dios, el glorioso Padre de nuestro Señor Jesucristo, que le dé sabiduría y conocimiento espiritual como padre/madre para que pueda crecer en su conocimiento de Dios. Oro para que su corazón sea inundado con la luz de modo que pueda entender la esperanza segura que ha dado a quienes llamó su pueblo santo, quienes son su herencia rica y gloriosa.

También oro que entienda la grandeza increíble del poder de Dios para nosotros los que creemos. Oro para que perciba este poder obrando en usted como padre/madre y lo vea obrando en sus hijos. Este es el mismo poder que levantó a Cristo de entre los muertos y lo sentó en el lugar de honor a la derecha de Dios en los lugares celestiales. Que este poder de resurrección traiga nueva vida a usted y a su familia durante este próximo año.

Nancy Guthrie

Sin forma, vacía, oscura

En el principio, Dios creó los cielos y la tierra. La tierra no tenía forma y estaba vacía, y la oscuridad cubría las aguas profundas; y el Espíritu de Dios se movía en el aire sobre la superficie de las aguas. GÉNESIS 1:1-2

EN EL PRINCIPIO, cuando Dios con su palabra trajo la creación del mundo de la nada a la existencia, la tierra era una masa de materia prima, un desierto oscuro y estéril que no tenía forma. Pero estaba rebosando de posibilidades porque el Espíritu de Dios se movía sobre ella anticipando la manifestación de su poder, esperando que la Palabra fuera dada. Entonces, Dios dijo: «Que haya luz», y hubo luz. El poder de la palabra hablada de Dios penetró y erradicó la oscuridad. Mientras Dios seguía hablando, la creación sin forma dio lugar al orden de la tierra y el cielo, la tierra seca y el mar. El vacío fue llenado con plantas, animales y vida humana.

La Palabra de Dios todavía es emitida con poder que moldea, llena e ilumina. Todavía el Espíritu se mueve sobre los hogares y las familias donde hay caos, vacío y oscuridad con el poder para traer algo a la vida de la nada. El Espíritu todavía obra a través de la Palabra para que lo que emerja sea realmente bueno.

• • •

Creador, necesitamos que hagas en nuestro hogar esa obra creativa que solo tú puedes hacer. Necesitamos que tu Espíritu se mueva cuando abrimos tu Palabra todos los días este año venidero. Que haya luz en nuestro hogar. Que penetre los rincones más oscuros y que exponga lo que está oculto. Trae orden a nuestra forma desordenada de relacionarnos el uno con el otro y contigo. Llena los lugares vacíos con tu belleza y vida.

Como padres, no tenemos el poder para crear vida espiritual en _____. Solo tú puedes hacer eso. Padre, haz tu obra creativa en _____. Moldea su vida para que sea algo hermoso para tu gloria. Ilumina sus ojos para que te vea. Llena su vida con tus buenas dádivas.

No tenían vergüenza

*La mujer quedó convencida. Vio que el árbol era hermoso y su fruto parecía delicioso,
y quiso la sabiduría que le daría. Así que tomó del fruto y lo comió. Después le dio
un poco a su esposo que estaba con ella, y él también comió. En ese momento, se les
abrieron los ojos, y de pronto sintieron vergüenza por su desnudez. Entonces cosieron
hojas de higuera para cubrirse.* GÉNESIS 3:6-7

CUANDO LOS PRIMEROS HIJOS DE DIOS, Adán y Eva, se rebelaron contra él al
comer lo que les había dicho que era prohibido, pasaron de estar desnudos y no sentir
ninguna vergüenza alguna a estar profundamente conscientes de su desnudez y llenos
de vergüenza. Pasaron de tener una relación íntima con Dios a estar separados de Dios.
Pasaron de vivir en un mundo de bendiciones a vivir en un mundo bajo maldición.

Podría haber sido el final de la historia; por el contrario, fue el comienzo de una
nueva historia de gracia. Allí en el huerto del Edén, Dios cubrió la desnudez de sus hijos
desobedientes con la piel de un animal, una previsión del sacrificio más grande de aquel
que proveería una cobertura de una vez y para siempre. Y Dios les dio una promesa: les
aseguró que un día nacería un descendiente de Eva, quien también sería tentado, pero
obedecería en lugar de rebelarse. Este tomaría la maldición sobre sí mismo y pondría
fin a la maldad que se había infiltrado en toda la creación.

En medio de la maldición, el Señor les ofreció una palabra de gracia, una palabra de
esperanza. Hoy le ofrece a usted y a su familia ese mismo favor; sin importar lo profundas y prolongadas que sean sus luchas.

• • •

*Padre, me ayuda saber que tú entiendes lo que se siente tener un hijo que desobedece tus
instrucciones claras. Tú sentiste la decepción y la angustia de tener un hijo y una hija
que supusieron que estabas privándolos de algo bueno en lugar de protegiéndolos de algo
malvado.*

*Padre, tú eres el único que puede proveer una cobertura apropiada para la vergüenza
de _____ a través de la justicia de tu Hijo obediente. Ayuda a _____ a aceptar
y a creer que toda su vergüenza fue puesta sobre Cristo en la cruz para que pueda estar
en tu presencia perdonada y sin culpas, sin necesidad de esconderse.*

Favor

El SEÑOR vio la magnitud de la maldad humana en la tierra y que todo lo que la gente pensaba o imaginaba era siempre y totalmente malo. Entonces el SEÑOR lamentó haber creado al ser humano y haberlo puesto sobre la tierra. Se le partió el corazón. Entonces el SEÑOR dijo: «Borraré de la faz de la tierra a esta raza humana que he creado [...]». Pero Noé encontró favor delante del SEÑOR. GÉNESIS 6:5-8

LA HUMANIDAD SE HABÍA vuelto absoluta y totalmente malvada. No había bondad ni amabilidad ni gozo; solo egoísmo sin fin y gratificación personal insaciable. Este era el mundo en el cual había nacido Noé y la naturaleza con la cual había nacido. Noé nació pecador como todos aquellos que lo rodeaban. El mismo egoísmo era natural para él; era tentado por el mismo desenfreno. Noé, sin embargo, no era como los demás. La vida de Noé no era guiada por su medio ambiente ni por sus tendencias heredadas. ¿Cómo lo sabemos? Noé halló favor, o gracia, delante del Señor. O quizás sería mejor decir que la gracia encontró a Noé.

No es que Dios estaba observando a la humanidad y encontró a la única persona que buscaba agradarle y, por consiguiente, le concedió su favor a Noé y le proveyó la salvación en el arca. La gracia vino antes de la bondad. Noé no se ganó este favor de Dios. Fue un regalo puro, simple y no merecido. De hecho, el favor de Dios es algo que jamás se puede ganar ni comprar. Siempre es un regalo. La gracia que encontró a Noé lo cambió. Es más, moldeó todo lo relativo a su vida e identidad. A pesar de que estaba rodeado de maldad y perversión, la gracia obrando en la vida de Noé, implantó en él el deseo de mantenerse puro e incontaminado.

• • •

Señor, que _____ encuentre tu favor. Concédele tu gracia, la cual no se puede ganar con buen comportamiento ni perder por mal comportamiento. Y que la gracia que encuentre a _____ lo cambie para que él, como Noé, sea una persona intachable en su generación, alguien que camine en comunión contigo.

La sabiduría hace oír su voz

La Sabiduría hace oír su voz en las calles;
clama en la plaza pública. [...]
Vengan y escuchen mi consejo.
Les abriré mi corazón
y los haré sabios. PROVERBIOS 1:20, 23

TODOS NOSOTROS, si se nos deja hacer lo que queramos, somos naturalmente necios. Pero Dios es demasiado bueno como para dejarnos permanecer en nuestra necedad. Viene a nosotros ofreciéndonos sabiduría, y Dios es incluso más activo que eso. Dios no da a conocer la oferta de sabiduría en secreto; lo grita en las calles. Es como si estuviera parado sobre un camión con plataforma moviendo sus manos, tratando de evitar que sigamos transitando a toda velocidad por la autopista de la vida y escogiendo nuestro propio camino, porque desea guiarnos en otra dirección. Desea evitar que terminemos en el lugar hacia donde nos llevará ese camino sin salida. Desea que encontremos el camino a casa; el camino que nos lleva hacia él.

En las páginas de la Biblia, y en especial en el libro de Proverbios, Dios nos llama tanto a nosotros como a nuestros hijos desde lo más alto, insistiéndonos en que, en realidad, hay solo dos caminos en esta vida: uno que lleva a la muerte y a la desgracia, y otro que lleva a la vida y al gozo. Dios nos ofrece exactamente lo que necesitamos para caminar por la vida mientras disfrutamos de su presencia a lo largo del camino y hasta que lo encontremos como él es en nuestro destino final.

• • •

Dios de toda sabiduría, te escuchamos gritar en las calles, ofreciendo compartir tu corazón con nosotros para hacernos sabios. A pesar de lo mucho que amamos a nuestros hijos, deseamos amarlos como tú los amas. Por lo tanto, por favor, comparte tu corazón con nosotros. Y, a pesar de que queremos guiar y liderar a nuestros hijos, sabemos que no podemos hacerlo sin la sabiduría que viene de ti. Por favor, haznos sabios.

Señor, te pedimos que sigas haciendo oír tu voz para que _____ te escuche. Sigue llamándola para que venga a ti y preste atención a tu consejo. Dale a _____ la voluntad para abrir tu Palabra todos los días y escuchar tu voz. No permitas que _____ sea una necia que aborrece el conocimiento. Haz que _____ sea sabia.

Bendición de parte de Dios

El SEÑOR le había dicho a Abram: «Deja tu patria y a tus parientes y a la familia de tu padre, y vete a la tierra que yo te mostraré. Haré de ti una gran nación; te bendeciré y te haré famoso, y serás una bendición para otros. Bendeciré a quienes te bendigan y maldeciré a quienes te traten con desprecio. Todas las familias de la tierra serán bendecidas por medio de ti». GÉNESIS 12:1-3

EN GÉNESIS 11 LEEMOS ACERCA de la gente de Babel quienes, queriendo hacerse famosos, construyeron una torre que llegaba hasta el cielo con la intención de llegar hasta Dios. Luego, en Génesis 12, descubrimos algo radicalmente diferente. Dios descendió al encuentro con un hombre que ni siquiera lo estaba buscando y le hizo promesas increíbles. Dios le dijo a Abram que haría famoso su nombre y que lo bendeciría. Le prometió ser su protector y darle sentido a su vida. La promesa de Dios de bendecirlo fue un regalo de pura gracia.

Sin duda, nosotros también deseamos este tipo de fama, bendiciones y sentido para nosotros mismos y para nuestros hijos. No queremos la fama que podemos hacernos nosotros mismos. No queremos la seguridad que podemos lograr nosotros mismos ni las riquezas que podemos acumular solos. Queremos esa bendición de Dios que es obra de Dios.

• • •

Señor, cuando pienso en la vida que le espera a _____, me doy cuenta de que deseo que tenga la oportunidad de tener grandes logros. Deseo que sea alguien. Deseo que haga lo que necesite hacer para tener seguridad financiera y relacional. Pero también me doy cuenta de que no quiero que _____ tenga una vida dedicada solo a lo que puede lograr. Por el contrario, te pido que lo bendigas de esa forma que solo tú puedes hacerlo. Que lo colmes de las bendiciones que son nuestras en Cristo. Que hagas que su vida se enfoque en lo que hiciste, en lo que harás, en lo que le darás. Haz que su vida gire en torno a tu gracia y tu bondad hacia él.

Considerado justo

Entonces el SEÑOR llevó a Abram afuera y le dijo:
—Mira al cielo y, si puedes, cuenta las estrellas. ¡Esa es la cantidad de descendientes que tendrás!
Y Abram creyó al SEÑOR, y el SEÑOR lo consideró justo debido a su fe.
GÉNESIS 15:5-6

ABRAM PODRÍA HABER REFLEXIONADO sobre las promesas que Dios le hizo y haberlas subestimado. Podría simplemente haberlas considerado demasiado buenas para ser verdad y desestimado. En lugar de eso, fue en contra de la intuición y la lógica, en contra de lo que vio y sintió, y le creyó a Dios. Abram confió en la promesa de Dios, no solo de que tendría muchos descendientes, sino que uno de ellos bendeciría al mundo y sería el Salvador. Debido a que Abram le creyó a Dios, tuvo lugar una transacción milagrosa y misteriosa. Abram fue «considerado» justo. Se hizo un depósito en la cuenta espiritual de Abram en la presencia de Dios, un depósito de justicia. No eran salarios que él había ganado, ni tampoco algo que apareció de la nada como por arte de magia. Era justicia real, pero no era la justicia de Abram. Abram le creyó a Dios, y su fe se convirtió en el canal a través del cual recibió la justicia perfecta de otro. Cuando Cristo vino y vivió una vida de obediencia pura y devoción amorosa a Dios, fue revelada la fuente verdadera y perfecta de la justicia acreditada a Abram.

• • •

Oh, Dios, por favor concédele a _____ esta fe salvadora. Concédele a _____ la fe que reflexiona en tus promesas y se aferra a ellas. Por favor, deposita en su cuenta la misma justicia que depositaste en la cuenta de Abram: la justicia de Cristo.

Ora de la siguiente manera

Padre nuestro que estás en el cielo,
que sea siempre santo tu nombre.
Que tu reino venga pronto.
Que se cumpla tu voluntad en la tierra
como se cumple en el cielo.
Danos hoy el alimento que necesitamos,
y perdónanos nuestros pecados,
así como hemos perdonado a los que pecan contra nosotros.
No permitas que cedamos ante la tentación,
sino rescátanos del maligno. MATEO 6:9-13

PARECE DEMASIADO SENCILLO: orar es hablar con Dios. Y, sin embargo, nos cuesta. A menudo, cuando oramos como familia (por ejemplo, antes de comer), nuestras oraciones suenan como si estuviéramos siguiendo un guion sin deseo real de conectarnos con nuestro Padre en alabanza, acción de gracias, confesión ni petición. Solo repetimos la misma oración de todos los días: «Bendice estos alimentos».

Pero queremos mucho más para nosotros mismos y para nuestros hijos. Queremos que sepan cómo tener verdadera comunión con Dios en oración. Así como los discípulos de Jesús, necesitamos aprender a orar. Deseamos aprender a comenzar no con nuestras peticiones, sino con su honor. Queremos darle la bienvenida a su reino y que su voluntad sea hecha en nuestro hogar y en nuestro corazón. Deseamos que nuestros hijos sepan que Dios es nuestro proveedor supremo, quien se deleita en que dependamos de él. Queremos ser una familia que toma en serio el pecado y la necesidad de ser perdonados y perdonar. Entonces, como padres, nos humillamos para confesar nuestros pecados y pedir perdón. Nos humillamos para confesar la tentación de la cual necesitamos ser rescatados.

• • •

Padre, que mantengamos santo tu nombre. Que nuestro hogar sea un puesto de avanzada de tu reino, y que quienes vivimos en este hogar nos conformemos a tu voluntad y a tu camino con alegría. Tú eres la fuente de todo lo que necesitamos, te pedimos que nos proveas conforme lo consideres necesario. Eres el único que nos puede conceder el perdón y la gracia para perdonarnos los unos a los otros. Eres nuestra única fuente de poder para decirle no a los deseos pecaminosos y nuestra única fuente para rescatarnos del maligno que quiere reclamarnos como suyos tanto a nosotros como a nuestros hijos por la eternidad.

Peligros ocultos

Como Lot todavía titubeaba, los ángeles lo agarraron de la mano, y también a su esposa y a sus dos hijas, y los llevaron enseguida a un lugar seguro fuera de la ciudad, porque el SEÑOR tuvo misericordia de ellos. GÉNESIS 19:16

EN GÉNESIS 13, LEEMOS QUE LOT MIRÓ con detenimiento las llanuras fértiles del valle del Jordán y escogió establecerse allí. Cuando Lot se tomó un largo tiempo para mirar, ¿no vio lo que Moisés posteriormente escribió acerca del lugar? «Pero los habitantes de esa región eran sumamente perversos y no dejaban de pecar contra el SEÑOR» (Génesis 13:13). Sí, las llanuras eran fértiles, pero también peligrosas. Lot parecía estar tan enamorado de las cosas que le proveían satisfacción inmediata que ignoró los peligros ocultos.

Cuando Lot y su familia establecieron su hogar en Sodoma, al parecer se volvieron insensibles al pecado y a la maldad que impregnaban la cuidad. Aun cuando la maldad de la ciudad amenazaba a sus hijas, e incluso cuando se le advirtió de la destrucción que se avecinaba, Lot «titubeaba» en dejar el lugar. Era claro que tanto él como su familia necesitaban un rescatador que venciera su atracción por la ciudad. Si Lot y su familia hubieran dependido de su propia sabiduría, de su propia respuesta, de sus propias decisiones, hubieran sido destruidos con el resto de Sodoma. Pero en el centro de esta historia espantosa, incluso repugnante, encontramos esperanza. Aunque Lot, su esposa y sus hijas fueron seducidos por los atractivos de Sodoma y adormecidos al peligro que acechaba, y aunque fueron demasiado lentos para apartarse de la perversidad de la ciudad, el Señor tuvo piedad. En misericordia, salvó a quienes habían cerrado los ojos al peligro mientras se sentían muy a gusto en el mundo.

• • •

Señor, cuando nuestros hijos dejen nuestro hogar para enfrentar el mundo, danos ojos para ver los peligros ocultos en lo que parece ser bueno en la superficie. Dale a _____ discernimiento más allá de sus años para evaluar con sabiduría las oportunidades que se le presenten. Aun cuando _____ busque ser sal y luz en el mundo, líbrala de perder su salinidad y de ser prensada en el molde del mundo. No permitas que _____ se vuelva insensible al pecado y a la perversidad. Y, al escribir la historia de nuestra familia, haz de ella una historia de tu misericordia, por favor. Que tu misericordia venza nuestras transigencias y supere la influencia de lo que nos rodea.

¿Demasiado difícil?

El Señor cumplió su palabra e hizo con Sara exactamente lo que había prometido. Ella quedó embarazada y dio a luz un hijo a Abraham en su vejez. Esto ocurrió justo en el tiempo que Dios dijo que pasaría. GÉNESIS 21:1-2

CUANDO CONOCEMOS A SARA EN LAS ESCRITURAS, pareciera que su infertilidad la define. «Pero Sarai no podía quedar embarazada y no tenía hijos» (Génesis 11:30). Su situación parece ser todavía más conmovedora cuando leemos que Dios le había prometido a su esposo darle descendientes tan numerosos como las estrellas del cielo (Génesis 15:5), descendientes que provendrían de un hijo que le nacería a ella. Esta promesa parecía ser algo imposible.

Sara conocía su propio cuerpo; sabía que estaba cansado y seco. La idea de quedar embarazada era risible. Y, por eso, le causó gracia cuando escuchó que Dios decía que una vida emergería de su matriz sin vida. Al oír la risa de incredulidad de Sara, Dios le preguntó: «¿Existe algo demasiado difícil para el Señor?» (Génesis 18:14). Sara se había enfocado en el hecho de que era demasiado difícil para ella y para Abraham y, sin lugar a duda, lo era. El Señor, sin embargo, se dirigió a ella con la pregunta más importante: «¿Puedo hacerlo?». Por supuesto, él podía.

Isaac nació para que, por la obra milagrosa de Dios se cumpliera la promesa: «Así que una nación entera provino de este solo hombre, quien estaba casi muerto en cuanto a tener hijos; una nación con tantos habitantes que, como las estrellas de los cielos y la arena de la orilla del mar, es imposible contar» (Hebreos 11:12). De hecho, aun hoy Dios hace lo imposible, crea vida de la muerte sin la intervención del esfuerzo humano. «Pero Dios, [...] aun estando nosotros muertos en pecados, nos dio vida juntamente con Cristo [...] y esto no de vosotros, pues es don de Dios» (Efesios 2:4-5, 8, RVR60).

• • •

Señor, a veces, el crecimiento y el cambio que deseamos ver en _____ parecen imposibles, incluso risibles. Necesitamos fe para seguir creyendo que lo que es imposible en términos humanos no es demasiado difícil para ti. Sin duda, nuestra esperanza para nosotros y para _____ está fundada en la realidad de que tú todavía logras lo imposible. Tú creas vida de la muerte, lo cual no depende del esfuerzo humano. ¡Nada es demasiado difícil para ti!

Puedes sanarme

De repente, un hombre con lepra se le acercó y se arrodilló delante de él.
—Señor —dijo el hombre—, si tú quieres, puedes sanarme y dejarme limpio.
Jesús extendió la mano y lo tocó.
—Sí quiero —dijo—. ¡Queda sano!
Al instante, la lepra desapareció. MATEO 8:2-3

ES PROBABLE QUE SU ENFERMEDAD haya comenzado con unas pocas manchas dolorosas. Luego, las manchas se adormecieron. Poco a poco, su cuerpo se volvió una masa de tumores ulcerados. Ser leproso en los días de Jesús significaba no tener futuro ni esperanza, saber que lo que quedaba era solo deterioro, desfiguración y desesperación.

Los efectos de la lepra en el cuerpo de una persona proveen una imagen vívida de los efectos del pecado en el alma de una persona. Así como hace falta solo una mancha para indicar que el cuerpo de una persona está invadido por la lepra, una mancha de pecado en nuestra vida revela que tenemos la enfermedad espiritual que invadió todo nuestro ser. El pecado infectó todos nuestros pensamientos, nuestras emociones y nuestra voluntad. Como la lepra, el pecado infecta toda la persona y es feo, repugnante, corrompe, contamina y separa. Finalmente, nuestras transgresiones llevan a la muerte.

Por lo tanto, al extender sus manos para sanar la lepra, Jesús mostró que su toque nos puede sanar de la enfermedad más destructiva y mortal: la enfermedad del pecado. Cuando nos toca, nos unimos a él de tal modo que su misma vida y salud fluyen en nosotros. Y, a pesar de lo mucho que oramos que nuestros hijos estén sanos y plenos físicamente, nos damos cuenta de que esta es la salud y la plenitud que más importa.

• • •

Señor, venimos a ti sabiendo que tú eres el único que puede lidiar con la enferme-
dad mortal del pecado. Estamos desesperados por tu toque sanador. Por favor, toca a
_____ y trae sanidad a esos lugares heridos donde el pecado dejó su marca horrible.
Por favor, limpia a _____ del pecado que solo lleva a la muerte. Dale a _____
tu misma vida y salud. Sabemos que esta sanidad es un proceso de toda la vida, pero te
rogamos que no retengas ni tardes tu toque sanador; mientras tanto, esperamos con ansias
el día en que seremos completamente sanos y plenos.

Profanos como Esaú

—Mira, ¡me estoy muriendo de hambre! —dijo Esaú—. ¿De qué me sirven ahora los derechos de hijo mayor?

Pero Jacob dijo:

—Primero tienes que jurar que los derechos de hijo mayor me pertenecen a mí.

Así que Esaú hizo un juramento, mediante el cual vendía todos sus derechos de hijo mayor a su hermano Jacob.

Entonces Jacob le dio a Esaú guiso de lentejas y algo de pan. Esaú comió, y luego se levantó y se fue. Así mostró desprecio por sus derechos de hijo mayor.

GÉNESIS 25:32-34

COMO EL HIJO MAYOR, Esaú tenía derecho a una doble porción de la fortuna familiar cuando Isaac muriera. Más que dinero, ganado y tierras, implicaba la promesa del pacto. Dios le había hecho increíbles promesas de bendición a Abraham, abuelo de Esaú, y habían pasado a su hijo, Isaac. Es evidente, sin embargo, que recibirlas y ser parte de la obra y bendición de Dios para el mundo no tenía valor para Esaú. Las promesas de Dios le eran intagibles.

Su hermano, Jacob, creía en la promesa y quería ser parte de ella, pero no creía que pudiera ser suya sin una manipulación pecaminosa. Es interesante que en el Nuevo Testamento, no es el engaño de Jacob lo que se condena, sino lo inmoral y profano de Esaú: «Asegúrense de que ninguno sea inmoral ni profano como Esaú, que cambió sus derechos de primer hijo varón por un simple plato de comida» (Hebreos 12:16).

Como coherederos con Cristo, hemos recibido un derecho de primogenitura de incalculable valor. Tenemos una herencia eterna en el cielo. Lo que anhelamos como padres es que nuestros hijos tengan ojos de fe para ver el valor increíble de esta herencia y que se rehúsen a cambiarla para satisfacer un anhelo momentáneo.

• • •

Dios, lo que prometiste y estás preparando para quienes te amamos tiene un valor incalculable. Pero para verlo hace falta tener ojos de fe y la voluntad de esperar mientras todo en este mundo promete gratificación inmediata. _____ fue criado en un hogar donde tus grandes promesas son conocidas y amadas, Señor, pero sabemos que _____ debe valorarlas y aferrarse a ellas en lo personal. Por favor, no permitas que _____ sea inmoral ni profano como Esaú. No permitas que cambie todas las bendiciones de Cristo para satisfacer un deseo momentáneo.

¿Qué es más fácil?

«¿Qué es más fácil decir: "Tus pecados son perdonados" o "Ponte de pie y camina"? Así que les demostraré que el Hijo del Hombre tiene autoridad en la tierra para perdonar pecados». Entonces Jesús miró al paralítico y dijo: «¡Ponte de pie, toma tu camilla y vete a tu casa!». ¡El hombre se levantó de un salto y se fue a su casa! MATEO 9 : 5 - 7

CUANDO LOS AMIGOS DEL PARALÍTICO lo trajeron a Jesús, vinieron creyendo que Jesús podía y trataría el problema más importante que pensaban que tenía el hombre: su incapacidad para caminar. Cuando las primeras palabras de Jesús a su amigo fueron: «¡Ten ánimo, hijo mío! Tus pecados te son perdonados», se deben haber mirado los unos a los otros confundidos, pensando que Jesús no entendía la situación en realidad. Jesús, sin embargo, en realidad podía ver a través de la parálisis física el problema fundamental: la parálisis del alma causada por el pecado. Jesús sabía que restaurar la salud del hombre podría salvarlo de *años* de sufrimiento, pero restaurar su alma lo salvaría de una *eternidad* de sufrimiento.

Cuando miramos la vida de nuestros hijos, tendemos a enfocar nuestras preocupaciones y esfuerzos en lo que vemos como el problema más importante. Vemos su incapacidad para aprender, la falta de amigos o la clase de amigos que no le convienen, el problema de salud en curso, las actitudes rebeldes o el perfeccionismo implacable. Quizás no vemos ni sentimos muy a menudo la desesperación de que Jesús aborde la necesidad más profunda que tienen nuestros hijos, la necesidad más profunda que todos tenemos: nuestra necesidad del perdón de pecados.

• • •

Señor, perdónanos por tomar a la ligera tu perdón. Tu gracia hacia nosotros aborda nuestra necesidad más crucial, aun cuando no sea tan evidente para nosotros. Mientras traemos a ti las muchas otras necesidades que tiene nuestra familia, danos una perspectiva adecuada de que es tu obra sanadora, la cual se está llevando a cabo en el alma de _____, lo que más importa ahora y para la eternidad.

Más obreros

Cuando vio a las multitudes, les tuvo compasión, porque estaban confundidas y desamparadas, como ovejas sin pastor. A sus discípulos les dijo: «La cosecha es grande, pero los obreros son pocos. Así que oren al Señor que está a cargo de la cosecha; pídanle que envíe más obreros a sus campos». MATEO 9:36-38

ALLÍ ESTABA JESÚS, rodeado de una multitud confundida y desamparada; personas que estaban paralizadas por los efectos del pecado y confundidas respecto a cómo agradar a Dios. Jesús se dolía por ellos y con ellos, pero había más necesidades de las que podrían suplir los doce discípulos que estaban a su lado. Entonces, Jesús les pidió a estos doce discípulos que oraran al encargado de la cosecha de almas y le pidieran que enviara más obreros a sus campos. Para el final del libro de los Hechos, no cabía ninguna duda de que sus oraciones estaban siendo respondidas. Los obreros se habían desparramado por todo el mundo conocido, proclamando las buenas nuevas. Más y más ovejas estaban escuchando la voz de su Pastor y entrando a la seguridad del redil.

Incluso hoy hay multitud de personas que están confundidas y desamparadas. Y la compasión todavía impulsa a los obreros a dejar la comodidad de su hogar para aprender nuevas culturas y lenguas. Todavía el Señor de la cosecha envía obreros que están dispuestos a ser perseguidos y malinterpretados y dispuestos a dar su vida para anunciar las buenas nuevas acerca del reino. Todavía debemos orar que el Señor de la cosecha envíe más obreros a sus campos. Quizás la razón sea porque cuando lo hacemos, nuestro corazón deja de lado nuestra propia causa y nos involucramos más en su causa. Sin lugar a duda, si nos dedicamos a orar que más obreros sean enviados a sus campos, eso nos abre a la posibilidad de orar que nosotros seamos esos obreros y para que nuestros hijos dejen la seguridad del hogar y la cercanía de nuestra comunidad para trabajar en sus campos.

• • •

Señor, tú estás a cargo de la cosecha de las almas de hombres y mujeres. Solo tu Espíritu puede llamar, convencer de pecado y convertir. Pero tu Espíritu usa la proclamación de tu Palabra para que eso suceda. Oro, entonces, que envíes más obreros, más proclamadores que traigan la cosecha de las almas a tu reino. Dicho eso, no puedo orar por más obreros sin orar también que nos muestres lo que significa para nuestra familia ser obreros en tus campos. Y no puedo orar por _____ sin ofrecerla para que sea una obrera en tus campos, incluso si eso resulta incómodo o debe pagar un precio.

Debo tenerlo

Cuando Raquel vio que no podía darle hijos a Jacob, tuvo celos de su hermana.
Le rogaba a Jacob:
    —¡Dame hijos o moriré! GÉNESIS 30:1

POR LO GENERAL, creemos que sabemos qué es lo que debemos tener para ser felices.
Jacob estaba convencido de que debía tener a Raquel para ser feliz, a tal punto que
estuvo dispuesto a trabajar otros siete años para casarse con ella después de que Labán
lo engañara para que se casara con su hija mayor, Lea. Ya que Lea estaba convencida
de que tenía que tener el amor de su esposo para ser feliz, seguía dándole más hijos,
con la esperanza de que ellos harían que su corazón volviera a ella. Ahora, Raquel sí
que decía las cosas con sinceridad. Estaba convencida de que si no tenía la familia que
quería, moriría.

Aunque la familia pueda traer mucho gozo a nuestra vida, si nuestra felicidad
depende de tener la familia que pensamos que debemos tener, nunca seremos felices.
Nuestra idolatría pervertirá nuestras expectativas e interacciones. La familia simplemente no puede cargar con el peso de ser la fuente principal de nuestra felicidad. La
verdad es que cualquier cosa acerca de la cual digamos «debo tenerla para ser feliz» es
un ídolo. Y los ídolos nunca nos dan lo que esperamos que nos den. Esclavizan en lugar
de proveer. Decepcionan en lugar de cumplir con nuestras expectativas.

• • •

Señor, líbranos de que nuestra felicidad dependa de nuestros hijos. Tú eres el centro y
la fuente de nuestra felicidad. Tú eres lo único que debemos tener o, de otra manera,
moriremos. Por lo tanto, no insistiremos en que debemos tener una cierta cantidad de
hijos ni en que los hijos que tenemos deben ser saludables, inteligentes o exitosos. Nuestra
felicidad no dependerá de la santidad ni de la pecaminosidad de nuestros hijos, ni del
estilo de vida que escojan ni de su disposición para cambiar. Nuestro significado e impor-
tancia en este mundo no viene de la familia que hayamos creado ni de ninguna otra cosa.
Tú eres el único que provees el significado y la importancia que perduran.

Génesis 31:17–32:12
Mateo 10:24–11:6
Salmo 13:1-6
Proverbios 3:16-18

Más que a mí

Si amas a tu padre o a tu madre más que a mí, no eres digno de ser mío; si amas a tu hijo o a tu hija más que a mí, no eres digno de ser mío. Si te niegas a tomar tu cruz y a seguirme, no eres digno de ser mío. Si te aferras a tu vida, la perderás; pero, si entregas tu vida por mí, la salvarás. MATEO 10:37-39

MIENTRAS JESÚS PASABA TIEMPO con sus discípulos, comenzó a prepararlos para cuando él ya no estuviera con ellos. Él sabía el costo que los discípulos deberían pagar por identificarse con él después de su partida. Amor tibio y compromiso a medias no serían suficientes para encender la clase de valor que necesitarían para soportar la persecución y el rechazo que les esperaba a quienes fueran llamados por su nombre.

Jesús no quería que sus seguidores se sorprendieran cuando experimentaran presiones agobiantes para que abandonaran su camino y volvieran al judaísmo. En la iglesia primitiva, los judíos que recibían a Jesús no eran bienvenidos en las sinagogas, lugar donde sus familias habían encontrado un hogar y un lugar de pertenencia por siglos. Muchos tendrían que tomar decisiones muy dolorosas entre agradar a sus padres o seguir a Cristo.

Incluso hoy, a medida que nuestros hijos entran en la adultez, el llamado de Jesús para ellos es amarlo a él más que a nosotros. Jesús todavía los llama a rehusar aferrarse a los planes que pudieran tener para su vida y a los planes que podríamos haber tenido respecto a dónde vivirían, cómo vivirían, y a las cosas por la cuales vivirían.

• • •

Señor, parece un poco extraño orar que _____ te ame a ti más que a nosotros, pero sabemos que a eso lo llamaste. Aún más, sabemos que cuando su amor por ti le da más determinación para obedecerte a ti más que a nosotros, más determinación para abandonar sus planes y sueños por ti en lugar de hacerlo por nosotros, está viviendo la vida bendita. Y eso es lo que anhelamos para él. Por lo tanto, te entregamos a _____, Señor, pidiéndote que lo llenes de esa clase de amor y nivel de compromiso contigo, de modo que nada ni nadie, ni siquiera sus padres, le impidan vivir una vida dedicada a la causa de tu reino.

A menos que me bendigas

Entonces Jacob se quedó solo en el campamento, y llegó un hombre y luchó con él hasta el amanecer. Cuando el hombre vio que no ganaría el combate, tocó la cadera de Jacob y la dislocó. Luego el hombre le dijo:

—¡Déjame ir, pues ya amanece!

—No te dejaré ir a menos que me bendigas —le dijo Jacob. GÉNESIS 32:24-26

JACOB HABÍA LUCHADO TODA SU VIDA. Por la primogenitura con su hermano, por las palabras de afirmación de su padre y por su esposa con su suegro. Pero algo había cambiado en Jacob y la lucha en aquella noche oscura fue diferente. Jacob había llegado a un punto en que la bendición de Dios le importaba más que la vida misma. Estaba dispuesto a hacer lo que fuera necesario para experimentar la bendición única que viene de conocer y ser conocido por Dios mismo. Jacob estaba menos preocupado por conseguir todo lo que él quería de Dios y más preocupado porque Dios tuviera todo de él.

Jacob llevaría para siempre en su cuerpo las marcas de este encuentro con Dios doloroso y, a la vez, lleno de gracia en el cual sobrevivir y aferrarse era triunfar. Por el resto de su vida, Jacob caminaría cojeando, pero Dios «bendijo a Jacob allí» (versículo 29). Ser bendecidos por Dios no significa salir de las luchas de la vida ilesos, sino habiendo sido acercados más profundamente a él. Ser verdaderamente bendecidos es necesitarlo con mayor desesperación. Es estar convencidos de que es más valioso que nuestra identidad fluya de su victoria en nuestra vida que salir de las luchas con nuestra salud, posición y estilo de vida intactos.

Ninguno de nosotros disfruta de la idea de que nuestros hijos tengan que luchar. No queremos que sean marcados de por vida por las luchas, pero hemos vivido lo suficiente como para saber que cuando los momentos duros y oscuros de la vida nos obligan a buscar a Dios con desesperación, las luchas nos cambian y nos marcan de la mejor manera.

• • •

Señor, no deseo que _____ tenga que caminar por esta vida cojeando, pero sí deseo que _____ te conozca de la manera íntima que resulta solo del deseo, la determinación, las luchas y, a veces, de los sufrimientos intensos. Por eso, Señor, por favor, haz lo que tengas que hacer para que _____ llegue al final de sus fuerzas para ver que tener tu bendición en su vida lo vale todo. Y, en el proceso, dale a _____ un nuevo sentido de identidad definido por el encuentro contigo que cambia vidas.

Mi pueblo

Estos son los nombres de los doce hijos de Jacob:

Los hijos de Lea fueron Rubén (el hijo mayor de Jacob), Simeón, Leví, Judá, Isacar y Zabulón.

Los hijos de Raquel fueron José y Benjamín.

Los hijos de Bilha, la sierva de Raquel, fueron Dan y Neftalí.

Los hijos de Zilpa, la sierva de Lea, fueron Gad y Aser. GÉNESIS 35:22-26

NO ESCOGIMOS ni dónde, ni cuándo ni en qué familia nacer. Nuestros hijos tampoco. Pero Dios sí escogió para sí. Llamó a Abraham a dejar su propia familia para establecer una nueva familia que Dios llamaría excepcionalmente: «Mi pueblo». Un día, Dios se envolvería a sí mismo en la matriz de una virgen descendiente de esta familia.

¿En qué clase de familia escogió Dios nacer? Leyendo su historia en Génesis, pensamos que le hubiéramos escogido una familia mejor. El escritor bíblico no busca sanear su retrato de esta familia. Era un grupo polígamo marcado por la manipulación, el incesto, la prostitución, los celos, los asesinatos, la violación, la rivalidad entre hermanos, la idolatría, el engaño y el distanciamiento. Esta no era la clase de gente que inspira confianza como para ser los portadores del nombre de Dios en el mundo. No parecían ser dignos del honor de ser el pueblo de Dios. ¿Qué hacemos con esta realidad?

Encontramos esperanza y se la pasamos a nuestros hijos. La historia de estos doce hijos —los padres de las doce tribus que se convirtieron en el pueblo de Dios, en el cual somos adoptados— ilustra que Dios no busca gente perfecta, sin manchas en su vida, para su familia. Solo un Hijo tuvo una reputación perfecta. Solo un Hijo es digno de ser llamado el Hijo de Dios. Pero este Hijo es nuestro hermano. Él hace que quienes estamos unidos a él por la fe seamos dignos de ser parte de la familia de Dios.

• • •

Señor, cuando reflexionamos sobre la familia en la cual escogiste nacer, nuestro corazón encuentra descanso. Nos damos cuenta de que no estás buscando gente perfecta para conformar tu familia. Por el contrario, estás poblando tu familia, tu iglesia, con personas imperfectas pero arrepentidas, pecadores ciertos pero perdonados. Cuando nuestros hijos pequen de manera atroz, cuando actúen en formas que te deshonran, ayúdanos a recordar que aun así tú escoges habitar en medio de tu pueblo, aunque seamos indignos de ti. Gracias por hacernos dignos uniéndonos a Cristo.

Lo amaba más

Jacob amaba a José más que a sus otros hijos porque le había nacido en su vejez. Por eso, un día, Jacob mandó a hacer un regalo especial para José: una hermosa túnica. Pero sus hermanos lo odiaban porque su padre lo amaba más que a ellos. No dirigían ni una sola palabra amable hacia José. GÉNESIS 37:3-4

JACOB DEBERÍA HABER RECORDADO el dolor que le infligieron las fallas de su padre, Isaac, quien sin duda favorecía a su hermano, Esaú. Pero es evidente que no lo hizo. Debería haber tomado la decisión de no causar el dolor del favoritismo paternal a sus propios hijos. Pero, sin lugar a duda, no la tomó.

El favoritismo es una de las muchas maneras en que pecamos en la crianza de nuestros hijos; una de las muchas formas en que marcamos a nuestros hijos con marcas adversas y duraderas. ¿Qué hacemos entonces con nuestra agonía interna por la forma en que nuestro pecado impactó la vida de nuestros hijos? José nos ayuda con ese problema.

Fue el pecado del favoritismo de Jacob lo que llenó a los hermanos de José de un odio asesino hacia él y los impulsó a venderlo como esclavo. Y, sin embargo, cuando sus hermanos fueron a Egipto muchos años después, José les dijo: «Pero no se inquieten ni se enojen con ustedes mismos por haberme vendido. Fue Dios quien me envió a este lugar antes que ustedes, a fin de preservarles la vida» (Génesis 45:5). José pudo ver cómo Dios incluso usó el gran pecado contra él para lograr su buen propósito en su vida y en la vida de su pueblo.

El Dios de José es nuestro Dios. Podemos confiar en que él puede usar nuestros pecados y fracasos como padres, nuestras inconsistencias y nuestras hipocresías e incluso nuestra crueldad, para lograr sus buenos propósitos en la vida de nuestros hijos.

• • •

Señor, aunque vemos una y otra vez en las Escrituras que tú redimes las peores situaciones y a las personas más obstinadas, a veces me resulta difícil confiar en que tú puedes redimir las cosas que hice y que dejé de hacer en la vida de mis hijos. Por favor, muéstrame el dolor que mis actitudes y acciones le causan a _____, el cual definirá la clase de padre que será algún día. Y, por favor, dame la fe para confiar en tu plan providencial para _____ así como en tu gracia hacia mí.

Semejante maldad

—Ven y acuéstate conmigo —le ordenó ella.

Pero José se negó:

—Mire —le contestó—, mi amo confía en mí y me puso a cargo de todo lo que hay en su casa. Nadie aquí tiene más autoridad que yo. Él no me ha negado nada, con excepción de usted, porque es su esposa. ¿Cómo podría yo cometer semejante maldad? Sería un gran pecado contra Dios. GÉNESIS 39:7-9

JOSÉ ERA JOVEN Y ATRACTIVO. Estaba muy lejos del apoyo y del control de su familia. Y lo perseguía la esposa de su amo. Cuando ella le insistió que se acostara con ella, José se rehusó. ¿De dónde venía su determinación? Como padres, nos gustaría que fuera envasada y vendida al por mayor para obligar a nuestros hijos a comerla.

José sabía que no era un agente libre, sino un siervo en quien su amo confiaba. La bondad de su amo le infundió un sentido de lealtad que no quería violar. También sabía lo que la mujer quería. No era solo un poco de diversión inofensiva ni una historia de amor. José la llamó: «semejante maldad». Y José vio que sería un gran pecado contra el Dios que amaba. Lo amaba y temía tanto que no podía tomar el pecado a la ligera. José reconoció la fealdad del supuesto placer que le ofrecían. Vio más allá del placer al dolor que le causaría a su amo y la ofensa que sería contra su Dios. Y se rehusó.

Nuestros hijos e hijas están inundados del mensaje cultural que les dice que deben estar sexualmente activos, sin contemplación del estado civil, y que es normal, e incluso necesario, para vivir una vida plena. Se ven enfrentados sin cesar a la tentación de mirar la maldad y de darse el gusto. ¡Ah, si tan solo tuvieran la claridad para reconocer la maldad cuando los busque!

• • •

Señor, no puedo proteger a _____ de cada tentación y no puedo inculcarle la determinación a no pecar cuando venga la tentación. Solo tú la puedes proteger del enemigo que busca robar, matar y destruir. Solo tú puedes inculcarle un deseo de agradarte más que a sí misma. Por favor, concédele a _____ claridad sobre la maldad del pecado sexual. Por favor, dale a _____ la determinación para vivir una vida pura. Y, por favor, llena a _____ con un amor por ti que crezca cada día y que la ayude a considerar cada vez más impensable pecar contra ti.

De gran valor

El reino del cielo es como un tesoro escondido que un hombre descubrió en un campo. En medio de su entusiasmo, lo escondió nuevamente y vendió todas sus posesiones a fin de juntar el dinero suficiente para comprar el campo. Además, el reino del cielo es como un comerciante en busca de perlas de primera calidad. Cuando descubrió una perla de gran valor, vendió todas sus posesiones y la compró. MATEO 13:44-46

TODOS NOSOTROS, incluyendo nuestros hijos, estamos haciendo inversiones de manera constante. Invertimos el tiempo necesario en un proyecto por la satisfacción de ver el trabajo terminado. Invertimos esfuerzo para hacer ejercicio o alguna práctica atlética para lograr metas físicas o la victoria en una competencia. Invertimos dinero en comida, vestimenta, servicios y otras cosas. A veces, hacemos muy buenas inversiones de modo que terminamos ganando. Otras veces, hacemos inversiones necias de modo que lo que ganamos es mucho menos de lo que invertimos para conseguirlo.

Jesús nos promete que nunca nos decepcionaremos por lo que hayamos dejado de lado para conseguir más de él. Promete que valdrá la pena someternos a su autoridad y aceptar su economía por tenerlo como nuestro Rey ahora y para la eternidad. La buena nueva de su evangelio consiste en que podemos perder todo lo que este mundo nos dice que tiene valor: reputación, oportunidades, riquezas, poder, atractivo y, aun así, tener todo lo que nos hará felices para siempre si lo tenemos a él. Cuando el apóstol Pablo comparó el valor de las cosas de este mundo con la persona de Cristo, pudo decir: «Así es, todo lo demás no vale nada cuando se le compara con el infinito valor de conocer a Cristo Jesús, mi Señor. Por amor a él, he desechado todo lo demás y lo considero basura a fin de ganar a Cristo» (Filipenses 3:8). Ah, si nuestros hijos tan solo tuvieran ojos para ver qué es, más específicamente *quién* es, el que tiene valor infinito y eterno de modo que puedan descubrir la inversión de perder todo en la tierra para ganar a Cristo, la cual los hará verdaderamente felices.

• • •

Señor, no solo deseo que _____ vea el gran valor de conocerte y de ser gobernado por ti, sino que yo también necesito ver y creer. Porque detesto ver que _____ termine perdiéndose algo de esta vida, me doy cuenta de que deseo que tenga todo lo que el mundo le ofrece, así como todo lo que se puede encontrar en Cristo. Y eso simplemente no tiene sentido. Señor, si _____ tiene que perder todo para tenerte a ti, no estará perdiendo nada. Solo te pido que no permitas que gane el mundo entero y pierda su alma.

Él extendió la mano

Él extendió la mano desde el cielo y me rescató;
  me sacó de aguas profundas.
Me rescató de mis enemigos poderosos,
  de los que me odiaban y eran demasiado fuertes para mí.
Me atacaron en un momento de angustia,
  pero el SEÑOR me sostuvo.
Me condujo a un lugar seguro;
  me rescató porque en mí se deleita. SALMO 18:16-19

CUANDO NUESTROS HIJOS SON PEQUEÑOS, tratamos de evitar que toquen la estufa caliente, les enseñamos a mirar a ambos lados antes de cruzar la calle y les advertimos que no hablen con desconocidos. Somos sus protectores, sus rescatadores. Pero crecen y las amenazas se multiplican y se diversifican. No podemos mantenerlos a salvo de cada amenaza potencial y ataque inesperado. Necesitan un mejor rescatador, un salvador más efectivo. Y eso es exactamente lo que tienen.

El Salmo 18 comienza con una inscripción que dice que David «entonó este cántico al SEÑOR el día que el SEÑOR lo rescató de todos sus enemigos y de Saúl». En el salmo, David celebra al Dios que lo cuidó durante toda una vida de dificultades. Después de que Dios lo arrancó de los campos y lo pusó en el trono real, David soportó la insurrección de sus propios súbditos, los ataques de enemigos extranjeros y el intento de su propio hijo de destronarlo. David sabía que no había salido del abismo de sus problemas por sus propias habilidades. Reconocía que la mano de Dios lo había sacado en repetidas ocasiones de aguas y angustias profundas.

Cuando nuestros hijos se meten en problemas serios, los rescatamos o, al menos, elaboramos una solución estratégica. Lo que más necesitan, sin embargo, es experimentar lo que David: el rescate y el apoyo divino. Necesitan sentir que son el objeto del deleite divino mientras el Señor los rescata.

· · ·

Señor, me equivoco cuando confío en una solución humana o en manipular la situación. Pero sé que eso no es lo que _____ más necesita. Lo que todos necesitamos es experimentar esa clase de rescate que viene de ti. Señor, ayúdame a saber cuándo guardarme la ayuda y las sugerencias, de modo que _____ pueda experimentar tu apoyo y seguridad.

Yo cargaré con la culpa

Y ahora, mi señor, no puedo regresar a la casa de mi padre sin el muchacho. La vida de nuestro padre está ligada a la vida del muchacho. Si nuestro padre ve que el muchacho no está con nosotros, morirá. Nosotros, sus siervos, ciertamente seremos responsables de haber enviado a la tumba a ese hombre entristecido y canoso. Mi señor, yo le garanticé a mi padre que me haría cargo del muchacho. Le dije que, si no lo llevaba de regreso, yo cargaría con la culpa para siempre. Por favor, mi señor, permita que yo me quede aquí como esclavo en lugar del muchacho, y deje que el muchacho regrese con sus hermanos. Pues, ¿cómo podré regresar y ver a mi padre si el muchacho no está conmigo? ¡No podría soportar ver la angustia que le provocaría a mi padre! GÉNESIS 44:30-34

SI ESTUVIMOS SIGUIÉNDOLE LOS PASOS a Judá a lo largo de la historia de su hermano, José, podemos reconocer en esta escena que algo había cambiado en Judá. Fue a Judá a quien se le había ocurrido la idea de vender a José a los comerciantes de esclavos años antes. Fue Judá quien durmió con su nuera, Tamar, pensando que era una prostituta y, luego, quiso que la quemaran cuando quedó embarazada. Junto con sus hermanos, Judá mantuvo silencio durante todos esos años mientras Jacob lloraba la muerte de José.

Queda claro que algo había cambiado. Judá ya no guardaba rencor por la intensidad con que Jacob amaba a Benjamín, su otro hermano. Ya no estaba ansioso por deshacerse del otro favorito de su padre. No podía soportar la idea de la angustia que su padre experimentaría por la pérdida de un segundo hijo. Entonces, Judá se ofreció en lugar de otro por amor a su padre. Estuvo dispuesto a cargar con la culpa. ¡Qué parecido a lo que hizo Cristo!

Tristemente, había algo en la vida de Jacob que no había cambiado. Todavía estaba «atado» a la vida de un hijo favorito. Sus otros hijos lo veían. Sabían que, si este hijo moría, su padre no tendría razón para vivir.

• • •

Señor, a pesar de lo mucho que amo a mis hijos, no permitas que los ponga en el lugar que está reservado solo para ti. Protégeme de permitir que mi identidad o mi felicidad estén «atadas» a la vida de mis hijos. Por el contrario, a medida que envejezco, sigue cambiándome. Hazme más compasivo, más abnegado. Asimismo, ayúdame a confiar en que tienes el propósito de obrar en la vida de _____ todo lo que ella dure para que _____ sea más semejante a Cristo.

Las palabras que ustedes dicen

¡Hipócritas! Isaías tenía razón cuando profetizó acerca de ustedes, porque escribió: «Este pueblo me honra con sus labios, pero su corazón está lejos de mí [...]». Las palabras que ustedes dicen provienen del corazón; eso es lo que los contamina. Pues del corazón salen los malos pensamientos, el asesinato, el adulterio, toda inmoralidad sexual, el robo, la mentira y la calumnia. MATEO 15:7-8, 18-19

JESÚS HABLABA a personas estrictas en su observancia religiosa. Estaban frustradas porque Jesús no seguía sus reglas, pero Jesús se preocupaba más por cómo se las habían ingeniado para desarrollar un sistema según su conveniencia de cosas que debían y no debían hacer. Estos fariseos y maestros de la ley pensaban que este sistema los haría aceptables a los ojos de Dios, pero ignoraban la dureza de su corazón hacia Dios y hacia los demás. Había una desconexión significativa entre el compromiso religioso que afirmaban tener y la verdadera condición de su corazón, la cual sus palabras revelaban.

Es esa falta de conexión, esa «hipocresía» como Jesús la llama, lo que debemos evitar en nosotros y en nuestros hijos. A veces estamos tan preocupados porque nuestros hijos actúen de la manera correcta y hagan las cosas que se esperan en la iglesia que ignoramos el problema real: necesitan un corazón que esté siendo renovado por el poder del Espíritu Santo. Solo entonces los malos pensamientos serán transformados de manera progresiva en pensamientos y deseos santos.

No queremos tener un hogar en el cual las apariencias cubran la rebelión interna que pasa desapercibida y sin oposición. Anhelamos tener una fe sincera y un reconocimiento humilde de nuestra necesidad de Dios, mediante su Espíritu y a través de su Palabra, que nos den tanto a nosotros como a nuestros hijos un corazón nuevo, un corazón puro, un corazón sincero.

• • •

Señor, pienso en las palabras que mis hijos me escuchan decir cada día y en cómo ellas revelan la verdadera condición de mi corazón; específicamente, los pecados que se sienten a gusto en esas palabras. Sálvame de la hipocresía de involucrarme en las actividades de la iglesia sin mostrar arrepentimiento genuino; de orar durante las comidas sin orar por lo que en realidad importa; de recitar tus mandamientos sin vivir bajo tu autoridad. Y Señor, no permitas que confunda el hecho de que _____ cumple las reglas con regeneración y arrepentimiento. Ya que tú eres el único que puede reemplazar un corazón de piedra por un corazón de carne, te pido que lo hagas en _____ hoy.

Enfoque en todo el cuerpo

Sobre todas las cosas cuida tu corazón,
porque este determina el rumbo de tu vida.
Evita toda expresión perversa;
aléjate de las palabras corruptas.
Mira hacia adelante
y fija los ojos en lo que está frente a ti.
Traza un sendero recto para tus pies;
permanece en el camino seguro.
No te desvíes;
evita que tus pies sigan el mal. PROVERBIOS 4:23-27

«NO ENVÍES MENSAJES DE TEXTO MIENTRAS MANEJAS». Esta es la clase de instrucción que les damos a nuestros hijos para que no terminen metidos en una zanja o peor. Queremos que toda su atención y enfoque estén puestos en el camino cuando manejan. El padre que habla en Proverbios 4 así llama a su hijo a prestarle atención al camino que tiene adelante para que no se pierda. Si el hijo quiere tener la vida plena que está disponible en Dios, debe orientar todo su ser en dirección a Dios.

El padre menciona las numerosas partes del cuerpo que deben ser dedicadas y disciplinadas en esta dirección: el corazón debe ser guardado del amor al mundo, la boca no debe lanzar palabras corruptas, los ojos deben estar fijos en el premio del llamamiento supremo de Dios y los pies deben llevarlo a lugares donde experimente más a Dios y menos de lo que ofrece el mundo. Si nosotros y nuestros hijos queremos seguir a Cristo, no podemos solo invitarlo a que nos siga en la vida que hemos marcado para nosotros. Cristo debe ser tanto nuestro compañero constante como nuestro destino.

Todos somos vulnerables a tener un corazón que se enfríe hacia las cosas de Dios; bocas que hablen cosas que disminuyan a Cristo, ojos que revoloteen de una cosa a la otra en lugar de enfocarse en su Palabra y pies que no sigan las pisadas de Cristo. La Biblia, sin embargo, nos llama a utilizar todo nuestro cuerpo para seguir a Cristo, ofreciéndolo como sacrificio vivo.

• • •

Señor, tú estableciste el curso de la vida para _____. Mantenlo alerta a lo que pueda hacer que su corazón se enfríe. Llena su boca con palabras de gracia y límpiala de corrupción. Fija sus ojos en todo lo que prometiste y mantén el curso de su vida en tu dirección.

Abandona tu propia manera de vivir

Luego Jesús dijo a sus discípulos: «Si alguno de ustedes quiere ser mi seguidor, tiene que abandonar su propia manera de vivir, tomar su cruz y seguirme. Si tratas de aferrarte a la vida, la perderás pero si entregas tu vida por mi causa, la salvarás. ¿Y qué beneficio obtienes si ganas el mundo entero pero pierdes tu propia alma? ¿Hay algo que valga más que tu alma?». MATEO 16:24-26

PEDRO ACABABA DE TOCAR EL CIELO con su confesión sólida sobre quién es Jesús: «Tú eres el Mesías, el Hijo del Dios viviente» (versículo 16). Jesús respondió diciendo que Pedro era bendito porque esto no se le había ocurrido a él, sino que el Padre que está en el cielo le había revelado esa verdad. Momentos después, Jesús les dijo que se dirigía hacia Jerusalén, donde sería asesinado por los líderes religiosos y, esta vez, Pedro lo arruinó todo. ¿Su respuesta? «¡Dios nos libre, Señor! —dijo—. Eso jamás te sucederá a ti». Esta vez Jesús no dijo que Pedro era bendito. En lugar de eso le dijo: «¡Aléjate de mí, Satanás! Representas una trampa peligrosa para mí. Ves las cosas solo desde el punto de vista humano, no desde el punto de vista de Dios» (versículos 22-23). Y, luego, les dijo a los discípulos que, si querían seguirlo, también tendrían que abandonar su vida. Pero que, al perder la vida por su causa, en realidad, la salvarían.

Luego Jesús hizo la pregunta que resuena desde su época hasta la nuestra, desde los discípulos que lo rodeaban en aquel momento hasta los discípulos sentados a la mesa en nuestro hogar: «¿Y qué beneficio obtienes si ganas el mundo entero, pero pierdes tu propia alma?» (versículo 26). Esa es la tragedia potencial que nos impulsa a poner los tesoros de Cristo delante de nuestros hijos todos los días, a medida que les señalamos el vacío de lo que el mundo les dice que los hará felices. Y esa es la promesa para quienes estamos dispuestos a sufrir por Cristo y a seguirlo: podemos soportar perderlo todo, porque sabemos que saldremos ganando todo.

• • •

Señor, con toda sinceridad, no me gusta la posibilidad de que _____ tenga que perder en esta vida para seguirte. Cuando mi corazón esté quebrantado por lo que ella tal vez no obtenga en esta vida, dame ojos para ver todo lo que ella heredará, todo lo que ella nunca perderá y, de hecho, ganará en ti. Muéstrame cómo ayudarla a ver el valor temporal de este mundo y el valor eterno de tenerte.

Rescatados para adorar

Luego el SEÑOR le dijo: «Ciertamente he visto la opresión que sufre mi pueblo en Egipto. He oído sus gritos de angustia a causa de la crueldad de sus capataces. Estoy al tanto de sus sufrimientos. Por eso he descendido para rescatarlos del poder de los egipcios, sacarlos de Egipto y llevarlos a una tierra fértil y espaciosa [...] cuando hayas sacado de Egipto al pueblo, adorarán a Dios en este mismo monte». ÉXODO 3:7-8, 12

CUALQUIERA QUE HAYA ESTADO MIRANDO al pueblo hebreo mientras trabajaba para el faraón día tras día bajo el sol agobiante no hubiera esperado que, una generación después, este pueblo estuviera estableciéndose en la tierra que fluye leche y miel, un lugar donde podrían vivir en paz. Ningún observador hubiera creído que este pueblo, inmerso en la cultura de los dioses egipcios, pondría su confianza en las promesas que el Señor le había hecho a su ancestro Abraham. Y, sin lugar a duda, sin la intervención divina, hubiera sido imposible.

Quizás al observar a su familia, no pueda ver cómo usted o sus hijos podrían ser libres de los patrones profundamente arraigados que los hicieron esclavos del consumismo, esclavos de la imagen física, esclavos de gastar dinero y tiempo en formas que no honran a Dios. Quizás no pueda imaginarse que usted y sus hijos podrían alguna vez ser transformados en una familia de adoradores alegres, en una familia cuya felicidad más grande sea alabar y agradar a Dios.

Cuando abrimos las Escrituras, descubrimos, de Génesis a Apocalipsis, a un Dios que interviene para ayudar a sus hijos. A un Dios que desciende. Descendió para habitar con su pueblo en el tabernáculo. Descendió para liberar a su pueblo en la persona de Jesucristo. Y aún hoy desciende mediante su Espíritu para rescatar y redimir. Todavía se mueve en la vida de las personas que son esclavas del pecado y las saca a la libertad, transformándolas en personas que adoran a Dios con alegría.

• • •

Señor, cuando las cosas no están cambiando tan rápido como nos gustaría y en la forma en que nos gustaría, nos preguntamos si en realidad viste la necesidad de nuestra familia. Nos preguntamos si oíste nuestro llanto. Pero sabemos que tú ves y escuchas y rescatas. Por favor, rescátanos de las cosas que nos esclavizan a la maldad. Transfórmanos en una familia que te adore con alegría.

Tan humilde como un niño

Por ese tiempo, los discípulos se acercaron a Jesús y le preguntaron:
—¿Quién es el más importante en el reino del cielo?
Jesús llamó a un niño pequeño y lo puso en medio de ellos. Entonces dijo:
—Les digo la verdad, a menos que se aparten de sus pecados y se vuelvan como niños, nunca entrarán en el reino del cielo. Así que el que se vuelva tan humilde como este pequeño es el más importante en el reino del cielo. MATEO 18:1-4

LOS DISCÍPULOS DE JESÚS QUERÍAN SER IMPORTANTES. Pero tenían una falta de comprensión profunda de lo que significaba la grandeza porque la veían en términos de esfuerzo, logros y estatus humanos. Entonces, Jesús los reprendió con un ejemplo tanto visual como verbal y respondió la pregunta acerca de quién sería el más importante en el reino mostrándoles lo que se requería para entrar al reino. El requisito: confiar como un niño. Los adultos orgullosos deben acercarse a Dios con dependencia sencilla.

Nosotros también anhelamos ser importantes. Deseamos que llegue el día en que nuestros hijos nos digan que somos padres grandiosos. Esperamos que quienes nos conocen piensen que somos grandes padres. Queremos mirarnos al espejo y poder decirnos que estamos haciendo un trabajo excelente en esta tarea abrumadora llamada «crianza de los hijos».

¿Qué es lo que en realidad nos hará importantes entonces? ¿Cuál es la mejor manera en que podemos guiar a nuestros hijos al reino de Dios, la cual deber ser el centro de una buena crianza? Es evidente que no será haciendo siempre lo correcto ni tampoco no permitiendo jamás que nuestros hijos nos vean transpirar. Es evidente que no se trata de nuestra grandeza en lo más mínimo, sino de reconocer nuestra necesidad. Se trata de mostrarles a nuestros hijos que vivimos en una dependencia constante de nuestro Padre celestial, como niños.

• • •

Señor, reconocemos que, aunque somos padres, nunca dejaremos atrás la necesidad de venir a ti como niños. También me doy cuenta de que lo que _____ más necesita de nosotros no son padres que tengan todo resuelto y que hagan todo bien. Lo que _____ más necesita es ver nuestra confianza de niño, nuestra vulnerabilidad y nuestra incapacidad para mejorar sin tu ayuda, dirección y recursos. Señor, no queremos que nuestra independencia cause que algunos de tus pequeños caigan en el pecado de la autosuficiencia. Por favor, danos la gracia de ser humildes para que _____ vea que vivimos como niños que confían en ti y dependen de ti.

Mi pastor, mi anfitrión

El SEÑOR es mi pastor;
  tengo todo lo que necesito. SALMO 23:1

DAVID ERA PASTOR. También sabía que era una oveja al cuidado del Gran Pastor. Su oración, en la cual expresa el gozo de reconocer que está bajo el cuidado de tan buen pastor, debe inspirarnos a orar de la misma manera.

• • •

Señor, tú no eres solo mi pastor. Tú eres el pastor de _____. Y eres un buen pastor, no un pastor descuidado, cruel ni incompetente. Debido a que eres el pastor de _____, él tiene todo lo que necesita.

Como pastor, tú lo guías a tu abundancia, belleza y descanso. Renuevas sus fuerzas cuando no tiene ninguna con el alimento de tu Palabra. Lo guías hacia una vida de rectitud para que seas glorificado en su vida.

Debido a que eres el pastor de _____, puedo estar seguro de que incluso cuando _____ esté en lugares muy oscuros, incluso cuando enfrente grandes peligros, no debe tener temor ni tampoco yo debo temer. Estás allí a su lado, de modo que nunca está solo. No puedo estar siempre con él, pero tú estás siempre con él.

Como buen pastor, usas tu vara para disciplinarlo y protegerlo y tu cayado para sostener a _____ y acercarlo a ti.

No solo eres un buen pastor; eres también un buen anfitrión. No solo llevaste a _____ a la seguridad de tu redil; le diste la bienvenida a la abundancia de tu casa. Lo alimentas con el cuerpo partido y la sangre de Cristo, un banquete de salvación, incluso cuando está rodeado por enemigos que hacen promesas falsas de satisfacción. Llenas su ser con tu Espíritu e inundas su vida con favores y bendiciones no merecidos.

Aunque hay muchas cosas de las cuales no puedo estar seguro cuando miro hacia el futuro, una cosa de la que sí puedo estar seguro es que tu gracia y tu bondad seguirán a _____ todos los días de su vida. Incluso después de que mis días en la tierra hayan llegado a su fin, _____ tendrá un pastor que lo guíe y provea para él, un anfitrión que preparó para él un lugar donde puede vivir para siempre.

El líder religioso rico

Alguien se acercó a Jesús con la siguiente pregunta:
—Maestro, ¿qué buena acción tengo que hacer para tener la vida eterna? [...]

Jesús le dijo:
—Si deseas ser perfecto, anda, vende todas tus posesiones y entrega el dinero a los pobres, y tendrás tesoro en el cielo. Después ven y sígueme.
Cuando el joven escuchó lo que Jesús le dijo, se fue triste porque tenía muchas posesiones. MATEO 19:16, 21-22

EL JOVEN QUE VINO A JESÚS con una pregunta parecía tener todo lo que nuestra cultura dice que debemos anhelar para nuestros hijos. Era rico, era religioso y era un gobernante. Tenía suficientes recursos para financiar un estilo de vida placentero, tenía abundante moralidad y religiosidad para generar el respeto de los demás y tenía la autoridad suficiente para ejercer su voluntad en la vida de otros. No solo eso, también hacía buenas preguntas.

Quería saber qué necesitaba hacer para tener la vida eterna. Todo lo demás en su vida parecía haber sido tan manejable, tan asequible. Quizás a nuestros hijos también les parezca que es así, porque la cultura les dice de manera constante que pueden ser todo lo que quieran ser y lograr todo lo que se propongan si creen en sí mismos y siguen sus sueños.

Jesús le ofreció a este joven la oportunidad de su vida cuando le dijo que dejara ir las riquezas terrenales y la posición de poder, las cuales tenían tan agarrado su corazón, y que lo siguiera. El hombre, sin embargo, se fue triste, incapaz de rendirlo todo. Imagínate todas las experiencias asombrosas que este joven gobernante rico se perdió por aferrarse a sus posesiones: el gozo de estar con Jesús, que Jesús le enseñara, que Jesús lo usara para su reino. Qué tragedia tener autoridad plena, pero perderse una rica relación con Cristo y una vida vivida bajo su autoridad.

• • •

Señor, sálvame de conformarme con cualquier sueño para _____. No deseo que _____ siga un sueño de seguridad financiera o privilegios. Deseo que sea rico; rico en recompensas que nunca pueda perder, rico en relacionarse contigo. Deseo que _____ gobierne; no sobre los hombres y millones en este mundo, sino como coheredero y corregente contigo en los nuevos cielos y la nueva tierra. Deseo que _____ sea religioso; que tenga una religión pura y autentica ante tu presencia, que se preocupe por los huérfanos y las viudas cuando pasan por aflicciones y que no permita que el mundo lo corrompa.

¿Cuál es tu ambición?

Entonces la madre de Santiago y de Juan, hijos de Zebedeo, se acercó con sus hijos a Jesús. Se arrodilló respetuosamente para pedirle un favor.

—¿Cuál es tu petición? —le preguntó Jesús.

La mujer contestó:

—Te pido, por favor, que permitas que, en tu reino, mis dos hijos se sienten en lugares de honor a tu lado, uno a tu derecha y el otro a tu izquierda. MATEO 20:20-21

LA MADRE DE SANTIAGO Y DE JUAN tenía ambiciones para sus hijos. Cuando se acercó a Jesús con su petición osada, casi podemos ver a sus hijos empujándola hacia Jesús, pensando que tal vez estaría más predispuesto a darle una respuesta favorable a la amable señora. Cuando Jesús respondió la pregunta, les habló a los hijos: «¡No saben lo que piden! ¿Acaso pueden beber de la copa amarga de sufrimiento que yo estoy a punto de beber?».

La ambición de Santiago y de Juan había torcido no solo su entendimiento del reino, sino lo que pensaban de sí mismos: «Claro que sí [...] ¡podemos!» (Mateo 20:22).

Todos tenemos ambiciones para nuestros hijos. Queremos que formen parte del equipo deportivo, que sean admitidos en esa excelente escuela y que tengan un papel en la obra, sabiendo que otros niños no lo tendrán. Tener tales ambiciones no necesariamente está mal, pero ¿han sido moldeadas por el reino del mundo o por el reino de Dios? Jesús dice que las personas del mundo buscan enseñorearse de los demás; y así no funcionan las cosas en su reino. «El que quiera ser líder entre ustedes deberá ser sirviente, y el que quiera ser el primero entre ustedes deberá convertirse en esclavo. Pues ni aun el Hijo del Hombre vino para que le sirvan, sino para servir a otros y para dar su vida en rescate por muchos» (Mateo 20:26-28).

Aunque nuestra cultura empuja sin cesar a nuestros hijos a enfocarse en sobresalir y a trepar la escalera del éxito académico, atlético y social, Jesús los llama a descender de esa escalera para servir a los demás en sus necesidades.

• • •

Señor, no puedo evitar tener esperanzas y sueños para _____. Pero, como todo lo demás que fluye de mi corazón, necesito que purifiques mis ambiciones. Dame la gracia de mostrarle el camino con mi ejemplo en lo que respecta tener la ambición de servir a los demás por amor a ti. Y dale un entendimiento verdadero de la buena vida; la vida de tomar la cruz, confiando en que recibirá la corona.

Cuando él vea la sangre

Luego Moisés mandó llamar a todos los ancianos de Israel y les dijo: «Vayan y seleccionen un cordero o un cabrito por cada una de sus familias y maten el animal para la Pascua. Dejen escurrir la sangre en una vasija, después tomen un manojo de ramas de hisopo y mójenlo en la sangre. Con el hisopo unten la sangre en la parte superior y en ambos lados del marco de la puerta de sus casas. Que nadie salga de la casa hasta la mañana, pues el SEÑOR pasará por la región para herir de muerte a los egipcios. Pero cuando él vea la sangre en la parte superior y en ambos lados del marco de la puerta, el SEÑOR pasará esa casa de largo. No permitirá que su ángel de la muerte entre en las casas de ustedes y los hiera de muerte». ÉXODO 12:21-23

IMAGÍNESE LO QUE DEBEN HABER SIDO los hogares hebreos aquella noche. Dios les había instruido que llevaran un cordero a sus hogares. Luego, cuatro días más tarde, cuando el sol estuviera comenzando a ponerse, el padre de la familia tenía que tomar al inocente cordero, con el cual todos estaban encariñados, y cortarle el cuello. Quizás algunos de los primogénitos hayan preguntado: «Papá, ¿en realidad tenemos que matar al cordero? No hizo nada para merecer la muerte». A lo cual el padre quizás haya respondido: «Hijo, o muere el cordero o mueres tú».

Este acto de los israelitas de matar los corderos y salpicar la sangre era un acto de fe. La sangre en el dintel y en los dos lados del marco de la puerta era prueba de que le creían a Dios: el juicio vendría y él les proveería la protección a través de la muerte del cordero. Eso mismo se aplica a nosotros hoy. La prueba de que creemos lo que Dios dice sobre el juicio venidero es que la sangre del cordero se convirtió en nuestra cobertura, nuestro refugio, nuestra fuente de protección. Nuestra vida está marcada por esa sangre.

Muchas personas piensan que los cristianos son aquellos que creen en Dios y tratan de ser buenos o que viven conforme a los diez mandamientos o al Sermón del monte (¡como si alguien pudiera!). Lo que nosotros y nuestros hijos debemos entender es que cristiano es quien reconoce que es un pecador que no merece nada menos que el juicio aterrador de Dios y que se refugia solo en la sangre del Cordero de Dios, Jesucristo.

* * *

Señor, cómo desearía poder hacer algo palpable y físico para asegurar que mis hijos no pasen por el juicio. Pero, por el contrario, debo confiar en ti y agradecerte por proveer el Cordero de Dios que quita el pecado. Te pido que le des a _____ un entendimiento profundo de que necesita que su vida sea marcada por la sangre del Cordero.

Lo que el Señor odia

Hay seis cosas que el SEÑOR odia,
no, son siete las que detesta:
los ojos arrogantes,
la lengua mentirosa,
las manos que matan al inocente,
el corazón que trama el mal,
los pies que corren a hacer lo malo,
el testigo falso que respira mentiras
y el que siembra discordia en una familia. PROVERBIOS 6:16-19

AL LEER ESTA LISTA, nos preguntamos si alguien estuvo espiando lo que está sucediendo detrás de las puertas cerradas de nuestra casa. Hemos visto a nuestros hijos blanquearnos los ojos por causa de nuestras reglas. Los atrapamos en mentiras atroces. Tuvimos niños que mordieron a otros niños en el jardín de infantes, que intimidaron a otros niños en los juegos del parque y que arruinaron la reputación de otros niños en Internet. Descubrimos sus planes de engañarnos sobre dónde estarían y los vimos salir corriendo de casa para dirigirse donde les dijimos que no debían ir. Nuestros hijos torcieron la verdad en sus acusaciones y persistieron en el conflicto con sus hermanos.

Cuando leemos la lista, tenemos la esperanza de que sea verdad que Dios odia el pecado, pero ama al pecador. Y que, sin lugar a duda, hay esperanza para quienes están infectados con las cosas que el Señor odia. Hay gracia para los pecadores; la clase de gracia que cambia los ojos orgullosos por ojos llenos de lágrimas de arrepentimiento, la gracia que transforma una lengua mentirosa en una lengua que dice la verdad, la gracia que limpia la sangre del inocente, la gracia que derrite el corazón frío y lo transforma en uno que desea agradar al Señor, la gracia que cambia el curso de los pies que se apresuran a hacer el mal para que sigan a Cristo, la gracia que transforma a los agitadores en pacificadores.

• • •

Ah, Señor, nuestra familia necesita tu gracia que transforma para que podamos experimentar ese cambio profundo de corazón que cambiará la forma en que nos relacionamos. Necesitamos que tu Espíritu nos convenza de pecado cuando nos hacemos daño unos a otros por egoísmo. Por favor, obra con tu Espíritu en nosotros para que cada vez amemos más lo que amas y aborrezcamos más lo que odias.

Quejas y gracia

Luego el SEÑOR le dijo a Moisés: «He oído las quejas de los israelitas. Ahora diles: "Por la tarde tendrán carne para comer, y por la mañana tendrán todo el pan que deseen. Así ustedes sabrán que yo soy el SEÑOR su Dios"». ÉXODO 16:11-12

DIOS HABÍA OÍDO EL LAMENTO de su pueblo y había enviado un libertador a sacarlo de la esclavitud de Egipto. Había contenido una muralla de agua para que pudieran cruzar a través del mar Rojo por tierra seca y, luego, liberado las aguas para que ahogaran a sus enemigos. Hacía poco los había traído a un oasis parecido a Edén y había endulzado las aguas amargas para saciar su sed. Deberían haber estado rebosando de gratitud. Pero, en lugar de eso, el pueblo de Dios se quejaba, acusándolo de haberlos traído al desierto para que murieran de hambre.

Dios hubiera hecho justicia si los dejaba morir de hambre allí en el desierto. Pero la gracia de Dios es más grande que las quejas de su pueblo. Su respuesta misericordiosa a sus quejas fue proveerles lo que querían de manera sobrenatural. Todos los días, cuando juntaban la cantidad exacta de maná que necesitaban para satisfacer su necesidad de ese día y se iban a dormir esperando que cayera del cielo de nuevo a la mañana siguiente, estaban aprendiendo lo que significaba vivir por fe en la provisión que Dios había prometido.

Nosotros anhelamos que nuestros hijos aprendan lo que significa vivir por fe. A veces, pensamos que solo se trata de conocer las cosas correctas y de comportase bien. ¿No se trata en realidad de sentir una necesidad profunda de lo que solo Dios puede proveer y levantarse cada mañana esperando recibir esa provisión? Aunque nos damos cuenta con rapidez cuando nuestros hijos se quejan y refunfuñan, ¿con cuánta frecuencia nos escuchan quejarnos, acerca de su habitación desordenada, un vecino molesto o de nuestros propios padres? Lo que todos necesitamos es que la gratitud desplace nuestro impulso a quejarnos.

• • •

Señor, perdónanos por quejarnos contra ti a pesar de que nos provees todo lo que necesitamos, incluyendo lo que más necesitamos: el Pan de Vida que descendió del cielo, Jesús mismo. Señor, dale a _____ un hambre desesperante por ti. Ayuda a _____ a ver que solo tu provisión alimenta y satisface el alma humana. Cuando coma y tome tu provisión, el cuerpo y la sangre de Cristo, haz que en realidad sepa que tú eres el Señor su Dios.

Lo que más deseas

Uno de ellos, experto en la ley religiosa, intentó tenderle una trampa con la siguiente pregunta:
—Maestro, ¿cuál es el mandamiento más importante en la ley de Moisés?
Jesús contestó:
—«Ama al SEÑOR tu Dios con todo tu corazón, con toda tu alma y con toda tu mente». Este es el primer mandamiento y el más importante. Hay un segundo mandamiento que es igualmente importante: «Ama a tu prójimo como a ti mismo». MATEO 22:35-39

SI ALGUIEN LES PREGUNTARA A SUS HIJOS qué es lo que más desea para ellos o de parte de ellos según lo que escuchan que usted dice o ven que le enfada, ¿cómo responderían? ¿Sus hijos percibirían que lo que más le importa es que tengan el cuarto limpio, buenas notas y estén a la altura de sus potenciales?

O ¿sus hijos percibirían que su deseo más grande para su vida está fundado en el más grande mandamiento? ¿Sus acciones, palabras y actitudes comunican que lo que más le agrada a usted es lo que más agrada a Dios: que sus hijos amen a Dios por sobre todas las cosas?

Es probable que nuestros hijos sepan que queremos que obedezcan los diez mandamientos: que honren a su papá y a su mamá, que se mantengan sexualmente castos ahora esperando ser fieles algún día a su cónyuge, que digan la verdad y que se conformen con lo que tienen en lugar de desear lo que no tienen. Tal vez, sin embargo, no fuimos tan claros con ellos sobre este amor tan importante. Quizás no fuimos claros respecto a que los llevamos a la iglesia y leemos la Biblia porque queremos que conozcan a Dios de tal manera que su belleza y perfección despierte en ellos un amor inmenso por él.

• • •

Señor, sé que mis hijos ven lo que me atrae, lo que me entusiasma, lo que pienso por la manera como hablo, las cosas por las cuales me esfuerzo. Deseo que _____ vea en mí que te amo con todo mi corazón; que no tengo el corazón frío ni hago simplemente lo que tengo que hacer, sino que tengo una relación de amor auténtica contigo. Deseo que _____ vea que te amo con toda mi alma, que la parte más profunda de quién soy tiene predilección por ti. Deseo que _____ vea que te amo con toda mi mente; que pienso en ti más que en mi equipo, actividad o comida favoritos. Señor, que mi amor por ti sea contagioso en mi hogar para que _____ te ame con todo su corazón, alma y mente.

4 DE FEBRERO

Nada que temer

Cuando los israelitas oyeron los truenos y el toque fuerte del cuerno de carnero y vieron los destellos de relámpagos y el humo que salía del monte, se mantuvieron a distancia, temblando de miedo. [...]

—¡No tengan miedo! —les respondió Moisés—, porque Dios ha venido de esta manera para ponerlos a prueba y para que su temor hacia él les impida pecar. ÉXODO 20:18, 20

DIOS DESCENDIÓ AL MONTE SINAÍ para darle su ley a su pueblo. Los israelitas al pie del monte pronto verían en las tablas escritas que Dios exigía su lealtad absoluta. A la vez, veían en el fuego y el humo el juicio que les esperaba a quienes quebraran la ley. Si se acercaban a la montaña, morirían. Es entendible que estuvieran aterrorizados.

Dios quería que supieran que *él* los había rescatado y que no es una deidad doméstica. Es un Dios bueno y peligroso. Moisés les dijo que el Señor les había dado esta ley no para destruirlos, sino para que aprendieran a obedecerlo con alegría. Esta ley que revelaba la bondad de Dios les estaba siendo dada para que se beneficiaran de su bondad.

Dios nos dijo lo que debemos hacer. Pero hay un problema. ¡No podemos hacerlo! Si fuéramos capaces de cumplir la ley, podríamos ser salvos por ella. Pero como no podemos cumplirla, solo podemos ser condenados por ella. Por fortuna, tenemos un mejor mediador que Moisés y hemos recibido un mejor pacto. «La ley de Moisés no podía salvarnos, porque nuestra naturaleza pecaminosa es débil. Así que Dios hizo lo que la ley no podía hacer. Él envió a su propio Hijo en un cuerpo como el que nosotros los pecadores tenemos; y en ese cuerpo, mediante la entrega de su Hijo como sacrificio por nuestros pecados, Dios declaró el fin del dominio que el pecado tenía sobre nosotros» (Romanos 8:3).

Hebreos nos enseña que quienes vivimos bajo el nuevo pacto no nos acercamos a Dios al monte Sinaí como su pueblo lo hizo en los días de Moisés. Vamos a un monte diferente: el monte Sion, donde reina Jesús ahora, a la diestra del Padre, quien resplandece en santidad y es abundante en misericordia. Gracias a la obra terminada de Cristo, podemos acercarnos a Dios sin nada que temer y con todo por ganar.

. . .

Dios, tú eres fuego consumidor. Eres puro y santo. Exiges perfección. Llegará el día cuando _____ se presentará delante de ti. Ah, cómo anhela mi corazón que esté listo, aferrándose a Cristo como su mediador, presentándose delante de ti cubierto con el registro de obediencia perfecta de Cristo.

Seducido

Y así lo sedujo con sus dulces palabras
y lo engatusó con sus halagos.
Él la siguió de inmediato,
como un buey que va al matadero.
Era como un ciervo que cayó en la trampa,
en espera de la flecha que le atravesaría el corazón.
Era como un ave que vuela directo a la red,
sin saber que le costará la vida. PROVERBIOS 7:21-23

EL PADRE AQUÍ le dice a su hijo que miró por la ventana un día y vio a un joven ingenuo haciendo algo estúpido. El joven se había apartado de su camino para pasar por la casa de una mujer inmoral. Tenía curiosidad y estaba neciamente inconsciente de su propia vulnerabilidad. La imagen parece encajar con lo que los padres enfrentamos. Si miramos el historial de búsqueda en Internet, podemos descubrir que nuestro hijo estuvo buscando imágenes pornográficas. ¿Qué debe hacer un padre sabio?

El padre sabio de este proverbio se involucra para salvaguardar la pureza sexual de su hijo. Es realista respecto a las tácticas agresivas de las vendedoras de sexo y la vulnerabilidad de su hijo. Le explica a su hijo que la mujer se le acercará, y lo prepara para que esté alerta y listo. Le anticipa lo que le prometerá la mujer, que jugará con su ego, y lo hermosa y placentera que parecerá la propuesta. Pero también deja claro el alto costo de seguir la tentación. El pecado sexual, aunque es placentero en el momento, tiene impacto adormecedor. Le quitará vida en lugar de añadirle años.

Nuestros hijos perspicaces piensan que son inteligentes y que tienen el control; nosotros sabemos que son vulnerables a la seducción. Debemos actuar con sabiduría y poner contraseñas prácticas e instalar programas de control parental, tanto para nosotros como para ellos, y enseñarles a dónde los llevará el camino del pecado sexual.

• • •

Padre, necesito tu sabiduría para saber cómo guiar a _____ hacia la pureza en un mundo que ofrece imágenes sexuales, donde los comerciantes de sexo acosan y la aceptación de la perversión sexual es común. Dame sabiduría para confesar mi propia necesidad de tu poder para vencer la tentación sexual y palabras para expresar la disponibilidad de perdón y de purificación para los pecadores sexuales.

Buenas intenciones

Después Moisés descendió y le repitió al pueblo todas las instrucciones y ordenanzas que el SEÑOR le había dado, y todo el pueblo respondió a una voz: «Haremos todo lo que el SEÑOR ha ordenado». ÉXODO 24:3

BUENAS INTENCIONES. Eso es lo que el pueblo de Israel tuvo después de escuchar la ley de Dios. Aunque querían vivir en el camino que Dios les había prescripto como su nación santa y su posesión preciosa, menos de cuarenta días después de haber prometido no tener otros dioses y no hacerse ídolos (el primer y segundo mandamiento de Dios), estaban derritiendo sus joyas en un crisol para hacer un becerro de oro.

Nosotros también tenemos buenas intenciones, pero nos arrodillamos ante otros dioses: nuestras inversiones o las opiniones de los demás. Nos llamamos cristianos y, luego, no actuamos como tal si no recibimos el servicio que sentimos que merecemos en un restaurante. Nos deleitamos con entretenimiento que normaliza el sexo fuera del matrimonio. Ocultamos la verdad para quedar bien a expensas de otra persona. Codiciamos los mejores autos o las mejores figuras y físicos en las revistas. Somos infractores de la ley.

Por suerte, Jesús puede hacer por nosotros lo que la ley no pudo. La gracia de Dios que obra en nosotros nos da el poder para obedecer la ley perfecta que nos hace libres (Santiago 1:25). Podemos adorar a Dios con sinceridad y llevar su nombre con integridad porque Cristo nos libera de nuestra esclavitud a otros dioses. Nuestra seguridad en Cristo nos libera para disfrutar de su día de descanso. Él llena nuestro corazón con el mismo amor que tiene por su Padre para que podamos honrar a nuestros padres. Nos llena de su propia fidelidad para que podamos vivir en pureza sexual. Nos capacita para tratar a nuestros hijos como regalos preciosos y no como evidencias de nuestras grandiosas habilidades como padres. Nos convence de que todo lo que es nuestro en él es para siempre para que dejemos de codiciar las cosas que no durarán más allá de esta vida.

• • •

Señor, necesitamos más que un código de buen comportamiento y buenas intenciones. Necesitamos que tu Espíritu escriba tu ley en nuestro corazón para que queramos obedecerte. Necesitamos que tu ley santa penetre los lugares ocultos en nuestro corazón y los hábitos en nuestro hogar para que podamos ser liberados de la idolatría y la infidelidad, de la falta de respeto y la deshonestidad. Anhelamos ser un pueblo santo que disfruta junto la libertad de no pecar, lo cual es posible por la obra de tu gracia en nuestra vida.

Les confió

También el reino del cielo puede ilustrarse mediante la historia de un hombre que tenía que emprender un largo viaje. Reunió a sus siervos y les confió su dinero mientras estuviera ausente. Lo dividió en proporción a las capacidades de cada uno. Al primero le dio cinco bolsas de plata; al segundo, dos bolsas de plata; al último, una bolsa de plata. Luego se fue de viaje. MATEO 25:14-15

JESÚS LES CONTÓ ESTA PARÁBOLA a sus discípulos mientras se estaba preparando para emprender un «viaje». Lo que le esperaba en los próximos días, era la crucifixión, seguida por la resurrección y, luego, la ascensión. Les estaba enseñando a sus discípulos a vivir como sus siervos en su ausencia, entre su resurrección y su regreso, etapa en la cual nos encontramos nosotros exactamente. Nuestro Amo, Jesús, nos ha confiado a cada uno recursos para invertir en el crecimiento de su reino hasta que él regrese. Todos hemos recibido muchas cosas para administrar: capacidades, oportunidades, experiencias, salud, fortaleza, intelecto y posibilidades. La pregunta es: ¿Estamos invirtiendo lo que nuestro Amo nos confió para obtener remuneraciones para su reino o el nuestro?

En nuestro mundo occidental de derechos e independencia, nosotros y nuestros hijos necesitamos que el Espíritu obre en cada uno para que comencemos a vernos como administradores y no como dueños de nuestro dinero, tiempo, capacidades y oportunidades. Necesitamos que el Espíritu redirija el deseo de nuestro corazón de usar lo que nos ha sido dado para construir nuestro propio reino terrenal hacia la mayordomía de lo que nos ha sido confiado para expandir el reino de Dios. Necesitamos que el Espíritu revele las verdades de esta parábola a nuestro corazón para que deseemos escuchar a nuestro Amo decirnos: «Bien hecho, mi buen siervo fiel».

• • •

Señor, me has bendecido con tantas cosas, incluyendo mis hijos. Deseo ser un buen administrador de esta familia para que podamos ser parte de aquellos que expanden tu reino. Veo que también le has confiado a _____ experiencia, habilidades y oportunidades. Por favor, ayuda a _____ a ver que todo esto no le pertenece, sino que le fue confiado para que lo invierta con el propósito de obtener ganancias para tu reino, en lugar de usarlo para construir su propio reino. Por favor, pon en _____ el anhelo de escucharte decir algún día: «Bien hecho, mi buen siervo fiel».

En tus manos

Pero yo confío en ti, oh SEÑOR;
*   digo: «¡Tú eres mi Dios!».*
Mi futuro está en tus manos. SALMO 31:14-15

DESDE QUE NACEN NUESTROS HIJOS, nos preocupa que crezcan. Seguimos su peso y crecimiento en cuadros porcentuales. Nos sentimos orgullosos cuando parece que llevan la delantera en la lectura o habilidades de coordinación verbal o física. Queremos saber qué hacer, cómo alimentarlos, enseñarles, entrenarlos, para que sigan avanzando hacia un futuro brillante. Durante los años de escuela, nuestro temor o confianza parental sube y baja según lo bien o mal que avanzan nuestros hijos en los estudios, en los deportes, en lo social y en lo físico. Cuando se vuelven adultos jóvenes, no podemos evitar establecer tiempos en que deben terminar su educación, encontrar una pareja y definir una carrera. A lo largo del camino, a menudo, pensamos, actuamos y sentimos como si dependiera de nosotros y de nuestros hijos trazar un camino para su vida y hacer que suceda.

El rey David tenía otra perspectiva. Recordaba que había sido arrancado del campo de pastoreo y ungido como rey de Israel. Cuando analizaba su situación actual, llena de aflicciones e incertidumbres, decidía confiar en el Dios que lo había hecho suyo. Y, mirando al futuro, reconocía que no tenía el control. Tampoco lo quería: «Mi futuro está en tus manos», David le dijo a su Dios.

A veces, queremos tomar el lugar del Señor en la vida de nuestros hijos y somos tan necios como para pensar que en realidad podemos hacerlo. Su futuro, sin embargo, no está en nuestras manos. No está bajo nuestro control, ni tampoco es nuestra responsabilidad. Y, en definitiva, el futuro de nuestros hijos no está en sus propias manos tampoco, sino en las manos de Dios.

• • •

Señor, me gustaría decir que te confío el futuro de _____. Pero la verdad es que estoy obsesionado con muchos aspectos de su vida como, por ejemplo, en quién se convertirá, qué hará de su vida y dónde vivirá. Para ser sincero, tengo mis propias expectativas y tiempos para la forma en que debe progresar la vida de _____. Pero sé que su futuro no está en mis manos. Y, en lo profundo, no deseo que lo esté. Sé que el lugar más seguro para él, el lugar de favores y bendiciones, es en tus manos. Por eso confío en ti, Señor y te digo: «Tú eres el Dios de _____. El futuro de _____ está en tus manos».

39

Éxodo 29:1–30:10
Mateo 26:14-46
Salmo 31:19-24
Proverbios 8:14-26

Tu voluntad, no la mía

Él se adelantó un poco más y se inclinó rostro en tierra mientras oraba: «¡Padre mío! Si es posible, que pase de mí esta copa de sufrimiento. Sin embargo, quiero que se haga tu voluntad, no la mía». MATEO 26:39

TENDEMOS A PENSAR QUE SI somos buenos y fieles, Dios será más propenso a decirle que sí a nuestras oraciones. Pensamos que el secreto para conseguir la respuesta que deseamos es hacer nuestro mejor esfuerzo para estar en una comunión cercana con Dios. En la oración de Jesús a su Padre en el huerto de Getsemaní, descubrimos la falacia de nuestra suposición. ¿Hubo alguien tan bueno y fiel como Jesús? ¿Hubo alguien que tuviera una comunión más cercana con Dios el Padre? Aun así, Jesús aquí le pide a su Padre que lleve a cabo la salvación de los pecadores por otro medio y Dios, a través de su silencio, dice no.

Esta conversación nos ayuda a saber que Jesús luchó con los planes de Dios para su vida, y su muerte, a pesar de que se sometió a ese plan. Nosotros también hemos luchado con el plan de Dios para nuestra vida aun cuando hayamos buscado someternos a él.

Quizás le preguntaste: «Dios, ¿tu plan para nosotros será que nunca estemos seguros si tendremos dinero suficiente para los impuestos? ¿Tu plan será que pasemos años involucrados en un matrimonio mediocre? ¿Tu plan para nuestros hijos será que zozobren en vez de navegar tranquila y felizmente por la vida?». ¿Cómo podrías llegar a un estado de aceptación cuando Dios dice no a tus peticiones repetidas y razonables?

Escuchemos cómo lo hizo Jesús: «Quiero que se haga tu voluntad, no la mía» (Mateo 26:39). Jesús pudo someter lo que quería a lo que quería más. Tenía un anhelo mayor que superaba y aplastaba su deseo de evitar soportar el juicio de Dios por amor a nosotros. Y eso era cumplir con el propósito y el plan de Dios.

• • •

Padre, necesito aumentar mi confianza en tu perfecto plan y propósitos para expresar mis deseos en la perspectiva correcta. Necesito que mi fe en tu bondad y justicia se erija de manera imponente, de modo que pueda confiarte a ti mi ser y mi familia sin temor ni resentimiento. Ayúdame a creer en verdad que el gozo de someterme a tu voluntad, cualquiera sea esta, valdrá lo que sea que me cueste.

10 DE FEBRERO

Éxodo 30:11–31:18
Mateo 26:47-68
Salmo 32:1-11
Proverbios 8:27-32

La gracia de la convicción de pecado

¡Oh, qué alegría para aquellos
a quienes se les perdona la desobediencia,
a quienes se les cubre su pecado! [...]
Mientras me negué a confesar mi pecado,
mi cuerpo se consumió,
y gemía todo el día.
Día y noche tu mano de disciplina pesaba sobre mí;
mi fuerza se evaporó como agua al calor del verano. SALMO 32:1, 3-4

TENER CONVICCIÓN DE PECADO y obtener un sentido de claridad acerca de la naturaleza ofensiva de nuestras acciones egoístas y actitudes rebeldes no es necesariamente agradable. Preferiríamos mucho más cerrar nuestros ojos a la fealdad de nuestros pecados. Reconocer el pecado y admitir que fuimos necios, egoístas y rebeldes también es desagradable. Es humillante e incómodo.

Tal vez, parte del dolor de la convicción y la confesión es el reconocimiento de que fuimos llamados a abandonar ese pecado. Y la verdad es que nos gusta nuestro pecado. No queremos decirle no para siempre. Pareciera como que está contribuyendo con nuestra vida. Al menos por un tiempo. Hasta que entendemos lo que David está expresando en el Salmo 32, que el pecado que parece agradable en el momento al final trae dolor. Lo que pensábamos que contribuiría con nuestra vida resulta que nos la quita.

Tener convicción de pecado es evidencia de que el Espíritu está obrando en nuestra vida. Experimentar el peso de nuestra reticencia a confesar es un don de Dios. Debemos anhelar que nuestros hijos también experimenten la misma pesada y desagradable gracia de la convicción. Debemos desear que el Espíritu los persiga para que abandonen lo que sea que levante una barrera entre ellos y Dios.

• • •

Señor, cómo anhelo que _____ conozca de primera mano el gozo de tu perdón y la consciencia limpia que deriva del hecho de que tú cubres el pecado. Sé que este es un gozo único que se manifiesta solo después de la confesión. Por eso, Señor, envía tu Espíritu para que haga la obra de convencer de pecado a _____. Permítele sentir el peso de su pecado, como así también la confianza de que si confiesa sus pecados, sin duda lo perdonarás.

Éxodo 32:1–33:23
Mateo 26:69–27:14
Salmo 33:1-11
Proverbios 8:33-36

Vida sin Dios

El SEÑOR le dijo a Moisés: «[...] Suban a la tierra donde fluyen la leche y la miel. Sin embargo, yo no los acompañaré, porque son un pueblo terco y rebelde. Si lo hiciera, seguramente los destruiría en el camino». ÉXODO 33:1, 3

MIENTRAS MOISÉS ESTABA EN LA MONTAÑA recibiendo los planos de Dios para el santuario en donde él descendería para habitar con su pueblo, los israelitas estaban derritiendo todo su oro en un crisol para crear un becerro de oro al cual adorar. Su idolatría atroz los puso en riesgo de perder lo único que los definía como pueblo, lo único que les daba esperanza para el futuro: la presencia de Dios en medio de ellos.

Cuando el Señor descendió para tratar con el pecado de su pueblo, se enteraron que Dios no había cambiado de idea respecto a darles la tierra que les había prometido. Iba a echar a sus enemigos de la tierra para que pudieran tomar posesión de ella y disfrutar de la buena vida allí. Pero había un problema. Dios no iría con ellos. Un ángel los acompañaría. En esencia lo que esto significaba es que ellos conseguirían lo mejor de todo lo que este mundo tiene que ofrecer... menos la relación con Dios.

Los israelitas tendrían que enfrentar la vida sin Dios. La noticia se debe haber diseminado con rapidez por todo el campamento. «¡Dios no vendrá con nosotros!». Y cuando leemos sobre esto, nos damos cuenta de que presenta una prueba para nosotros y para nuestros hijos. ¿Solo queremos las cosas buenas que Dios nos da o lo queremos a él? La realidad es que muchas personas quieren su provisión y quizás su protección, pero no tienen ningún interés en su presencia. Y como padres, eso debería hacernos considerar si es evidente en cómo hablamos de Dios y acerca de sus bendiciones y en cómo le oramos a Dios y por sus bendiciones que en realidad creemos que su presencia en nuestra vida en la persona del Espíritu Santo —quien nos habla a través de su Palabra, nos une a Cristo, nos consuela, nos enseña y nos convence de pecado— es la bendición que más valoramos.

• • •

Señor, ayúdanos a amarte más de lo que amamos tus bendiciones. Dale a _____ un deseo insaciable de tu presencia en su vida para que cuando tenga que enfrentar la decisión de tener lo que el mundo le ofrece sin ti, se dé cuenta de que al final eso solo la dejará vacía. Señor, amamos tus bendiciones, pero es tu presencia con nosotros por medio de tu Espíritu lo que valoramos más que todo.

Los pecados de los padres

«¡Yahveh! ¡El Señor!
   ¡El Dios de compasión y misericordia!
Soy lento para enojarme
   y estoy lleno de amor inagotable y fidelidad.
Yo derramo amor inagotable a mil generaciones,
   y perdono la iniquidad, la rebelión y el pecado.
Pero no absuelvo al culpable,
   sino que extiendo los pecados de los padres sobre sus hijos y sus nietos;
toda la familia se ve afectada,
   hasta los hijos de la tercera y cuarta generación». ÉXODO 34:6-7

MOISÉS HABÍA PEDIDO VER LA GLORIA DE DIOS. Y, aunque Moisés no podía ver la plenitud de la gloria de Dios y seguir viviendo, Dios le permitió que tuviera vistazos de él mientras pasaba por ahí. Al hacerlo, le proclamó a Moisés estas palabras que revelan la esencia fundamental de su carácter. Él es el Dios de compasión, lo cual significa que nos ama desde el centro de su ser. Él es un Dios de misericordia, lo que significa que no nos da el castigo que merecemos. Dios es generoso en amor y perdona la rebelión, pero no estamos seguros sobre qué hacer con lo que sigue. ¿Qué quiere decir Dios cuando dice que extiende el pecado de los padres sobre sus hijos y nietos? ¿Significa que Dios castiga a los hijos inocentes por los pecados de sus padres?

Dios no les cobra a sus hijos el castigo que le corresponde a usted. Si se ha unido a Cristo, puede estar seguro de que Dios agotó todo el castigo que se merecía en él. Resolvió eso en la cruz. El castigo por todos sus pecados.

Dios, sin embargo, sí permite que los efectos del pecado de los padres tomen su curso natural, infectando y corrompiendo el corazón de sus hijos. Lo triste es que algunas de las consecuencias de nuestras acciones y actitudes pecaminosas caen sobre nuestros hijos. Este es sin duda uno de los textos de la Biblia con más bajada a la realidad para los padres que aman a sus hijos. Razón de más para abandonar el pecado. Razón de más para seguir a Cristo.

• • •

Señor, por favor muéstrame los hábitos de pecado en mi vida que se están abriendo paso en la vida de mis hijos y dame un corazón de arrepentimiento sincero. Dame la gracia de confiarte los remordimientos que me obsesionan por causa de mis pecados y de sus efectos en mis hijos.

Libres de temores

Oré al SEÑOR, y él me respondió;
   me libró de todos mis temores.
Los que buscan su ayuda estarán radiantes de alegría;
   ninguna sombra de vergüenza les oscurecerá el rostro. SALMO 34:4-5

COMENZAMOS ESTA VIDA DE FE EN CRISTO poniendo nuestra confianza en él. Le dijimos que queríamos confiarle nuestra vida en este mundo y en el venidero. Pero mientras transitamos por este camino de criar hijos, seguimos encontrando nuevos obstáculos que evitan que en verdad dependamos de Dios para todo. De alguna manera, decirle que le confiábamos nuestro futuro eterno parecía mucho más fácil que confiarle las luchas que estamos enfrentando con nuestro hijo.

A medida que vemos que los patrones dañinos cobran forma y que el cambio tarda en llegar, el temor comienza a instalarse. Comienza a alterar nuestra perspectiva, a gobernar nuestras emociones y a torcer nuestras respuestas. No queremos ser ingenuos acerca de lo que podría suceder, pero tampoco queremos que el temor nos controle. ¿Qué debemos hacer entonces? Para los seres humanos es natural preocuparse, buscar soluciones estratégicas, manipular, hacer un escándalo. Lo que debemos hacer en lugar de eso es tomar todos nuestros temores y convertirlos en oración. Debemos buscar la ayuda de Dios, no solo para la situación de nuestros hijos, sino también para los temores que nos roban el gozo, la paz y el descanso.

«Que todos los indefensos cobren ánimo», expresa el salmista en el versículo 2. ¿Se siente indefenso? «¡Qué alegría para los que se refugian en él!», dice el salmista en el versículo 8. ¿Tiene gozo porque se apoya en la fortaleza inigualable y los propósitos eternos de su Dios o está tragando dosis diarias de pena porque se regodea en imaginar lo peor para el futuro? «A los que confían en el SEÑOR no les faltará ningún bien», nos asegura el salmista en el versículo 10. El lugar de descanso y seguridad, esperanza y bendición se encuentra no en consentir todos nuestros temores, sino en alimentar nuestra confianza en el Señor al meditar en su Palabra.

• • •

Señor, oro a ti, pidiéndote que me libres de todos mis temores acerca de la salud y la seguridad, las amistades y el futuro de _____. Estoy buscando tu ayuda, pidiéndote que transformes la expresión de ansiedad de mi rostro en una que irradie gozo y confianza en ti.

Hagan discípulos

Jesús se acercó y dijo a sus discípulos: «Se me ha dado toda autoridad en el cielo y en la tierra. Por lo tanto, vayan y hagan discípulos de todas las naciones, bautizándolos en el nombre del Padre y del Hijo y del Espíritu Santo. Enseñen a los nuevos discípulos a obedecer todos los mandatos que les he dado. Y tengan por seguro esto: que estoy con ustedes siempre, hasta el fin de los tiempos». MATEO 28:18-20

EN LA COMISIÓN QUE JESÚS LES DEJÓ a sus discípulos antes de ascender a la diestra del Padre, también encontramos una comisión para nosotros como familia. Nuestra responsabilidad más importante como padres es hacer de nuestros hijos discípulos, guiarlos para que su identidad fluya de su conexión con Cristo y su cuerpo, y enseñarles a vivir en obediencia a Cristo. Queremos que la autoridad de su reino prevalezca en el corazón de quienes viven en nuestro hogar.

Esta comisión también tiene el propósito de ser el llamado central de nuestra familia. Claro que cada familia es única y, como tal, pondrá en práctica este llamado en diferentes maneras que reflejen sus circunstancias, ubicación, etapa de vida, dones y pasiones particulares. El encargo de Cristo debería impactar cómo gastamos nuestro dinero, qué hacemos con nuestro tiempo libre y qué motiva nuestra búsqueda académica y metas profesionales. En lugar de criar a nuestros hijos para seguir el sueño americano, debemos orientar la cultura de nuestra familia hacia hacer discípulos de aquellos que no conocen a Cristo y enseñarles a los nuevos discípulos lo que significa vivir en obediencia a él.

Por fortuna, los discípulos no recibieron una tarea imposible que debían hacer solos. Se les aseguró que Cristo los estaba empoderando y dirigiendo, y nosotros podemos estar seguros de que Jesús no nos dejó solos para que pongamos en práctica este llamado como padres y familia. Jesús nos equipa para que hagamos lo que nos llama a hacer.

· · ·

Señor, reconozco que muchos sueños y deseos interfieren con el llamado de mi familia de cumplir con la misión de hacer discípulos como el centro de lo que somos y de lo que hacemos. Necesitamos que nos ayudes a reajustar nuestras prioridades inapropiadas, que enciendas nuestro corazón frío para que busquemos a los perdidos y que erradiques los temores que evitan que te sigamos. Señor, te comunicamos nuestros sueños y deseos para la vida de _____ para que _____ te sirva de muchas maneras. Por favor, obra en nosotros para que nuestros verdaderos deseos se conformen a tus mandamientos.

Nuestro sacerdote

Los artesanos confeccionaron hermosas vestiduras sagradas de tela azul, púrpura y escarlata para que Aarón las usara al ministrar en el Lugar Santo, tal como el SEÑOR le había ordenado a Moisés. [...] El efod constaba de dos piezas —el frente y la espalda— unidas en los hombros por dos hombreras. [...] Luego se incrustaron las dos piedras de ónice en monturas de filigrana de oro. Las piedras tenían grabados los nombres de las tribus de Israel como se graba un sello. Bezalel fijó las dos piedras sobre las hombreras del efod, pues eran un recordatorio de que el sacerdote representaba al pueblo de Israel. ÉXODO 39:1, 4, 6-7

CADA UNO DE LOS SACERDOTES que servían en el tabernáculo, y posteriormente en el templo, vestía el efod; es probable que esto haya sido un chaleco o delantal largo, sin mangas con dos correas sobre los hombros del sacerdote. Dos piedras semipreciosas montadas en las correas del hombro llevaban inscritas doce nombres, los nombres de las tribus de Israel. En el frente el efod tenía pegado un pectoral con doce piedras preciosas montadas en él, una para cada tribu de Israel, lo cual significaba que este pueblo era precioso para Dios. Por lo tanto, en un sentido, cuando el sacerdote entraba en la presencia de Dios en el lugar santísimo del tabernáculo, llevaba al pueblo de Israel sobre sus hombros y cerca de su corazón. Si fuera un israelita en esos tiempos, cuando veía el nombre de su tribu en el pectoral del sumo sacerdote, podía estar seguro de que hacía su servicio ante Dios en su lugar.

Como creyentes bajo el nuevo pacto, tenemos un mejor sacerdote que lleva sobre sus hombros nuestras cargas y mantiene nuestras preocupaciones cerca del corazón de Dios. Él ha entrado en un santuario mejor, el santuario celestial. Estas son buenas nuevas para nosotros como padres. No llevamos sobre nuestros hombros toda la carga de las necesidades de nuestros hijos. Simplemente no podemos. Y no es solo *nuestro* corazón el que es tocado por las necesidades y preocupaciones de nuestros hijos. En Cristo, nuestros hijos tienen un Gran Sumo Sacerdote que lleva sus cargas y mantiene sus intereses cerca de su corazón.

• • •

Padre, necesitamos a Jesús. Lo necesitamos como nuestro Gran Sumo Sacerdote para que interceda por nosotros en tu santa presencia. Necesitamos que Jesús intervenga en lo que de otra manera sería una situación imposible. Necesitamos un abogado que te pida que nos trates a nosotros y a nuestros hijos no como merecemos, sino como él merece ser tratado.

Dos caminos

La mujer llamada Necedad es una atrevida
*   y, aunque no se da cuenta, es una ignorante.*
Se sienta a la entrada de su casa,
*   en el lugar más alto con vista a la ciudad.*
Llama a los hombres que pasan por ahí,
*   ocupados en sus propios asuntos.*
«Entren conmigo», les dice a los ingenuos.
*   Y a los que les falta buen juicio, les dice:*
«¡El agua robada es refrescante;
*   lo que se come a escondidas es más sabroso!».*
Pero lo que menos se imaginan es que allí están los muertos.
*   Sus invitados están en lo profundo de la tumba.* PROVERBIOS 9:13-18

A LO LARGO DE PROVERBIOS, el padre le señala al hijo que hay dos «caminos» o «sendas» disponibles y que tendrá que escoger. El camino de la sabiduría lleva a la vida en su sentido más pleno. Dios llama a grandes voces a andar por este camino y está con quienes lo toman. «Él es un escudo para los que caminan con integridad. Él cuida las sendas de los justos y protege a los que le son fieles» (2:7-8). Este camino es derecho y seguro y lleva a una vida bendita.

El otro camino es el de los necios, llamado «tenebroso» (2:13) y «errado» (2:15). La necedad también llama a grandes voces. Sus peligros incluyen personas malvadas que se complacen en hacer el mal y trampas escondidas que parecen buenas al principio pero, al final, causan daño. El destino de este camino es muerte y destrucción. «Delante de cada persona hay un camino que parece correcto, pero termina en muerte» (14:12).

Cuando nuestros hijos son pequeños, les agarramos la mano para cruzar la calle. Cuando crecen, les enseñamos cómo llegar al destino acordado. Pero, a medida que maduran, comienzan a tomar sus propias decisiones sobre el camino que seguirán. ¡Ah, cuánto anhelamos que tomen el camino correcto!

• • •

Señor, cómo quisiera a veces seguir tomando decisiones por mi hija. Deseo que _____ ande en tu camino. Deseo que reconozca la voz de la Necedad con sus falsas promesas de placer que solo traen dolor. Ayúdame a confiar en que el poder de tu voz puede llamar a _____ a andar en tus caminos.

17 DE FEBRERO

Una ofrenda por el pecado

Cuando te des cuenta de tu culpabilidad en cualquiera de estos casos, deberás confesar tu pecado. Entonces deberás llevarle al SEÑOR como castigo por tu pecado una hembra del rebaño, ya sea una oveja o una cabra. Esta es una ofrenda por el pecado, con la cual el sacerdote te purificará de tu pecado y te hará justo ante el SEÑOR. LEVÍTICO 5:5-6

IMAGÍNESE EL GASTO DE TOMAR el mejor animal de su rebaño para llevarlo al templo de Jerusalén solo para que sea sacrificado y quemado. Ese era el animal que hubiera producido la mejor cría, y no creo que haya sido fácil entregarlo. Imagínese la carga del tiempo, en especial si no vivía en Jerusalén. Hubiera tenido que viajar y encontrar un lugar donde quedarse. Imagínese la carga emocional y espiritual mientras hacía esta caminata, sabiendo que tendría que identificar y confesar sus pecados al sacerdote al ofrecer su sacrificio. Al cortarle la garganta al animal y ver cómo se quema, y cuando el sacerdote declara que su pecado está perdonado, de seguro no podría evitar pensar: *Yo debería haber estado allí. Yo soy el que merece morir. Pero este animal inocente se convirtió en mi sustituto. Este animal murió para que yo pudiera vivir.*

La naturaleza sangrienta e inmediata de ofrecer el sacrificio de un animal dejaría una impresión duradera tanto en usted como en sus hijos. Le hablaría sobre la seriedad y el costo del pecado. Año tras año, animal tras animal, se repetiría el mensaje de que el pecado trae muerte y el perdón del pecado demanda el derramamiento de sangre.

Por supuesto que ninguno de los animales que se ofrecían en estos sacrificios podía, por sí mismo, llevarse la culpa de una persona ni pagar en verdad la deuda por el pecado. Al ofrecer estos sacrificios, el pueblo del Antiguo Testamento demostraba su fe en el sacrificio superior, de una vez y para siempre, que habría de venir. Jesús fue el sacrificio suficiente que Dios proveyó para terminar con la necesidad de sacrificios prescrita en Levítico. «Pero ahora, en el fin de los tiempos, Cristo se presentó una sola vez y para siempre para quitar el pecado mediante su propia muerte en sacrificio» (Hebreos 9:26).

. . .

Señor, mientras que vivimos y respiramos en una atmósfera de tal gracia hecha posible por el sacrificio de tu Hijo, no queremos tomar nuestros pecados livianamente. Necesitamos tu ayuda, como padres, para enfatizarles a nuestros hijos de manera correcta la gravedad del pecado y el alto precio del perdón, a la vez que también disfrutamos la libertad del castigo provista por el sacrificio de Cristo de una vez y para siempre.

Los deseos del corazón

Confía en el SEÑOR y haz el bien;
   entonces vivirás seguro en la tierra y prosperarás.
Deléitate en el SEÑOR,
   y él te concederá los deseos de tu corazón. SALMO 37:3-4

A MENUDO NOS SENTIMOS TENTADOS A USAR el Salmo 37:4 como una fórmula e, incluso, como una herramienta de manipulación; es decir, le ofrecemos a Dios nuestro interés y obediencia diligente para conseguir a cambio lo que queremos. Este es un versículo que suele citarse para comunicar algo como: *Tome las cosas de Dios en serio, involúcrese en su obra, lea su Biblia y ore mucho y, entonces, Dios finalmente podrá (o estará obligado a) darle lo que más desea; ¡ya sea un cónyuge, un trabajo nuevo o un hijo obediente y feliz!*

Deleitarse en Dios, sin embargo, no es un medio para conseguir lo que queremos que nos dé. Eso es manipulación. El amor auténtico por Dios es un fin en sí mismo, no el medio para lograr algo más. El deleite genuino no tiene intenciones ocultas, ni exigencias adicionales. El deleite dice gracias a Dios por sus muchas bendiciones, por la comida tan buena para comer, por la casa en que vivimos, las personas que nos aman y el trabajo que tenemos. También dice, sin embargo: *No adoraré estas cosas exigiéndote que me las des.*

Cuando nos deleitamos en el Señor, disfrutando de su santidad y pureza, experimentando el placer de sus caminos, comenzamos a ver los deseos de nuestro corazón de manera diferente. Nuestro deleite en el Señor afloja nuestra fijación en las cosas que anhelamos. Podemos ver lo que interfiere en el camino del verdadero deleite. Descubrimos que el Espíritu Santo está obrando en nosotros para cambiar lo que más deseamos para que, día tras día, lo que más queramos sea más de Cristo.

• • •

Señor, sé que no buscas cambios sencillos y externos en nuestro comportamiento; deseas un cambio interno en nuestros afectos. Deseas transformar y redirigir nuestros anhelos más personales y apasionados y, luego, satisfacerlos plenamente. Por eso, Señor, ayúdame a mantenerme enfocado en que _____ tenga un cambio interno de afectos y no solo un mero cambio externo de comportamiento. Convierte a _____ en un buscador de deleite que reconoce que tú eres el deleite más grande que se puede encontrar.

La verdadera familia

Luego la madre y los hermanos de Jesús vinieron a verlo. Se quedaron afuera y le mandaron a decir que saliera para hablar con ellos. Había una multitud sentada alrededor de Jesús, y alguien dijo: «Tu madre y tus hermanos están afuera y te llaman».

Jesús respondió: «¿Quién es mi madre? ¿Quiénes son mis hermanos?». Entonces miró a los que estaban a su alrededor y dijo: «Miren, estos son mi madre y mis hermanos. Todo el que hace la voluntad de Dios es mi hermano y mi hermana y mi madre».

MARCOS 3:31-35

CUANDO MARCOS ESCRIBE QUE MARÍA, la madre de Jesús, y sus hermanos «se quedaron afuera», no está hablando solo de donde estaban físicamente. Estaban afuera espiritualmente. Tenían la misión de salvar a Jesús de su misión salvadora, la cual los avergonzaba. En el Evangelio de Juan, leemos acerca de un tiempo posterior cuando los hermanos de Jesús trataron de convencerlo de que se fuera de Galilea. Quizás sabían de la conspiración entre los fariseos para destruirlo. Tal vez, simplemente querían callarlo. Juan interpretó sus acciones así: «Pues ni siquiera sus hermanos creían en él» (Juan 7:5).

Aquí hay esperanza para aquellos que tenemos familiares «afuera» cuando se trata de Jesús. Tanto nos desesperamos porque nuestros hijos lleguen a Cristo, que no nos damos cuenta de que todavía no hemos llegado al final de la historia.

Después de la resurrección y en el día de Pentecostés, cuando el Espíritu Santo descendió con poder sobre quienes estaban reunidos en el aposento alto, leemos: «Todos se reunían y estaban constantemente unidos en oración junto con María la madre de Jesús, varias mujeres más y los hermanos de Jesús» (Hechos 1:14). Quienes estaban afuera entraron. A través de la fe, se habían convertido en parte de la verdadera familia de Dios. Santiago, el hermano de Jesús, llegó a ser el líder de la iglesia de Jerusalén y escribió la epístola que lleva su nombre. La carta comienza con esta identificación de sí mismo: «Yo, Santiago, esclavo de Dios y del Señor Jesucristo» (Santiago 1:1).

• • •

Señor, me estoy aferrando a la esperanza que se encuentra en la transformación de la familia de Jesús. Pasaron de ridiculizarlo a aceptarlo, de ser cínicos a describirse como esclavos y seguidores de él. El mismo poder que reemplazó su corazón frío por uno de fuego por el evangelio puede encender el corazón de aquellos miembros de mi familia que son fríos en lo que a ti respecta.

Un padre con el corazón roto

Nadab y Abiú, hijos de Aarón, pusieron carbones encendidos en sus incensarios y encima esparcieron incienso. De esta manera, desobedecieron al SEÑOR al quemar ante él un fuego equivocado, diferente al que él había ordenado. Como consecuencia, un fuego ardiente salió de la presencia del SEÑOR y los consumió por completo, y murieron ahí ante el SEÑOR. LEVÍTICO 10:1-2

NADAB Y ABIÚ, LOS HIJOS DE AARÓN, el primer sumo sacerdote de Israel, habían participado de la comida de comunión con los setenta ancianos de Israel en la presencia de Dios en la montaña. Habían captado un destello de la gloria de Dios y vivido para contarlo. Se podría pensar que ni olvidarían con facilidad esta experiencia ni que la tomarían a la ligera.

Pero, al parecer, sí lo hicieron. Con arrogancia e insolencia, Nadab y Abiú decidieron por ellos mismos cómo querían ofrecer adoración en el tabernáculo en lugar de seguir las instrucciones específicas que Dios le había dado a Moisés en la montaña. Así como «un fuego ardiente salió de la presencia del SEÑOR y consumió la ofrenda quemada y la grasa que estaba sobre el altar» (Levítico 9:24), el juicio de Dios en forma de fuego consumió a Nadab y a Abiú. Esta vez, consumió por completo a los pecadores en lugar del substituto. Fue una demostración clara de la justicia de Dios.

Esto debe haber roto el corazón de Aarón. Y, sin embargo, Dios le ordenó a Aarón que no hiciera duelo ante el pueblo para que, como sumo sacerdote, demostrara su confianza y aceptación de la justicia de Dios ante ellos. ¿Aarón cuestionó su paternidad, preguntándose si su ejemplo imperfecto fue lo que desvió a sus hijos del camino correcto? (Estaba el incidente del becerro de oro). ¿Aarón se habrá preguntado si no les enseñó de manera correcta sobre la santidad de Dios y sobre la importancia de obedecer las instrucciones de Dios? Quizás. Pero el texto no dice nada sobre eso.

Tiene sentido porque eso es lo primero que hacemos cuando nuestros hijos adoran a Dios de manera casual o despectiva o cuando pecan contra los mandamientos claros de Dios de manera desvergonzada. Pensamos: *Debe ser mi culpa.*

• • •

Señor, perdónanos por nuestra arrogancia de pensar que el ser buenos padres es la razón de lo bueno que vemos en la vida de nuestros hijos. Y danos la gracia que necesitamos para rechazar la mentira que nos dice que en ser malos padres recae toda la responsabilidad por las cosas que hacen nuestros hijos que nos rompen el corazón tanto a nosotros como a ti. Libéranos, Padre, y perdónanos.

Haznos puros

Mediante estas instrucciones sabrás lo que es impuro y lo que es puro, y también los animales que puedes comer y los que no puedes comer». LEVÍTICO 11:47

LO QUE FUE DESIGNADO IMPURO en Levítico 11–15 refleja los efectos de la maldición del pecado. Los animales comenzaron a alimentarse de otros animales. El parto se volvió doloroso y las relaciones sexuales entre hombres y mujeres fueron infectadas por pasiones pecaminosas. Los cuerpos comenzaron a sangrar y a desarrollar enfermedades. Los niños comenzaron a nacer con defectos de nacimiento. El hongo y el moho, las evidencias visibles de la descomposición, comenzaron a existir. Todo lo que es designado impuro en Levítico demuestra que las cosas ya no eran como fueron en el Edén; no eran como Dios quiso que fueran.

Cuando leemos de la provisión de Dios para hacer que lo impuro se volviera puro y lo puro santo, nos damos cuenta de que Dios estaba demostrando su promesa de que no abandonaría a nuestro mundo en la impureza para siempre. Lo purificaría a través de la sangre de un sacrificio más que suficiente, su propio Hijo.

Jesús, completamente puro y limpio, siempre estaba tocando cosas impuras. En Marcos 5, leemos que Jesús toca personas impuras una y otra vez: a un hombre con espíritu inmundo que se cortaba a sí mismo y vivía entre las tumbas cerca de una piara de cerdos, a una mujer que había tenido flujo de sangre por doce años, a la hija muerta del principal de la sinagoga. Cada caso nos muestra una imagen de cómo Jesús purifica a los pecadores.

Incluso hoy Jesús estira sus manos para tocarnos, toma sobre él nuestras enfermedades e impurezas por causa del pecado y, luego, nos imparte su salud, plenitud y aceptación. Somos purificados gracias a que el Santo de Dios se hizo impuro por nosotros.

• • •

Santo de Dios, somos impuros. Estamos tan desesperados por tu toque y liberación como el hombre poseído por el demonio, tan desesperados porque la vida deje de escaparse de nosotros como la mujer con flujo de sangre y tan desesperados como el líder de la sinagoga porque nos traigas tanto a nosotros como a nuestros seres amados de la muerte a la vida. Por favor, extiende tu mano sobre nosotros y purifícanos. Esperamos con ansias el día en que pongas de nuevo tu mano sobre nosotros y hagas que nuestro cuerpo muerto no solo sea purificado, sino santo, para que podamos vivir en tu presencia justa para siempre.

22 DE FEBRERO

Levítico 13:1-29
Marcos 6:1-29
Salmo 39:1-13
Proverbios 10:10

Una reprensión firme

Quien guiña el ojo aprobando la maldad, causa problemas,
pero una reprensión firme promueve la paz. PROVERBIOS 10:10

CUANDO LEEMOS LAS PALABRAS «una reprensión firme promueve la paz», podríamos pensar: *Bueno, es evidente que el escritor de este proverbio no pasó tiempo en mi casa.* Cuando rehusamos guiñar el ojo aprobando la maldad y, en lugar de eso, la confrontamos, el resultado a veces son gritos y lágrimas, conversaciones difíciles y sentimientos heridos, consecuencias costosas y portazos.

A veces nos cansamos de luchar; y la posibilidad de hacerle un guiño a lo malo, o simplemente cerrar los ojos a lo que no está bien, comienza a sonar bastante bien. Acabar lo que se empieza e ir contra la corriente demanda demasiada energía constante. Criar hijos sería mucho más fácil si no nos preocupáramos tanto, si no amáramos con tanta pasión, si estuviéramos dispuestos a dejar pasar algunos asuntos que en realidad necesitan ser abordados, si simplemente no armáramos un escándalo sobre el pudor o la pureza o la bondad.

Sabemos que hay sabiduría en este proverbio la cual nos empuja a reprobar lo malo: faltarles el respeto e ignorar a los demás, no cumplir nuestras promesas e incumplir las tareas, correr detrás del mundo y no preocuparse en lo absoluto por la santidad. Sabemos que es probable que mantener la paz ahora deje la puerta abierta para los problemas mañana. Y sabemos que una reprensión firme ahora puede resultar en una vida de paz para nuestros hijos; paz con nosotros; paz con otras personas, incluyendo su futuro cónyuge; y lo más importante, paz con Dios.

· · ·

Señor, cuando estoy cansado de la batalla y solo quiero retirarme, dame la energía para seguir. Dame la sabiduría para saber lo que en realidad debería dejar pasar y lo que debería abordar y seguir afrontando para el bien de _____ y para tu gloria. Protégeme de desear ser un padre genial al punto que me cueste reprobar lo malo. Dame una visión de largo plazo en lo que respecta a ser padre de _____ para tener la voluntad de tomar medidas difíciles ahora las cuales mañana salvarán a _____ de aflicciones.

En serios problemas

Muy tarde esa misma noche, los discípulos estaban en la barca en medio del lago y Jesús estaba en tierra, solo. Jesús vio que ellos se encontraban en serios problemas, pues remaban con mucha fuerza y luchaban contra el viento y las olas. A eso de las tres de la madrugada, Jesús se acercó a ellos caminando sobre el agua. Su intención era pasarlos de largo, pero cuando los discípulos lo vieron caminar sobre el agua, gritaron de terror pues pensaron que era un fantasma. Todos quedaron aterrados al verlo. Pero Jesús les habló de inmediato: «No tengan miedo —dijo—. ¡Tengan ánimo! ¡Yo estoy aquí!». Entonces subió a la barca, y el viento se detuvo. MARCOS 6:47-51*

A VECES, PENSAMOS QUE SI OBEDECEMOS a Dios, no sufriremos adversidad o que si nos enfrentamos con dificultades es porque estamos desobedeciendo a Dios. Pensamos que si hacemos un buen trabajo como padres, navegaremos viento en popa por la vida con nuestros hijos. Pero aquí vemos que los discípulos estaban cruzando el lago, tal como Jesús les había indicado y, sin embargo, estaban en serio peligro. De la misma manera, podemos ser padres que hacen lo que las Escrituras dicen y, sin embargo, tener serios problemas con uno o más de nuestros hijos.

Cuando estamos enfrentando problemas serios, tendemos a hacer lo que hicieron los discípulos: remar con más fuerza. Tratamos de idear estrategias y planes para calmar la tormenta en la vida de nuestros hijos. Nos preocupamos. Hablamos con nuestros amigos y consejeros. Luchamos con lo que a veces parecen vientos con la fuerza de un tornado que nos hacen retroceder con nuestro consejo sabio.

Es precisamente cuando atravesamos problemas profundos que estamos en la condición de ver y experimentar a Cristo como nunca antes. En la tormenta, llegamos al límite de nuestras fuerzas. Jesús viene a nosotros como ningún ser humano común podría. No se encuentra limitado por nuestro poder ni nuestras estrategias. Viene como el único que tiene el poder para calmar la tormenta o preservarnos en ella. Se sube al bote con nosotros y nos dice que no tengamos miedo porque él está aquí.

• • •

Señor, a menudo nos encontramos en problemas serios, sin la capacidad para avanzar por nuestros propios medios. Necesitamos que vengas a nosotros como solo tú puedes. Haz que sepamos que estás con nosotros en medio de la tormenta. Calma nuestros temores. Llévanos de tener una fe pequeña a una fe firme que confía en tu poder para salvarnos y preservarnos tanto a nosotros como a nuestra familia.

Contaminados

Lo que entra en el cuerpo no es lo que los contamina; ustedes se contaminan por lo que sale de su corazón. MARCOS 7:15

CASI NO SABEMOS QUÉ HACER con las leyes de pureza en el Antiguo Testamento. (¿Reglas para tratar diferentes descargas corporales?). Nos resultan extrañas, desconocidas y extremas. La intención de Dios era revelarle a su pueblo cómo el pecado había corrompido la creación y cómo la corrupción del pecado puede ser y será tratada: a través de la sangre de un sacrificio expiatorio.

Cuando llegamos al Nuevo Testamento, descubrimos que el guardar estas leyes se había convertido en un ritual vacío desprovisto de toda sensibilidad hacia el pecado. Dirigiéndose a aquellos que se lavaban las manos para ser vistos en público mientras toleraban el pecado en su corazón, Jesús citó al profeta Isaías: «Este pueblo me honra con sus labios, pero su corazón está lejos de mí» (Marcos 7:6).

Jesús dijo: «Es lo que sale de su interior lo que los contamina. Pues de adentro, del corazón de la persona, salen los malos pensamientos, la inmoralidad sexual, el robo, el asesinato, el adulterio, la avaricia, la perversidad, el engaño, los deseos sensuales, la envidia, la calumnia, el orgullo y la necedad» (Marcos 7:20-22).

Como padres, nos esforzamos para ayudar a nuestros hijos a entender que sus actitudes y disposiciones, las cuales a menudo manifiestan no solo con sus acciones, sino también con sus expresiones faciales y con la gentileza que muestran a los demás (o no), tienen gran importancia. Lo que sale del corazón indica cuán cerca están, tanto de nosotros como de Dios.

• • •

Señor, en esta lista de cosas que contaminan, vemos los pecados de nuestros hijos. Y sí, Señor, también vemos nuestros pecados. Todos necesitamos con desesperación ser limpiados con la purificación que solo la sangre de Cristo puede proveer.

Oro por _____ hoy, pidiéndote que lo limpies de malos pensamientos y lo llenes de pensamientos de la belleza de Cristo. Ayuda a _____ a entender que desobedeció tus mandamientos y llévalo al arrepentimiento. Sácalo del engaño, la envidia y la codicia y hazlo un hombre íntegro. Cambia todo deseo lujurioso por el anhelo de que hagas tu obra transformadora en él. Humíllalo de cualquier forma que tengas que hacerlo. Transforma su necedad en la sabiduría que deriva de estar unido a Cristo.

Desesperada

Enseguida una mujer que había oído de él se acercó y cayó a sus pies. Su hijita estaba poseída por un espíritu maligno, y ella le suplicó que expulsara al demonio de su hija.
MARCOS 7:25-26

ESTA MADRE DESESPERADA porque Jesús hiciera algo respecto al espíritu maligno que se había apoderado de la vida de su hija, debe haber tenido un destello de esperanza cuando escuchó acerca de él por primera vez. Sin lugar a duda, había escuchado con entusiasmo cuando la gente describía cómo alimentaba a los hambrientos, limpiaba a los leprosos, daba la vista a los ciegos y había hecho caminar a un paralítico. Queda claro que este Jesús era una persona compasiva. Lo más importante, era un hombre con poder. Y esta madre estaba cansada de estar tan sola, tan aterrada e indefensa.

Entonces vino a donde estaba Jesús y cayó delante de él. Le rogó que liberara a su hija del control del demonio. Se tiró a los pies del único que tenía el poder para vencer el mal en la vida de su hija. Un manojo de dolor y necesidad rogando por una migaja de gracia.

Como gentil, esta mujer sabía que no tenía ningún derecho a la liberación que Jesús le podía proveer, pero parecía entender que Dios siempre había querido que su gracia y su bondad fueran conocidas más allá de los límites de aquellos que parecían tener una posición de ventaja, basados en la religiosidad o la raza. Jesús alabó su reconocimiento de que él era la única esperanza para su hija tan atrapada en las redes del maligno. Sanó a la niña desde lejos e hizo a esta madre osada y persistente un recipiente de su favor no merecido.

• • •

Señor, vengo a ti muy consciente del mal que tiene tanto poder en este mundo y en la vida de mi hija. Sé que hay fuerzas invisibles esforzándose por destruir su vida y, de ese modo, deshonrarte. Como esta mujer de Tiro, estoy muy consciente de tu poder y capacidad para aliviar el sufrimiento y vencer al maligno. Por eso, me pongo a tus pies. Te ruego que salves a _____ del enemigo de su alma. Te pido que nos hagas probar aquí y ahora un bocado, una migaja de todo lo que nos espera en la nueva creación, donde el maligno no existirá más. Permite que nuestra familia pruebe el gozo de la libertad de este poder malvado. No vengo a exigirte ni pienso que tengo privilegios, sino vengo con confianza en tu poder, tu gracia y tu bondad.

Vida verdadera

Entonces llamó a la multitud para que se uniera a los discípulos, y dijo: «Si alguno de ustedes quiere ser mi seguidor, tiene que abandonar su propia manera de vivir, tomar su cruz y seguirme. Si tratas de aferrarte a la vida, la perderás; pero si entregas tu vida por mi causa y por causa de la Buena Noticia, la salvarás». MARCOS 8:34-35

SER UN VERDADERO SEGUIDOR de Jesús no es fácil. Tiene un costo. Demanda renunciar a las ambiciones egoístas que hacen que esta vida radique solo en lo que podemos lograr y adquirir. Demanda que, en lugar de trazar un plan para la vida que pensamos que nos proveerá felicidad y plenitud, confiemos el curso de nuestra vida a Cristo. Demanda que fijemos con firmeza nuestra mirada en él con la esperanza de un día recibir sus beneficios y estar en su presencia en la vida venidera y, también, que aceptemos las pérdidas y las decepciones que son parte de esta vida.

Como padres queremos proteger a nuestros hijos de dolores y dificultades. Con demasiada frecuencia anhelamos que tengan una vida que no incluya ninguna cruz. Tenemos ambiciones para nuestros hijos que, si somos honestos, tienen menos que ver con vivir una vida sacrificial y más con crear una vida cómoda para ellos. Queremos que vuelen, no que tropiecen. Queremos que sean admirados, no marginados.

Necesitamos fe para creer que lo que Jesús les dijo a sus discípulos en verdad se aplica a nosotros y a nuestros hijos también: que la única manera de encontrar la vida verdadera es abandonando nuestra propia manera de vivir y haciendo morir el egoísmo.

• • •

Señor, deseo seguirte y encontrar la vida verdadera. Y, Señor, deseo esta vida verdadera para _____. Deseo que él esté dispuesto a abandonar su vida por amor a ti y por amor al evangelio. No deseo que gane todo el mundo y pierda su alma. Cuando Jesús regrese en gloria, anhelo ver a _____ allí con él, compartiendo su gloria. Por favor, dale a _____ tal pasión por tu reino que ocupe el lugar de la ambición egoísta. Por favor, dale ojos para ver lo que vale Jesús, hombros que estén dispuestos a cargar tu cruz, y perseverancia para seguirte.

Levítico 20:22–22:16
Marcos 9:1-29
Salmo 43:1-5
Proverbios 10:18

¡Ayúdame a superar mi incredulidad!

—¿Hace cuánto tiempo que le pasa esto? —preguntó Jesús al padre del muchacho.
—Desde que era muy pequeño —contestó él—. A menudo el espíritu lo arroja
al fuego o al agua para matarlo. Ten misericordia de nosotros y ayúdanos si puedes.
MARCOS 9:21-22

GENTE SIN FE. No queremos pensar que caemos en esa categoría. Decimos que hemos
le entregado nuestra vida y nuestra muerte a Cristo, pero nos cuesta muchísimo entre-
garle nuestros hijos. Nos resulta difícil confiar en sus métodos, su tiempo y, sin lugar a
duda, sus buenos propósitos en los cuales solo vemos cosas malas.

Es difícil imaginarse la tristeza, el temor y el agotamiento del padre de un hijo que
no podía hablar, un hijo que echaba espuma por la boca y hacía rechinar sus dientes.
Desde que su hijo era pequeño, un espíritu maligno se apoderaba del niño y hacía que
se cayera al fuego, con la intención de quemarlo hasta la muerte, o lo hacía sumergirse
en el agua tratando de ahogarlo. Este padre con el corazón quebrantado anhelaba una
cura milagrosa, pero Jesús quería que anhelara mucho más que eso. Jesús quería que
este padre desconsolado pusiera toda su confianza en quién era Jesús y en lo que había
venido a hacer al mundo. Él había venido a «destruir las obras del diablo» (1 Juan 3:8).

«¡Sí, creo, pero ayúdame a superar mi incredulidad!», respondió el padre cuando
Jesús le dijo que pusiera toda su confianza en él. Debemos estar felices de que esas palabras estén allí para nosotros, expresadas por un padre agotado por una vida de amor
dedicada a un hijo tomado por fuerzas sobre las cuales no tenía ningún poder. Fue una
oración sencilla que salió de su debilidad espiritual; una oración a la que Dios siempre
responde con un alegre sí.

• • •

Señor, con facilidad me enfoco demasiado en los problemas que no veo el asunto más
importante: mi falta de fe en ti. Pero tu Palabra me está ayudando a ver que eres la
fuente, no solo para la intervención que anhelo, sino para la fe que necesito para confiar
en que lo harás. Sí creo, pero ayúdame a vencer mi incredulidad. Muéstrame las formas
en que simplemente quiero usarte sin confiar en ti profunda y completamente. A medida
que me alimento de tu Palabra, incrementa mi confianza en tu ayuda prometida y en tu
plan ordenado de antemano para _____ y para nuestra familia. Como el padre de
este relato, vengo a ti para pedirte que tengas misericordia de nosotros y que nos ayudes.

Descanso

Tienes seis días en la semana para hacer tu trabajo habitual, pero el séptimo es un día de descanso absoluto, un día oficial de asamblea santa. Es el día de descanso del SEÑOR, y tendrás que guardarlo dondequiera que vivas. LEVÍTICO 23:3

DESDE EL PRINCIPIO, Dios estableció un modelo continuo respecto a los días para trabajar y el día para adorar. Dios descansó el séptimo día e invitó a Adán y a Eva a hacer lo mismo. Todos los séptimos días serían días para descansar en quién es él y en lo que hizo en su creación, un tiempo separado para disfrutar con él la bondad de todo lo que él había hecho. Luego, cuando Dios sacó a su pueblo de la esclavitud en Egipto, donde de seguro trabajaban los siete días de la semana, les dio instrucciones respecto a no trabajar en el séptimo día y a reunirse para rendirle culto.

Dios nunca quiso que el día de descanso fuera una carga, sino un regalo para su pueblo. Cuando dejamos de trabajar para adorar a Dios, nos demostramos tanto a nosotros mismos como a nuestra familia y al mundo en el cual vivimos que Dios es digno de que lo adoremos con alegría y que encontramos nuestro hogar entre su pueblo, pero es todavía más que eso. Ponemos en práctica nuestra confianza verdadera en que Dios proveerá todo lo que necesitamos en seis días de trabajo, no en siete.

• • •

Señor, confieso que nuestra familia no siempre aceptó el regalo de tu día de descanso en toda su plenitud gloriosa. Dimos prioridad a otras actividades más que a reunirnos con tu pueblo. Estuvimos más preocupados por lo que tendríamos para comer que por nuestra necesidad del banquete que pones delante nuestro en tu mesa.

Danos la gracia y la determinación que necesitamos para cambiar las formas profundamente arraigadas que tenemos de malgastar este día que te pertenece a ti. Danos sabiduría para hacer los ajustes necesarios por amor a ti sin rendirnos al legalismo. Desarrolla en _____ la capacidad de deleitarse en el día de descanso como una demostración de confianza en tu provisión y de deleite en tu Palabra y tu camino.

Amor profundo

—Maestro —respondió el hombre—, he obedecido todos esos mandamientos desde que era joven.

Jesús miró al hombre y sintió profundo amor por él.

—Hay una cosa que todavía no has hecho —le dijo—. Anda y vende todas tus posesiones y entrega el dinero a los pobres, y tendrás tesoro en el cielo. Después ven y sígueme. MARCOS 10:20-21

NO QUEREMOS QUE NUESTROS HIJOS simplemente sigan reglas ni que parezcan exitosos ante el mundo, por el contrario, deseamos para ellos mucho más que eso. Queremos que Jesús sea su gozo y tesoro supremos. Debido a que los amamos, deseamos que amen a Dios por encima de todas las cosas.

Amar a nuestros hijos así es amar como Jesús amó. Cuando un hombre que tenía muchas riquezas vino a Jesús y le preguntó qué necesitaba hacer para tener la vida que Jesús estaba ofreciendo, leemos que «Jesús miró al hombre y sintió profundo amor por él» (Marcos 10:21). Jesús podía ver que a pesar de lo bueno que el hombre había sido en obedecer los diez mandamientos, al menos de manera superficial, en realidad fallaba en el primer gran mandamiento, el cual es: «No tengas ningún otro dios aparte de mí» (Éxodo 20:3).

Jesús podía ver que otro dios había tomado el lugar reservado solo para Dios; el dios de las riquezas y las posesiones que traen aparejadas una vida privilegiada y cómoda. Cuando un ídolo lo amenaza con robarle el gozo eterno a la persona que ama, lo más compasivo que se puede hacer es señalarle el ídolo y exhortar a la persona para que lo abandone, lo mate, lo destrone, se arrepienta y acuda a Cristo, y para que reconozca que solo Cristo es la verdadera fuente de todo lo que ese ídolo promete falsamente.

* * *

Señor, ayúdame a ver lo que subyace en el comportamiento de _____, tanto bueno como malo, y en las pasiones que lo impulsan. Dame sabiduría respecto a los ídolos que necesitan ser destruidos, los deseos que se transformaron en exigencias, los dones que le diste que ella llegó a amar más que al Dador. Pero sobre todas las cosas, haz que tu luz resplandezca en mí para ayudarme a ver los ídolos que toleré en mi propio corazón. Guíame a un arrepentimiento verdadero y total para que pueda amar bien a _____ guiándola con mi ejemplo al hacer morir esos ídolos.

Ojos ciegos

Bartimeo echó a un lado su abrigo, se levantó de un salto y se acercó a Jesús.
  —¿Qué quieres que haga por ti? —preguntó Jesús.
  —Mi Rabí —dijo el hombre ciego—, ¡quiero ver! MARCOS 10:50-51

BARTIMEO TENÍA UNA IDEA CLARA de quién era Jesús y era sincero respecto a lo que quería que Jesús hiciera por él. Aun cuando era físicamente ciego, de alguna manera, Bartimeo vio que Jesús era el Rey que su pueblo había esperado desde que Dios le prometió al rey David que uno de sus hijos se sentaría en su trono en un reino que nunca terminaría. Vio que Jesús era el Siervo sobre quien escribió el profeta Isaías que haría caminar a los paralíticos, oír a los sordos y ver a los ciegos. Sin lugar a duda, Bartimeo había cantado el salmo «El Señor abre los ojos de los ciegos» (Salmo 146:8). Y, entonces, le dijo a Jesús que quería ver.

¡Ah, si tan solo nuestros hijos clamaran a Jesús para pedirle que les diera vista espiritual, así como este hombre pidió vista física! El Rey Jesús puede dar vista a los ciegos. Él hace resplandecer la luz de su verdad en la vida de una persona y erradica las tinieblas. Trae claridad donde hay confusión. Cuando nuestros hijos no pueden ver lo hermoso que es Jesús y lo horrible que es el pecado, cuando no pueden ver lo valioso que es Jesús y lo inútiles que son los tesoros de este mundo, cuando no pueden ver lo amoroso que es Jesús y lo mucho que el enemigo de su alma los odia, Jesús puede abrirles los ojos para que vean.

• • •

Señor, no deseo que _____ ande por esta vida espiritualmente ciego, incapaz de ver que el pecado solo toma y destruye mientras que tú das y bendices. No permitas que se quede al margen mientras tú pasas por ahí. Hijo de David, ten misericordia de él. Haz por él lo que solo tú puedes hacer. Dale a _____ ojos para ver tu bondad, fe para confiar en ti y voluntad para seguirte.

Le pertenece al Señor

La décima parte de los productos de la tierra, ya sea grano de los campos o fruto de los árboles, le pertenece al SEÑOR y debe ser apartada, es santa para el SEÑOR.
LEVÍTICO 27:30

DESDE LA PRIMERA VEZ QUE LE DAMOS una mesada a nuestro hijo, tenemos la oportunidad de hablarle acerca de cómo debe usar el dinero y de animarlo a usar una parte, a ahorrar otra y a darle una parte a Dios. De esta manera tenemos la oportunidad de moldear el entendimiento que nuestro hijo tiene de sí mismo como administrador: alguien a quien Dios le confía su dinero, el cual debe ser usado en formas que agraden y honren a Dios. También podemos comenzar a ayudarlo a construir una muralla contra la codicia. Cada vez que separe una cantidad determinada de dinero para Dios, tendrá que enfrentar su deseo de gastarlo en algo para sí mismo. Darle a Dios significa no gastarlo en nosotros. Enfrentar esta crisis con todas las mesadas y, posteriormente, con el salario que reciba lo pondrá a prueba una y otra vez.

Como todo lo que nos proponemos enseñarles a nuestros hijos, ellos aprenden más con nuestro ejemplo que con nuestras instrucciones. A medida que nuestros hijos crecen, comienzan a entender más sobre el dinero; no solo sobre cuánto dinero ganamos y la forma en que lo gastamos, sino también acerca de nuestras actitudes respecto al dinero y al hecho de que Dios afirma que nuestro dinero es suyo. Observan si somos dadores alegres o reacios. Y cada vez que nos ven poner en práctica nuestra confianza en que podemos vivir con el 90% o menos de nuestro salario, es como si les dijéramos: «Y este mismo Dios quien me cuida suplirá todo lo que necesiten, de las gloriosas riquezas que nos ha dado por medio de Cristo Jesús» (Filipenses 4:19).

• • •

Señor, deseamos ser dadores alegres y deseamos criar dadores alegres. Pero también nos damos cuenta de que hay muchas otras cosas que queremos, tantas otras cosas que prometen hacernos más felices que devolverte lo que ya te pertenece. Ayúdanos a rechazar la mentira de que necesitamos más para gastar en nosotros y, en lugar de eso, que podamos creer que tú suplirás todo lo que necesitemos.

Un cimiento eterno

*Cuando lleguen las tormentas de la vida, arrasarán con los perversos;
pero los justos tienen un cimiento eterno.* PROVERBIOS 10:25

NO PODEMOS EVITAR PREGUNTARNOS si Jesús estaba pensando en este proverbio cuando contó la historia del constructor sabio y del constructor necio. En el Sermón del monte, Jesús dijo: «Todo el que escucha mi enseñanza y la sigue es sabio, como la persona que construye su casa sobre una roca sólida. Aunque llueva a cántaros y suban las aguas de la inundación y los vientos golpeen contra esa casa, no se vendrá abajo porque está construida sobre un lecho de roca. Sin embargo, el que oye mi enseñanza y no la obedece es un necio, como la persona que construye su casa sobre la arena. Cuando vengan las lluvias y lleguen las inundaciones y los vientos golpeen contra esa casa, se derrumbará con un gran estruendo» (Mateo 7:24-27).

El constructor sabio y el constructor necio tienen, al menos, dos cosas en común. Primero, ambos escuchan la enseñanza de Jesús. (Podemos pensar en ellos como dos personas que escuchan el mismo sermón en la iglesia el domingo). La segunda cosa que tienen en común es la tormenta, la cual desciende sobre ambos con el mismo poder destructivo.

También hay algo que no tienen en común. Cuando el constructor sabio escucha la Palabra de Dios, la sigue. Otra traducción dice: «Pone [estas palabras] en práctica» (NVI). Esto marca toda la diferencia del mundo cuando viene la tormenta. La persona que no solo escuchó la Palabra de Dios, sino que la puso en práctica y la hizo parte de quién él es no debe tener temor de las tormentas de la vida. No significa que no será afectado por las tormentas, sino que las tormentas no lo destruirán. Su vida habrá sido edificada sobre algo sólido: la Palabra de Dios segura y verdadera, que no cederá bajo la presión de la tormenta.

· · ·

Señor, cómo anhelo que la vida de _____ sea edificada sobre algo sólido y seguro: la verdad de tu Palabra. Muéstrame, día a día, cómo puedo ayudar a _____ a no solo oír tu Palabra, sino también a poner en práctica tu Palabra en su vida. Que tu Palabra se vuelva parte de la estructura y el fundamento de su vida para que cuando las tormentas vengan, _____ no sea destruida por ellas.

Amar bien a los demás

Uno de los maestros de la ley religiosa estaba allí escuchando el debate. Se dio cuenta de que Jesús había contestado bien, entonces le preguntó:

—De todos los mandamientos, ¿cuál es el más importante?

Jesús contestó:

—El mandamiento más importante es: «¡Escucha, oh Israel! El SEÑOR nuestro Dios es el único SEÑOR. Ama al SEÑOR tu Dios con todo tu corazón, con toda tu alma, con toda tu mente y con todas tus fuerzas». El segundo es igualmente importante: «Ama a tu prójimo como a ti mismo». Ningún otro mandamiento es más importante que estos.

MARCOS 12:28-31

QUIEN HAYA TENIDO un bebé sabe que no es necesario enseñarle que se ame a sí mismo. Tenemos un instinto poderoso para cuidarnos, para disminuir nuestro dolor e incrementar nuestra felicidad. Este instinto no necesariamente es malo. No tiene nada de malo querer estar a salvo o saludable o ser respetado o satisfacer nuestras necesidades. No tiene nada de malo que nuestros hijos quieran tener éxito en los deportes o en la escuela o que disfruten usar ropa linda o participar en actividades divertidas. Esta tendencia natural, sin embargo, se puede volver maligna. El mandamiento de Jesús en Marcos 12 nos revela si el amor propio se volvió algo maligno.

La esencia de este mandamiento es que debemos estar tan dedicados a la seguridad y al bienestar de nuestro prójimo como a los nuestros. Jesús llama a nuestros hijos a desear buenos amigos para los demás tanto como buenos amigos para ellos mismos, a estar tan involucrados en que otros tengan el mismo reconocimiento por los logros que ellos están recibiendo.

Cuando entendemos el peso de este mandamiento, nos damos cuenta de que tanto nosotros como nuestros hijos necesitamos ayuda sobrenatural para amar al Señor y a los demás así.

• • •

Señor, este mandamiento nos deja expuestos. Nuestro amor propio innato nos impide amarte de la manera completa que exiges y nos mantiene mucho más comprometidos con cuidar de nosotros mismos que lo que estamos con satisfacer las necesidades de los demás. Sabemos que solo una persona te amó a ti y amó a su prójimo de esta manera perfecta y abnegada. Nuestro deseo es que, si permanecemos en Cristo, esta clase de amor se vuelva cada vez más nuestra forma de vivir.

Números 6:1–7:89
Marcos 12:38–13:13
Salmo 49:1-20
Proverbios 10:27-28

Que el Señor te bendiga

Entonces el SEÑOR le dijo a Moisés: «Diles a Aarón y a sus hijos que bendigan al pueblo de Israel con la siguiente bendición especial:

"Que el SEÑOR te bendiga
  y te proteja.
Que el SEÑOR sonría sobre ti
  y sea compasivo contigo.
Que el SEÑOR te muestre su favor
  y te dé su paz"». NÚMEROS 6:22-26

ESTA BENDICIÓN no fue dada como una petición para que el Señor concediera su favor. Fue un anuncio de la intención de Dios. Dios desea que su pueblo disfrute de la seguridad de su plan de bendecirlos. ¿No es grandioso saber que la decisión firme del Señor para nosotros y nuestra familia es bendecirnos?

Cuando oramos y le pedimos a Dios que bendiga nuestros planes, estamos invitando a su presencia a formar parte del centro de nuestra vida. Experimentar su bendición es más que recibir cosas buenas *de parte de* Dios. Es recibir más *de* Dios. Es estar profundamente satisfecho en Dios y que nuestro hogar esté tan seguro en él que las circunstancias adversas no puedan movernos. Significa que solo en Dios estamos plenamente felices. Que levantamos los ojos y vemos la sonrisa de Dios en nuestra vida y en nuestra familia.

Su rostro es radiante porque nos ve por quienes somos en Cristo. Dios no está enfocado en lo que hicimos, sea bueno o malo, sino en lo que Cristo hizo por nosotros. Ser bendecidos es vivir cada día en paz porque sabemos que nuestro Dios no mezquina su gracia. Su intención firme es mostrarnos su favor, o gracia, cuando lo buscamos.

• • •

Señor, qué buen Dios eres para bendecirnos, protegernos, sonreírnos, extendernos tu gracia, mostrarnos tu favor y darnos tu paz. Sabemos que estamos en la corriente de tu bendición abundante solo porque Jesús se sumergió en la corriente de tu maldición en nuestro lugar. Él soportó todo el peso de tu ira para que pudiéramos disfrutar de las grandes maravillas de tu favor. Sabemos que protegerás nuestra alma por la eternidad solo porque no hubo protección para tu propio Hijo. Puedes voltear tu rostro hacia nosotros solo porque apartaste tu rostro de tu Hijo. Nos regocijamos en tu amor y misericordia constantes y te pedimos que incrementes nuestro amor por ti.

Nuestro guía

El día que se armó el tabernáculo, la nube lo cubrió. Pero desde la tarde hasta el amanecer la nube que cubría el tabernáculo tomaba la apariencia de una columna de fuego. De esta manera ocurría siempre: por la noche la nube que cubría el tabernáculo tomaba la apariencia de fuego. Cada vez que la nube se elevaba de la carpa sagrada, el pueblo de Israel levantaba el campamento y la seguía; donde la nube se detenía, el pueblo de Israel armaba el campamento. NÚMEROS 9:15-17

ISRAEL ESTABA AL BORDE DE UN NUEVO COMIENZO. Estaban a punto de partir del monte Sinaí, donde habían estado acampando por casi un año, para comenzar su camino por el desierto hacia la Tierra Prometida. No tenían mucha información acerca del viaje ni del destino que les esperaba; sin embargo, esto es lo que sabían: que no entrarían al desierto solos. Dios iría con ellos. Había descendido para habitar en medio de ellos en el tabernáculo desde el primer día que fue levantado. Su gloria resplandeciente descendía en una columna de fuego sobre el tabernáculo que estaba en el medio del campamento y permanecía allí.

Llegaría el día cuando, una vez más, el pueblo de Dios se embarcaría en un viaje a lo desconocido: el día de Pentecostés. El Jesús resucitado había ascendido a las nubes y les dijo a sus seguidores que esperaran juntos. Así como la columna de fuego descendía sobre el tabernáculo en los días de Moisés, lenguas de fuego descendieron sobre el pueblo de Dios en el día de Pentecostés. Fue una señal externa de que el Espíritu Santo había descendido para habitar en todos los creyentes.

Cuando enfrentamos lo desconocido de cada nueva etapa de criar a nuestros hijos a través del desierto de este mundo, a veces desearíamos que una columna de fuego nos guiara y nos mostrara hacia dónde ir. Nosotros, sin embargo, tenemos algo mucho mejor. Tenemos al Espíritu Santo morando en nosotros, guiándonos y empoderándonos para enfrentar lo desconocido.

• • •

Señor, a veces desearía que tu presencia fuera tan visible y tu guía tan reconocible como una columna de fuego. Mientras nos abrimos paso a través del desierto en este mundo, no subestimamos tu presencia. Queremos avanzar cuando tú avanzas y detenernos donde estamos cuando tú te detienes. Gracias por tu Santo Espíritu, quien vive en nosotros e ilumina tu Palabra, ayudándonos a conocer y entender tu voluntad. Gracias por la forma en que estás renovando nuestra mente para que conozcamos tu voluntad buena, agradable y perfecta para nuestra vida.

Antojos

Entonces la gentuza extranjera que viajaba con los israelitas comenzó a tener fuertes antojos por las cosas buenas de Egipto. Y el pueblo de Israel también comenzó a quejarse: «¡Oh, si tuviéramos un poco de carne! —exclamaban—. Cómo nos acordamos del pescado que comíamos gratis en Egipto y teníamos todos los pepinos, los melones, los puerros, las cebollas y los ajos que queríamos. ¡Pero ahora lo único que vemos es este maná! Hasta hemos perdido el apetito». NÚMEROS 11:4-6

PARECE QUE la queja comenzó con aquellos que vivían en los márgenes del campamento, personas de numerosas nacionalidades que salieron de Egipto con el pueblo de Dios y que se habían dado maña para moverse hacia el centro, diseminando su descontento contagioso. ¿De qué se quejaban? De las mismas cosas que nosotros cuando las señales de restaurantes en las próximas salidas de las rutas nacionales no despliegan el logo conocido que estamos buscando o cuando la comida que nos sirven no se adapta a nuestro gusto. No es que no tuvieran nada que comer. Querían algo que no fuera el maná que Dios, en su gracia, hacía llover del cielo todos los días.

Dios los había sacado de la esclavitud de manera espectacular sin pedirles que pelearan ni siquiera una batalla. De manera sobrenatural, los había alimentado en el desierto sin pedirles que trabajasen. Les había dado el líder más humilde y fiel que pudieran imaginarse. Pero no podían verlo porque estaban consumidos por sus antojos. Se volvió un pueblo unidimensional que interpretaba la vida solo a través de sus antojos. Su deseo de tener más variedad para comer se convirtió en una exigencia que los cegó a todo lo demás.

Lo vemos en nuestros hijos. Ansían más juguetes y tecnología, ropa y autos. Pero también lo vemos en nosotros mismos. Muchos tenemos antojos que nos ciegan tanto que no podemos ver todo lo que Dios hizo por nosotros y todo lo que nos dio. Sí, valoramos la salvación y todo eso, pero lo que en realidad deseamos es ser delgados, tener una casa más linda en un mejor barrio, tener un trabajo con más autoridad y oportunidades, tener hijos que nos hagan quedar bien y amigos que nos hagan sentir importantes.

Para los israelitas, todo pasaba por la comida. ¿Por dónde pasa todo para usted? ¿Cómo pierde de vista la bondad de Dios?

• • •

Señor, no deseamos que nuestra familia sea gobernada por nuestros antojos, sino aprender el secreto que Pablo aprendió cuando dijo que había aprendido a estar satisfecho en toda circunstancia. Señor, necesitamos esa misma fortaleza para estar satisfechos.

Grandes intenciones

Pedro le dijo:
—Aunque todos te abandonen, yo jamás lo haré.
Jesús respondió:
—Te digo la verdad, Pedro: esta misma noche, antes de que cante el gallo dos veces, negarás tres veces que me conoces.
—¡No! —exclamó Pedro enfáticamente—. Aunque tenga que morir contigo, ¡jamás te negaré!
Y los demás juraron lo mismo. MARCOS 14:29-31

PEDRO LO DIJO EN SERIO. Se jugaba todo por Jesús y su misión; al menos por lo que entendía que era la misión de Jesús, pero no entendía ni su propia debilidad ni su confusión sobre el reino de Dios. Por eso, proclamó con tanta arrogancia su propia fidelidad a Cristo como si fuera superior a la de todos los demás. Con seguridad, dio un paso adelante como una excepción a lo que Jesús le dijo que sucedería. Los demás discípulos hicieron el mismo juramento. Sus grandes intenciones solo parecían contribuir con la tragedia que sigue: «Todos sus discípulos lo abandonaron y huyeron» (versículo 50).

Nosotros nos parecemos más a Pedro y al resto de los discípulos de lo que estamos dispuestos a admitir. Nos convencemos de que somos más sabios, más fuertes y más justos de lo que en realidad somos. Por causa de nuestra excesiva confianza, ponemos nuestra vida en peligro. Estamos seguros de que podemos mirar pornografía y no volvernos esclavos de ella. Nuestros hijos están seguros de que pueden ir a las fiestas y que no se dejarán persuadir para tomar alcohol. Nos gusta pensar que somos tan fuertes en nuestra fe como para ponernos en situaciones que sabemos que son peligrosas y terminamos cediendo a la tentación.

Fue descubrir su debilidad lo que hizo fuerte a Pedro. La confianza en sí mismo se desvaneció y, en su lugar, creció un sentido de dependencia absoluta del Señor. Quizás por eso nos anima: «Preparen su mente para actuar» (1 Pedro 1:13), «¡Estén alerta!» (1 Pedro 5:8) y «Manténganse en guardia» (2 Pedro 3:17). Pedro supo de primera mano que las buenas intenciones no son suficientes para proteger a una persona de los dardos del maligno.

• • •

Señor, a pesar de que _____ quizás desee ser fuerte ante la oposición y la tentación y, a pesar de lo buenas que puedan ser sus intenciones de ser leal a ti, _____ es débil y tiene mucha necesidad de tu Espíritu. El espíritu de _____ está dispuesto, pero su carne es débil. Sigue llamándolo a velar y a orar que no ceda a la tentación.

Ni uno solo

Dios mira desde los cielos
    a toda la raza humana;
observa para ver si hay alguien realmente sabio,
    si alguien busca a Dios.
Pero no, todos se desviaron;
    todos se corrompieron.
No hay ni uno que haga lo bueno,
    ¡ni uno solo! SALMO 53:2-3

«NADIE ES PERFECTO», le gusta decir a la gente. Pero, por supuesto, la situación es mucho más desalentadora que eso. David describe con claridad la realidad de los seres humanos en el Salmo 53. Describe a Dios inclinándose para observar la conducta de sus criaturas, echando una mirada para ver si encuentra, aunque sea, una persona que lo busque. Y no puede encontrar ni siquiera una.

No se trata de que no haya bondad humana en el mundo, sino de que los seres humanos no hacemos el bien de manera natural. Esto no debería sorprender a ningún padre. Nadie debe enseñarle a un niño a ser egoísta, sino que se le debe enseñar la lección de compartir. Y sabemos que, a medida que nuestros hijos entran en la adolescencia, a menudo es más probable que sean influenciados para hacer el mal más que para hacer el bien. Incluso cuando hacen lo correcto, sus buenas obras a veces se ven teñidas por motivaciones egoístas.

La escena donde Dios observa desde el cielo parece una situación sin esperanza. David anhela que Dios intervenga en esta situación apremiante, preguntando: «¿Quién vendrá del monte Sion para rescatar a Israel?». La salvación de Israel tendrá que salir de Sion, es decir, del lugar donde mora Dios. David pone toda su esperanza en el día «cuando Dios restaure a su pueblo», porque solo entonces «Israel se gozará» (Salmo 53:6). Ese día de gozo llegó con la venida de Jesucristo.

La esperanza de David para la humanidad pecadora es la misma esperanza que tenemos para nuestros hijos pecadores: que Dios los rescate. Nuestra esperanza está puesta en el Salvador que busca a quienes no lo están buscando.

• • •

Señor, me lamento con David por la corrupción que hay en mi corazón y en el corazón de mis hijos. Mi corazón también espera con el corazón de David que nos rescates y nos restaures.

Nunca abandonados

Al mediodía, la tierra se llenó de oscuridad hasta las tres de la tarde. Luego, a las tres de la tarde, Jesús clamó con voz fuerte: «Eloi, Eloi, ¿lema sabactani?», que significa «Dios mío, Dios mío, ¿por qué me has abandonado?». MARCOS 15:33-34

MIENTRAS ESTABA COLGADO EN LA CRUZ, Jesús debe haber estado meditando en el Salmo 22, escrito mil años antes de que él naciera. En este Salmo encontró las palabras que expresaban la agonía de su alma. Hasta este punto Jesús había sido golpeado y azotado, le habían clavado espinas en sus sienes y lo atravesaron con clavos en las manos y los pies, pero no había dicho nada. Y luego, de repente, desde la cruz gritó estas palabras del Salmo 22. Estaba experimentando algo infinitamente más doloroso que la agonía física; sintió la agonía espiritual como resultado de que la presencia conocida de Dios le había sido quitada.

En la cruz, Jesús se hizo pecado por nosotros. Y debido a que Dios no puede mirar el pecado, el Padre tuvo que abandonarlo. Por causa del odio al pecado y del amor a los pecadores, el Padre hizo a un lado a su Hijo amado, pero Jesús no fue abandonado para siempre. Una vez que la ira de Dios se consumió en el mismo corazón de Jesús, Jesús habló de nuevo desde la cruz, gritando las palabras del Salmo 31:5: «Padre, ¡encomiendo mi espíritu en tus manos!» (Lucas 23:46). El precio por el pecado fue pagado y la relación restaurada.

Aunque nos duele, y hasta incluso nos confunda pensar que Dios abandonó a su propio Hijo, debemos considerar que este abandono tuvo un propósito y fue beneficioso. Gracias a que Dios se apartó de su Hijo aquel día, usted y yo nunca deberemos temer que Dios nos abandone ni a nosotros ni a nuestros hijos. Jesús experimentó la separación que nosotros merecemos experimentar por la eternidad para que nunca tengamos que experimentarla. Aunque a veces nos sintamos abandonados por Dios, nunca lo estuvimos ni nunca lo estaremos. Gracias a que Jesús fue separado de Dios como nuestro substituto, podemos acercarnos a él. Gracias a que Dios apartó su mirada de Jesús, podemos tener confianza de que nunca la apartará de nosotros.

• • •

Señor, yo soy quien merece experimentar este atroz abandono de Dios. Yo soy quien pecó. Pero no solo cargaste con mis pecados y con los pecados de mis hijos, sino también sufriste el abandono de tu Padre para que nosotros podamos experimentar su presencia para siempre. ¡Gracias por tu amor desmesurado por _____ y por mí, el cual te costó todo y nos da todo lo que nuestro corazón en verdad anhela!

12 DE MARZO

Números 16:41–18:32
Marcos 16:1-20
Salmo 55:1-23
Proverbios 11:7

Una advertencia a quienes se quejan

Entonces el SEÑOR le dijo a Moisés: «Pon la vara de Aarón permanentemente delante del arca del pacto para que sirva de advertencia a los rebeldes. Esto deberá poner fin a las quejas contra mí y evitará más muertes». Y Moisés hizo lo que el SEÑOR le ordenó. Entonces el pueblo de Israel le dijo a Moisés: «¡Estamos perdidos! ¡Moriremos! ¡Estamos arruinados! Cualquiera que tan siquiera se acerque al tabernáculo del SEÑOR morirá. ¿Acaso estamos todos condenados a morir?». NÚMEROS 17:10-13

DURANTE SU PEREGRINAJE POR EL DESIERTO, Israel se quejaba. Se quejaban por la comida que aparecía afuera de sus tiendas cada mañana, por la falta de agua y por la ruta que estaban tomando y, en Números 16, vemos que se quejaban por los líderes que Dios les había dado en Moisés y en Aarón. Dios se había cansado de sus quejas. Les ordenó a los líderes de las doce tribus que le entregaran sus varas a Moisés. Fueron puestas ante la presencia del Señor en el tabernáculo y quedaron allí hasta la mañana siguiente. ¡Durante la noche, una vara no solo retoñó, sino dio brotes, floreció y produjo almendras! Así, el Señor mostró de forma definitiva que había escogido a Aarón para que sirviera y estuviera en su presencia y puso fin a la queja del pueblo.

¿Cómo debemos tratar la queja en nuestro corazón y en nuestro hogar? No podemos traer una vara muerta del jardín y hacerla florecer y producir almendras de la noche a la mañana para mostrarles quien manda. Sí podemos recordarles que todos, padres e hijos, somos como esas viejas varas muertas, útiles solo para el fuego y sin posibilidad de estar en la presencia de un Dios santo. La queja y la rebelión se pueden vencer solo contemplando otro madero: la cruz. Allí Jesús tomó sobre sí mismo la maldición que merecemos como rebeldes por causa de nuestras quejas. ¡Dios nos dio vida y la está haciendo fructífera! Gracias a que él tomó nuestra rebelión y nuestras quejas sobre sí mismo y nos pasó su registro de obediencia y gratitud perfecto, podemos hacer lo que los creyentes del Antiguo Testamento no podían: acercarnos a la presencia de Dios con valor y confianza.

· · ·

Señor, en la cruz vemos a Jesús absorbiendo el castigo que nosotros nos merecemos por nuestra rebelión y nuestras quejas. En su resurrección vemos florecer la vara de almendro, las primicias de la cosecha de la vida eterna. Cuando _____ se queja, concédenos la paciencia y la sabiduría para extenderle la misma gracia que das a aquellos que se quejan.

El corazón de los padres

—¡No tengas miedo, Zacarías! Dios ha oído tu oración. Tu esposa, Elisabet, te dará un hijo, y lo llamarás Juan. Tendrás gran gozo y alegría, y muchos se alegrarán de su nacimiento, porque él será grande a los ojos del Señor. No deberá beber vino ni ninguna bebida alcohólica y será lleno del Espíritu Santo aun antes de nacer. Y hará que muchos israelitas vuelvan al Señor su Dios. Será un hombre con el espíritu y el poder de Elías; preparará a la gente para la venida del Señor. Inclinará el corazón de los padres hacia los hijos y hará que los rebeldes acepten la sabiduría de los justos. LUCAS 1:13-17

JUAN EL BAUTISTA TUVO UNA FUNCIÓN ÚNICA en la historia de la redención. Vino con el espíritu y el poder del profeta Elías para llamar al pueblo de Dios de sus días a acudir a Dios, a arrepentirse y a cambiar. El ministerio de Juan afectaría tanto el corazón de su pueblo que revolucionaría la forma en que vivían en sus casas. En los padres se despertaría un amor y compromiso renovados hacia sus hijos. Los hijos rebeldes aceptarían la sabiduría de sus padres fieles a Dios.

¡Qué imagen de la gracia de Dios obrando en el corazón de cada miembro de la familia! Qué lección sobre cómo el evangelio transforma la manera en que padres e hijos se relacionan y se respetan los unos a los otros. Los padres cuyas pasiones habían sido invertidas en más trabajo o deportes o actividades comienzan a invertir sus mejores energías en satisfacer las necesidades de sus hijos. Los padres que solían maltratarse los unos a los otros con palabras hirientes y así mismo maltrataban a sus hijos comienzan a hablar con bondad, amabilidad y afecto. Los padres que se habían apartado de sus hijos por causa de decepciones repetidas o ingratitud aparente comienzan a involucrarse y a perdonar.

Aunque a veces experimentamos que una respuesta suave aparta la ira, ningún padre ni ningún hijo tiene todo el poder para cambiar el corazón del otro. Nuestros mejores esfuerzos a veces no son suficientes para ablandar o cambiar el corazón de nuestros hijos. Debido a que nuestro Padre abrió su corazón hacia nosotros en Cristo, sin embargo, él puede hacer que nuestro corazón se abra hacia nuestros hijos; podemos seguir pidiéndole que abra el corazón de nuestros hijos hacia nosotros.

• • •

Padre, cuanto más experimentamos tu gracia y tu misericordia, mejor capacitados estamos para dirigirnos a nuestros hijos con la misma gracia y misericordia. No podemos hacer que el corazón de _____ se abra hacia nosotros o hacia ti. Pero tú sí puedes. Por favor, haz que nuestro corazón rebelde acuda a ti y que nos amemos los unos a los otros.

¡Miren y vivan!

Entonces el SEÑOR envió serpientes venenosas entre el pueblo y muchos fueron mordidos y murieron. Así que el pueblo acudió a Moisés y clamó: «Hemos pecado al hablar contra el SEÑOR y contra ti. Pide al SEÑOR que quite las serpientes». Así pues, Moisés oró por el pueblo. Entonces el SEÑOR le dijo a Moisés: «Haz la figura de una serpiente venenosa y átala a un poste. Todos los que sean mordidos vivirán tan solo con mirar la serpiente». Así que Moisés hizo una serpiente de bronce y la ató a un poste. ¡Entonces los que eran mordidos por una serpiente miraban la serpiente de bronce y sanaban! NÚMEROS 21:6-9*

EL PUEBLO SE ESTABA QUEJANDO PORQUE Dios lo había sacado de Egipto, recordaban con nostalgia la buena comida que comían allí, pero al parecer no se acordaban de su amarga esclavitud. De modo que el Señor envió serpientes venenosas al campamento. ¿Por qué serpientes? El símbolo del poder egipcio plasmado en la corona del faraón era una serpiente. Era como si estas serpientes dijeran con cada siseo: «¿En realidad es esto lo que quieren? ¿Desean que la poderosa serpiente de Egipto los aflija de nuevo con sufrimientos?». Las serpientes también eran un recordatorio de la serpiente antigua que se había deslizado en el huerto de Edén y tentado a Adán y a Eva, lo cual provocó que fueran echados al desierto.

Dios le ordenó a Moisés que montara el símbolo de los enemigos mortales de Israel (Egipto y Satanás) sin vida y derrotados sobre un poste. Esta era una imagen de cómo el poder del pecado un día sería derrotado para siempre cuando la simiente de la mujer aplastara la cabeza de la serpiente (Génesis 3:15). Los israelitas recibían vida y sanidad cuando fijaban su mirada sobre la serpiente de bronce que estaba en el poste, una imagen de la derrota futura de la serpiente antigua cuando Jesús fuera levantado sobre el madero de la cruz.

• • •

Así como Moisés levantó a la serpiente de bronce sobre un poste en el desierto, Jesús sería levantado en la cruz para que todo el que cree en él tenga vida eterna. Tú amas tanto a _____ que entregaste a tu único Hijo para que si _____ cree en ti, tenga vida eterna. Enviaste a tu Hijo al mundo no para juzgar a _____, sino para salvarla a través de él. Por favor, llama a _____ hacia ti para que pueda fijar su mirada en la cruz, donde se encuentra su salvación.

Guarda silencio

Es necio denigrar al vecino;
  una persona sensata guarda silencio.
El chismoso anda contando secretos;
  pero los que son dignos de confianza saben guardar una confidencia.

PROVERBIOS 11:12-13

A LA MAYORÍA DE LOS PADRES NOS LLEGA el día en que descubrimos que nuestros hijos son más propensos a hacer lo que hacemos que lo que decimos. Ellos observan cómo actuamos; y eso moldea lo que hacen para bien y para mal. De la misma manera, cuando pensamos que nuestros hijos no están escuchando, lo están haciendo; incluso cuando no estamos hablando con ellos. De hecho, nuestros hijos absorben muchísimo de lo que les decimos a los demás, a las personas en la iglesia después del servicio, a nuestros mejores amigos por teléfono, al policía y acerca del policía que detiene nuestro vehículo, al árbitro que cobra en contra de nuestro equipo, al vecino que nos molesta.

¿Qué es lo que sus hijos escuchan cuando habla con otros adultos? ¿Le escuchan denigrar constantemente a los demás, a compañeros de trabajo sobre la calidad de su trabajo, a otros padres por la forma en que crían a sus hijos, a sus propios padres por las decisiones que están tomando? Un padre sensato guarda silencio.

¿Sus hijos le escuchan chismear sobre los hábitos secretos, las fallas secretas, los fracasos secretos, los sufrimientos secretos de aquellas personas por quienes finge preocuparse? Aquellos que son confiables pueden guardar una confidencia.

¿Cuánto mejor sería si nuestros hijos nos escucharan reconocer las cualidades de Cristo en los demás, celebrar sus logros y afirmar sus dones? ¿Cuánto más nuestros hijos aprenderían de nosotros si nos observaran sofocar los chismes en lugar de unirnos a ellos? ¿Cómo crecería su disposición a confiarnos sus secretos si observaran que guardamos el secreto de los demás?

• • •

Señor, en mi necedad denigré a otras personas, hablé con malicia y compartí cosas que no me correspondía decir ni en privado ni delante de mis hijos. Hoy reconozco esas cosas como pecado y pido tu ayuda divina para abandonar este pecado. Por favor, empodérame para que escoja bendecir en lugar de denigrar, guardar silencio en lugar de compartir secretos.

Pensamientos revelados

Los padres de Jesús estaban asombrados de lo que se decía de él. Entonces Simeón les dio su bendición y le dijo a María, la madre del bebé: «Este niño está destinado a provocar la caída de muchos en Israel, y también el ascenso de muchos otros. Fue enviado como una señal de Dios, pero muchos se le opondrán. Como resultado, saldrán a la luz los pensamientos más profundos de muchos corazones, y una espada atravesará tu propia alma». LUCAS 2:33-35

UN NIÑO NUNCA RECIBIÓ UNA BIENVENIDA más festiva que el bebé Jesús cuando María y José lo llevaron al templo y lo pusieron en los brazos del anciano Simeón. El Señor le había revelado a Simeón que no moriría hasta haber visto al Mesías con sus propios ojos. El bebé que tenía en sus brazos era el Salvador. Dios le reveló a Simeón que este niño traería salvación a gente de todo el mundo y que muchos en Israel se opondrían a él y lo rechazarían. Debido a eso, un día María misma sentiría la fuerza contundente de ese odio en su propia alma. Sin lugar a duda, María debe haber pensado en las palabras de Simeón cuando lloraba a los pies de la cruz. Sin duda, debe haber pensado que la espada que atravesaría su alma estaba en ese momento cortando su corazón en pedazos.

Simeón tenía razón. Muchos se opusieron a Jesús. «Vino al mismo mundo que él había creado, pero el mundo no lo reconoció. Vino a los de su propio pueblo, y hasta ellos lo rechazaron; pero a quienes creyeron en él y lo recibieron, les dio el derecho de llegar a ser hijos de Dios. Ellos nacen de nuevo, no mediante un nacimiento físico como resultado de la pasión o de la iniciativa humana, sino por medio de un nacimiento que proviene de Dios» (Juan 1:10-13).

Esta espada corta en dos nuestra propia vida y, quizás, corte en dos a nuestra familia y separe a aquellos para quienes Jesús es un gozo de aquellos que lo ignoran, rechazan y se oponen a él. Esta espada que un día separará a las ovejas de los cabritos también atraviesa nuestra propia alma.

• • •

Soberano Señor, sé que mi futuro y el futuro de _____ dependen de nuestra respuesta a Jesucristo, el Salvador que enviaste al mundo. Tu Palabra es una espada de dos filos que penetra hasta lo profundo de cada uno de nosotros, y revela nuestros pensamientos e intenciones más profundos. Te pido, Señor, que la espada de tu Palabra, empuñada por tu Espíritu, obre para cortar todo lo que impida que _____ te reconozca como su verdadero y único Salvador.

Jesús crecía

Jesús crecía en sabiduría y en estatura, y en el favor de Dios y de toda la gente. LUCAS 2:52

¿QUÉ TAL HABRÁ SIDO SER PADRES DE JESÚS? Imagínese ser padre de un hijo libre de pecado. Suena bien, ¿no le parece? Por supuesto el hecho de que Jesús haya sido libre de pecado no significa que nació completamente formado y sin necesidad de padres humanos. Ser padre de Jesús significaba criar a un niño que pasaría por el proceso de crecimiento normal. Y, aunque este versículo no nos dice todo lo que nos gustaría saber sobre cómo fue la niñez de Jesús, está claro que Jesús creció en todos los aspectos que queremos que crezcan nuestros hijos. Con el paso del tiempo de la niñez a la adolescencia y, luego a la adultez, Jesús creció. Cambió. Se desarrolló. Aunque queda claro que el Espíritu Santo estaba obrando a través de las Escrituras en el crecimiento de Jesús, sus padres sin lugar a duda fueron una parte clave del proceso.

De la misma manera, como padres, tenemos una función importante en el proceso de desarrollo de nuestros hijos y en lo que se convierten, pero no todo depende de nosotros. Necesitamos que el Espíritu Santo obre a través de su Palabra en la vida de nuestros hijos.

Anhelamos que nuestros hijos crezcan en sabiduría. Esto tiene menos que ver con las notas académicas y más con vivir vidas fieles a Dios. Deseamos ver un crecimiento constante, no solo en su conocimiento de las Escrituras, sino también en su capacidad para poner en práctica la verdad de Dios en sus relaciones, prioridades y búsquedas. Queremos que nuestros hijos crezcan en estatura. Mucho más importante que el hecho de que el pediatra nos muestre en el cuadro de crecimiento cómo está creciendo nuestro hijo, lo que queremos es ver que nuestros hijos son saludables en cuerpo y mente, en hábitos y en términos de imagen corporal, así como respecto a comer y a beber para la gloria de Dios. Anhelamos que nuestros hijos desarrollen una vida bajo el favor de Dios. Deseamos que experimenten lo que significa que Dios les sonría porque están conectados a Jesús. Y, finalmente, anhelamos que tengan buenas relaciones con todas las personas.

• • •

Señor, estoy desesperado por tu sabiduría para saber cómo guiar mejor a _____ para que crezca en sabiduría, cómo animar a _____ para que reciba tu favor a través de Cristo y como mostrarle a _____ con el ejemplo la manera de amar correctamente a los demás en este mundo. Dame la paciencia y la perseverancia que necesito para la larga tarea de ser padres.

Números 26:52–28:15
Lucas 3:1-22
Salmo 61:1-8
Proverbios 11:16-17

Hijas de fe auténtica

*Cierto día las hijas de Zelofehad —Maala, Noa, Hogla, Milca y Tirsa— presentaron
una petición. Zelofehad, su padre, era descendiente de Hefer, hijo de Galaad, hijo de
Maquir, hijo de Manasés, hijo de José. Estas mujeres acudieron a Moisés, al sacerdote
Eleazar, a los jefes de las tribus y a toda la comunidad, a la entrada del tabernáculo.
Ellas dijeron: «Nuestro padre murió en el desierto, pero no por estar entre los seguidores
de Coré que se rebelaron contra el SEÑOR, sino que murió debido a su propio pecado
y no tuvo hijos varones. ¿Por qué debería desaparecer el nombre de nuestro padre de
entre su clan solo porque no tuvo hijos varones? Dennos una porción de terreno entre
el resto de nuestros parientes». NÚMEROS 27:1-4*

ZELOFEHAD HABÍA FALLECIDO DURANTE los cuarenta años que los israelitas vagaron
por el desierto; y había muerto sin hijos que continuasen su nombre y heredaran su porción en la tierra asignada a su familia en Canaán. Tener descendientes que continuaran el
nombre a través de las generaciones era una parte esencial para ser participante de las promesas de Dios. Como estaban las cosas, el nombre de Zelofehad sería olvidado, y su tierra
sería absorbida por otro clan. Pero Zelofehad tenía cinco hijas; mujeres que estaban seguras
de que las promesas de Dios eran tan valiosas como para pelear por ellas. Por lo tanto,
fueron a presentarse ante Moisés y apelaron su caso. A pesar del pecado de su padre, por la
gracia y la misericordia de Dios, estas hijas recibieron una porción de terreno en la tierra.

Lo que estas hijas querían era una herencia que había sido prometida por Dios, pero
todavía no había sido poseída. A diferencia de los hombres de las generaciones anteriores
de la familia, a quienes les había faltado fe para entrar a la tierra que Dios les había prometido, estas hijas declararon mediante sus acciones: «¡Creemos en lo que Dios ha prometido
y queremos todo lo que prometió darnos!».

Si hay algo que queremos que tengan nuestros hijos es una fe valiente como la de las
hijas de Zelofehad; anhelamos que, a pesar de los pecados de sus padres y de las dudas que
sus padres pudieran haber tenido acerca de la bondad de Dios, deseen todo lo que él tiene
para dar y que estén dispuestos a hacer lo que sea necesario para aferrarse a sus promesas.

• • •

*Señor, por favor, llena a _____ con el mismo deseo apasionado por lo que tú provees,
la misma confianza resistente en tu bondad, la misma decisión valiente para aferrarse a lo
que tienes para dar. Ayúdame a descansar en la verdad de que mis fracasos respecto a confiar
en ti y a obedecerte no determinan la herencia futura de mis hijos en la Tierra Prometida.*

Hijo muy amado

Cierto día, en que las multitudes se bautizaban, Jesús mismo fue bautizado. Mientras él oraba, los cielos se abrieron, y el Espíritu Santo, en forma visible, descendió sobre él como una paloma. Y una voz dijo desde el cielo: «Tú eres mi Hijo muy amado y me das gran gozo». [...] Jesús tenía unos treinta años cuando comenzó su ministerio público. Jesús era conocido como el hijo de José. José era hijo de Elí. [...] Set era hijo de Adán. Adán era hijo de Dios. LUCAS 3:21-23, 38

ADÁN FUE EL PRIMER HIJO DE DIOS (LUCAS 3:38). Tenía el potencial de traer gran gozo a su Padre, pero en lugar de eso le trajo a su Padre gran dolor. La desobediencia de Adán demandó que fuera exiliado del huerto de Edén y de la presencia de Dios. Entonces, Dios tuvo otro hijo, la nación de Israel. «De Egipto llamé a mi hijo», escribió Oseas acerca de Israel (11:1). El Señor quería que este hijo, su posesión preciosa, viviera en su tierra santa en obediencia a su ley, la cual fue dada en el monte Sinaí. Pero los israelitas también fueron desobedientes. Y, como resultado, así como Adán fue exiliado del huerto, Israel fue exiliado de la Tierra Prometida.

Dios no estaba feliz con el hecho de que su pueblo viviera separado de él. Por eso, envió al mundo a su muy amado Hijo Jesús, quien le causó gran gozo. ¡Este hijo sí obedeció! También fue exiliado; no por causa de su propia desobediencia, sino por la nuestra. Al tomar nuestros pecados sobre sí mismo, Jesús hizo posible que Dios nos dijera tanto a nosotros como a nuestros hijos e hijas: «Tú eres mi Hijo amado; estoy muy complacido contigo» (Marcos 1:11, NVI).

Amamos a nuestros hijos, y nuestros hijos nos causan tanto gozo como dolor. Lo que más importa no es que nuestros hijos nos complazcan, sino que complazcan a su Padre celestial, lo cual solo sucede cuando están unidos a Jesús por la fe y reciben su registro de obediencia perfecta como regalo. Todos nacemos muertos espiritualmente por causa del pecado de nuestro ancestro Adán. Cuando nos unimos a Jesús por fe, el Padre derrama sobre nosotros el mismo amor y aprobación que derrama sobre su Hijo, Jesús.

* * *

Padre, reconozco que estoy muy preocupado porque _____ viva una vida que me traiga gran gozo, una vida que pueda aprobar y ratificar. Pero me doy cuenta de que lo más importante es que _____ esté unido a tu amado Hijo por la fe para que esté bajo tu sonrisa, tenga tu bienvenida garantizada y sea aceptable gracias a Jesús.

20 DE MARZO

Números 30:1–31:54
Lucas 4:1-30
Salmo 63:1-11
Proverbios 11:20-21

Atado por un juramento

Moisés mandó llamar a los jefes de las tribus de Israel y les dijo: «Esto es lo que el SEÑOR ha ordenado: un hombre que hace un voto al SEÑOR o una promesa bajo juramento jamás deberá faltar a su palabra. Tiene que cumplir exactamente con lo que dijo que haría». NÚMEROS 30:1-2

CUANDO EL PUEBLO DE DIOS SE PREPARABA para comenzar una nueva vida en la tierra que él les había prometido, donde irían a vivir como especial tesoro de Dios y a ser luz para los gentiles, el Señor les dijo algo muy importante. Debían testificar acerca del carácter de Dios al mundo que los rodeaba, diciendo la verdad y cumpliendo con fidelidad lo que habían prometido.

Incluso hoy, el pueblo de Dios deber ser gente que cumple con lo que dice, aun cuando le cueste. Es decir, cuando hacemos un juramento, debemos cumplir nuestra promesa y el compromiso que hicimos. Cuando no nos cuidamos de cumplir con lo que les prometemos a nuestros hijos, o a otras personas ante la presencia de nuestros hijos, socavamos su confianza, no solo en nuestra confiabilidad para cumplir con nuestra palabra, sino también en la fidelidad de Dios cuyo nombre representamos. Esa es la razón por la cual es tan importante que nuestro sí sea sí y nuestro no sea no, como Jesús nos enseña en Mateo 5:37.

A pesar de lo mucho que anhelamos ser personas que cumplen sus promesas, somos quebradores de promesas pequeñas y grandes. Por fortuna, hay alguien que cumplió su promesa de manera perfecta en nuestro lugar. Lo que es más importante, Jesús, a quien estamos unidos por medio de la fe cargó con el castigo por todas nuestras promesas rotas. Unidos a Cristo por la fe, nos convertimos en parte de la familia de Dios y herederos en Cristo de todas las promesas de Dios. Nuestra herencia, y la confianza de nuestros hijos, descansan en la fidelidad de Dios, no en la nuestra. Nuestra salvación es segura precisamente porque no descansa en nuestra capacidad para cumplir las promesas que le hacemos a Dios, sino en su capacidad para cumplir con todas las promesas de su pacto que nos hizo a nosotros.

• • •

Dios, te ataste a ti mismo a tu pueblo con un juramento para que quienes reciben la promesa puedan estar seguros de que nunca cambias de idea. Nos diste tanto tu promesa como tu juramento. Es imposible que cambien porque es imposible que tú mientas. Quienes nos refugiamos en ti podemos tener gran confianza mientras nos aferramos a la esperanza que nos espera, un ancla confiable y fuerte para nuestra alma.

Avance en el desierto

Esta es la ruta que los israelitas siguieron cuando salieron de Egipto bajo el liderazgo de Moisés y Aarón. Por orden del SEÑOR, Moisés guardó un registro escrito del avance. Estas son las etapas de la marcha, identificadas por los diferentes lugares donde se detuvieron en la ruta. NÚMEROS 33:1-2

NÚMEROS 33 ES UNA DE ESAS LISTAS en la Biblia que pensamos que tiene poco para enseñarnos por lo tedioso de los detalles, pero si nos pusiéramos en las sandalias de aquellos que estaban en el límite del desierto, preparándose para entrar a la Tierra Prometida, nos daríamos cuenta de que esta lista evocaba muchos recuerdos. Quizás también veríamos que tenía el propósito de moldear la perspectiva de Israel sobre los cuarenta años en el desierto. De la misma manera, también tiene algo que decirnos a nosotros acerca de los años atravesando el desierto de este mundo en nuestro peregrinar hacia la tierra santa de Dios.

En esta lista se incluyen tres clases de lugares, los cuales de seguro les recordaban la fidelidad del Señor al satisfacer sus necesidades, como cuando encontraron un oasis en el desierto en Elim. Luego están los lugares que de seguro les hicieron recordar sus fallas y rebeliones contra el Señor, como cuando se quejaron contra Moisés en Refidim, donde no había agua para beber. Lo que es interesante es que esta lista inspirada divinamente no menciona los grandes pecados del pueblo en estos lugares. Es como si Dios los hubiera perdonado y se hubiera olvidado y no tuviera ningún deseo de restregárselos en la cara. Luego, están los lugares donde no sucedió nada significativo. Esos fueron días comunes en los cuales Dios los alimentaba, los cuidaba y los guiaba con fidelidad.

Si tuviera que escribir un registro del viaje de su familia a través del desierto de este mundo, ¿no incluiría también estas tres clases de lugares: lugares donde Dios obró de maneras significativas para satisfacer sus necesidades, marcadores de grandes fallas y pecados en su familia que amenazaban su avance y días comunes en los cuales Dios los alimentaba, guiaba y cuidaba con fidelidad?

• • •

Señor, cuando pensamos en los días, los meses y los años de nuestra vida, te agradecemos por los muchos lugares en los cuales obraste de maneras inconfundibles a favor nuestro. Estamos agradecidos por tu capacidad divina para olvidar nuestros pecados; por apartarlos de nosotros tan lejos como el oriente está del occidente. Y te agradecemos por todos los días tranquilos y comunes en los que nos alimentaste, guiaste y cuidaste como familia.

Vio a un cobrador de impuestos

Tiempo después, al salir de la ciudad, Jesús vio a un cobrador de impuestos llamado Leví sentado en su cabina de cobrador. «Sígueme y sé mi discípulo», le dijo Jesús. Entonces Leví se levantó, dejó todo y lo siguió. LUCAS 5:27-28

TEMPRANO AQUEL DÍA, la mayoría de las personas del pueblo habían llenado la casa para escuchar hablar a Jesús y ver cómo un hombre que había sido paralítico se ponía de pie de un salto, tomaba su lecho y se iba a su casa alabando a Dios. Pero Leví, el cobrador de impuestos del pueblo, no estaba allí. El dinero era su dios. Ahora Jesús estaba pasando y una gran multitud lo seguía, y Leví seguía sentado. Pero, entonces, Jesús vio a Leví. Jesús vio su codicia y corrupción. Vio su soledad y necesidad. Jesús se dirigió hacia donde estaba el hombre que no se dirigía hacia él. Cuando Jesús miró a Leví, este hombre a quien odiaban por ladrón, vio en lo que Leví se convertiría. Jesús pudo ver que se convertiría en Mateo, lo cual significa «regalo de Dios»; el escritor del Evangelio, regalo para la iglesia.

En este llamado impredecible a Leví y en su respuesta inmediata, inesperada y absoluta vemos que el llamado de Cristo a seguirlo es completamente soberano e irresistible. Al leproso, Jesús le dice: «¡Sé sano!», y se sana. Al paralítico, le dice: «Levántate», y se levanta y camina. Y a Leví, Jesús le dice: «Sígueme», y lo sigue de inmediato. Dicho eso, la autoridad de Jesús no le quita méritos a la respuesta genuina de Leví. Cuando Leví «se levantó, dejó todo y lo siguió», vemos su respuesta humana genuina de fe. Cuando siguió a Jesús se puso de manifiesto su respuesta de fe.

Como padres, cuando vemos a nuestros hijos sentados en lugar de seguir al Señor, no podemos verlos como Jesús los ve. Aunque no podemos ver todo lo que Jesús planeó para ellos y todas las formas en que pretende cambiarlos, podemos orar que Jesús vea a nuestros hijos y para que los llame. Y podemos confiar en que su llamado es irresistible.

● ● ●

Señor, a veces cuando miro a _____, todo lo que puedo ver es quien es ahora, las decisiones que está tomando y su necesidad de un cambio significativo. Solo sé que eres soberano y que si lo ves y lo llamas a seguirte, no podrá resistirse a tu llamado. Por eso ven. Llama a _____ para que sea tu discípulo. Cómo anhelo que se diga de _____ que se «levantó, dejó todo y te siguió».

Los que se creen justos

Jesús les contestó: «La gente sana no necesita médico, los enfermos sí. No he venido a llamar a los que se creen justos, sino a los que saben que son pecadores y necesitan arrepentirse». LUCAS 5:31-32

POR NUESTRO DESEO DE QUE NUESTROS hijos sean santos, a veces, los ponemos en la situación de que sean hipócritas. En lugar de reconocer que nuestros hijos están enfermos con la enfermedad del pecado y que necesitan el toque sanador de Cristo, los vendamos con actividades de la iglesia y los vestimos con buen comportamiento para que puedan aprender a verse saludables y buenos cuando es posible que esa no sea la realidad de su alma en lo más mínimo.

«Antes de ser un asunto del comportamiento, el pecado siempre será un asunto del corazón». El pecado, sencillamente, es parte de nuestra naturaleza. Lo frustrante para nosotros como padres es que no tenemos el poder para cambiar el corazón de nuestros hijos. Por eso, en nuestro celo por verlos hacer lo que es correcto, «pedimos que la ley haga en la vida de nuestros hijos lo que solo la gracia puede lograr». Ponemos nuestra esperanza en elaborar el «conjunto de reglas correctas, la amenaza correcta de castigo y el ser consistentes en hacerlas cumplir». Nos engañamos a nosotros mismos pensando en que si podemos regular el comportamiento de nuestros hijos, habremos hecho bien nuestro trabajo.

Si el conjunto de reglas correctas (los diez mandamientos), la amenaza de castigo correcta (el exilio de la tierra de la promesa) y el estar consistente en hacerlas cumplir (la justicia perfecta de Dios) tuvieran el poder para crear cambios duraderos en la vida de la gente, no hubiera habido necesidad de un Salvador. Jesús vino, y todavía viene, a los hogares de las personas que tienen la enfermedad del pecado. Nunca nos llama a nosotros como padres a hacer lo que solo él puede hacer, sino por el contrario: «Él levanta la carga del cambio» de nuestros hombros y la pone sobre los suyos.

• • •

Señor, deseamos enseñarle a _____ tu ley, la cual es correcta y buena. Y queremos ejercitar fielmente autoridad y disciplina con amor en la vida de _____. Anhelamos ser herramientas en tus manos para crear el cambio de corazón que necesita en su vida. Por favor, muéstranos dónde estamos sustituyendo el amor genuino por ti con el seguimiento de las reglas. Sigue recodándonos que vienes a llamar a quienes tienen la enfermedad del pecado y la necesidad de que tu gracia los ayude a arrepentirse.

24 DE MARZO

Deuteronomio 2:1–3:29
Lucas 6:12-38
Salmo 67:1-7
Proverbios 11:27

Amor sobrenatural

A los que están dispuestos a escuchar, les digo: ¡amen a sus enemigos! Hagan bien a quienes los odian. Bendigan a quienes los maldicen. Oren por aquellos que los lastiman. Si alguien te da una bofetada en una mejilla, ofrécele también la otra mejilla. Si alguien te exige el abrigo, ofrécele también la camisa. Dale a cualquiera que te pida; y cuando te quiten las cosas, no trates de recuperarlas. Traten a los demás como les gustaría que ellos los trataran a ustedes. LUCAS 6:27-31

ES NORMAL AMAR A QUIENES NOS AMAN. Y nos resulta natural odiar a quienes se nos oponen, a quienes nos hacen daño o a quienes nos humillan. También es natural que deseemos diluir este mandamiento de Cristo a algo más manejable, más razonable. Como padres, no podemos soportar la idea de que alguien se aproveche de nuestros hijos, entonces, somos más propensos a enseñarles a protegerse y a defenderse que a enseñarles cómo orar por aquellos que les hacen daño. Pero ¿y si lo hiciéramos? Antes de que responda, entienda que esto significa que tendrá que mostrar con su ejemplo que ama a *sus* enemigos y bendecir de manera audible a quienes *lo* maldicen.

¿Qué actitudes ven sus hijos en usted y qué escuchan cuando se refiere a sus vecinos que se estacionan mal, a su jefe que abusa de su poder, al árbitro que dirige mal o a los líderes de la iglesia que hacen cambios innecesarios? ¿Y si usted y sus hijos invitaran a los vecinos molestos a cenar? ¿Y si sus hijos lo escucharan bendecir a su jefe, agradecerle al árbitro y orar por los líderes de la iglesia en lugar de quejarse? ¿Es posible hacer algo así?

El evangelio, con sus promesas asombrosas de grandes recompensas, ofrece los recursos que necesitamos para este comportamiento impulsado por el Espíritu. Cuando amamos a nuestros enemigos, ponemos en práctica el carácter mismo de Dios, el cual fue manifestado plenamente en Jesús. Amamos como somos amados. Este mandamiento de amar a nuestros enemigos es un llamado a obras de caridad, palabras de bendición y oraciones por perdón sobrenaturales. Es un mandamiento a amar de manera sobrenatural.

• • •

Señor, no puedo confiar en lo que me sale por naturaleza cuando se trata de relacionarme con las personas que están en mi contra y con aquellos que me hacen daño a mí o a mi familia. Necesito poder sobrenatural para amar como soy amado. Eres un Dios que demostraste tu amor hacia nosotros aun cuando éramos tus enemigos. Por favor, lléname con esa clase de amor y llena a _____ con esa clase de amor para que podamos amar como tú amas.

83

La astilla en el ojo de mi hijo

¿Cómo puedes decir: «Amigo, déjame ayudarte a sacar la astilla de tu ojo», cuando tú no puedes ver más allá del tronco que está en tu propio ojo? ¡Hipócrita! Primero quita el tronco de tu ojo; después verás lo suficientemente bien para ocuparte de la astilla en el ojo de tu amigo. LUCAS 6:42

COMO PADRES, siempre estamos curioseando en la vida, el carácter y los hábitos de nuestros hijos, tomando notas de las áreas de crecimiento y desarrollo, así como de las áreas que todavía necesitan maduración y santificación. Estamos dispuestos a corregir de inmediato a nuestros hijos cuando hablan con severidad y se quejan. Ponemos límites al tiempo que pasan frente a la pantalla y al consumo de dulces. Estamos siempre dispuestos a mencionar sus celos y su orgullo.

Aunque es verdad que los pecados de nuestros hijos necesitan ser confrontados con amor, antes de hablar, antes de señalar con el dedo, deberíamos ser sabios y echar un vistazo al espejo con ojos dispuestos a ver nuestro propio orgullo, nuestras propias obsesiones que idolatramos, nuestro propio egoísmo. Nuestros hijos luchan con los mismos pecados que luchamos nosotros; la diferencia es que tenemos más experiencia en justificarlos e ignorarlos. Necesitamos examinarnos a nosotros mismos para ver si estamos disciplinando a nuestros hijos por pecados que nos permitimos a nosotros mismos. Finalmente, los padres que se duelen y se humillan por causa de sus propios pecados están mejor preparados para tratar con la «astilla» en el ojo de sus hijos. Si tratamos a nuestros pecados con la misma firmeza que tratamos los pecados de nuestros hijos, demostrando así tanto compromiso con la obediencia como una expectativa de gracia y misericordia, estaremos poniendo en práctica una fe auténtica delante de ellos. La clase de fe que ellos mismos de seguro querrán poner en práctica.

• • •

Señor, no quiero ser un hipócrita en mi propio hogar. Pero es tan difícil para mí ser humilde delante de mis hijos y confesar mis propios pecados. Es tan difícil dejarles ver cuánto necesito que tu Espíritu me empodere para ser cada vez más santo. ¡Pero lo necesito! Necesito tu poder para escoger la humildad y erradicar la hipocresía. Ayúdame a ser tan riguroso en reprender y abandonar mis propios pecados como lo soy cuando se trata de reprender y corregir los pecados de mis hijos.

Repítelos una y otra vez

Ama al SEÑOR tu Dios con todo tu corazón, con toda tu alma y con todas tus fuerzas. Debes comprometerte con todo tu ser a cumplir cada uno de estos mandatos que hoy te entrego. Repíteselos a tus hijos una y otra vez. Habla de ellos en tus conversaciones cuando estés en tu casa y cuando vayas por el camino, cuando te acuestes y cuando te levantes. Átalos a tus manos y llévalos sobre la frente como un recordatorio. Escríbelos en los marcos de la entrada de tu casa y sobre las puertas de la ciudad. DEUTERONOMIO 6 : 5 - 9

MOISÉS ESTABA ACAMPANDO EN EL LÍMITE de la Tierra Prometida con el pueblo de Dios. Pero no entraría con ellos, entonces, estaba diciéndoles todo lo que necesitaban saber para vivir bien en la tierra que Dios les estaba dando. Les repitió los diez mandamientos que Dios había escrito en tablas de piedra cuarenta años atrás, cuando la mayoría de aquellos que estaban con él eran apenas unos niños o ni siquiera habían nacido.

El peso y la sabiduría de las instrucciones de Moisés resuenan a través de los siglos hasta llegar a nosotros en la actualidad. Moisés estaba exhortando a los padres a que les contaran a sus hijos que Dios los había salvado de la esclavitud en Egipto con mano poderosa y les había dado su ley amorosa para que vivieran por ella cuando se sentaran alrededor de la mesa, cuando viajaran, cuando estuvieran acostados y al levantarse por las mañanas. En otras palabras, la gracia y la ley de Dios debían ser partes auténticas de su conversación a lo largo del día, en todos los lugares y situaciones. Debido a que eran personas cuya alma había sido moldeada por la liberación de Dios y cuyo estilo de vida estaba siendo moldeado por la ley de Dios, lo más natural era que estas verdades moldearan sus conversaciones con sus hijos.

Eso no siempre nos es natural, ¿verdad? Tenemos temor de permitir que nuestros hijos vean nuestra debilidad, cuán necesitados estamos y nuestras fallas. Este gran pasaje sobre la crianza de los hijos no nos está diciendo lo efectivos que debemos ser como padres ni nada por el estilo. Por el contrario, nos recuerda que debemos ser auténticos respecto a nuestra necesidad de Jesús.

• • •

Señor, este pasaje parece condenarme desde el principio porque no te amo con todo mi corazón, alma y fuerzas. Pero deseo hacerlo. No he estado del todo comprometido con tus mandamientos ni los hice una parte constante de mis conversaciones diarias con _____. Señor, suelta mi lengua ante _____ para que le comparta acerca de mi necesidad de tu gracia y perdón, así como de mi confianza en que tu suplirás tu gracia y tu perdón para mí.

El Señor lo ama

El SEÑOR no te dio su amor ni te eligió porque eras una nación más numerosa que las otras naciones, ¡pues tú eras la más pequeña de todas! Más bien, fue sencillamente porque el SEÑOR te ama y estaba cumpliendo el juramento que les había hecho a tus antepasados. Por eso te rescató con mano poderosa de la esclavitud y de la mano opresiva del faraón, rey de Egipto. DEUTERONOMIO 7:7-8

EL ANTIGUO TESTAMENTO CUENTA la historia del pueblo de Dios escogido de entre todas las naciones de la tierra para mostrar su obra redentora. El razonamiento y propósito que subyace a su elección no es evidente en términos humanos. Dios no puso su afecto sobre Israel porque hubieran hecho algo para merecerlo, ni porque fueran fuertes ni numerosos ni impresionantes. Los amó porque él escogió amarlos. Les prometió a Abraham y a Isaac y a Jacob que los amaría cuando dijo: «Este es el pacto eterno: yo siempre seré tu Dios y el Dios de todos tus descendientes» (Génesis 17:7). Su elección no fue al azar ni tampoco sin sentido. «Así he creado a Judá y a Israel para que se aferren a mí, dice el SEÑOR. Iban a ser mi pueblo, mi orgullo, mi gloria: un honor para mi nombre» (Jeremías 13:11).

Quizás la única forma en que podemos comenzar a entender esta clase de amor es analizando la naturaleza y la fuente de nuestro amor por nuestros hijos. No los amamos por algo que hayan logrado ni porque sean necesariamente encantadores. De hecho, la naturaleza radical e inexplicable de nuestro amor por nuestros hijos se muestra mejor cuando nuestros hijos están en su peor momento, cuando no guardan las apariencias y son odiosos de manera abierta. Los amamos porque... los amamos. Los amamos porque son nuestros.

· · ·

Dios de gracia, aun desde antes de que crearas el mundo, nos amaste y nos escogiste en Cristo para ser santos y sin fallas ante tus ojos. Decidiste de antemano adoptarnos como tu familia al traernos a ti a través de Jesucristo. Hiciste lo que quisiste hacer, y te causó un placer inmenso. Señor, solo tu gracia irresistible puede hacer que _____ llegue a escogerte. Por favor, obra en _____ para que se aferre a ti, de modo que sea tu orgullo y gloria y le dé honor a tu nombre.

28 DE MARZO

Deuteronomio 9:1–10:22
Lucas 8:4-21
Salmo 69:19-36
Proverbios 12:2-3

Paciencia para la cosecha

Y las semillas que cayeron en la buena tierra representan a las personas sinceras, de buen corazón, que oyen la palabra de Dios, se aferran a ella y con paciencia producen una cosecha enorme. LUCAS 8:15

JESÚS CONTÓ LA PARÁBOLA DEL SEMBRADOR cuando muy poca gente lo seguía. Para los discípulos, no tuvo mucho sentido. Aquí estaba el Mesías que los israelitas habían esperado y anhelado, el Rey prometido, pero el pueblo lo rechazaba en lugar de recibirlo. Levantaba piedras para matarlo en lugar de arrodillarse.

La parábola no explica *por qué* las personas responden como lo hacen, pero sí identifica la razón: la dureza del corazón humano, la superficialidad y la autocomplacencia.

Cuando esparcimos la Buena Noticia de Jesús en nuestro hogar, ¡cómo oramos que caigan en tierra fértil en el corazón de nuestros hijos! No queremos que el mensaje caiga en tierra superficial o rocosa. Deseamos que ellos «se aferren» a él como si su vida dependiera de ello; porque en realidad sí depende. Esperamos que no dejen de lado la Palabra un minuto después de haber salido por la puerta. Anhelamos que las semillas que estamos sembrando produzcan cosechas abundantes en las diferentes etapas de su vida. Pero debemos ser pacientes. No podemos esperar una cosecha instantánea, enorme.

No todos los cristianos producimos la misma cantidad de frutos. Hay diferentes condiciones en la tierra que causan los diferentes niveles de productividad de las cosechas. Si la semilla del evangelio echó raíces en la vida de nuestros hijos, dará algo de frutos. Quizás un poco. Tal vez sea solo el fruto de una consciencia convencida que, al menos por ahora, no se desarrolle hasta llegar a un arrepentimiento completamente floreciente. Lo que estamos buscando es, aunque sea, la señal de productividad más pequeña. Y lo que necesitamos es la paciencia para esperar que la semilla que hemos plantado produzca, en el tiempo, una gran cosecha a medida que nuestros hijos crecen como discípulos de Jesús y se vuelven fructíferos.

• • •

Padre, eres el Maestro Jardinero. Conoces la tierra de mi corazón y la del corazón de _____. Mi oración hoy es que prepares la tierra en nuestro corazón mediante tu Espíritu para que estemos listos para recibir tu Palabra, para que sea implantada profundamente en nuestra vida. Danos la voluntad de aferrarnos a ella. Ayúdanos a esperar con paciencia que florezca.

Autoridad

Los discípulos quedaron aterrados y asombrados. «¿Quién es este hombre? —se preguntaban unos a otros—. Cuando da una orden, ¡hasta el viento y las olas lo obedecen!». LUCAS 8:25

PODRÍA PARECER QUE LAS CUATRO ESCENAS en el capítulo 8 de Lucas son solo sucesos en el ministerio de Jesús, pero el propósito divinamente inspirado es que veamos algo significativo acerca de Jesús, de su poder y de su autoridad. Primero, una tormenta se desató sobre el mar de Galilea. Los discípulos estaban aterrados, seguros de que su bote se hundiría. Pero, con una palabra, Jesús reprendió al viento y la calma fue instantánea. Luego, leemos sobre un hombre desnudo que había enloquecido por estar poseído por demonios. Jesús le ordenó al espíritu inmundo que saliera de él y, luego de toda la conmoción, la gente salió a ver al hombre, quien ahora estaba vestido y en su sano juicio. Más tarde, una mujer que había sufrido hemorragias por doce años se atrevió a apretujarse contra Jesús. Con solo un toque, el flujo cesó. Finalmente, la hija de un líder de la sinagoga había muerto, Jesús le dijo que se levantara y ella se levantó y comió.

Lucas anhelaba que sus lectores entendieran la naturaleza dominante del poder y la autoridad de Jesús. Ya que la Palabra de Dios es viva y eficaz, podemos estar seguros de que Dios quiere que entendamos la naturaleza dominante del poder y la autoridad de Jesús. A veces, nos sentimos fuera de control como padres, a punto de hundirnos en una tormenta furiosa. Estas circunstancias, sin embargo, no están fuera del control de Cristo. Sentimos a veces temor de que el enemigo tome el control y amenace con robarnos la cordura y la dignidad tanto a nosotros como a nuestros hijos, pero su poder está firmemente subordinado al poder de Cristo. Somos tentados a perder la esperanza respecto a que los problemas de larga data puedan resolverse y que nueva vida pueda invadir los lugares muertos en nuestra vida. Por eso necesitamos la esperanza en el Dador de esperanza de Lucas 8.

. . .

Jesús, tú conoces las tormentas furiosas que azotan a nuestra familia y los temores que nos agobian pensando que esto nos hundirá para siempre. Infunde tu paz en nuestro caos. Jesús, tú conoces el mal que amenaza la cordura y la pureza de nuestro hogar. Protégenos del maligno. Jesús, tú conoces los problemas de larga data que pareciera que nunca se solucionarán. Tócanos con tu poder sanador. Jesús, tú conoces los lugares muertos en nuestro corazón y en nuestras relaciones. Llénanos con tu vida.

Siervo

Pero supongamos que tu siervo dice: «No te dejaré», porque se ha encariñado contigo y con tu familia, y le ha ido bien en tu casa. En ese caso, toma un punzón y perfórale el lóbulo de la oreja contra la puerta. Entonces será tu siervo por el resto de su vida. Haz lo mismo con tus siervas. DEUTERONOMIO 15:16-17

CUANDO NOS PRESENTAMOS A ALGUIEN que estamos conociendo por primera vez, por lo general, sopesamos con cuidado lo que diremos sobre quiénes somos y lo que hacemos. Esperamos que lo que decimos nos dé alguna credibilidad y estatus en la impresión que le causamos a esa persona. Este pensamiento acerca de nosotros mismos añade significado a la forma en que Pablo, Santiago, Pedro y Juan se refieren a sí mismos al comienzo de sus cartas en el Nuevo Testamento. Se presentan a sí mismos usando una condición descrita en el libro de Deuteronomio del Antiguo Testamento. En Romanos 1:1, Santiago 1:1, 2 Pedro 1:1 y Apocalipsis 1:1, cada uno de estos escritores se presenta a sí mismo de la misma manera: como «siervo» o «esclavo» de Jesucristo. Es como si estuvieran diciendo: «la cosa más importante acerca de mí persona es que hice a Jesucristo mi amo. Obedecerlo es el enfoque de mi vida. Él es tan precioso para mí que por voluntad propia me até a él como su siervo de por vida».

Un siervo no es solo un esclavo, sino un esclavo que por voluntad propia se sometió a servir a su amo a quien ama y respeta, incluso, después de que le dieran la libertad para irse. Esta clase de esclavitud se escoge, no es impuesta; es el resultado de la libertad, no de la obligación.

• • •

Mi Señor y Amo, me doy cuenta de que no me estás obligando a ser tu esclavo. Ser tu siervo es mi decisión. Y mi decisión está tomada. Deseo renunciar a mi independencia, rendir mi voluntad y declarar mi lealtad a ti.

En este proceso de criar a _____, me preocupa tanto lo que logrará y lo que llegará a ser; ayúdame a mantener esta identidad central como siervo de Jesucristo en la esencia de mis sueños y deseos para él. Que _____ pueda percibir cuando conversamos y cuando cumplo con mis responsabilidades hoy que mi deseo más grande para él es que sea definido por su sometimiento a Jesucristo.

Tome su cruz

—El Hijo del Hombre tendrá que sufrir muchas cosas terribles —les dijo—. Será rechazado por los ancianos, por los principales sacerdotes y por los maestros de la ley religiosa. Lo matarán, pero al tercer día resucitará. Entonces dijo a la multitud: «Si alguno de ustedes quiere ser mi seguidor, tiene que abandonar su propia manera de vivir, tomar su cruz cada día y seguirme». LUCAS 9:22-23

COMO PADRES, queremos allanarles el camino a nuestros hijos. Queremos que sean incluidos y valorados, no que sean maltratados ni alienados. Queremos que experimenten la sonrisa y el abrazo del mundo que los rodea, no que los rechacen ni los ridiculicen. En el fondo, sin embargo, sabemos que la comodidad no es lo que forma el carácter. No son los aplausos ni la aprobación lo que desarrolla la humildad. No es lo fácil lo que pone a prueba la integridad. Todas estas características se desarrollan por la gracia de Dios en la tierra fértil de la dificultad y la adversidad.

La esperanza más grande que tenemos como padres cristianos no es que nuestros hijos tengan vidas cómodas o exitosas según los términos del mundo. Nuestra mayor esperanza es criar hijos que por voluntad propia rindan su vida a Cristo. Por eso, en lugar de protegerlos ante las dificultades, oramos por ellos en las dificultades, pidiéndole a Dios que use cada experiencia dolorosa para hacer que su satisfacción sea menos dependiente de las cosas de este mundo y para convencerlos de que el camino de Jesús, el camino de morir al yo y de buscar su Reino, es el único camino para vivir una vida verdaderamente plena.

* * *

Señor, sé que _____ no llegará a usar la corona de gloria a menos que cargue tu cruz. Que los golpes devastadores que vengan a la vida de _____ sirvan el propósito de conformarla más completamente a tu semejanza y de afirmar en ella más profundamente el gozo duradero de compartir tus sufrimientos, con la confianza que también compartirá tu gloria.

1 DE ABRIL

Finalmente entendí

Traté de entender por qué los malvados prosperan,
¡pero qué tarea tan difícil!
Entonces entré en tu santuario, oh Dios,
y por fin entendí el destino de los perversos. SALMO 73:16-17

EN EL SALMO 73, Asaf cuenta su propia historia de estar inmerso en el ministerio de líder de las tareas del templo y de repente casi apartarse de Dios. Es la descripción de una persona que cuestiona el valor de la vida con Dios y comienza a alejarse.

Leer el relato de Asaf sobre su coqueteo con las formas de lograr satisfacción en el mundo y su frustración con las formas de Dios puede generar temor en nuestro corazón como padres, en especial si hemos visto signos de esta clase de cuestionamiento en la vida de nuestros hijos. Puede impulsarnos a elaborar estrategias para decidir qué vamos a hacer o decirles para convencerlos de que se mantengan aferrados firmemente a la fe en Cristo.

Debemos tener en cuenta qué hizo a Asaf ir en otra dirección: «Entré en tu santuario, oh Dios, y por fin entendí el destino de los perversos». Dios lo atrajo a su presencia y le hizo entender el juicio que les espera a quienes buscan el mundo en lugar de a Dios. Asaf se dio cuenta de que tenía resentimiento y amargura en su corazón, pero todavía le pertenecía a Dios, quien lo había agarrado con fuerza y no lo dejaría ir. La perspectiva de Asaf cambió para que cuando mirara al futuro viera a Dios guiándolo a un destino glorioso y pudiera decir al Señor: «Te deseo más que cualquier cosa en la tierra» (versículo 25).

Hay esperanza para nuestros hijos e hijas que piensan que en la vida fuera de Cristo es donde se encuentran la diversión y la satisfacción y que servir a Cristo solo trae problemas. Nuestra esperanza como padres no está puesta en nuestro poder de persuasión. Ni tampoco en la capacidad de nuestros hijos para mantenerse aferrados a Cristo. Nuestra esperanza es que Dios les dará una comprensión más plena de la ruina que les espera a quienes rechazan a Dios y de la gloria que les espera a quienes lo desean.

• • •

Soberano Señor, eres mi refugio y mi esperanza. Agradezco saber que eres un Padre más paciente que yo. A veces nos permites casi perder el camino o cuestionar tus caminos. Pero también proteges a los tuyos. Los acercas a ti. Los fortaleces para que te escuchen y te amen. Por favor, haz lo que solo tú puedes hacer en la vida de _____ para que _____ pueda decir que te desea a ti más que a cualquier otra cosa en la tierra.

No quiere obedecer

Supongamos que un hombre tiene un hijo terco y rebelde, que no quiere obedecer ni a su padre ni a su madre, a pesar de que ellos lo disciplinan. En un caso así, el padre y la madre tendrán que llevarlo ante los ancianos mientras estén juzgando en las puertas de la ciudad. Ambos padres les dirán a los ancianos: «Este hijo nuestro es terco y rebelde y se niega a obedecer. Es glotón y borracho». Entonces todos los hombres de esa ciudad lo matarán a pedradas. De ese modo limpiarás esa maldad que hay en medio de ti, y todo Israel se enterará y tendrá miedo. DEUTERONOMIO 21:18-21

LOS PADRES QUE AMAN A SUS HIJOS no pueden evitar que les corra un escalofrío por la espalda cuando leen este pasaje. ¿Cómo debemos entenderlo?

Cuando los israelitas se preparaban para entrar a Canaán, Moisés les instruyó cómo vivir allí como pueblo de Dios y les explicó cómo tratar asuntos que podrían amenazar su seguridad. Incluyó el caso de una familia en la cual el hijo primogénito estaba siendo indigno de su herencia y del futuro liderazgo de la familia. Se refiere a un adulto sin carácter que persistía en comportarse vilmente. Si así se comportaba entonces, ¿qué haría con los recursos de la familia cuando fuera su jefe?

Cuando Dios le dio la ley a su pueblo, prometió una recompensa por honrar a los padres: «Tendrás una vida larga y plena en la tierra que el SEÑOR tu Dios te da» (Éxodo 20:12). Ya que un hijo necio y malvado no honraría a sus padres, en lugar de experimentar esta bendición, experimentaría la maldición de una muerte temprana; pero solo si ambos padres y los ancianos del pueblo estaban de acuerdo con este castigo.

Aunque no hay registro de alguien que haya sido ejecutado bajo esta ley, nos asusta y, tal vez, nos avergüenza porque no parece ser algo que Dios ordenaría. La realidad, sin embargo, es que podemos encontrarle gran esperanza. Siglos después, un Hijo primogénito que obedeció perfectamente a su Padre sería ejecutado por nuestra rebelión. Experimentaría la maldición que se merecen los hijos rebeldes para que nosotros experimentemos la bendición de la vida larga y plena que él se merecía. Jesús experimentó la maldición máxima para que nosotros pudiéramos disfrutar de la bendición eterna.

• • •

Señor, apenas sabemos cómo agradecerte por poner el castigo que nos merecemos sobre tu Hijo inocente para que pudiéramos experimentar una larga vida de bendición. Ayúdanos a saber cómo animar a _____ para que siga esta vida de bendición, en especial cuando _____ es obstinado, rebelde y se rehúsa a obedecer.

Escritos en el cielo

Pero no se alegren de que los espíritus malignos los obedezcan; alégrense porque sus nombres están escritos en el cielo. [...] «Nadie conoce verdaderamente al Hijo excepto el Padre, y nadie conoce verdaderamente al Padre excepto el Hijo y aquellos a quienes el Hijo decide revelarlo». LUCAS 10:20, 22

JESÚS HABÍA ENVIADO a setenta y dos discípulos a servir. Ellos regresaron maravillados por el poder sobrenatural que experimentaron. ¡Ordenaban a los demonios que salieran de los poseídos, y los demonios les obedecían! Jesús les aseguró que eso era solo el comienzo de la derrota del maligno de la cual llegarían a ser parte. Pero, entonces, les dio la perspectiva correcta respecto a la alegría que sentían por lo que Dios había hecho a través de ellos. Había algo que debería proveerles un sentido de gozo todavía superior: la seguridad de que sus nombres estaban escritos en el registro del cielo que contiene la lista de quienes vivirán en la presencia de Dios para siempre.

Jesús levantó la vista y expresó gozo y agradecimiento a su Padre por revelar el misterio de su Reino y la derrota definitiva de Satanás a los discípulos que creían como niños. Y, luego, miró a los discípulos y les dijo que eran benditos porque les estaban siendo dados ojos para ver la persona de Jesús y oídos para oír el llamado de Jesús. Aunque los profetas del Antiguo Testamento hablaron acerca del Mesías venidero y de su Reino, solo lo vieron como en sombras. Jesús estaba celebrando el hecho de que sus discípulos comenzaban a ver quién era él en realidad y empezaban a recibir todo lo que significa su Reino.

Esto es lo que nosotros anhelamos para nuestros hijos con tanta desesperación. Anhelamos echar una mirada al registro del cielo y estar seguros de que los nombres de nuestros hijos están inscritos allí. Deseamos que tengan ojos que estén abiertos para ver a Jesús. Y nos damos cuenta de que «nadie conoce verdaderamente al Padre excepto el Hijo y aquellos a quienes el Hijo decide revelarlo». ¡Por lo tanto, debemos orar que Jesús se revele a nuestros hijos!

• • •

Señor, estoy muy consciente de que nadie merece tener su nombre escrito en tu santa presencia. Pero tú eres un Dios de gracia. Señor, por favor, extiende tu gracia a _____ revelándote a ella. Por favor, dale a _____ el gozo de ver tu bondad, de escuchar tu palabra y de ser usada por ti en este mundo oscuro para frenar las fuerzas del maligno. Te agradezco, Padre, por el hecho de que escondiste estas cosas de los sabios y los entendidos y las revelaste a los niños.

Cuánto más

Ustedes, los que son padres, si sus hijos les piden un pescado, ¿les dan una serpiente en su lugar? O si les piden un huevo, ¿les dan un escorpión? ¡Claro que no! Así que si ustedes, gente pecadora, saben dar buenos regalos a sus hijos, cuánto más su Padre celestial dará el Espíritu Santo a quienes lo pidan». LUCAS 11:11-13

JESÚS DESEABA ANIMAR A SUS DISCÍPULOS a orar a Dios como a un padre. Para ayudarlos a entender el corazón del Padre hacia aquellos que son constantes en la oración, apeló a su entendimiento del corazón de un padre. La mayoría de los padres de manera genuina desean responder positivamente las peticiones de sus hijos y proveerles lo que necesitan. La mayoría de los padres no harían nunca de manera intencional algo que pudiera herir o dañar a sus hijos. Siempre están inclinados hacia el bien de sus hijos.

Jesús dice que cuando los padres entienden su propio corazón y predisposiciones hacia sus hijos, pueden llegar a vislumbrar el corazón y las predisposiciones de su Padre hacia sus hijos e hijas. Si los padres cuyo corazón está infectado por el pecado responden a sus hijos con bondad y buenas intenciones, ¿cuánto más el Padre cuyo corazón es puro y santo responderá a sus hijos así? Criamos a nuestros hijos a partir de corazones que a veces son mezquinos, a veces duros, a veces engañosos y que, a veces, están llenos de orgullo. Simplemente no somos tan inteligentes como para saber siempre qué es lo mejor para nuestros hijos. Eso significa que, a veces, les damos a nuestros hijos lo que nos hace sentir mejor a nosotros en lugar de darles lo que es mejor para ellos.

Por lo tanto, descansemos en la realidad de que nuestros hijos tienen un Padre celestial que es extremadamente más sabio, más generoso y más consistente que los padres terrenales que les tocaron. Su orientación es responder a sus oraciones dándoles lo que les convenga. Y solo él puede darles lo mejor de lo mejor: el Espíritu Santo.

• • •

¡Padre celestial, gracias por este llamado alegre a venir a ti a pedirte lo que necesitamos! Ser padres a menudo causa que lleguemos al final de nuestras fuerzas, y eso nos trae a ti. Por eso, es nuestra intención seguir pidiendo tu ayuda, seguir buscando tu sabiduría, seguir golpeando a tu puerta, pidiéndote que nos des tanto a nosotros como a _____ el buen regalo del Espíritu Santo.

Benditos

Si obedeces al SEÑOR tu Dios, recibirás las siguientes bendiciones:

Tus ciudades y tus campos
  serán benditos.
Tus hijos y tus cosechas
  serán benditos.
Las crías de tus rebaños y manadas
  serán benditas. [...]
Vayas donde vayas y en todo lo que hagas,
  serás bendito. DEUTERONOMIO 28:2-4, 6

LA BENDICIÓN DE DIOS es lo que en realidad queremos para nosotros, nuestra familia, hijos, negocios y esfuerzos. Al comienzo de la Biblia, leemos de la bendición del Creador sobre todo lo que hizo y entendemos que desea bendecir a sus hijos. Cuando su pueblo salió de la esclavitud en Egipto, Dios se reunió con ellos en el Sinaí y les dio su ley amorosa, la cual conllevaba una bendición que sería suya si obedecían. Cuando Moisés está preparando a la siguiente generación para entrar en la tierra de Canaán, los llama a obedecer la ley de Dios, recordándoles que ellos y sus hijos serán benditos si lo hacen.

Pero más adelante en el mismo capítulo, Moisés les advirtió sobre lo que sucedería si no obedecían la ley de Dios. Y fue horroroso porque si rehusaban obedecer, serían malditos, sus enemigos los derrotarían, serían atribulados, esclavizados e irían al exilio.

Los padres desobedientes que leen este pasaje corren a los brazos del evangelio. Nosotros nos postramos de rodillas por la gratitud de vivir bajo el nuevo pacto en lugar de bajo el viejo pacto. La bendición de Dios en nuestra vida no depende de nuestra obediencia perfecta a la ley de Dios, sino de la obediencia perfecta de Cristo. No vivimos con temor de ser malditos por causa de nuestra desobediencia porque él cargo la maldición por nosotros. Recibimos la bendición de Dios, no gracias a nuestra obediencia, sino por medio de la fe. Usamos la libertad que nos fue dada para buscar ser obedientes con alegría, no por temor de la maldición, sino por agradecimiento por las bendiciones provistas para nosotros en Cristo.

• • •

¡Señor, queremos todas las bendiciones que tienes para darnos! Bendice a nuestra familia y haz de nuestra familia una bendición para quienes nos rodean. Bendícenos a pesar de nuestra incapacidad para obedecer por completo y gracias a la obediencia perfecta de Cristo.

Dios cambiará su corazón

En el futuro, cuando experimentes todas las bendiciones y las maldiciones que te detallé y estés viviendo entre las naciones a las que el SEÑOR tu Dios te haya desterrado, toma muy en serio todas estas instrucciones. Si en aquel tiempo, tú y tus hijos regresan al SEÑOR tu Dios, y si obedecen con todo el corazón y con toda el alma los mandatos que te entrego hoy, entonces el SEÑOR tu Dios te devolverá tu bienestar. Tendrá misericordia de ti y te volverá a reunir de entre todas las naciones por donde te dispersó. [...] El SEÑOR tu Dios cambiará tu corazón y el de tus descendientes, para que lo ames con todo el corazón y con toda el alma, y para que tengas vida. DEUTERONOMIO 30:1-3, 6

MOISÉS LE DIJO AL PUEBLO de Dios que después de que entraran a Canaán, desobedecerían a Dios y serían exiliados y echados de la tierra. Aun así, también llegaría el día cuando serían reunidos de nuevo allí. En ese tiempo, Dios cambiaría su corazón. Podemos aprender más acerca de este cambio a través de las palabras que Dios habló por medio de Ezequiel: «Les daré un corazón nuevo y pondré un espíritu nuevo dentro de ustedes. [...] Pondré mi Espíritu en ustedes para que sigan mis decretos y se aseguren de obedecer mis ordenanzas» (Ezequiel 36:26-27).

Esto sucedió en el día de Pentecostés, cuando el Espíritu Santo descendió para morar en aquellos que reciben a Cristo por fe. Este es el cambio que nosotros y nuestros hijos todavía necesitamos con desesperación. Hasta que el Espíritu de Dios no haga esta obra sobrenatural, nuestros hijos no tendrán corazón para amar al Señor, ni poder para obedecerlo.

Como padres, no podemos hacer que esto suceda, pero sí podemos crear una atmósfera que abra a nuestros hijos a la obra del Espíritu Santo. Podemos leer, discutir y reverenciar la Palabra de Dios en nuestro hogar. Podemos orar que Dios, por su Espíritu, haga lo que solo él puede hacer: llamar a nuestros hijos y, luego, unirlos a Cristo. Podemos desafiar a nuestros hijos a escoger al Dios que los escogió en Cristo antes de la fundación del mundo. Y podemos vivir de tal forma que vean la belleza de tener un corazón que está siendo cambiado por el Espíritu de Dios.

• • •

Señor, así como no tengo la capacidad para generar vida espiritual genuina en mí mismo sin la obra de tu Espíritu, no tengo la capacidad para generar vida espiritual en _____. Por eso, me aferro a tu Palabra y a tu promesa que el cambio de corazón que logras en tu pueblo es también para nuestros hijos y los hijos de nuestros hijos. Transfórmanos en personas que te obedezcan a partir de un deseo intrínseco en lugar de una exigencia impuesta.

7 DE ABRIL

Deuteronomio 31:1–32:27
Lucas 12:8-34
Salmo 78:32-55
Proverbios 12:21-23

¿De qué sirve preocuparse?

¿Acaso con todas sus preocupaciones pueden añadir un solo momento a su vida? Y, si por mucho preocuparse no se logra algo tan pequeño como eso, ¿de qué sirve preocuparse por cosas más grandes? LUCAS 12:25-26

JESÚS LES ESTABA HABLANDO A DISCÍPULOS que estaban llenos de preocupaciones sobre tener suficiente; suficiente comida para comer, suficientes ropas para ponerse. Nosotros también somos discípulos llenos de preocupaciones sobre si tendremos suficiente: suficiente capacidad para ayudar a nuestros hijos a tener éxito, suficiente energía para satisfacer las necesidades de nuestros hijos, suficiente dinero para la educación de nuestros hijos, suficiente influencia para abrir puertas para nuestros hijos. Nos preocupamos por si nuestros hijos o hijas tienen suficientes amigos, suficientes talentos, suficiente inteligencia, suficiente sentido común, suficiente ambición y suficientes oportunidades. Por lo tanto, necesitamos considerar la pregunta que hace Jesús y la instrucción que le da a sus discípulos.

Jesús les dice que miren a las aves del cielo que Dios alimenta y a los lirios del campo que Dios hace bellos. Jesús nos dice que tenemos algo que los no creyentes no tienen que debería marcar toda la diferencia del mundo cuando somos tentados a preocuparnos por no tener lo suficiente: un padre que conoce nuestras necesidades y que nos proveerá todo lo que necesitamos.

Jesús les pregunta a sus discípulos si las preocupaciones tienen el poder creativo para en verdad añadir un solo momento a la vida. Y, tan pronto como oímos la pregunta, sabemos la respuesta. Sabemos que toda la energía que ponemos en preocuparnos, en realidad, solo está robándonos la paz. Ninguno de nosotros tiene el suficiente control sobre su propia vida ni sobre la vida de los hijos como para añadirle una sola hora a través de la preocupación o la manipulación. Nuestros hijos no ganan nada con nuestras preocupaciones constantes, las cuales se hacen evidentes en nuestras interacciones y, por supuesto, que no pasa desapercibido para ellos. ¿En verdad queremos transmitirles nuestros temores acerca del futuro a la vida de nuestros hijos o queremos transmitirles confianza y paz en Dios?

• • •

Padre, no quiero sentir temor. No quiero pasar las noches despierto pensando en las cosas que me preocupan. No quiero que las conversaciones con mis amigos ni mis palabras a mis hijos estén saturadas del pecado de la preocupación. Creo en tu Palabra que nos dice que te hace muy feliz darnos el Reino. Entonces, si tenemos eso, tenemos todo lo que necesitamos.

Palabras vacías

Cuando Moisés terminó de recitar todas esas palabras al pueblo de Israel, agregó: «Toma en serio cada una de las advertencias que te hice hoy. Transmítelas como una orden a tus hijos, para que obedezcan cada palabra de esas instrucciones. No son palabras vacías; ¡son tu vida! Si las obedeces, disfrutarás de muchos años en la tierra que poseerás al cruzar el río Jordán». DEUTERONOMIO 32:45-47

MOISÉS HABÍA LLEGADO AL FINAL de su mensaje a los israelitas mientras se preparaban para tomar posesión de la Tierra Prometida. Quería que el pueblo de Dios tomara sus palabras en serio. También estaba preocupado porque los padres transmitieran a sus hijos las promesas de Dios de bendecirlos y las advertencias de maldecirlos. No podían esperar a que sus hijos absorbieran estas verdades simplemente por vivir con ellos. Estos padres necesitaban ser proactivos en transmitirlas a sus hijos. Las palabras más importantes que se debían hablar entre los miembros de la familia cada día, eran estas promesas y advertencias de Dios. Estas palabras no trataban sobre cosas vacías y pasajeras. Estas palabras tenían el poder de impartir vida.

Esto nos hace preguntarnos qué revelaría una grabación que registrara todo lo que decimos en nuestro hogar. Solo piense en todas las palabras que se intercambian entre los padres y los hijos, todas las palabras que penetran el ambiente de nuestro hogar que provienen de las ondas de radio y de Internet, todas las palabras dichas en voz baja: palabras de enseñanza, advertencia, crítica, ánimo, cínicas e incluso palabras de esperanza. Tantas palabras.

Muchas de ellas no dan vida. Por lo tanto, necesitamos escuchar lo que Moisés enseña a los padres sobre compartir la Palabra de Dios, con sus promesas de bendecir y advertencias de maldiciones, con nuestros hijos. Nuestra meta debería ser que no solo escuchen, sino que obedezcan la Palabra. Nuestros hijos necesitan mucho más que las enseñanzas bíblicas que reciben los domingos en la iglesia. Necesitan escucharnos a nosotros, como padres, hablar de las Escrituras. Necesitan oír cómo la Palabra de Dios influye nuestros pensamientos. Necesitan escuchar que la Palabra de Dios nos enseña sobre cómo usar nuestro dinero y nuestro tiempo de vacaciones, sobre cómo lidiar con una situación difícil en el trabajo y con una relación difícil en la familia extendida. Estas son palabras que dan a nuestros hijos vida verdadera que perdura en el tiempo.

• • •

Señor, solo tú puedes tomar mis palabras y hacer que den vida. Ayúdame a llenarlas con tus palabras verdaderas, inevitables e intachables para que le den vida a _____.

Crece

Entonces Jesús dijo: «¿A qué se parece el reino de Dios? ¿Cómo puedo ilustrarlo? Es como una pequeña semilla de mostaza que un hombre sembró en un jardín; crece y se convierte en un árbol, y los pájaros hacen nidos en las ramas». También preguntó: «¿A qué otra cosa se parece el reino de Dios? Es como la levadura que utilizó una mujer para hacer pan. Aunque puso solo una pequeña porción de levadura en tres medidas de harina, la levadura impregnó toda la masa». LUCAS 13:18-21

ASÍ COMO LOS JUDÍOS DE LOS DÍAS DE JESÚS querían que el reino de Dios viniera triunfante y completo en una sola manifestación rápida de poder y transformación, nosotros tendemos a desear que el reino de Cristo venga a la vida de nuestros hijos triunfante y completamente con una sola manifestación rápida de poder y transformación. Esta, sin embargo, no es la forma en que su reino viene al mundo, ni tampoco es la forma en que su reinado y gobierno llega a nuestra vida y a la vida de nuestros hijos. Comienza pequeño, como una pequeña semilla que demanda cuidado y luz para crecer. Comienza casi de manera invisible, haciendo su obra desde adentro, como la levadura. El Espíritu Santo obra a través de la Palabra para hacer que un corazón muerto cobre vida y, con el tiempo, ese cambio interno, radical se abre paso y cambia toda la persona. Esto significa que nosotros, como padres, tenemos que ser pacientes. Esto significa que no debería sorprendernos que nuestros hijos no sean ahora todo lo que anhelamos que sean.

Más bien, debería llenarnos de esperanza anticipada por todo lo que el Rey Jesús hará en el transcurso de la vida de nuestros hijos. Así como el impacto de la levadura sobre la masa será completo con el paso del tiempo, podemos estar seguros de que lo que comenzó como algo pequeño y casi imperceptible en la vida de nuestros hijos crecerá y un día será completo. La gracia de Dios tendrá su efecto pleno en la vida de nuestros hijos, cambiándolos desde adentro hacia afuera. «El Señor, quien es el Espíritu, nos hace más y más parecidos a él a medida que somos transformados a su gloriosa imagen» (2 Corintios 3:18).

• • •

¡Señor, cómo anhelamos que venga tu Reino a nuestro hogar y a nuestra vida! Queremos ver y experimentar más tu justicia, tu misericordia, tu sabiduría, tus caminos. Y está viniendo, aunque no sea tan rápida ni del todo como quisiéramos. Por favor, danos la clase de paciencia con nosotros mismos y con nuestros hijos que debe tener el granjero después de sembrar y el panadero después de amasar la masa. Gracias por el excelente privilegio de observar cómo crece tu reino en la vida de _____.

Como la gallina protege a sus pollitos

¡Oh, Jerusalén, Jerusalén, la ciudad que mata a los profetas y apedrea a los mensajeros de Dios! Cuántas veces quise juntar a tus hijos como la gallina protege a sus pollitos debajo de sus alas, pero no me dejaste. LUCAS 13:34

EN EL LENGUAJE COLOQUIAL, *mamá gallina* es «aquella mamá que ama mucho y sobreprotege a sus hijos». Sin lugar a duda esta no es la manera en que como padres queremos cuidar de nuestros hijos. Por el contrario, queremos ser gallinas en la forma en que Dios se describe a sí mismo. A lo largo de la Biblia, Dios usa el ejemplo conocido de una gallina que reúne a sus pollitos debajo de sus alas para proveerles protección contra el peligro. Es una imagen que muestra que la gallina protege a los pollitos con su propio cuerpo para preservar la vida de su cría.

Ah, qué profundo es nuestro instinto de atraer a nuestros hijos hacia nosotros para protegerlos de las amenazas. Y, ah, qué normal es la tendencia de nuestros hijos a suponer que no necesitan protección. Quieren correr riesgos en el mundo por sus propios medios, lejos de nuestra mirada y cobertura cuidadosas.

Probablemente deberíamos aprender dos cosas de esta imagen. Cuando anhelamos que nuestros hijos se acerquen para buscar nuestra protección, estamos cuidándolos de la forma en que Dios nos cuida como Padre. Este impulso viene de Dios y es divino. Los pollitos están diseñados para buscar la protección de sus padres. También debemos reconocer, sin embargo, que hay una seguridad mucho más grandiosa que solo Dios mismo puede proveer para nuestros hijos. Cristo es como esa gallina que vemos que reúne a sus pollitos debajo de sus alas. Solo él puede protegernos de la ira de Dios. Cristo provee la protección que necesitamos quienes venimos a refugiarnos debajo de sus alas. Él absorbió la ira de Dios para que nosotros y nuestros hijos estuviéramos protegidos.

• • •

Señor, cuando _____ escuche que lo llamas a venir a ti, por favor, derriba todo intento de resistencia e independencia. Dale a _____ un temor saludable y correcto de ti para que vea su necesidad de protección. Haz que _____ tenga anhelo de ti para que no haya otro lugar donde él prefiera estar que no sea debajo del refugio de tus alas.

11 DE ABRIL

Josué 3:1–4:24
Lucas 14:7-35
Salmo 80:1-19
Proverbios 12:27-28

¿Qué significan estas piedras?

Entonces Josué les dijo a los israelitas: «En el futuro, sus hijos preguntarán: "¿Qué significan estas piedras?". Y ustedes podrán decirles: "Aquí es donde los israelitas cruzaron el Jordán sobre tierra seca". Pues el SEÑOR su Dios secó el río a la vista de ustedes y lo mantuvo seco hasta que todos cruzaran, tal como hizo con el mar Rojo cuando lo secó hasta que todos terminamos de cruzar. Lo hizo para que todas las naciones de la tierra supieran que la mano del SEÑOR es poderosa, y para que ustedes temieran al SEÑOR su Dios para siempre». JOSUÉ 4:21-24

TAN PRONTO COMO LOS PIES DE LOS SACERDOTES que llevaban el arca del pacto tocaron el Jordán, el río dejó de fluir hacia el mar Muerto. Las aguas se amontonaron río arriba para que el pueblo pudiera cruzar el río sobre tierra seca. Mientras cruzaban el río Jordán, recordaban que la generación que les había precedido había cruzado el mar Rojo cuarenta años antes. Josué no quería que el recuerdo terminara con aquella generación. Quería que las futuras generaciones supieran lo que había sucedido allí; que supieran que la mano de Yahveh es tan poderosa como para abrir camino para que su pueblo entre en todo lo que tenía planeado proveerles.

Por lo tanto, Josué dio instrucciones para que construyeran un monumento. Los hombres debían llevar doce piedras del lecho seco del río al campamento en Canaán. El monumento debía ser una señal para que el pueblo de Dios nunca se olvidara de que el Señor, en aquel día extraordinario, había obrado para conducir a su pueblo al descanso prometido.

Por causa de nuestros pecados y debilidades, tendemos a olvidarnos de las cosas buenas que Dios hizo por nosotros en el pasado. Entonces, Dios también nos dio una señal, un recordatorio de lo que la mano poderosa del Señor hizo para que pudiéramos mirar con esperanza hacia la vida en su Tierra Prometida. En lugar de un monumento de piedra, participamos de una comida conmemorativa donde compartimos el pan y la copa. Para que cuando nuestros hijos nos pregunten «¿Qué significa esta comida?», estemos preparados para contarles que Dios nos dio esta comida «para que todas las naciones de la tierra supieran que la mano del SEÑOR es poderosa, para que teman al SEÑOR su Dios para siempre».

• • •

Señor, gracias por la señal que les diste a tu pueblo y a nuestra familia como recordatorio de tu obra salvadora en la cruz. Anhelamos la vida en tu tierra, donde disfrutaremos del descanso que tú nos das. Danos las palabras que necesitamos para enseñarles a nuestros hijos el significado de esta comida y danos el descanso que prometiste darnos en esta comida.

Perdidos

«Su padre le dijo: "Mira, querido hijo, tú siempre has estado a mi lado y todo lo que tengo es tuyo. Teníamos que celebrar este día feliz. ¡Pues tu hermano estaba muerto y ha vuelto a la vida! ¡Estaba perdido y ahora ha sido encontrado!"». LUCAS 15:31-32

EN LUCAS 15, leemos acerca de una serie de objetos perdidos: una oveja perdida que el pastor sale a buscar y trae a casa, una moneda perdida que una mujer busca y se regocija al encontrar y un hijo perdido por quien el padre esperaba y a quien le da la bienvenida. En realidad, sin embargo, hay dos hijos perdidos en la tercera historia.

Un hijo está en «una tierra distante» buscando placer, evadiendo sus responsabilidades y automedicando su locura. Está perdido en el engaño de que el mundo lo puede llenar, cuando en realidad el mundo lo está consumiendo y dejando desesperadamente vacío. El otro hijo permanece en la casa de su padre y, sin embargo, está muy lejos de compartir el corazón de su padre. Está tan perdido en la niebla del resentimiento por causa de su enojo, de sus protestas santurronas y de sus derechos arrogantes, que no se da cuenta de que nunca perdió lo que más importa: la presencia de su padre. Toda su vida compartió lo que le pertenece a su padre.

Como padres tendemos a ponernos nerviosos por los hijos e hijas que se apartan de nosotros y viven estilos de vida que no tienen nada que ver con la forma en que los criamos. Y tenemos razón de ponernos nerviosos. Nos afligimos cuando cualquiera de nuestros hijos se pierde. Pero también debemos estar atentos a los hijos e hijas que quizás están actuando como «hijos buenos» mientras que su corazón está muy lejos del Padre.

• • •

Padre, así como tienes muchas clases de hijos pródigos en tu familia, nosotros también. Por eso, apelamos a ti para que busques y salves a los perdidos. Haz lo que tengas que hacer para que entren en razón quienes están lejos de ti, y buscan satisfacción en todas las cosas menos en ti. Si misericordia severa es la única cosa que los traerá a la gracia salvadora, entonces sé tan severo como demanden las maravillas de tu amor. Si las cosas tienen que ponerse mucho peor en su vida, entonces, danos la paciencia, confianza y seguridad de que estás obrando. Y si nosotros fuéramos tentados a rescatarlos antes de que tu obra haya terminado, concédenos la gracia y el poder para resistir hacerlo.

Y para hijos pródigos que no se fueron pero tienen una cercanía confusa contigo y trabajan para ti porque te aman, muéstrales cuánto necesitan la gracia del evangelio.

El valle de la Aflicción

Josué le dijo a Acán: «¿Por qué nos has traído esta desgracia? Ahora el Señor te traerá desgracia a ti». Entonces todos los israelitas apedrearon a Acán y a su familia, y quemaron los cuerpos. Apilaron un montón de piedras sobre Acán, las cuales siguen allí hasta el día de hoy. Por eso, desde entonces, al lugar se le llama valle de la Aflicción. Así el Señor dejó de estar enojado. JOSUÉ 7:25-26

JUSTO ANTES DE QUE DIOS DERRIBARA los muros de Jericó, Josué le ordenó al pueblo que no tomara ningún botín de la cuidad, pero Acán no pudo resistirse. Trajo a casa un hermoso manto, doscientas monedas de plata y una barra de oro. Mezcló el botín con sus propias cosas, lo escondió bajo su carpa y pensó que su pecado fue secreto.

El día de la siguiente batalla, pareció que el Señor los dejó a merced de sus enemigos. Josué se postró delante de Dios y le preguntó por qué, y el Señor le respondió que Israel había tomado cosas de Jericó. Josué convocó a cada tribu, a cada clan, a cada familia y, por último, a cada hombre. El único que quedó al final fue Acán. Confesó y «Josué y todos los israelitas tomaron a Acán junto con la plata, el manto y la barra de oro; también tomaron a sus hijos e hijas, su ganado, sus asnos, sus oveja, sus cabras, su carpa y todo lo que él tenía y los llevaron al valle de Acor» (Josué 7:24), donde apedrearon a Acán y a su familia. Luego apilaron un montón de piedras y llamaron al lugar el valle de la Aflicción: un monumento al pecado, la derrota y la muerte.

Aun así, Dios un día habló a través de su profeta Oseas: «Convertiré el valle de la Aflicción en una puerta de esperanza» (Oseas 2:15). ¿Cómo? A través de Cristo. El cúmulo de piedras que representaba al pecado se convierte, en el poder de Cristo, en una tumba vacía de la cual la piedra ha sido removida. Las familias que una vez estuvieron cubiertas por el pecado y la vergüenza se convirtieron en testimonios de su gracia.

• • •

Señor, a veces, cuando contemplo el paisaje de nuestra familia veo montones de piedras que parecen servir de monumentos a hábitos ocultos, engaños constantes y lujurias prohibidas. Sin ti, eso es todo lo que habrá siempre. Nuestra familia estará perdida para siempre en el valle de la Aflicción. Por favor, a través del poder de la obediencia sin pecado de Cristo, desciende a este valle y transfórmalo en una puerta de esperanza. Por favor, llénanos con vida de resurrección para que cada uno pueda mirar hacia el futuro con la confianza de que nuestras fallas del pasado no nos definirán para siempre.

En necesidad de un milagro

«Si un creyente peca, repréndelo; luego, si hay arrepentimiento, perdónalo. Aun si la persona te agravia siete veces al día y cada vez regresa y te pide perdón, debes perdonarla».

Los apóstoles le dijeron al Señor:

—Muéstranos cómo aumentar nuestra fe.

El Señor respondió:

—Si tuvieran fe, aunque fuera tan pequeña como una semilla de mostaza, podrían decirle a este árbol de moras: «Desarráigate y plántate en el mar», ¡y les obedecería! LUCAS 17:3-6

«SI LA PERSONA TE AGRAVIA SIETE VECES AL DÍA». Suena a lo que escuchamos desde el asiento de atrás del auto o la sala de juego o sentados a la mesa. Les pedimos a nuestros hijos que pidan disculpas y a la parte ofendida que perdone, pero sabemos que hacen falta más que palabras para en verdad estar arrepentidos y para perdonar en realidad las ofensas. Se necesita un verdadero milagro, y parece ser lo que Jesús promete aquí.

Los apóstoles le dijeron a Jesús que necesitaban más fe. Jesús les dijo que no era *más* fe lo que necesitaban. Si el evangelio tuviera un pequeño lugar en su corazón, incluso del tamaño de una mostaza, tendrían lo que necesitaban para perdonar. Y si nosotros tuviéramos suficiente fe para creer que Dios nos perdonó nuestra enorme deuda de pecado, tendríamos lo que necesitamos para perdonar las deudas de los demás.

Si tuviéramos una comprensión aún tan pequeña como una semilla de mostaza acerca del perdón de Dios, sería suficiente para quebrantar nuestro corazón, dado que nuestro pecado es enorme y su misericordia grandiosa. Nosotros, también, podríamos extender misericordia a las personas que nos hacen daño u ofenden. Jesús desea que aprendamos a perdonar como él perdona, pero sabe que no tenemos lo que hace falta para hacerlo por nuestros propios medios; sin embargo, cabe recordar que si estamos en él no estamos solos.

· · ·

Señor, nos diste la fe que necesitamos para confiarte nuestra vida, pero a veces parece más difícil encontrar la fe para confiarte las heridas profundas y las ofensas continuas que hemos experimentado tanto de parte de miembros de nuestra familia como de gente de afuera. Por favor, ayúdanos a entender la enormidad de nuestros pecados y la generosidad de tu perdón para que podamos extendernos esa clase de perdón los unos a los otros. No deseamos solo exigirles a nuestros hijos que perdonen; deseamos que lo vean reflejado en la vida de sus padres.

Nostálgico

¡Qué bella es tu morada,
  oh SEÑOR de los Ejércitos Celestiales!
Anhelo y hasta desfallezco de deseo
  por entrar en los atrios del SEÑOR.
Con todo mi ser, mi cuerpo y mi alma,
  gritaré con alegría al Dios viviente. SALMO 84:1-2

EL SALMO 84 ES UNA EXPRESIÓN DE ANHELO ESCRITA por un hombre ansioso y nostálgico, uno de los descendientes de Coré que cantaba en el templo. Los peregrinos que subían hacia el templo en Jerusalén cantaban este salmo para cultivar su deleite en el Señor y para abrir sus ojos y corazón al privilegio asombroso de ser un invitado a quien Dios le daba la bienvenida en su casa. Cantar este salmo era una forma de imprimir en su propia alma la convicción de que nada de lo que el mundo ofrece se compara ni remotamente al gozo y el placer de estar en la casa de Dios.

Lo que ellos añoraban no era simplemente un apego al lugar. El Dios viviente era el objeto verdadero de sus añoranzas. Esta es la clase de nostalgia por la casa de Dios que deseamos que tengan nuestros hijos; el deseo por el que oramos que se apodere de ellos. Deseamos que este anhelo los siga atrayendo a encontrar su hogar entre el pueblo de Dios. Deseamos que la expectativa de la bendición de Dios los capacite para confiar en que los lugares más difíciles de su vida se convertirán en lugares donde Dios hará llover sus bendiciones. Deseamos que esta nostalgia por la presencia de Dios los mantenga en la búsqueda de mayor intimidad con él. Y deseamos que esta confianza en la gracia y en la gloria de Dios los mantenga convencidos de su bondad.

• • •

Señor, necesito que esta nostalgia por ti se vuelva una realidad en mi alma. Simplemente no puedo orar que _____ tenga esta clase de deseo apasionado por ti cuando yo mismo no lo tengo. Por favor, dame ojos para ver tu gracia y el gozo que viene de tu bondad. Por favor, haz que mi mente se concentre en el peregrinaje a la nueva Jerusalén.

Y cuando _____ camine por el valle de la Aflicción, por favor, haz que sea para ella un lugar de manantiales refrescantes. Haz llover sobre ella tus bendiciones. Mientras _____ se embarca en este peregrinaje que dura toda la vida, que siga fortaleciéndose hasta el día en que se presente delante de ti en la Nueva Jerusalén.

Soy un pecador

En cambio, el cobrador de impuestos se quedó a la distancia y ni siquiera se atrevía a levantar la mirada al cielo mientras oraba, sino que golpeó su pecho en señal de dolor mientras decía: «Oh Dios, ten compasión de mí, porque soy un pecador». Les digo que fue este pecador —y no el fariseo— quien regresó a su casa justificado delante de Dios. Pues los que se exaltan a sí mismos serán humillados, y los que se humillan serán exaltados. LUCAS 18:13-14

LA HISTORIA DE JESÚS SOBRE EL FARISEO y el cobrador de impuestos comienza así: «Luego Jesús contó la siguiente historia a algunos que tenían mucha confianza en su propia rectitud y despreciaban a los demás» (versículo 9). Es evidente que Jesús podía ver en lo profundo del corazón de los fariseos, más allá del cumplimiento estricto de la ley y de la recitación de la Torá. Y que lo que vio fue una cantidad enorme de santurronería que generaba arrogancia y desprecio hacia los demás.

No nos gusta pensar que somos santurrones. Sin darnos cuenta, sin embargo, a menudo exudamos indiferencia y superioridad. Nuestras conversaciones en el auto y durante la cena revelan que no nos gustan la moral de los demás, ni su música ni los canales de noticias que prefieren ver. Eso se manifiesta cuando estamos hablando con nuestros hijos acerca de otras personas. Con facilidad podemos dar la impresión de que pensamos que si todos los demás fueran como nosotros, el mundo sería un lugar mucho mejor.

Dios desea que dejemos de hablar acerca de lo que está mal en la vida de los demás y que hablemos acerca de lo que está mal en nuestra vida. Desea guiarnos al arrepentimiento y a depender de su misericordia. Un corazón duro nunca reconoce nada. Cuando el pueblo de Dios se rinde y confiesa sus pecados, es ahí cuando la presencia de Jesús se siente entre nosotros. Es nuestro arrepentimiento, no nuestra perfección, lo que hace que resplandezca la belleza de Cristo a través de nuestra vida y de nuestra familia.

• • •

Señor, nos sentimos mucho más cómodos hablando sobre las faltas y los pecados de los demás que confesando nuestros propios pecados. Y nos damos cuenta de que esta es un área donde debemos tomar la iniciativa para ser los primeros que se arrepienten en nuestro hogar. Señor, perdónanos por exaltarnos a nosotros mismos como quienes no deben luchar contra la tentación y que nunca caen cuando son tentados. Danos el valor y la gracia para confesar nuestros pecados con humildad en la presencia de nuestra familia para que seamos más que solo padres e hijos, para que también seamos hermanos y hermanas en Cristo.

Imposible

Jesús lo vio y dijo: «¡Qué difícil es para los ricos entrar en el reino de Dios! De hecho, ¡es más fácil que un camello pase por el ojo de una aguja que un rico entre en el reino de Dios!».

Los que lo oyeron, dijeron: «Entonces, ¿quién podrá ser salvo?». Él contestó: «Lo que es imposible para los seres humanos es posible para Dios». LUCAS 18:24-27

EL HOMBRE RICO SE ALEJÓ de Jesús porque estaba enamorado del mundo. Esto nos asusta un poco porque vemos lo mucho que nuestros hijos aman al mundo. Aman sus emociones y tecnología. Aman sus promesas de llegar a ser alguien importante y sus caminos para progresar. Aman sus entretenimientos y seducciones. Pensamos que será bastante difícil encontrar la forma de destetarlos de todo lo que el mundo ofrece e inculcarles deseo por lo que el reino de Dios ofrece. La verdad, sin embargo, es más desesperante. Es *imposible* para los padres hacer lo que se necesita para evitar que sus hijos amen más al mundo que a Cristo y sus beneficios. ¿Cuáles son nuestras opciones entonces?

Nuestras opciones son dependencia absoluta en que Dios haga lo que para nosotros es imposible. Cuando estamos desanimados por la forma en que las cosas del mundo y la manera de pensar del mundo tienen agarrados a nuestros hijos, recordamos que lo que es imposible para las personas es posible para Dios. Cuando parece estúpido esperar que haya cambios profundos en su corazón, recordamos la gracia y la misericordia infinitas del Señor. Aunque nos parezca imposible convencer a nuestros hijos para que cambien, imposible para nosotros generar en ellos interés por las cosas de Dios, imposible para nosotros penetrar la defensa que construyeron para que la verdad no entre, no es imposible para Dios. El futuro de nuestros hijos y su destino no están determinados por lo que nosotros podemos hacer que suceda. El cambio es posible porque Dios hace posible lo que es imposible para nosotros.

• • •

Señor, te escucho decirme que debería dejar de lado todos mis planes y manipulaciones y recordar tu poder y tus propósitos. Aunque tengo influencia como padre sobre _____, simplemente no tengo el poder para crear vida a partir de la muerte, intensidad a partir de la apatía, afectos nuevos por Cristo a partir del apego al mundo profundamente enraizado. Pero tú sí lo tienes. Por favor, haz lo que es imposible para mí en el corazón y la vida de _____.

Un verdadero hijo de Abraham

Jesús respondió: «La salvación ha venido hoy a esta casa, porque este hombre ha demostrado ser un verdadero hijo de Abraham. Pues el Hijo del Hombre vino a buscar y a salvar a los que están perdidos». LUCAS 19:9-10

AQUEL DÍA QUE EN QUE JESÚS PASABA POR EL PUEBLO, Zaqueo quería ver quién era Jesús. Y, desde arriba de un sicómoro, se sorprendió al descubrir que Jesús ya sabía quién era *él*. Jesús estaba buscando a este hombre que estaba perdido en el engaño de las riquezas, este hombre cuya codicia fue la causa de que muchos otros quedaran en la ruina. Jesús simplemente le dijo a Zaqueo que tenía que ser invitado a su casa aquel día.

En los tiempos de Jesús, comer con alguien, ir a su casa y compartir una comida era una señal de compañerismo íntimo. Comunicaba aceptación. Jesús no le dijo a Zaqueo que lo aceptaría si limpiaba su vida. Al contrario, le ofreció aceptación, y tuvo tal efecto en la vida de este cobrador de impuestos que lo cambió. La gracia que Jesús mostró durante la comida generó un cambio profundo en el corazón de Zaqueo. Zaqueo sabía que la ley de Moisés decía que si alguien había robado a otra persona, debía confesar su pecado y ofrecer la restitución completa más el 20% a la parte agraviada, pero la gracia de Jesús había hecho un trabajo tan impactante en su corazón que juró devolver mucho más que lo requerido por la ley.

Los fariseos eran muy orgullosos por ser descendientes físicos de Abraham. Por lo tanto, desaprobaban por completo de que Jesús hubiera escogido a Zaqueo como compañero de cena. Pero, mientras que ellos se quejaban de la gracia, la gracia hacía generoso a Zaqueo. Su deseo y decisión de poner en práctica un arrepentimiento costoso puso de manifiesto que la misma justicia que le fue acreditada a Abraham se volviera realidad en él. Como un verdadero hijo de Abraham, Zaqueo quitó la confianza que tenía puesta en sus reservas financieras y la puso en las riquezas de la salvación.

• • •

Señor, deseamos manifestarnos como verdaderos hijos de Abraham por la forma en que el evangelio de gracia nos está cambiando para que dejemos de ser personas consumidas por nuestras propias necesidades y comencemos a ser una familia que da con gozo y sacrificio. No queremos vivir como si supusiéramos que solo nuestra membresía de iglesia y actividades religiosas nos pueden hacer parte de tu familia. Anhelamos que la salvación que vino a nuestro hogar cambie a quienes vivimos aquí.

Llena de dificultades

Oh Señor, Dios de mi salvación,
   a ti clamo de día.
   A ti vengo de noche.
Oye ahora mi oración;
   escucha mi clamor.
Mi vida está llena de dificultades,
   y la muerte se acerca.
Estoy como muerto,
   Como un hombre vigoroso al que no le quedan fuerzas. SALMO 88:1-4

A VECES TENEMOS PROBLEMAS INTENSOS pero de corto plazo con nuestros hijos. Otras veces, son asuntos profundos y constantes que parecen intratables: una condición crónica, una adicción en desarrollo, un conflicto no resuelto. Y nos desgastamos. No podemos ver ninguna luz adelante. No encontramos razones para tener esperanza.

El escritor del Salmo 88 parece entender tal agotamiento. No le quedan fuerzas. Al parecer Dios lo ha olvidado. Solo. Atrapado. Derramando lágrimas. En la oscuridad. La mayoría de los lamentos de los Salmos dejan entrar un rayo de luz y cierran con una nota de confianza y la determinación de confiar en Dios. No sucede así con este salmo. No parece haber una solución. Pero eso no significa que no haya esperanza verdadera.

Este salmo les da palabra a quienes necesitan seguir clamando día y noche al Señor, al «Dios de mi salvación». La fe puede ser verdadera incluso cuando no podamos conectarla a una conclusión ordenada, incluso cuando no puede expresar una esperanza sólida, incluso cuando apenas se sostiene, incluso cuando todo parece muy oscuro.

Los padres que reciben esta canción divinamente inspirada son guiados a seguir viniendo al Señor, incluso cuando pareciera que él no escucha y se rehúsa a actuar. Y aunque la luz de la redención sea apenas visible en este salmo, nos ayuda a reconocer que el Dios de nuestra salvación es el único que tiene la capacidad para penetrar la oscuridad de nuestras circunstancias difíciles.

• • •

Dios de mi salvación, sálvame de la desesperación por lo que parece insoportable. Sálvame de mi inclinación a huir de ti con todo este dolor tan real en lugar de clamar a ti. Sálvame de la voz que dentro de mi cabeza me dice que me has olvidado, que estás enojado conmigo, que apartaste tu rostro de mí. Entra en mi oscuridad e ilumíname.

Todas las buenas promesas cumplidas

Así que el SEÑOR le entregó a Israel toda la tierra que había jurado darles a sus antepasados, y los israelitas la tomaron para sí y se establecieron en ella. Y el SEÑOR les dio descanso en todo el territorio, tal como se lo había prometido solemnemente a los antepasados de ellos. Ningún enemigo pudo hacerles frente, porque el SEÑOR los ayudó a conquistar a todos sus enemigos. Ni una sola de todas las buenas promesas que el SEÑOR le había hecho a la familia de Israel quedó sin cumplirse; todo lo que él había dicho se hizo realidad. JOSUÉ 21:43-45*

DIOS LE HABÍA HECHO A ABRAHAM, el ancestro de los israelitas, una promesa increíble. Sus descendientes permanecerían en cautiverio por cuatrocientos años, pero entonces Dios los sacaría y los traería a la tierra que había prometido darles. Dios vino a Josué, su líder, y le dijo: «Sé fuerte y valiente, porque tú serás quien guíe a este pueblo para que tome posesión de toda la tierra que juré a sus antepasados que les daría» (Josué 1:6). Dios les prometió que iría delante de ellos en la batalla y eliminaría el mal que había hecho su hogar en la tierra santa de Dios para que su pueblo pudiera vivir allí seguro, en paz. Dios moraría en medio de ellos. Cuando llegamos al final del libro de Josué, descubrimos que ni una sola de las promesas que el Señor le había hecho a Abraham y a sus descendientes quedó sin cumplimiento. El pueblo de Dios estaba descansando en su tierra.

Esto debería animarnos profundamente porque sabemos que las promesas hechas y cumplidas a Abraham y a sus descendientes son una sombra de las promesas mucho más grandes que Dios les hizo a quienes se convirtieron en hijos de Abraham por la fe. Dios prometió bendecirnos. Incluso ahora Dios está obrando para rescatar más y más territorio en nuestra vida de los patrones e impulsos malvados que nos dominan. Está obrando para que nuestra vida sea tierra santa. Llegará el día cuando nuestro Josué más extraordinario, Jesucristo, nos guiará a la verdadera tierra de la que fluye leche y miel. El cielo será la tierra que siempre anhelamos, la tierra a la cual Canaán siempre estuvo señalando, la tierra en la cual finalmente estaremos en casa.

• • •

Señor, nuestro corazón se enamoró tanto del aquí y el ahora. Por favor, levanta nuestra mirada hacia la herencia prometida. Por favor, llena nuestro corazón de expectativa por lo que vamos a heredar cuando entremos a tu tierra santa. Y, Señor, anhelamos estar allí juntos como familia, todos nosotros, disfrutando de tu descanso. Llévanos a todos a ese hogar donde estás tú.

21 DE ABRIL

Josué 22:21–23:16
Lucas 20:27-47
Salmo 89:14-37
Proverbios 13:17-19

Una red y una trampa

Pero si se apartan de él y se aferran a las costumbres de los sobrevivientes de esas naciones que aún quedan entre ustedes y se unen en matrimonio con ellos, entonces tengan por seguro que el SEÑOR su Dios ya no expulsará a esos pueblos de su tierra. En cambio, ellos serán como una red y una trampa para ustedes, como un látigo en la espalda y como zarzas con espinas en los ojos, y ustedes desaparecerán de la buena tierra que el SEÑOR su Dios les ha dado. JOSUÉ 23:12-13

DESEAMOS TANTAS COSAS PARA NUESTROS HIJOS, pero estoy segura de que lo que está primero o cerca de lo primero en nuestra lista es que si se casan, se casen con alguien que ame a Cristo, alguien que comparta este compromiso de por vida que define quiénes son. Pero, a menudo, incluso los hijos creyentes coquetean con relaciones que crecen más de lo que esperaban y, a veces, terminan en un matrimonio en el cual o el cristiano relega a Cristo a los márgenes de la vida o la pareja no creyente es marginalizada. De cualquier modo, ambas partes terminan sintiéndose solas e infelices.

Cuando el corazón de nuestros hijos se ve enredado con alguien que no comparte su fe en Cristo, ellos desafían la realidad de que procurar una relación con otra persona que tiene poco o ningún interés en construir una vida en torno a Cristo los hará miserables a la larga. Se convencen de que de alguna manera *su* caso será la excepción. Insisten en que el cónyuge no creyente apoyará su fe cristiana. Están convencidos de que son almas gemelas. Alegres y optimistas, están seguros de que su pasión y compromiso vencerán todos los obstáculos.

Por lo tanto, necesitamos que la palabra antigua, esta advertencia antigua, haga una obra en nuestros hijos modernos y los convenza de que un enredo romántico con un no creyente tiene el potencial de volverse una red y una trampa; algo que puede parecer perfectamente correcto en el momento, pero que al final les causará gran dolor y soledad.

• • •

Señor, anhelo que _____ disfrute de todas las bendiciones que tienes para darles a tus hijos, incluso la bendición de unirse corazón a corazón, alma a alma a un cónyuge como una sola carne. Usa tu Palabra y tus advertencias para evitar que _____ suponga que de alguna manera ella es una excepción a la realidad de la desdicha que resulta de estar unida en yugo desigual. Dale sabiduría y disciplina en los asuntos del corazón. Y dale una pasión tan fuerte por ti de modo que esa pasión gobierne todas sus otras pasiones.

Pero en cuanto a mí y a mi familia

Por lo tanto, teme al SEÑOR y sírvelo con todo el corazón. Echa fuera para siempre los ídolos que tus antepasados adoraron cuando vivían del otro lado del río Éufrates y en Egipto. Sirve únicamente al SEÑOR. Pero si te niegas a servir al SEÑOR, elige hoy mismo a quién servirás. ¿Acaso optarás por los dioses que tus antepasados sirvieron del otro lado del Éufrates? ¿O preferirás a los dioses de los amorreos, en cuya tierra ahora vives? Pero en cuanto a mí y a mi familia, nosotros serviremos al SEÑOR. JOSUÉ 24:14-15

LOS ANCESTROS DE ABRAM VIVIERON EN UR DE LOS CALDEOS, donde rendían culto al dios luna. Sus descendientes vivieron en Egipto, donde adoraban al sol, al Nilo y a muchos otros falsos dioses. Cuando sus descendientes se preparaban para entrar a Canaán, donde los cananeos adoraban dioses paganos, Josué los llamó a deshacerse de sus ídolos familiares. Algunas de estas familias deben haber tenido imágenes y estatuas asociadas con las deidades paganas que habían traído de Egipto entre sus pertenencias.

Josué los exhortó a que renunciaran a todos los dioses falsos y sirvieran exclusivamente al Señor. ¡Ellos respondieron con un sí alegre! Aun cuando Josué les advirtió que no serían capaces de cumplir con este gran compromiso, ellos dijeron: «¡Eso no! Nosotros serviremos al SEÑOR» (Josué 24:21).

Era claro que el espíritu estaba dispuesto aquel día, pero la carne demostró ser débil con el paso de los días y de los años. También nuestra carne es débil. No queremos que nuestra familia se postre ante el materialismo; sin embargo, nos siguen llegando catálogos por correo. No queremos servir a los dioses de la perversión sexual, pero nos cuesta muchísimo censurar los programas televisivos o las películas que miramos. Aunque no queremos adorar al dios de la imagen y el éxito, queremos dar la impresión de la familia perfecta tal como las que vemos todos los días en las redes sociales y sobre las cuales leemos en las postales de Navidad.

¿Qué debemos hacer entonces? Rehusarnos a darnos por vencidos. Decidir que nuestra familia servirá al Señor *hoy*. Y tomar la misma decisión mañana. Pedimos que su poder nos ayude a seguir escogiendo servirlo todos los días de nuestra vida.

· · ·

Señor, a pesar de lo mucho que nos gustaría cerrar nuestros ojos a los ídolos falsos que forman parte de nuestra vida, sabemos que no podemos. Tenemos que escoger hoy. Por lo tanto, haznos implacables en identificar nuestros falsos ídolos. Danos la voluntad para echarlos muy lejos de modo que no puedan regresar a nuestro hogar.

Que nuestros hijos vean tu gloria

Señor, a lo largo de todas las generaciones,
   ¡tú has sido nuestro hogar! [...]
Sácianos cada mañana con tu amor inagotable,
   para que cantemos de alegría hasta el final de nuestra vida.
¡Danos alegría en proporción a nuestro sufrimiento anterior!
   Compensa los años malos con bien.
Permite que tus siervos te veamos obrar otra vez,
   que nuestros hijos vean tu gloria. SALMO 90:1, 14-16

MOISÉS ERA UN HOMBRE SIN PAÍS. Había dejado Egipto y sabía que no cruzaría hacia Canaán. Ya que el pueblo de Dios tampoco tenía país cuando se escribió este salmo, podríamos esperar que Moisés describiera Canaán, la Tierra Prometida, como la morada de Israel. Moisés, sin embargo, dice: «Señor, [...] ¡*tú* has sido nuestro hogar!» (énfasis añadido). Nuestro hogar no es un lugar, sino una Persona. Solo en Dios encontramos la seguridad, la libertad y la paz que anhela nuestro corazón mientras peregrinamos en nuestro propio desierto en este mundo. Moisés reconoció que las generaciones antes de la suya y las que vendrían después viven en un mundo marcado por la muerte y el pecado y que necesitamos con urgencia encontrar nuestro verdadero hogar en Dios.

Moisés nos da una canción que nos provee las palabras para pedirle a Dios lo que más necesitamos en este proceso de buscar que nuestro hogar se encuentre en él. Necesitamos entendimiento sobre la brevedad de la vida para que no consideremos nuestro tiempo en la tierra como todo lo que hay. Necesitamos la satisfacción que viene de saber que somos los receptores del amor inagotable de Dios. Necesitamos la esperanza que el mal y el sufrimiento de esta vida no definirán para siempre nuestra vida, sino que nuestra vida resplandecerá con la gloria de Dios. Anhelamos experimentar su poder redentor y de resurrección en nuestra vida y en la vida de nuestros hijos. Y, por eso, le cantamos al Señor quien, a lo largo de todas las generaciones, ha sido nuestro hogar.

• • •

Señor, enséñanos a ver la brevedad de la vida para que seamos más sabios. Satisfácenos cada mañana con tu amor inagotable para que podamos cantar de gozo hasta el final de nuestra vida. ¡Danos alegría en proporción a los sufrimientos que pasamos! Reemplaza los años malos por años buenos. Permite que tus siervos vean tu obra de nuevo; permite que nuestros hijos vean tu gloria.

Creció otra generación

Después de que murieron todos los de esa generación, creció otra que no conocía al SEÑOR ni recordaba las cosas poderosas que él había hecho por Israel. Los israelitas hicieron lo malo a los ojos del SEÑOR y sirvieron a las imágenes de Baal. Abandonaron al SEÑOR, Dios de sus antepasados, quien los había sacado de Egipto. Siguieron y rindieron culto a otros dioses [...] y así provocaron el enojo del SEÑOR. JUECES 2:10-12

QUIENES FUERON NIÑOS CUANDO el pueblo de Israel salió de Egipto habían muerto. También quienes vieron caer las murallas de Jericó. Y quienes entraron a la Tierra Prometida no habían cumplido el mandamiento de transmitirles una fe viva a sus hijos. Esta nueva generación había *escuchado* las historias acerca de Yahveh y su liberación, guía y provisión poderosas, pero no la había *experimentado*. Como la nuestra, nació en prosperidad y estaba fascinada con la búsqueda de significado espiritual entre las muchas opciones que les presentaban las culturas que las rodeaban, las cuales colisionaban entre sí. Veían la Palabra de Dios como algo terrible, pasado de moda e irrelevante.

Como padres, queremos la fórmula secreta para transmitirles una fe viva a nuestros hijos y nos frustra saber que no la hay. Dicho eso, nuestros hijos necesitan más que solo *escuchar* de nuestras experiencias con Dios. Necesitan estar *involucrados* a menudo en experiencias donde su fe sea puesta a prueba. La mayoría de nosotros, sin embargo, hacemos todo lo que esté a nuestro alcance para evitar situaciones en las cuales nuestra familia se vea obligada a depender de Dios como nuestra única esperanza, nuestro único proveedor y nuestra única seguridad. Pero para que la próxima generación llegue a conocer al Señor, tiene que saber más que solo historias bíblicas o incluso la doctrina correcta. Debe *experimentar* lo que significa confiar en que Dios cumplirá con la ayuda que prometió. Tal vez, no deberíamos apresurarnos siempre para ser los salvadores de nuestros hijos. Quizás deberíamos estar dispuestos a permitir que nuestros hijos experimenten la necesidad de que Dios venga en su rescate y descubran la forma en que lo hace.

• • •

Señor, no queremos que la historia de la próxima generación de israelitas sea la historia de la próxima generación de nuestra familia. Anhelamos que _____ experimente tu poder salvador en su vida, no solo que lea o escuche sobre eso. Evita que tratemos de ser los salvadores de _____. Evita que tratemos de proteger a _____ de todos los problemas y de todas las necesidades que podrían llegar a requerir que acudir a ti.

¡Haz que tu gloriosa justicia resplandezca!

Aplastan a tu pueblo, SEÑOR;
  lastiman a los que llamas tuyos.
Matan a las viudas y a los extranjeros,
  y asesinan a los huérfanos.
«El SEÑOR no está mirando —dicen—,
  y además, al Dios de Israel no le importa».
¡Piénsenlo mejor, necios! SALMO 94:5-8

VEMOS QUE NUESTROS HIJOS SON MALTRATADOS y la sangre nos hierve con la determinación de protegerlos y de castigar a quienes les hicieron daño. Los chicos que muerden en el jardín de infantes. Los maestros o entrenadores injustos. Los novios o las novias que les rompen el corazón. Por supuesto que a veces les hacen maldades mucho más grandes al hijo que amamos, un daño que lo perjudica mucho más.

¿Qué hacemos con este deseo furioso de venganza? ¿Qué hacemos cuando parece que quienes les hacen daño a nuestros hijos nunca experimentarán justicia verdadera?

El Salmo 94 nos da palabras para orar, palabras para rogar al Dios de las venganzas que su gloriosa justicia, mucho más pura y poderosa que la nuestra, resplandezca en la oscuridad de nuestra situación. Nos recuerda en tono de burla que el Señor no es sordo y que oye lo que se dice. No es ciego, ve lo que se hace. No ignora los pensamientos y las motivaciones privados de los perpetradores. El Salmo 94 nos invita a confiarle a Dios nuestras demandas de que los malvados paguen; a confiar en el tiempo del Señor, en su forma de hacer las cosas y en su perfecta justicia. Y, hasta que llegue ese día, el Señor es nuestra fortaleza. Nuestra confianza en él nos da la capacidad para esperar sin ser consumidos por la frustración y la ira.

• • •

Señor, cuando las dudas sobre si aquellos que le hicieron daño a mi hijo recibirán lo que se merecen llenan mi mente, tu consuelo me da esperanza y alegría renovadas. Ayúdame a confiar en que tu justicia perfecta será perfectamente satisfecha sea en el castigo que reciban o en el castigo que Jesús sufrió por ellos en la cruz. Tú eres la fortaleza donde encuentro seguridad contra el cinismo y la desesperación. Tú eres mi Roca poderosa donde me refugio para experimentar tu consuelo.

Yo estaré contigo

Entonces el SEÑOR lo miró y le dijo:
—Ve tú con la fuerza que tienes y rescata a Israel de los madianitas. ¡Yo soy quien te envía!
—Pero, Señor —respondió Gedeón—, ¿cómo podré yo rescatar a Israel? ¡Mi clan es el más débil de toda la tribu de Manasés, y yo soy el de menor importancia en mi familia!
El SEÑOR le dijo:
—Yo estaré contigo, y destruirás a los madianitas como si estuvieras luchando contra un solo hombre. JUECES 6:14-16

ERA UNA SITUACIÓN DESESPERANTE. Durante siete años, los terroristas de Madián habían atacado Israel de manera regular. Tomaban su ganado y destruían sus cosechas para que se murieran de hambre. Los israelitas habían abandonado sus ciudades por temor y se habían escondido en cuevas con sus familias. Finalmente, clamaron al Señor por ayuda. Y el Señor designó un rescatador, un rescatador reacio.

Gedeón estaba muy consciente de su incompetencia. Cuando le dijo al Señor que no estaba capacitado para la tarea, el ángel no lo contradijo. En lugar de inflar la auto-confianza de Gedeón, llenó la realidad peligrosa de Gedeón con confianza en Dios. «Yo estaré contigo», le prometió el Señor.

Hemos escuchado a Yahveh decirles esto a siervos no dispuestos o titubean-tes. A Moisés cuando no quería enfrentar al faraón, Dios le dijo: «Yo estaré contigo» (Éxodo 3:12). A Josué cuando tenía que enfrentar todas las ciudades habitadas por cananeos, Dios le dijo: «Pues yo estaré contigo como estuve con Moisés» (Josué 1:5).

Quizás lo hayamos descartado. Pero la verdad es que podemos enfrentar circuns-tancias bastante difíciles con esta promesa. Nuestros hijos pueden enfrentar un cambio de escuela, un desafío abrumador y tentaciones secretas con esta promesa. Dios no responde a todas nuestras preguntas sobre los detalles, pero nos provee lo esencial: la seguridad de que él estará con nosotros.

• • •

Señor, estamos enviando a _____ al mundo donde tendrá que pelear contra los gober-nantes y las autoridades malvados del mundo invisible, contra poderes de este mundo oscuro y contra espíritus malignos en los lugares celestiales. Oramos que _____ sepa que estás con él y que la victoria sobre estos enemigos no depende de su propia suficiencia ni capacidades, sino de tu suficiencia y de tu poder manifestados en su debilidad.

Acuérdate de mí

Uno de los criminales colgados junto a él se burló: «¿Así que eres el Mesías? Demuéstralo salvándote a ti mismo, ¡y a nosotros también!». Pero el otro criminal protestó: «¿Ni siquiera temes a Dios ahora que estás condenado a muerte? Nosotros merecemos morir por nuestros crímenes, pero este hombre no ha hecho nada malo». Luego dijo:
—Jesús, acuérdate de mí cuando vengas en tu reino.
Jesús respondió:
—Te aseguro que hoy estarás conmigo en el paraíso. LUCAS 23:39-43

PUEDE SER DIFÍCIL AFERRARSE A LA ESPERANZA CUANDO un miembro de la familia sigue sin mostrar ningún interés en Cristo o incluso se burla de él. Nuestro corazón desfallece ante la posibilidad de que esta persona podría no estar con nosotros cuando entremos en la eternidad a la presencia de Cristo. Y apenas podemos pensar en lo que será su futuro separado de Dios.

Por eso este criminal, colgado al lado del Señor en el final amargo de su vida, nos da esperanzas. Finalmente puede ver la santidad de Jesús, el valor de Jesús, el reinado de Jesús. Si hubiera podido descender de la cruz, se hubiera arrodillado ante este que estaba colgado debajo del letrero que decía «Este es el Rey de los judíos». Al final, en estos últimos momentos de su vida, este criminal puede ver su culpa. Sabe que se merece el castigo que está recibiendo. Sabe que no tiene fundamento para su pedido atrevido y, sin embargo, lo hace. No tiene un historial de moralidad para presentar que le permita ganar aceptación, sino simplemente el reconocimiento abierto de su pecado y su desesperación por Jesús.

La historia del criminal que pone su fe en Cristo nos anima a orar hasta el final por aquellos a quienes amamos que hasta ahora no vieron su necesidad de Cristo. Oramos para que vean su culpa real, pero también para que vean que un Salvador fuerte se alza más imponentemente que el pecado. Jesús es un Rey misericordioso que responde a nuestros deseos de estar con él asegurándonos que viviremos con él para siempre.

• • •

Rey Jesús, ahora oro por la persona que amo y que está viviendo lejos de ti, lejos de tu gracia y misericordia. Derrite su corazón endurecido, abre sus ojos ciegos y vacíala del cinismo que la impulsa a burlarse de ti. Haz que se postre de rodillas ante ti y que tu Reino se vuelva hermoso y deseable para que el paraíso que es definido por tu misma presencia sea lo que más anhele.

Gobiérnanos

Entonces los israelitas dijeron a Gedeón:

—¡Gobiérnanos! Tú y tu hijo y tu nieto serán nuestros gobernantes, porque nos has rescatado de Madián.

Pero Gedeón respondió:

—Yo no los gobernaré ni tampoco mi hijo. ¡El SEÑOR los gobernará! Sin embargo, tengo una petición que hacerles: que cada uno de ustedes me dé un arete del botín que recogieron de sus enemigos caídos. JUECES 8:22-24

SI PASAMOS MUCHO TIEMPO LEYENDO y enseñándoles la Biblia a nuestros hijos, nos encontramos en una encrucijada con las fallas de quienes parecían vivir en obediencia a Dios pero lo arruinaron todo. Noé demostró valor en medio de su pueblo y construyó el arca, pero luego se emborrachó y cometió una indiscreción. Abraham salió de Ur siguiendo el mandamiento de Dios, pero luego mintió y les dijo a los egipcios que Sara era su hermana. Moisés humilló al faraón, pero luego hizo una escena de santurronería golpeando la roca cuando el pueblo lloraba de sed. Y, ahora, llegamos a Gedeón. Lideró una pequeña banda de hombres para derrotar a los madianitas. Parecía reconocer que él no sería quien reinaría sobre Israel, que Dios mismo era su Rey, pero simplemente no pudo resistirse a ser tratado como un rey y asumir algunos de los privilegios de la realeza.

Y no es solo en las páginas de la Biblia que, tanto nosotros como nuestros hijos, nos vemos obligados a descifrar cómo responder ante personas que parecen fieles pero nos decepcionan. Durante los años que nuestros hijos formen parte de la iglesia, es probable que presencien casos de líderes que tienen amoríos, hacen mal uso del poder o incluso se alejan de la fe. Una sombra de inconsistencia se cierne sobre los siervos de Dios. Por esa razón, seguimos guiando a nuestros hijos hacia nuestro verdadero gobernante, nuestro Rey justo.

• • •

Señor, somos tan bendecidos por ser parte del pueblo de Dios y porque nuestros hijos pueden ver buenos pastores que cuidan de las ovejas que están a su cargo. Te agradecemos por la integridad, fidelidad, y fe auténtica que nuestros hijos ven en el cuerpo de Cristo. Pero también sabemos que en cierto punto serán decepcionados por cristianos que no llegan a ser todo lo que tú quieres que sean. Por eso, te pedimos que protejas el corazón de _____ del cinismo respecto a la iglesia. Libra a _____ de desilusionarse con tu pueblo. Muéstrale a _____ que tú eres el verdadero gobernante de tu iglesia y que tú nunca fallas ni decepcionas.

Este mensaje se proclamaría

Y dijo: «Efectivamente, se escribió hace mucho tiempo que el Mesías debería sufrir, morir y resucitar al tercer día. También se escribió que este mensaje se proclamaría con la autoridad de su nombre a todas las naciones, comenzando con Jerusalén: "Hay perdón de pecados para todos los que se arrepientan"». LUCAS 24:46-47

DESPUÉS DE SU RESURRECCIÓN, Jesús proclamó que sus discípulos debían llevar el mensaje de que hay «perdón de pecados para todos los que se arrepienten» a todas la naciones. Como discípulos actuales, debemos preguntarnos: ¿Es este el mensaje que estamos proclamando en nuestro hogar? O ¿nuestros hijos nos escuchan proclamar un mensaje sobre ser íntegros, tener buen comportamiento y ser buenos ciudadanos?

¿Cuál es el evangelio según su familia? ¿Es que si trabajamos mucho y tratamos bien a los demás, Dios nos bendecirá? ¿Es que si respetamos a las autoridades y vamos a la iglesia todos los domingos, tendremos una buena vida? Aunque estas actividades tienen valor, no son el evangelio de Jesucristo. ¡Y tenemos que ser proclamadores del evangelio de Jesucristo en nuestro propio hogar!

Los padres que hablan sobre la necesidad de perdonar, que encuentran gozo en ser perdonados y que guían a su familia para que muestren arrepentimiento sincero son proclamadores del evangelio verdadero. Los hijos que escuchan a mamá y a papá confesar los pecados específicos que necesitan dejar de lado estarán menos inclinados a esconder, de Dios y de sus padres, los pecados que necesitan abandonar. A los hijos que ven cambios verdaderos en sus padres les resultará más fácil creer que el poder de Dios en realidad puede proveer lo que se necesita para cambiar. Proclamar el evangelio de esta forma es más que simplemente desafiar a nuestros hijos para que acepten a Cristo. Es vivir con el reconocimiento de que somos aceptados *por* Cristo y no según nuestro buen comportamiento, sino porque nuestro mal comportamiento fue perdonado.

• • •

Señor, por favor, ayúdame a humillarme para que pueda reconocer mi propia necesidad constante de un Salvador ante _____. No quiero estar ocupado hablando de la boca para afuera acerca de un evangelio que no es verdadero y que no cambia vidas entre las paredes de mi propio hogar. Deseo que nuestra familia sea parte de proclamar tu evangelio a un mundo que está muriendo. Ayúdanos a comenzar proclamándonos los unos a los otros que en realidad hay perdón de pecados para quienes se arrepienten.

Un nacimiento que proviene de Dios

Vino al mismo mundo que él había creado, pero el mundo no lo reconoció. Vino a los de su propio pueblo, y hasta ellos lo rechazaron; pero a todos los que creyeron en él y lo recibieron, les dio el derecho de llegar a ser hijos de Dios. Ellos nacen de nuevo, no mediante un nacimiento físico como resultado de la pasión o de la iniciativa humana, sino por medio de un nacimiento que proviene de Dios. JUAN 1:10-13

EL DÍA DEL NACIMIENTO DE NUESTRO HIJO ES INOLVIDABLE. El dolor del parto da lugar a un gozo indescriptible. A pesar de lo significativo que es el nacimiento de un hijo tanto para el bebé como para nosotros, sin embargo, sabemos que se necesita otro nacimiento: «No mediante un nacimiento físico como resultado de la pasión o de la iniciativa humana, sino por medio de un nacimiento que proviene de Dios». ¿Por qué? Porque nuestros hijos nacen muertos espiritualmente.

Esta idea de que nuestros hijos nacen espiritualmente muertos puede ser difícil de aceptar. A media que crecen, podríamos estar dispuestos a aceptar que tienen algunas deficiencias y áreas donde necesitan mejorar. Pero la realidad de su condición espiritual es mucho más seria. La Biblia nos dice que todos estamos espiritualmente muertos sin el milagro de la vida que solo Dios puede hacer nacer en nosotros. Sin su gracia, nuestros hijos pueden verse bien por fuera, pero seguir sin tener vida espiritual verdadera por dentro.

Ninguno de nosotros puede decidir nacer espiritualmente como tampoco podemos decidir nacer físicamente. Algo tiene que *sucedernos*; el Espíritu tiene que obrar en nosotros. ¿Cómo sucede esto entonces? Somos llenos de una nueva vida cuando dejamos de intentar hacer que nuestra vida funcione mediante nuestro propio poder y esfuerzo y le decimos a Jesús: *Te necesito. Sin ti no tengo vida, ni esperanza. Deseo la vida que está disponible solo para quienes nacen de ti. Necesito que te arraigues en mí de una forma que cambie el mismo centro de mi ser.*

• • •

Señor, concédele a _____ la capacidad para reconocerte. No permitas que _____ te rechace. Dale a _____ la fe para creer, la voluntad para aceptar y el derecho para convertirse en un hijo de Dios. Anhelamos para _____ mucho más que simplemente un andar por esta vida físicamente vivo, pero espiritualmente muerto. Llama a _____ a la vida para que nunca muera.

1 DE MAYO

Jueces 13:1–14:20
Juan 1:29-51
Salmo 102:1-28
Proverbios 14:15-16

El Señor estaba obrando

Pero su padre y su madre se opusieron.

—¿Acaso no hay una sola mujer de nuestra tribu o entre todas las israelitas con la que puedas casarte? —preguntaron—. ¿Por qué tienes que ir a los filisteos paganos a buscar una esposa?

Sin embargo, Sansón le dijo a su padre:

—¡Consíguemela! A mí me gusta ella.

Su padre y su madre no se daban cuenta de que el SEÑOR estaba obrando en todo esto, con el fin de crear una oportunidad para actuar contra los filisteos, que en ese tiempo gobernaban a Israel. JUECES 14:3-4

DESPUÉS DE AÑOS DE INFERTILIDAD, Manoa y su esposa vivían con ilusión y esperanza por todo lo que su hijo, Sansón, sería y haría. Le enseñaron la ley de Dios y vieron al Espíritu del Señor obrar en él mientras crecía. Pero, un día, una joven filistea le llamó la atención a Sansón y su único deseo fue tenerla. Todos los años de enseñanzas, preparación, oración y sacrificios parecían tener muy poco poder para sujetarlo. Los padres de Sansón deben haber estado devastados, pero «no se daban cuenta de que el SEÑOR estaba obrando en todo esto» (versículo 4). ¿A través de que un israelita se casara con alguien que adoraba otros dioses?

Ellos, sin lugar a duda, tenían razón en objetar las exigencias de Sansón. Y, sin lugar a duda, los deseos de Sansón no eran morales. Yahveh, sin embargo, no está ni atado a la incapacidad de los padres de entender el panorama completo ni limitado por la necedad de un hijo. El Señor puede usar incluso nuestra pecaminosidad y estupidez para hacer que se cumplan sus propósitos. Esto debería darnos esperanza como padres cuando nuestros hijos toman decisiones necias y no podemos ver a Dios obrando en medio de sus elecciones pecaminosas. Solo porque no podamos entender sus elecciones no significa que el Señor no esté creando una oportunidad para obrar en la vida de nuestro hijo.

• • •

Señor, cuando consideramos nuestras deficiencias y pecados, incluso cuando hemos buscado enseñar, orar, disciplinar y amar fielmente a _____, encontramos consuelo en recordar que no siempre podremos entender por completo lo que estás haciendo. Te alabamos por ser soberano sobre nuestra vida y sobre la vida de _____; tan soberano que puedes hacer incluso que las decisiones necias de _____ obren para su bien. Hoy escogemos confiar en que tú estás obrando de una manera que no podemos ver todavía.

121

Él sabe lo débiles que somos

El SEÑOR es como un padre con sus hijos,
    tierno y compasivo con los que le temen.
Pues él sabe lo débiles que somos;
    se acuerda de que somos tan solo polvo. SALMO 103:13-14

COMO PADRES TENDEMOS A SER MUY DUROS con nosotros mismos. Estamos muy conscientes de nuestras deficiencias e hipocresía. Estamos decididos a no criar a nuestros hijos en ninguna de las formas en que fuimos criados; sin embargo, repetimos los mismos patrones por instinto. Deseamos escuchar, pero estamos distraídos. Deseamos jugar, pero tenemos demasiado trabajo pendiente. Queremos involucrarnos útilmente, pero reconocemos que mucho de lo que hacemos no parece dar resultado. Incluso nuestros esfuerzos más brillantes de paternidad no siempre resultan bien.

En el Salmo 103, encontramos buenas noticias para los padres que le fallaron a su hijo, para los padres enojados, impacientes o fríos. Tenemos un Padre que es tierno y compasivo con nosotros, quien no nos señala con el dedo ni nos pone en el banquillo de los acusados. Está consciente de nuestras limitaciones y frustraciones. Está más consciente que nosotros de cómo la forma imperfecta en que fuimos criados impacta en la manera en que criamos a nuestros hijos. Sabe lo débiles que somos respecto a la fe, la disciplina, la consistencia, la sabiduría y las habilidades para relacionarnos. Él recuerda que somos polvo y que estamos haciendo lo mejor que podemos en un mundo que no controlamos para criar hijos a quienes en definitiva no controlamos.

La buena noticia para los padres imperfectos es que tenemos un Padre perfecto, quien es tan fuerte y fiel como para usar incluso nuestras fallas para su gloria; quien obra en nuestras debilidades y a través de ellas para mostrar su poder y fortaleza.

• • •

Padre, necesitamos que seas un Padre para nosotros mientras procuramos criar a _____. Necesitamos tu guía y tu sabiduría. Necesitamos que tu ternura nos libre de nuestros remordimientos, y necesitamos que tu compasión nos dé seguridad sobre tu compromiso eterno de ayudarnos en los años venideros en todas las épocas de la paternidad y en las luchas que conlleva ser padres. Ayúdanos a ser padres que te temen, sabiendo que somos personas hechas de polvo llenas del aliento de vida que viene solo de ti.

El ser humano solo puede reproducir la vida humana

Jesús le contestó: «Te digo la verdad, nadie puede entrar en el reino de Dios si no nace de agua y del Espíritu. El ser humano solo puede reproducir la vida humana, pero la vida espiritual nace del Espíritu Santo. Así que no te sorprendas cuando digo: "Tienen que nacer de nuevo". El viento sopla hacia donde quiere. De la misma manera que oyes el viento, pero no sabes de dónde viene ni adónde va, tampoco puedes explicar cómo las personas nacen del Espíritu». JUAN 3:5-8

NICODEMO, UN LÍDER RELIGIOSO RESPETADO, vino con la esperanza de tener una conversación teológica con Jesús sobre sus milagros. Pero Jesús llevo la conversación hacia algo mucho más urgente: la necesidad de Nicodemo de nacer de nuevo. Jesús le dijo que si *él* no experimentaba una transformación sobrenatural, su religiosidad finalmente demostraría ser vacía e inútil. Nicodemo estaba muerto y sin remedio, como un cadáver que no tiene ni vida ni capacidad para respirar vida en sí mismo. Nicodemo no podía ni mejorarse ni encontrar el camino a la gracia de Dios a través de los estudios. No necesitaba los «cinco pasos para volverse una persona piadosa». Necesitaba un milagro.

Esta es la clase de transformación que anhelamos para nuestros hijos, pero queda claro que no es algo que nosotros podemos hacer que suceda. Solo el Espíritu Santo da a luz la vida espiritual. Y no hay situaciones estándares ni una experiencia única para todos mediante la cual podamos evaluarnos a nosotros mismos o a nuestros hijos. Algunas personas pueden mencionar una fecha específica cuando supieron que habían nacido de nuevo: cambiadas por Dios de una persona espiritualmente muerta a una persona espiritualmente viva. A otros, a quienes crecen de manera gradual en su entendimiento del evangelio, tal vez les cueste identificar el momento particular en que nacieron de nuevo. Incluso si no podemos identificar de manera exacta el día en que sucedió esta transformación, sin embargo, ese evento instantáneo tiene que suceder; cuando Dios, en el Espíritu Santo, de una manera invisible e inadvertida, llama a una persona a la nueva vida espiritual.

• • •

Señor, necesitamos este milagro de la nueva vida. No podemos hacer que suceda este nuevo nacimiento por nuestros propios medios. Solo tu Espíritu puede hacer que lo que está muerto vuelva a vivir para ti. Anhelamos que tu Espíritu sople en nuestra casa y en la vida de nuestros hijos y nos traiga a todos de la muerte a la vida.

Juan 3:22–4:3
Salmo 104:24-35
Proverbios 14:22-24

Él debe tener cada vez más importancia

Él debe tener cada vez más importancia y yo, menos. JUAN 3:30

ESTAMOS EJERCIENDO LA PATERNIDAD en la era de las selfis, una era en la cual de manera constante tratamos de mejorar nuestra imagen en las redes sociales para parecer más hermosos, más interesantes y más conectados que lo que en realidad somos. A través de las redes sociales decimos todos los días al mundo que nos rodea: «¡Miren mi rostro! ¡Estoy aquí! ¡Soy importante! ¡Valgo la pena!». Estamos buscando de manera constante un lugar en el centro de atención; deseando tanto reconocimiento como podamos conseguir por quienes somos, quienes conocemos y lo que hemos logrado.

Juan el Bautista sabía lo que era estar en el primer plano. Largas filas de personas esperaban que las bautizara; sus discípulos prestaban atención a todo lo que decía. Cuando Jesús entró en escena y Juan lo reconoció como el cumplimiento de todo lo que el Antiguo Testamento había estado prometiendo, sin embargo, Juan felizmente ocupó el segundo lugar. Esa «voz que clama en el desierto» comenzó a proclamar que Jesús tenía que ocupar el primer lugar y que tenían que seguirlo. Juan tuvo que ir desapareciendo de la escena y quedar a la sombra de Jesús.

Sin duda, vamos contra la corriente cuando nos resistimos a remodelar nuestra imagen y a buscar reconocimiento constantemente y cuando ayudamos a nuestros hijos a reconocer su deseo de que los aplaudan y los halaguen. Por supuesto, deseamos que nuestros hijos sepan lo que valen porque fueron hechos a la imagen de Dios. Claro que deseamos que experimenten el gozo de los logros y deseamos animarlos con nuestro reconocimiento. Pero queremos que logren mucho más que simplemente correr detrás de la adulación y la atención siempre escurridiza del mundo. Deseamos que estén tan cautivados por Jesús que el deseo verdadero de su vida sea usar todas las oportunidades disponibles para que él crezca y, por consiguiente, ellos mengüen.

• • •

Señor, ayúdanos a amar tu gloria más que la nuestra. Danos la sabiduría que necesitamos como padres para saber cuándo afirmar y celebrar a _____ y cuándo hacerle notar su orgullo y egoísmo. Que cuando la gente nos mire, puedan ver cada vez más que Jesús es lo más importante, el único suficiente y completamente digno de alabanzas.

5 DE MAYO

Jueces 21:1—Rut 1:22
Juan 4:4-42
Salmo 105:1-15
Proverbios 14:25

Se establecieron allí

En los días en que los jueces gobernaban Israel, un hambre severa azotó la tierra. Por eso, un hombre de Belén de Judá dejó su casa y se fue a vivir a la tierra de Moab, junto con su esposa y sus dos hijos. El hombre se llamaba Elimelec, y el nombre de su esposa era Noemí. Sus dos hijos se llamaban Mahlón y Quelión. Eran efrateos de Belén, en la tierra de Judá. Así que cuando llegaron a Moab se establecieron allí. RUT 1:1-2

EL LIBRO DE RUT CUENTA LA HISTORIA de una familia israelita común y corriente que vivía en el pueblo de Belén durante el periodo de los jueces; un tiempo en el cual no había rey en Israel y todo el pueblo hacía lo que le parecía. Descubrimos en el primer versículo del libro que no había pan en este pequeño pueblo, cuyo nombre significa «casa de pan». Esta, se suponía, era la tierra en la cual fluía leche y miel. Dios le había prometido a su pueblo que nunca tendrían hambre si le obedecían. El hecho de que el escritor registrara la hambruna revela que el pueblo de Dios no había obedecido y, como consecuencia, Dios había enviado la hambruna para impulsarlos a que clamaran a él.

Eso es exactamente lo que Elimelec debería haber hecho, pero en lugar de arrepentirse y esperar a que Dios satisficiera las necesidades de su familia, Elimelec decidió que él mismo salvaría a su familia. Los llevó a Moab, a una tierra pagana, lejos del único lugar en la tierra donde Dios había prometido bendecir a su pueblo. Quizás Elimelec se fue pensando que sería algo temporal, pero el escritor indica que «se establecieron allí». Y, entonces, los golpeó la tragedia. La búsqueda familiar de satisfacción y seguridad fuera del lugar de bendición de Dios fue un fracaso que quedaría escrito en lápidas en Moab.

Pedro nos advierte: «Queridos amigos, ya que son "extranjeros y residentes temporales", les advierto que se alejen de los deseos mundanos, que luchan contra el alma» (1 Pedro 2:11). Su advertencia nos anima, como padres, a preguntarnos si nuestra familia está viviendo en este mundo con la mente puesta en ser residentes temporales o si nos hemos «establecido» aquí, adoptando a este mundo como nuestro hogar, echando raíces y acumulando nuestros tesoros aquí.

* * *

Señor, este mundo es todo lo que conocemos. Es todo lo que podemos ver con nuestros ojos y experimentar con nuestros sentidos. Por lo tanto, necesitamos ojos de fe para fijar nuestra mirada en el hogar que tú estás preparando para nosotros. Líbranos de echar raíces demasiado profundas en esta tierra extraña. Muéstranos la recompensa de perseverar como familia en vivir como peregrinos durante nuestros días en esta tierra.

Mejor que siete hijos

Entonces las mujeres del pueblo le dijeron a Noemí: «¡Alabado sea el SEÑOR, que te ha dado ahora un redentor para tu familia! Que este niño sea famoso en Israel. Que él restaure tu juventud y te cuide en tu vejez. ¡Pues es el hijo de tu nuera que te ama y que te ha tratado mejor que siete hijos!». RUT 4:14-15

MUCHAS COSAS HABÍAN CAMBIADO DESDE que Noemí regresó a Belén sin su esposo e hijos. Les dijo a sus amigas quienes apenas la reconocieron: «No me llamen Noemí [...]. Más bien llámenme Mara, porque el Todopoderoso me ha hecho la vida muy amarga. Me fui llena, pero el SEÑOR me ha traído vacía a casa» (Rut 1:20-21). Nada había salido bien según los planes de Noemí y su familia y le resultaba imposible creer que Dios en realidad podía poner en marcha un plan para su vida que fuera mejor que su propio plan.

Ahora las amigas de Noemí estaban reunidas con ella para celebrar el nacimiento del bebé que les había nacido a Rut y a Booz, un niño que perpetuaría el nombre de su esposo, Elimelec, en la tierra. Mientras celebraban, ellas consideraban que tener a Rut como nuera era para Noemí mejor que tener siete hijos. «Siete hijos» era otra forma de decir «la familia perfecta». Le estaban diciendo a Noemí que el plan de Dios para su familia y para su vida era mucho mejor que cualquier plan que ella pudiera haber elaborado. Dios les dio a las mujeres que estaban con Noemí ojos para ver que él estaba haciendo algo mucho más grande que simplemente redimir la pequeña familia de Noemí. A través de este bebé vendría un Redentor más grandioso, uno que haría que esta bendición estuviera disponible para todas las familias de la tierra.

Cada vez que somos tentados a sentirnos amargados y engañados por Dios porque nuestra familia no está viviendo a la altura de lo que habíamos esperado y soñado, la historia de Rut nos recuerda que Dios está obrando detrás del telón de nuestras decepciones, haciendo que sus buenos planes funcionen.

• • •

Alabado seas, Señor, por proveer un Redentor para tu pueblo, el cual incluye a nuestra pequeña familia. A través de las Escrituras, puedo ver que estás comprometido con llevar a cabo tu obra en el mundo a través de familias imperfectas. Tú obras en las situaciones llenas de angustias y necesidades, decepciones y dificultades y a través de ellas. Ayúdanos a confiar en que no tenemos que ser la familia perfecta para disfrutar de tu paz perfecta.

¿Por qué les da más honor a sus hijos que a mí?

Los hijos de Elí eran unos sinvergüenzas que no le tenían respeto al SEÑOR ni a sus obligaciones sacerdotales. Cada vez que alguien ofrecía un sacrificio, los hijos de Elí enviaban a un sirviente con un tenedor grande de tres dientes. Mientras la carne del animal sacrificado aún se cocía, el sirviente metía el tenedor en la olla y exigía que todo lo que sacara con el tenedor fuera entregado a los hijos de Elí. [...] Ahora bien, Elí era muy viejo, pero estaba consciente de lo que sus hijos le hacían al pueblo de Israel. Por ejemplo, sabía que sus hijos seducían a las jóvenes que ayudaban a la entrada del tabernáculo. I SAMUEL 2:12-14, 22

ESTA ERA UNA ESCENA TRÁGICA. Elí era el sumo sacerdote que servía en el tabernáculo, la carpa a la cual Dios descendía para habitar en medio de su pueblo y el lugar donde el pueblo iba a buscar el perdón de sus pecados. Elí tenía dos hijos que servían con él, quienes vivían en el único lugar de la tierra donde parecería imposible evitar un encuentro con el Dios vivo que transforma. Y, sin embargo, leemos que «no le tenían respeto». El apetito por la comida de buena calidad y el sexo ilícito dominaba su vida.

Aquí vemos a un padre con el corazón quebrantado, confundido, quizás incluso avergonzado, pero sin duda complaciente. Elí sabía que sus hijos tomaban las mejores porciones de la carne sacrificada y seducían a las mujeres. Sabía que ofendía a Dios con sus acciones y perjudicaba al pueblo de Dios, pero no hacía nada para impedirlo. Finalmente, el Señor envió a un hombre a preguntarle a Elí: «¿Por qué menosprecian mis sacrificios y ofrendas? ¿Por qué *les das más honor a tus hijos que a mí*? ¡Pues tú y ellos han engordado con lo mejor de las ofrendas de mi pueblo Israel!» (versículo 29, énfasis añadido). Esto revela qué le parecía al Señor la autocomplacencia de Elí. Elí temía más la ira o el rechazo de sus propios hijos que a Dios.

· · ·

Señor, por favor, no permitas que _____ crezca en la iglesia sin conocerte en verdad. Ayuda a _____ a valorar tu sacrificio por el pecado y a temer aprovecharse de él. Dame el valor para no solo quejarme por el comportamiento pecaminoso, sino para confrontarlo, reprenderlo y hacer lo que corresponde para frenarlo. ¡Nunca quisiera honrar más a mis hijos que a ti! Que solo tú seas honrado en nuestro hogar y en nuestro corazón. Que te conozcamos de verdad para que anhelemos agradarte.

Todavía no conocía al Señor

Mientras tanto, el niño Samuel servía al SEÑOR ayudando a Elí. Ahora bien, en esos días los mensajes del SEÑOR eran muy escasos y las visiones eran poco comunes.

Una noche, Elí, que para entonces estaba casi ciego, ya se había acostado. La lámpara de Dios aún no se había apagado, y Samuel estaba dormido en el tabernáculo cerca del arca de Dios. De pronto el SEÑOR llamó:

—¡Samuel! [...]

Samuel todavía no conocía al SEÑOR, porque nunca antes había recibido un mensaje de él. I SAMUEL 3:1-4, 7

QUEREMOS QUE NUESTROS HIJOS CONOZCAN AL SEÑOR. Queremos que reconozcan su voz cuando les habla. No queremos que sean como los hijos de Elí —quienes vivieron para satisfacer sus placeres y no conocían al Señor—, sino como Samuel: que escuchen cuando Dios les habla y estén dispuestos a obedecer la Palabra de Dios.

Pero ¿qué significa en la actualidad escuchar la voz de Dios? ¿Cómo sucede?

Es claro que en esta ocasión la palabra del Señor vino a Samuel en una voz audible. No tuvo solo una sensación subjetiva de que Dios le estaba hablando, la manera en que muchas personas describen que reciben lo que están bastante seguras es un mensaje divino. Lo que debemos ayudar a nuestros hijos a entender es que «Dios habló muchas veces y de diversas maneras a nuestros antepasados por medio de los profetas. Y ahora, en estos últimos días, nos ha hablado por medio de su Hijo» (Hebreos 1:1-2).

La guía directa por medio de sueños, visiones y palabras proféticas decreció a medida que el depósito de la voluntad revelada de Dios creció. En la actualidad, Dios guía a su pueblo mediante su Palabra. Sigue hablándonos con poder y en lo personal cuando abrimos la Biblia y esta se vuelve viva y eficaz en nuestra vida. Por lo tanto, debemos preparar a nuestros hijos para que escuchen hablar al Señor. Debemos imprimir en ellos la expectativa de que Dios les hablará de manera personal y poderosa a través de su Palabra.

● ● ●

Habla, Señor, tu siervo oye. Cuando abrimos tu Palabra como familia, tú nos hablas tan poderosa y personalmente como a Samuel. No queremos que _____ sea como los hijos de Elí, quienes podrían haberte escuchado, pero renunciaron a ese privilegio a través del desafío y la desobediencia y nunca te conocieron. Señor, abre los oídos de _____ para que te escuche cuando le hablas a través de tu Palabra todos los días de su vida.

Deshacerse de Dios

Después de que los filisteos capturaran el arca de Dios, la llevaron del campo de batalla en Ebenezer hasta la ciudad de Asdod. Llevaron el arca de Dios al templo del dios Dagón y la pusieron junto a una estatua de Dagón. Pero cuando los ciudadanos de Asdod fueron a verla a la mañana siguiente, ¡la estatua de Dagón había caído boca abajo delante del arca del SEÑOR! Así que levantaron a Dagón y nuevamente lo colocaron en su lugar.

I SAMUEL 5:I-3

LOS SOLDADOS FILISTEOS SUPUSIERON que tenían ventaja sobre las fuerzas israelitas porque su dios, Dagón, había demostrado ser superior a Yahveh. Colocaron el arca del pacto, la cual representaba al mismo Yahveh, al lado de la estatua de Dagón como si este fuera uno de sus súbditos. A la mañana siguiente, el ídolo estaba boca abajo delante del arca, al parecer postrándose. ¿Qué hicieron? Levantaron a Dagón. A la mañana siguiente, Dagón estaba boca abajo de nuevo, esta vez con cabeza y manos quebradas.

La presencia de Dios estaba en medio de los filisteos exponiendo la impotencia de su dios falso. Entonces, ¿los filisteos se deshicieron de su dios falso para adorar al único Dios verdadero? «Los gobernantes deliberaron y contestaron: "Trasládenla a la ciudad de Gat"» (1 Samuel 5:8). Hicieron lo imposible para mantener su pecado y deshacerse de Dios.

Aunque es una manifestación de la gracia de Dios cuando él expone la impotencia de nuestros ídolos, no la interpretamos como gracia; más bien la interpretamos como condena e incluso pérdida. Nos encontramos desesperados y tratando de entender. Pero tenemos opciones. Podemos alejarnos de aquello a lo que estemos acudiendo para buscar significado y seguridad y, en lugar de eso, buscar a Dios para que él satisfaga nuestras necesidades. O podemos seguir tratando de levantar a nuestro ídolo, dándole otra oportunidad de satisfacernos. Podemos hacer todo lo que esté a nuestro alcance para quitar a Dios de nuestra vida, o al menos de alguna parte de ella, o podemos invitar a Dios a hacer su voluntad en cada área de nuestra vida.

• • •

Señor, a veces nos engañamos pensando que puedes vivir en medio de nuestros ídolos, que tu santidad suprema se puede separar en secciones, que tus manos poderosas se pueden atar para que no interfieran con las cosas que creemos necesitar para ser felices.

Cuando oramos que te muestres fuerte en la vida de _____, sabemos que derribarás los ídolos de su vida, y que no serán derribados sin resistencia. Enséñanos a darle ánimo mientras tú te encargas de derribar sus ídolos uno por uno.

Los que el Padre me ha dado

Jesús les respondió: «Yo soy el pan de vida. El que viene a mí nunca volverá a tener hambre; el que cree en mí no tendrá sed jamás. Pero ustedes no han creído en mí, a pesar de que me han visto. Sin embargo, los que el Padre me ha dado vendrán a mí, y jamás los rechazaré». JUAN 6:35-37

«LOS QUE EL PADRE ME HA DADO VENDRÁN A MÍ». No podemos evitar leer esta declaración y preguntarnos si incluye a nuestros hijos. Deseamos saber qué hacer para que esto suceda, pero en realidad no hay nada que podamos hacer. Descubrimos en este pasaje lo que Dios, el Padre, hizo; lo que nuestro hijo debe hacer y lo que Jesús prometió que haría. El Padre ha dado, el pecador va a Jesús y el Hijo los recibe.

Solo Dios, el Padre, puede darle nuestros hijos a Jesús. Él es soberano en lo que respecta a la obra de la salvación de nuestros hijos y no permitirá que fracasen sus propósitos definitivos para nadie. Dios no espera que sus escogidos vengan a Jesús. Si lo hiciera, nunca lo harían. Él los escoge para que sean suyos y se asegura de que vengan. Los acerca con su gracia irresistible.

Nuestros hijos deben venir. Simplemente, no podemos hacerlo por ellos. Deben tomar el Pan de Vida que se les ofrece en la persona y obra de Cristo y comerlo. Deben tomar la copa, confiando que Jesús saciará sus necesidades más profundas, y beberla.

Y ¿qué hace Jesús? Conoce a quienes el Padre les dio y está esperando con los brazos abiertos al primer movimiento en el corazón. Y, cuando ellos vienen a él, los recibe. «Jamás los rechazaré», dice. Lo que en realidad está diciendo es mucho más que eso. Se parece más a: «Nunca jamás los rechazaré». Ni cuando vea lo débil que es la fe de nuestros hijos, ni cuando nuestros hijos sean lentos para crecer o cambiar, ni cuando nuestros hijos fallen de un manera estrepitosa. Una vez que el Padre le da nuestros hijos a Jesús y Jesús los guarda, no caen ni son rechazados jamás.

• • •

Señor, tus palabras nos sacan de nuestras suposiciones autosuficientes, determinadas, que se exaltan a sí mismas y egocéntricas sobre lo que pueden hacer nuestra razón, voluntad y persuasión. Simplemente, no podemos proveer el impulso decisivo para que _____ venga a Cristo. Solo tú puedes darlo. Te rogamos que se lo des. Acerca a _____ a ti de una forma inconfundible. Y ayúdanos a confiar en el camino por el cual lo lleves. Ayúdanos a confiar en tus tiempos. Ayúdanos a confiar en tu poder para guardar.

11 DE MAYO

1 Samuel 10:1–11:15
Juan 6:43-71
Salmo 107:1-43
Proverbios 15:1-3

Todo el que se alimente de mí

Por eso Jesús volvió a decir: «Les digo la verdad, a menos que coman la carne del Hijo del Hombre y beban su sangre, no podrán tener vida eterna en ustedes; pero todo el que coma mi carne y beba mi sangre tendrá vida eterna, y yo lo resucitaré en el día final. Pues mi carne es verdadera comida y mi sangre es verdadera bebida. Todo el que come mi carne y bebe mi sangre permanece en mí y yo en él. Yo vivo gracias al Padre viviente que me envió; de igual manera, todo el que se alimente de mí vivirá gracias a mí». JUAN 6:53-57

«Y ESTE PAN, QUE OFRECERÉ PARA QUE EL MUNDO VIVA, es mi carne» (versículo 51). Las palabras de Jesús no tenían ningún sentido para quienes lo rodeaban. Ellos solo estaban esperando otro milagro como el que habían experimentado el día anterior cuando Jesús alimentó a cinco mil personas multiplicando cinco panes de cebada y dos peces. Jesús los estaba impulsando para que pensaran más profundamente sobre lo que este milagro significaba. Y también nos impulsa a nosotros a hacerlo.

No comemos este pan simplemente escuchando sus enseñanzas al pie de la montaña ni observando sus milagros entre la masa de gente. Comer el Pan de Vida significa que debemos saborear su muerte sacrificial como nuestra propia vida. Jesús se ofrece a sí mismo y nos invita a nutrir nuestra alma con los beneficios de su muerte expiatoria. A veces, respondemos a su ofrecimiento como lo hicieron las personas de su época. Esto no es lo que estábamos esperando conseguir de Jesús. Teníamos un milagro diferente en mente, un milagro que solucionaría lo que consideramos como nuestros problemas más apremiantes hoy: la falta de trabajo o de dinero en nuestra cuenta bancaria, las dificultades constantes en la escuela, el problema de salud que no está mejorando en absoluto. Cuando vemos a Jesús ofreciéndose a sí mismo como el Pan de Vida, quizás nos quejamos por dentro. Con frecuencia deseamos usar a Dios para conseguir de él lo que pensamos que necesitamos, cuando *él* es lo que necesitamos. Y él se ofrece gratuitamente.

Lo que queremos para nosotros y para nuestros hijos es mucho más que simplemente creer que ciertos eventos que sucedieron hace mucho tiempo atrás son verdaderos. Los que necesitamos y deseamos es verdadera comunión con Jesús para que podamos alimentarnos de él, tener compañerismo con él y sacar fortaleza de él.

• • •

Aquí estás, Jesús, ofreciéndote a nosotros como el pan verdadero que nos salvará y nos sustentará. Todo lo que necesitamos hacer es tomarlo y comerlo. Perdónanos por rehusar creer que tú eres quien nos dará satisfacción y nos sustentará a lo largo de todo el camino.

131

Ni siquiera sus hermanos creían en él

Después Jesús recorrió la región de Galilea. Quería alejarse de Judea, donde los líderes judíos estaban tramando su muerte; pero se acercaba el tiempo judío del Festival de las Enramadas, y sus hermanos le dijeron:

—¡Sal de aquí y vete a Judea, donde tus seguidores puedan ver tus milagros! ¡No puedes hacerte famoso si te escondes así! Si tienes poder para hacer cosas tan maravillosas, ¡muéstrate al mundo!

Pues ni siquiera sus hermanos creían en él. JUAN 7:1-5

CIERTOS MIEMBROS DE LA FAMILIA de Jesús que no creían en él después de vivir con él treinta años. Rehusaban reconocer quien era él en realidad. Es más, estaban avergonzados de sus palabras y sus acciones. Solo querían deshacerse de él.

Debe haber sido muy difícil ser hermano de Jesús. Siempre hacía lo correcto. Siempre obedecía a sus padres. Siempre actuaba con humildad, priorizando a los demás. Sus hermanos de seguro se sintieron cada vez más conscientes de sus acciones y motivaciones pecaminosas. Tal vez, María y José hacían diferencia entre ellos. Debe haber sido difícil competir con la estrella que apareció en el nacimiento de su hermano.

Quienes nos preguntamos si los miembros de nuestra familia pondrían su fe en Cristo si tan solo fuéramos mejores testigos, tuviéramos las palabras correctas, o fuéramos mejores cristianos podemos encontrar consuelo cuando evaluamos la incredulidad en la propia familia de Jesús. Es evidente que tener un testigo perfecto en la familia no garantiza que nuestros seres amados verán y recibirán a Cristo.

También podemos encontrar esperanza cuando consideramos el resto de la historia. Aunque debe haber parecido improbable que los hermanos de Jesús se volvieran sus discípulos después de su resurrección, ¡lo hicieron! En la propia familia de Jesús encontramos esperanza para la nuestra cuando vemos que la resistencia constante a Cristo puede dar lugar a que lo reciban como Salvador con alegría.

• • •

Señor, a veces nos cansamos de orar por quienes se mantienen lejos de ti. Pensamos que hará falta un milagro más grande para salvar a los miembros incrédulos de nuestra familia que el que hizo falta para nosotros; que estuvimos más predispuestos a recibirte, que fuimos un proyecto más fácil. Nos arrepentimos de nuestra arrogancia, falta de oración y desesperación. Te pedimos que hagas por los miembros de nuestra familia lo mismo que hiciste por los miembros de tu familia; que les abras los ojos para que te vean y crean en ti.

13 DE MAYO

1 Samuel 14:1-52
Juan 7:31-53
Salmo 109:1-31
Proverbios 15:5-7

Parecer espiritual

Ese día los hombres de Israel quedaron agotados porque Saúl los había puesto bajo juramento diciendo: «Que caiga una maldición sobre cualquiera que coma antes del anochecer, antes de que me vengue por completo de mis enemigos». [...] Pero Jonatán no había escuchado la orden de su padre, y metió la punta de su vara en un panal y comió la miel. 1 SAMUEL 14:24, 27

EN LUGAR DE LIDERAR A SU PUEBLO en la batalla contra los filisteos, confiando que el Señor les daría la victoria, Saúl estaba escondido en el campamento, indeciso y aferrándose a gestos vanos de espiritualidad para asegurar la victoria militar. Saúl les impuso un ayuno a sus soldados para parecer un hombre dedicado al Señor. Pensó que con eso y la presencia de un sacerdote con vestimentas sacerdotales impresionaría a Dios. Saúl es un ejemplo trágico de una persona que trató de parecer piadosa, pero a quien le faltaba una fe viva en Dios y el corazón para honrarlo.

Jonatán, el hijo de Saúl, por otro lado, confiaba en la fortaleza del Señor. Aunque era joven y estaba acompañado por un escudero todavía más joven, lanzó un ataque contra el campamento filisteo, diciendo: «Tal vez el SEÑOR nos ayude, porque nada puede detener al SEÑOR. ¡Él puede ganar la batalla ya sea que tenga muchos guerreros o solo unos cuantos!» (versículo 6). Más tarde, cuando Jonatán se enteró del juramento necio de su padre de mandar a matar a cualquiera que comiera ese día, lo cual debilitó a su ejército, dijo: «¡Mi padre nos ha creado dificultades a todos! [...] Una orden como esa solo puede causarnos daño» (versículo 29).

Hay un contraste extremo entre un padre que quería aparentar que honraba al Señor, pero no tenía pasión verdadera por Dios ni confianza en él, y un hijo cuyo corazón había sido incentivado por las promesas de Dios y esperaba con confianza absoluta que Dios cumpliera su palabra.

A veces descubrimos que nuestros hijos tienen una fe más profunda, mayor confianza en Dios y una percepción de nuestros intentos de parecer más espirituales.

• • •

Señor, que _____ nunca sea obligado a decir: «¡Mi padre [o madre] nos ha causado problemas!». Hazme sabio para no hacer promesas necias. Dame fe verdadera para que no me conforme con gestos vanos de espiritualidad. Fortalece mi confianza en ti cuando el enemigo de mi alma hace guerra contra mí y mi familia.

El Señor mira el corazón

Pero el SEÑOR le dijo a Samuel: «No juzgues por su apariencia o por su estatura, porque yo lo he rechazado. El SEÑOR no ve las cosas de la manera en que tú las ves. La gente juzga por las apariencias, pero el SEÑOR mira el corazón». 1 SAMUEL 16:7

DIOS HABÍA RECHAZADO A SAÚL y estaba preparando un rey conforme a su corazón para darle a su pueblo; la clase de líder a través de quien él reinaría sobre su pueblo. Cuando Samuel llegó a Belén y se reunió con Isaí y sus hijos, Samuel estaba seguro de que había visto al reemplazo de Saúl. El hermano mayor de David, Eliab, era alto y bien parecido y se veía efectivamente como un rey, pero el Señor le dijo a Samuel que Eliab no era quien él estaba buscando.

Una de las características de los seres humanos es juzgar por lo que vemos y de manera superficial. Nuestros hijos, sin lugar a duda, se dan cuenta cuando hacemos esta clase de juicios sobre las personas basándonos en cómo se ven física, financiera o socialmente. Esta no es la forma en que el Señor ve las cosas. El Dios viviente mira el corazón de la gente para ver cuál es su verdadero carácter, y cómo es su vida en realidad.

Algunos de nosotros nos vemos tan aplomados por fuera que nadie se imaginaría lo que pasa dentro de nuestro corazón. Las personas que nos rodean no siempre pueden ver la desobediencia obstinada, los torrentes constantes de derrotas en las batallas que libramos contra pecados recurrentes ni la sofocante oscuridad que penetra nuestra vida interior. Pero Dios sí. De la misma manera, los demás no siempre pueden ver los sacrificios secretos, las rendiciones costosas y todas las pequeñas muertes al yo que moldean el corazón que ha sido invadido y gobernado por el Rey Jesús. Aun así, puede estar seguro de que Dios sí los ve.

• • •

Señor, sé que el corazón es engañosamente malvado y que me engaño a mí mismo cuando pienso que conozco completamente mi corazón. Pero estoy agradecido porque tú sí lo conoces y muestras misericordia a aquellos cuyo corazón no es puro. Mientras me esfuerzo por caminar en tus caminos, por favor, cierra la brecha entre la imagen que pretendo mostrar y la realidad de la condición de mi corazón ante ti. Y mientras _____ considera la verdad que tú ves el corazón, que el darse cuenta traiga consuelo en lugar de condenación. Dale a _____ un corazón íntegro ante ti.

15 DE MAYO

1 Samuel 17:1–18:4
Juan 8:21-30
Salmo 111:1-10
Proverbios 15:11

Amenazados con ser esclavos de por vida

Goliat, un campeón filisteo de Gat, salió de entre las filas de los filisteos para enfrentarse a las fuerzas de Israel. ¡Medía casi tres metros de altura! Llevaba un casco de bronce y su cota de malla, hecha de bronce, pesaba cincuenta y siete kilos. [...] Goliat se detuvo y gritó mofándose de los israelitas: «¿Por qué salen todos ustedes a pelear? Yo soy el campeón filisteo, pero ustedes no son más que siervos de Saúl. ¡Elijan a un hombre para que venga aquí a pelear conmigo! Si me mata, entonces seremos sus esclavos; pero si yo lo mato a él, ¡ustedes serán nuestros esclavos!». I SAMUEL 17:4-5, 8-9

GOLIAT ERA EL MAL PERSONIFICADO. Salía todos los días a burlarse del pueblo de Dios. Estaba cubierto de la cabeza a los pies con una armadura de bronce que se veía como las escamas de una serpiente. Era como una serpiente de casi tres metros de altura.

David aplastó la cabeza de la serpiente con una piedra lisa que lanzó contra Goliat. La victoria del ungido del Señor se convirtió en la victoria del pueblo de Dios. No salieron al campo de batalla, pero reclamaron la victoria a través de aquel que había enfrentado al enemigo como representante del pueblo.

Nuestras familias luchan contra un ejército de enemigos tan real, poderoso y aterrador como Goliat: contra «gobernadores malignos y autoridades del mundo invisible», «fuerzas poderosas de este mundo tenebroso» y «espíritus malignos de los lugares celestiales» (Efesios 6:12). Nuestro enemigo está armado con oscuridad y engaño. Nos lanza condenación y mentiras e intenta que disfrutemos placeres que causan dolor. Amenaza con esclavizarnos a adicciones destructivas, patrones de derrotas y temores que nos incapaciten.

Entonces, huimos, seguros de que estamos destinados al fracaso y seremos esclavos para siempre de la glotonería y las purgas, de la lujuria por la pornografía, de las ambiciones egoístas, de la santurronería elitista, del materialismo y de la codicia... pero tenemos un campeón. Tentados a darle lugar a la desesperación, escuchamos: «No desmaye el corazón de ninguno a causa de él; tu siervo irá y peleará contra este filisteo» (versículo 32, RVR60).

• • •

Jesús, cada vez que seamos tentados a desesperarnos, y pensemos que nunca seremos libres de los pecados que esclavizan a los miembros de esta familia, acudiremos a ti, nuestro campeón. Tú has derrotado al enemigo que nos amenazaba con hacernos esclavos del pecado y de la muerte de por vida. Nuestra victoria y seguridad vienen de estar unidos a ti por la fe.

No tienen miedo de malas noticias

¡Alabado sea el Señor!
¡Qué felices son los que temen al Señor
*   y se deleitan en obedecer sus mandatos! [...]*
Ellos no tienen miedo de malas noticias;
*   confían plenamente en que el Señor los cuidará.* SALMO 112:1, 7

QUIENES A MENUDO RECIBEN malas noticias del médico, de la escuela, de los consejeros o de la policía siempre están preparándose para recibir más. Tratar de prever el próximo golpe puede ser un estilo de vida, pero no es el que nos ofrece el Salmo 112.

Este salmo presenta una imagen idílica de la vida de quienes ponen su esperanza en el evangelio y como resultado reciben la justicia de Cristo mediante la fe. Como es común en el Antiguo Testamento, la prosperidad que se promete es descrita ampliamente en términos materiales, y no ignora que la persona que teme al Señor prospera tanto emocional como espiritualmente. Dicha persona, según este salmo, no tiene temor de malas noticias.

Y, sin lugar a duda, la dicha de vivir sin temor de malas noticias es algo que deseamos y necesitamos como padres. Queremos la felicidad que provee la confianza firme en que el Señor está comprometido con cuidarnos tanto a nosotros como a nuestros hijos. Queremos la dicha de no vivir siempre en vilo, sino por el contrario, vivir en paz, y confiar que nuestros hijos están en las manos de Dios. La respuesta a nuestras preocupaciones constantes no es un deseado cambio de los eventos, sino una postura de confianza centrada en Dios.

Lo que nuestros hijos más necesitan son padres alegres, optimistas y tranquilos que confían y descansan en Dios. Pero ¿cómo se logra? «Así que la fe viene por oír, es decir, por oír la Buena Noticia acerca de Cristo» (Romanos 10:17). Necesitamos beber de la fuente segura de la Palabra de Dios, la cual nos asegura que él está siempre sacando vida de la muerte, sanidad de nuestros quebrantamientos y esperanza de la desesperación. Él ama bendecir a su pueblo. Cuando lo entendemos en lo profundo de nuestra alma, vivimos no temiendo malas noticias, sino con la expectativa de que él está obrando.

• • •

Señor, aumenta mi temor de ti, mi sentido de asombro ante tu poder y mi obediencia alegre a tu Palabra. Sé que a medida que mi temor de ti crezca, mis preocupaciones acerca de los problemas que estamos enfrentando hoy y mis temores acerca del futuro darán lugar a una confianza firme en que tú estás obrando y en que tú cuidas de nosotros.

17 DE MAYO

1 Samuel 20:1–21:15
Juan 9:1-41
Salmos 113:1–114:8
Proverbios 15:15-17

Para que todos vieran el poder de Dios

Mientras caminaba, Jesús vio a un hombre que era ciego de nacimiento.
    —Rabí, ¿por qué nació ciego este hombre? —le preguntaron sus discípulos—. ¿Fue por sus propios pecados o por los de sus padres?
    —No fue por sus pecados ni tampoco por los de sus padres —contestó Jesús—. Nació ciego para que todos vieran el poder de Dios en él. JUAN 9:1-3

LOS DISCÍPULOS PENSABAN, como nosotros, que alguien tenía que ser culpable por el sufrimiento. Que este hombre ciego estaba siendo castigado por el pecado de alguien. Esta suposición debe estar enraizada en nuestra mentalidad humana, porque es exactamente lo que los amigos de Job pensaron. Y nosotros pensamos igual, ¿no?

¿Piensa que su aborto espontáneo o la discapacidad de su hijo es el resultado del castigo de Dios por los pecados de su pasado? ¿Vive con temor de que algo malo suceda en su familia porque piensa que es lo que se merece? ¿Es así como Dios hace las cosas? ¿Dios nos castiga por nuestros pecados con sufrimiento en esta vida?

Si está unido a Cristo por la fe, nunca debería pensar que Dios lo está castigando por sus pecados. ¿Cómo puede estar seguro? Porque alguien ya fue castigado por ellos. El castigo por sus malas decisiones; su apatía total hacia Dios; su rebelión abierta; las cosas más feas, más vergonzosas que haya hecho o dicho: todo ha sido puesto sobre Jesús. Él fue castigado para que usted no lo fuera. Su Padre amoroso lo disciplinará para hacerlo más santo, pero no lo castigará simplemente para hacerle pagar por lo que hizo.

Al preguntar quién era culpable por la discapacidad del hombre, los discípulos estaban enfocándose en encontrar la causa. Para Jesús, sin embargo, era más importante enfocarse en el propósito de este sufrimiento, el cual era que el poder de Dios fuera manifestado. Un milagro más grande que restaurar la vista física de este hombre era abrirle los ojos espirituales para que viera quién era Jesús. Le fue dada fe para creer. Este hombre pasó de querer conseguir algo *de* Jesús a satisfacer lo que vio que era su necesidad más grande, adorar a Jesús por *ser* todo lo que él en verdad necesitaba. ¿Puede ver que este es el milagro que Jesús quiere hacer en su familia y en su corazón?

• • •

Señor, anhelamos ver la manifestación de tu poder en nuestra vida. Danos vista para ver lo que no vemos. Danos vida donde hay muerte. Manifiesta hoy tu poder en la vida de _____y genera en ella el fruto de tu Espíritu Santo.

Conocen su voz

Pero el que entra por la puerta es el pastor de las ovejas. El portero le abre la puerta, y las ovejas reconocen la voz del pastor y se le acercan. Él llama a cada una de sus ovejas por su nombre y las lleva fuera del redil. Una vez reunido su propio rebaño, camina delante de las ovejas, y ellas lo siguen porque conocen su voz. JUAN 10:2-4

HABÍA MUCHOS PASTORES EN JUDEA, una meseta rocosa que no era muy buena para sembrar, pero que sí proveía tierra de pastura para las ovejas. Los pastores tenían que estar implacablemente alertas para proteger a sus ovejas de los despeñaderos y las grietas en las cuales podían caer. También tenían que cuidarlas de los depredadores y de los ladrones. Todos los pueblos de alrededor de las colinas de Judea tenían un redil donde diferentes pastores traían sus rebaños cada noche para mantenerlos a salvo. Por la mañana, cada pastor llamaba a sus ovejas en particular de entre todos los animales de diferentes rebaños que habían sido guardados en el redil durante la noche. Dado que las ovejas reconocían la voz de su pastor, venían a él y el pastor las guiaba afuera del redil.

Esta es una imagen hermosa que Jesús pinta para ilustrar su conocimiento íntimo de quienes le pertenecen. Jesús quiere que sepamos que no es solo nuestro Rey que gobierna sobre nosotros. Que no es solo nuestro Redentor que pagó el rescate por nosotros. Que no es solo nuestro Mediador que hace la paz por nosotros. Él es nuestro Pastor, que nos cuida, que nos llama, nos alimenta, cuida de nuestras heridas y nos protege de caernos y de ser víctimas de los depredadores.

A pesar de los buenos padres que procuremos ser, nuestros hijos necesitan algo más. Necesitan un Pastor. Y tienen uno. El Buen Pastor cuidará de ellos en formas y en momentos que nosotros no podremos. Él los protegerá de caer en los pozos que no vemos y de los lobos que no reconocemos. Lo mejor de todo, podemos estar seguros de que cuando él reúna a su rebaño, llamará a cada una de sus ovejas por nombre y las guiará.

• • •

Gran Pastor de las ovejas, encuentro mucha paz en saber que no todo depende de mí en lo que respecta a cuidar y proteger a _____. Tú eres el Buen Pastor. Tú conoces a tus ovejas, y tus ovejas conocen tu voz. Buen Pastor, llama a _____ para que venga a la seguridad de tu redil. Alimenta a _____. Cuida las heridas de _____. Protege a _____ del mal. Guía a _____ a la vida abundante que solo encuentran las ovejas de tu rebaño.

Nadie puede quitármelas

Mis ovejas escuchan mi voz; yo las conozco, y ellas me siguen. Les doy vida eterna, y nunca perecerán. Nadie puede quitármelas, porque mi Padre me las ha dado, y él es más poderoso que todos. Nadie puede quitarlas de la mano del Padre. El Padre y yo somos uno. JUAN 10:27-30

ES HERMOSO QUE EL PADRE nos tenga en sus manos. El Padre y el Hijo proveen un agarre de dos manos que les da seguridad absoluta a nuestros hijos. Si son ovejas del rebaño de Dios, no tenemos que temer que alguien o algo venga y corte esa relación salvadora. La muerte física llegará, pero nuestros hijos nunca perecerán para siempre. No hay ni excepción ni fin a esta seguridad. «Nunca» es un tiempo muy largo, pero no es más largo que lo que dura la gracia preservadora. De la misma manera, «Nadie» es una categoría muy amplia, más amplia que la lista de depredadores potenciales:

- Ni las drogas ilegales ni el alcohol pueden arrebatar a nuestros hijos de las manos del Padre.
- Ni filosofías ateas ni agnósticas pueden arrebatar a nuestros hijos de las manos del Padre.
- Ni un novio incrédulo, ni una novia incrédula, ni un conyugue incrédulo puede arrebatar a nuestras hijas de las manos del Padre.
- Ni el experimentar con el sexo puede arrebatar a nuestros hijos de las manos del Padre.
- Ni un chofer ebrio, ni una enfermedad mortal pueden arrebatar a nuestras hijas de las manos del Padre.

Incluso el pecado de nuestros hijos y sus fracasos no tienen el poder para arrebatarlos del agarre salvador de Dios. Una fuerza de doble agarre mantiene a nuestros hijos a salvo de todo peligro. Nada ni nadie podrá alguna vez arrebatarlos de las manos de Jesús ni de las manos de su Padre. «¿Quién nos separará del amor de Cristo?» (Romanos 8:35, RVR60). ¡Nadie!

* * *

Padre, en tus manos encomiendo mi espíritu. En tus manos confío la vida de _____. Tus ovejas oyen tu voz. Dale a _____ oídos que estén en sintonía con el sonido de tu voz. Tus ovejas te siguen. Capacita el corazón de _____ para seguirte. No puedo obligar a _____ a que entre a tu redil ni a que se entregue a tus manos. Pero confío en que tú, como buen pastor, tomarás en tus manos a _____.

La resurrección y la vida

Marta le dijo a Jesús:
—Señor, si tan solo hubieras estado aquí, mi hermano no habría muerto; pero aun ahora, yo sé que Dios te dará todo lo que pidas.
Jesús le dijo:
—Tu hermano resucitará.
—Es cierto —respondió Marta—, resucitará cuando resuciten todos, en el día final.
Jesús le dijo:
—Yo soy la resurrección y la vida. El que cree en mí vivirá aun después de haber muerto. Todo el que vive en mí y cree en mí jamás morirá. ¿Lo crees, Marta?
JUAN 11:21-26

MARTA CREÍA QUE HABRÍA una gran resurrección en un futuro lejano, la cual no le ofrecía ningún consuelo para la pena profunda que sentía en el presente.

Cuando Jesús dice que él es la resurrección y la vida, no solo habla del futuro. Nos está diciendo no solo quién será él, sino también quién es él ahora y para siempre. Él es la vida después de la muerte y la vida en este preciso momento. Jesús es vida para nuestro cuerpo y nuestra alma. Él es la fuente de donde fluye toda vida: «Pues en él vivimos, nos movemos y existimos» (Hechos 17:28). Una vez que somos vivificados en Cristo, nuestra vida no puede ser extinguida jamás. Jesús no es solo el dador de la victoria sobre la muerte en un futuro incierto. También provee victoria sobre la muerte en el presente.

La resurrección puede parecer un tema demasiado religioso, muy irreal y lejano cuando estamos parados al lado de un sepulcro con nuestra familia. Es posible tener entendimiento teológico de la resurrección, pero no encontrar ni gozo ni consuelo en ello, no tener la capacidad para descansar en esa realidad, o simplemente no creerlo. Jesús sabe que nuestra fe en él como la resurrección y la vida es crucial, fundamental, para definir la forma en que enfrentamos el dolor y el duelo. Por eso nos hace la misma pregunta que hizo a Marta: «¿Lo crees?».

• • •

Señor, sí creemos. Ayúdanos en nuestra incredulidad. Ayúdanos a responder a la muerte en nuestra familia de una manera que refleje una fe verdadera en la resurrección de vida. Danos la gracia que necesitamos para hacer duelo con esperanza y no como quienes no tienen esperanza.

Encontrar fuerzas

David ahora se encontraba en gran peligro, porque todos sus hombres estaban muy resentidos por haber perdido a sus hijos e hijas, y comenzaron a hablar acerca de apedrearlo. Pero David encontró fuerzas en el SEÑOR su Dios.

Entonces le dijo a Abiatar, el sacerdote:

—¡Tráeme el efod!

Así que Abiatar lo trajo y David le preguntó al SEÑOR:

—¿Debo perseguir a esta banda de saqueadores? ¿Los atraparé?

Y el SEÑOR le dijo:

—Sí, persíguelos. Recuperarás todo lo que te han quitado. I SAMUEL 30:6-8

EN I SAMUEL 28, Saúl estaba pasando por circunstancias difíciles y estaba desesperado por saber qué hacer. Samuel le había hablado a Saúl de parte de Dios, pero ahora Samuel estaba muerto. Bajo un ataque de ira criminal, Saúl había asesinado a todos los sacerdotes, excepto a uno. Así que buscó a una médium que invocaba a los muertos.

David también estaba pasando por circunstancias difíciles y estaba desesperado por saber qué hacer. Los amalecitas habían atacado su campamento y habían llevado cautivos a las mujeres y a los niños. En su dolor, los hombres de David estaban buscando a quién culpar y consideraron apedrear a David, pero «David encontró fuerzas en el SEÑOR». Llamó al único sacerdote vivo y buscó la voz de Dios por medio del efod sacerdotal. No sabemos el proceso exacto, pero sí sabemos que recibió respuesta de parte de Dios.

Cuando estamos desesperados por saber qué hacer con nuestros hijos y qué hacer por ellos, podemos consultar consejeros, leer libros de expertos en crianza y hablar con nuestros amigos. Aunque ellos pueden proveernos algunas ideas o estrategias, sin embargo, ninguno de estos recursos puede proveernos el conocimiento ni el poder que más necesitamos. Necesitamos la sabiduría que viene de la Palabra de Dios, el poder divino que viene a posarse sobre nosotros cuando estamos unidos a Cristo por medio de la fe y la paz que se encuentra solo en descansar en las promesas de Dios.

• • •

Señor, estoy agradecido por los consejeros sabios que nos diste: los amigos solícitos, los modelos excelentes y los muchos otros recursos que nos dan dirección en este viaje de ser padres. Pero no queremos depender principalmente o solo de estas cosas. Dependemos por completo de que tú nos des la fortaleza que necesitamos para criar a _____ por todo el tiempo que sea necesario. Es tu sabiduría lo que buscamos.

Morir joven

Jesús respondió: «Ya ha llegado el momento para que el Hijo del Hombre entre en su gloria. Les digo la verdad, el grano de trigo, a menos que sea sembrado en la tierra y muera, queda solo. Sin embargo, su muerte producirá muchos granos nuevos, una abundante cosecha de nuevas vidas. Los que aman su vida en este mundo la perderán. Los que no le dan importancia a su vida en este mundo la conservarán por toda la eternidad». JUAN 12:23-25

CUANDO EL MUNDO HABLA SOBRE MORIR JOVEN, lo plantea como una tragedia. Cuando Jesús llama a nuestros hijos e hijas a morir, sin embargo, incluso en su juventud, no es una tragedia. Por el contrario, es una invitación a vivir una vida sin nada que lamentar, una vida de aventura e intensidad, una vida que tendrá valor en la eternidad.

Morir joven es determinar a una edad temprana que el propósito de la vida no es autocomplacernos, tener comodidades o divertirnos, sino morir al egoísmo, al amor propio y a la presuntuosidad. Es determinar que la vida es mucho más que una buena educación, una casa linda, victorias de nuestro equipo deportivo favorito y ahorrar para una jubilación cómoda. Es dar la vida como sea posible para que dé fruto para el evangelio de Cristo.

El llamado de Jesús a nuestros hijos a no preocuparse por su vida en este mundo para que puedan vivir con anticipación la vida venidera va en contra de nuestra sociedad que nos dice que debemos criar a nuestros hijos para que sean «exitosos». Por lo tanto, cuando nuestros hijos reciben este llamado a morir una muerte temprana, debemos darnos cuenta de que nosotros también somos llamados a morir. Tal vez seamos llamados a morir a nuestros sueños o al deseo de tener a nuestros hijos adultos cerca cuando ellos están elaborando un plan para llevar al evangelio a personas que viven en otras partes del mundo. Quizás seamos llamados a morir a nuestro deseo de que nuestros hijos tengan seguridad financiera mientras siguen a Cristo en un servicio que los obligue a vivir radicalmente por fe. A medida que muramos a nosotros mismos, descubriremos que estamos viviendo la vida abundante.

• • •

Señor, oro que _____ decida «morir joven». Te pido que comiences ahora una obra de santificación que dure toda su vida. Que los años de juventud de _____ no sean desperdiciados ni que le causen remordimientos. En lugar de eso, haz que sus años sean fructíferos para que generen una cosecha abundante para tu reino.

Y, Señor, sé que soy demasiado viejo para morir joven. Dame el poder sobrenatural que necesito para hacer morir todo lo que me impida ser fructífero para tu reino.

23 DE MAYO

2 Samuel 2:12–3:39
Juan 13:1-30
Salmo 119:1-16
Proverbios 15:29-30

Él comenzó a lavarles los pies

Jesús sabía que el Padre le había dado autoridad sobre todas las cosas y que había venido de Dios y regresaría a Dios. Así que se levantó de la mesa, se quitó el manto, se ató una toalla a la cintura y echó agua en un recipiente. Luego comenzó a lavarles los pies a los discípulos y a secárselos con la toalla que tenía en la cintura. JUAN 13:3-5

LAVAR LOS PIES SUCIOS DE LOS INVITADOS era una tarea reservada solo para los siervos gentiles de la más baja categoría. Los esclavos judíos por lo general eran exentos de realizar esta tarea humillante. Pero no había siervos en la habitación prestada donde Jesús y sus discípulos se habían reunido para compartir la comida de la Pascua. Por lo tanto, no había esclavos que les lavaran los pies a los discípulos; ningún esclavo, excepto el que, aunque era Dios, no estimó que el ser igual a Dios era algo a qué aferrarse, sino que en lugar de eso renunció a sus privilegios divinos y tomó la posición humilde de un esclavo.

Incluso cuando Jesús se puso las vestiduras de un esclavo y tomó la posición de un esclavo para lavar los pies sucios de todos, se estaba preparando para morir la clase de muerte que, por lo general, era reservada para los esclavos: la Crucifixión. «Se humilló a sí mismo en obediencia a Dios y murió en una cruz como morían los criminales» (Filipenses 2:8).

Es probable que todos los discípulos se hayan sentido incómodos cuando Jesús tomó sus pies sucios y apestosos, pero Pedro fue quien se resistió, diciendo que Jesús nunca se los lavaría. No entendía que Jesús estaba haciendo algo mucho más significativo que lavarles los pies. Les estaba dando un ejemplo de cómo él, en su muerte vergonzosa en la cruz, proveería la purificación que necesitaban más que cualquier otra cosa, la limpieza de su inmundicia y vergüenza invisible a los ojos humanos : la purificación del alma.

A veces, les transmitimos a nuestros hijos la idea de que la vida cristiana radica solo en lo que debemos hacer por Dios, pero en la esencia de lo que significa ser cristiano está la disposición a aceptar el toque purificador de Jesús, el cual hace por nosotros lo que nosotros no podemos hacer por nosotros mismos. «Pues ni aun el Hijo del Hombre vino para que le sirvan, sino para servir a otros y para dar su vida en rescate por muchos» (Marcos 10:45).

• • •

Señor, deseo que _____ te sirva. Pero más que eso, que permita que tú lo sirvas y que experimente tu purificación única. Ayúdame a entender el evangelio para que cuando hable día a día con _____, le enseñe que no radica en lo que _____ debe hacer por ti, sino en lo que tú hiciste por _____ y en lo que debe recibir de ti.

Lo ungieron rey

Luego todas las tribus de Israel fueron a David en Hebrón y le dijeron: «Somos de la misma sangre. En el pasado, cuando Saúl era nuestro rey, en realidad era usted quien dirigía a las fuerzas de Israel. Y el SEÑOR le dijo: "Tú serás el pastor de mi pueblo Israel; tú serás el líder de Israel"».

De modo que allí en Hebrón el rey David hizo un pacto ante el SEÑOR con todos los ancianos de Israel, y lo ungieron rey de Israel. 2 SAMUEL 5:1-3

DAVID ERA ADOLESCENTE CUANDO el profeta Samuel lo ungió para que fuera el rey de Israel. Muchos años después, todavía no reinaba en el trono. Después de la muerte de Saúl, David fue finalmente nombrado rey de Judá en el sur, pero Is-boset, uno de los hijos de Saúl, fue nombrado rey de Israel sobre las diez tribus del norte. «Este fue el comienzo de una larga guerra entre los que eran leales a Saúl y los que eran leales a David» (2 Samuel 3:1). Cuando finalmente fue asesinado Is-boset, el pueblo de las tribus del norte tuvo que decidir si aceptaría al rey que Dios había escogido y ungido y si se sometería a su reinado sobre su vida.

Es la misma decisión que nosotros debemos tomar. ¿Nos someteremos al gobierno del rey escogido de Dios, el rey Jesús? O ¿seguiremos rechazando su gobierno? Quienes criamos hijos alguna vez, desde la niñez hasta la adolescencia, sabemos por experiencia que los seres humanos nacemos con la determinación de gobernarnos solos. Nuestros hijos son naturalmente autónomos hasta el día en que se someten al reinado de Jesús. Todos necesitamos la gracia para poner un fin a nuestra esperanza peligrosa de autonomía.

Todos los días, cuando nuestros hijos aprenden a aceptar nuestra autoridad como sus padres, están aprendiendo lo que significa someterse a una autoridad superior a la de ellos. Cuando nosotros usamos nuestra influencia para su bien, les estamos enseñando algo acerca de la bondad de la vida bajo la supremacía del Rey Jesús.

• • •

Señor, cuando empiezo a orar que _____ aprenda a someterse con alegría al Rey Jesús, me doy cuenta de que yo también tengo un corazón y una voluntad que están más inclinados a la autonomía que a la autoridad. Perdóname por creer la mentira de que tu gobierno en mi vida de alguna manera va a socavar mi vida y mi libertad en lugar de darme vida y libertad. Que mi vida de sumisión alegre a ti provea un ejemplo para _____ del gozo de tenerte como Rey absoluto.

Seguro para siempre

Pues cuando mueras y seas enterrado con tus antepasados, levantaré a uno de tus hijos de tu propia descendencia y fortaleceré su reino. [...] Tu casa y tu reino continuarán para siempre delante de mí, y tu trono estará seguro para siempre. 2 SAMUEL 7:12, 16

DIOS LE PROMETIÓ A ABRAHAM QUE HARÍA su nombre grande y que le daría a su pueblo un lugar seguro. Cumplió eso en los días de David. Dios prometió que establecería una dinastía a partir de David, que su hijo se sentaría en su trono y que le construiría una casa para él. Dios hizo eso en los días de Salomón, cuando Salomón se sentó en el trono de David y construyó el templo de Jerusalén. Dios prometió que cuando el hijo de David pecara, lo disciplinaría, lo cual hizo con Salomón y muchos otros reyes davídicos que lo siguieron. Aunque esta dinastía fue uno de los imperios antiguos que más duró (cuatrocientos años), llegó el día cuando ningún hijo de David estuvo sentado en el trono en Israel. Lo cual hace que nos preguntemos: ¿Qué pasó con la promesa que Dios le hizo a David de que su casa, su reino y su trono durarían para siempre?

Durante muchos años el pueblo de Israel luchó para aferrarse a la promesa. Finalmente, un ángel vino a María para decirle que tendría un hijo: «Él será muy grande y lo llamarán Hijo del Altísimo. El Señor Dios le dará el trono de su antepasado David. Y reinará sobre Israel para siempre; ¡su reino no tendrá fin!» (Lucas 1:32-33). ¡Este iba a ser el Hijo, el Rey, a quien las generaciones habían anhelado y esperado desde el momento en que Dios hizo su pacto con David!

Incluso ahora el Hijo de David se sienta en el trono a la diestra de Dios. Gracias a que sabemos que Jesús está en el trono, podemos dejar de preocuparnos y abandonar los intentos inútiles de controlar todo. Aquel que está sentado en el trono no solo puede suplir nuestras necesidades y protegernos, sino que tiene a su disposición todo lo que necesita para cumplir todas sus promesas. Gracias a que él está en el trono, nuestro gozo no tiene que estar tan ligado a nuestras circunstancias y nuestro sentido de seguridad no tiene que ser conmovido con tanta facilidad. El Señor gobierna sobre todo.

• • •

Señor, tú reinas sobre nuestras circunstancias difíciles. Tú reinas sobre nuestros conflictos continuos. Tú reinas sobre los planes que hemos elaborado con cuidado. Y eres digno de confianza. Eres en buen Rey.

Les será concedido

*Ciertamente, yo soy la vid; ustedes son las ramas. Los que permanecen en mí y yo en
ellos producirán mucho fruto porque, separados de mí, no pueden hacer nada. El que
no permanece en mí es desechado como rama inútil y se seca. Todas esas ramas se juntan
en un montón para quemarlas en el fuego. Si ustedes permanecen en mí y mis palabras
permanecen en ustedes, pueden pedir lo que quieran, ¡y les será concedido!* JUAN 15:5-7

ORAMOS Y ORAMOS POR NUESTROS hijos y esperamos que Dios nos responda. Y
entonces leemos estas palabras de Jesús y parecen demasiado buenas para ser verdad y, de
alguna manera, fuera de nuestro alcance. ¿Qué es lo que Jesús en realidad está diciendo?

Jesús conecta dos cosas: sus palabras y nuestras oraciones. Está diciendo que si escuchamos sus palabras de tal forma que se vuelvan parte de quienes somos, él escuchará
nuestras oraciones. Cuando pensamos que Dios nos está rechazando, tal vez sea porque
estamos pidiendo algo que simplemente no es lo mejor para nosotros. Quizás nuestras
oraciones son demasiado pequeñas para que su bendición descomunal encaje en ellas.
Los deseos bíblicos son los únicos suficientemente grandes como para que Dios los satisfaga. Jesús nos promete que mientras las palabras de la Biblia echen raíces en nosotros de
tal forma que comiencen a moldear nuestros deseos, y por lo tanto a moldear nuestras
oraciones, tendremos garantía de que nuestras peticiones serán concedidas.

Vivimos en un mundo en el cual muchas voces desean atrapar nuestra atención: miles
de canales en la televisión, Internet, los correos electrónicos y los teléfonos celulares. Cristo,
sin embargo, nos llama a ponernos en sintonía para escuchar su voz, para que «la palabra de
Cristo more en abundancia en vosotros» (Colosenses 3:16, RVR60). Jesús está procurando
salvarnos de ser superficiales cuando oramos por nuestros hijos. A medida que las palabras
de las Escrituras se vuelvan parte de nuestros pensamientos y emociones, descubriremos
que nuestra voz se vuelve una con la suya en oración. Nuestros deseos son purificados y
engrandecidos en su voluntad. Como resultado, en lugar de tratar con tanto empeño que
Dios esté de acuerdo con nuestras ideas, nos damos cuenta de que estamos siendo salvados
de nuestra mezquindad aburrida y expectativas pequeñas.

•   •   •

*Señor, no quiero que mis oraciones por _____ se vean limitadas por mis deseos terre-
nales. Deseo elevar oraciones moldeadas por tus deseos, según lo que revela tu Palabra.
Anhelo el milagro de que la voz de tu Palabra tenga prioridad sobre mi voz interior.*

27 DE MAYO

2 Samuel 12:1-31
Juan 16:1-33
Salmo 119:65-80
Proverbios 16:4-5

Convencerá

En realidad, es mejor para ustedes que me vaya porque, si no me fuera, el Abogado Defensor no vendría. En cambio, si me voy, entonces se lo enviaré a ustedes; y cuando él venga, convencerá al mundo de pecado y de la justicia de Dios y del juicio que viene. [...] Cuando venga el Espíritu de verdad, él los guiará a toda la verdad. JUAN 16:7-8, 13

COMO PADRES, tenemos muchos roles y responsabilidades en la vida de nuestros hijos. Debemos proveer para ellos y protegerlos, enseñarles y entrenarlos en la piedad. A veces, sin embargo, recaemos en el pensamiento de que depende de nosotros producir el cambio que necesitan. Nos comportamos como si fuera nuestra responsabilidad exclusiva señalar lo que deberían y lo que no deberían hacer. Argumentamos como si dependiera de nosotros convencerlos sobre lo que es verdadero. A veces, nuestro deseo más sincero de ayudar se apropia del rol del Ayudador. A veces, nuestra tendencia amorosa a guiarlos se apropia de la función del Espíritu de verdad. A veces, actuamos como si fuera nuestro trabajo ser el Espíritu Santo en su vida.

Nunca fue el propósito de Dios que reemplazáramos al Espíritu Santo en la vida de nuestros hijos. De hecho, no podemos hacerlo. Por el contrario, Dios siempre quiso que confiáramos en que el Espíritu Santo hará su obra de consolación, de convicción de pecado y de guía en su vida.

Nosotros mismos somos personas que necesitamos el Espíritu Santo. Necesitamos que el Espíritu nos consuele y nos convenza de pecado. Necesitamos que el Espíritu Santo nos guíe a toda verdad. Necesitamos que el Espíritu Santo ore por nosotros cuando no tenemos la voluntad de hacerlo ni las palabras para hacerlo. Y necesitamos con desesperación que el Espíritu Santo nos empodere para quedarnos callados cuando no debemos hablar. Sin lugar a duda, podemos animar, exhortar e incluso reprender, pero solo el Espíritu Santo puede generar vida espiritual verdadera donde hay muerte. Solo el Espíritu Santo puede infundir deseo por las cosas de Dios en el corazón de nuestros hijos.

• • •

Señor, oficialmente renuncio a tratar de ser el Espíritu Santo en la vida de _____. Deseo honrarte creyendo y confiando que tú estás obrando. El mismo Espíritu que revoloteaba sobre la creación y que generó vida y luz y belleza puede revolotear sobre la vida de _____ y generar vida y luz y belleza.

De tal padre, tal hijo

Ahora bien, Absalón, hijo de David, tenía una hermana muy hermosa llamada Tamar; y Amnón, su medio hermano, se enamoró perdidamente de ella. Amnón se obsesionó tanto con Tamar que se enfermó. Ella era virgen, y Amnón pensó que nunca podría poseerla. [...] Cuando ella comenzó a darle de comer, la agarró y le insistió:

—Ven, mi amada hermana, acuéstate conmigo.

—¡No, hermano mío! —imploró ella—. ¡No seas insensato! ¡No me hagas esto! En Israel no se hace semejante perversidad. [...]

Amnón no quiso escucharla y, como era más fuerte que ella, la violó.

2 SAMUEL 13:1-2, 11-12, 14

EN EL CAPÍTULO 11 DE 2 DE SAMUEL, David le envía mensajeros a Betsabé, la esposa de otro, porque quería acostarse con ella. Dos capítulos después, Amnón, el hijo de David, viola a su media hermana, Tamar. El que estos relatos estén colocados tan cerca el uno del otro nos muestra una forma en que David sufrió una consecuencia de su pecado: un hijo cometió el mismo pecado que él.

Los hijos tienden a ser como sus padres en muchos sentidos. Si tienen nuestra buena apariencia, capacidad intelectual o habilidades atléticas, nos enorgullecemos. Si vemos que también se parecen a nosotros en cómo pecamos, sin embargo, no sentimos orgullo. Nos rompe el corazón. Pero, gracias a Dios, también nos lleva a arrepentirnos de tal forma que nuestros hijos quieran ser como nosotros en eso también.

Si no tuviéramos poder fuera de nosotros para romper el ciclo de pecado que se transmite de padres a hijos, no tendríamos otra opción más que perpetuar el pecado de nuestros padres, y nuestros hijos tampoco tendrían otra opción más que cometer nuestros pecados favoritos. Sí tenemos, sin embargo, poder fuera de nosotros mismos. Tanto nosotros como nuestros hijos tenemos acceso al «poder del Espíritu que da vida» quien nos «ha libertado del poder del pecado, que lleva a la muerte» (Romanos 8:2).

• • •

Señor, me duele ver los patrones de mis propios pecados en _____. Es frustrante y humillante. Una parte de mí está tentada a desesperarse porque parece que el ciclo nunca será quebrado. Por eso, me aferro a la esperanza que encuentro en tu Palabra, la cual me asegura que tu Espíritu provee el poder para abandonar el pecado, para quebrar el ciclo. Que la misericordia que mostraste en respuesta a mi arrepentimiento sea mucho más prominente que mi pecado.

Nuestros planes, el plan de Dios

Podemos hacer nuestros planes,
pero el SEÑOR determina nuestros pasos. PROVERBIOS 16:9

HACEMOS PLANES PARA NUESTROS HIJOS; aun cuando no estemos conscientes de ellos, ni los hayamos manifestado en voz alta. Tenemos planes para sus estudios y todo lo que podrán lograr profesionalmente gracias a esos estudios. Tenemos planes para su crecimiento espiritual y la forma en que eso moldeará lo que es importante para ellos. Tenemos planes para su desarrollo físico que incluyen los deportes que esperamos que practiquen y los malos hábitos que esperamos que eviten.

El que los planes que tengamos para nuestros hijos sean buenos no significa que sean los planes de Dios. Y, aunque no tenga nada de malo hacer planes, los de Dios a menudo no están de acuerdo con los nuestros. Las Escrituras están llenas de ejemplos.

Jesús le dijo a Pedro que su vida no terminaría como había planeado: «Te digo la verdad, cuando eras joven, podías hacer lo que querías; te vestías tú mismo e ibas adonde querías ir. Sin embargo, cuando seas viejo, extenderás los brazos, y otros te vestirán y te llevarán adonde no quieras ir» (Juan 21:18).

Pablo planeaba llevar el evangelio a Asia, pero «Pablo y Silas viajaron por la región de Frigia y Galacia, porque el Espíritu Santo les había impedido que predicaran la palabra en la provincia de Asia en ese tiempo. Luego, [...] se dirigieron al norte, hacia la provincia de Bitinia, pero de nuevo el Espíritu de Jesús no les permitió ir allí. Así que siguieron su viaje por Misia hasta el puerto de Troas» (Hechos 16:6-8).

El apóstol Santiago nos advierte acerca de amar demasiado nuestros planes. «Presten atención, ustedes que dicen: "Hoy o mañana iremos a tal o cual ciudad y nos quedaremos un año. Haremos negocios allí y ganaremos dinero". ¿Cómo saben qué será de su vida el día de mañana? La vida de ustedes es como la neblina del amanecer: aparece un rato y luego se esfuma. Lo que deberían decir es: "Si el Señor quiere, viviremos y haremos esto o aquello". De lo contrario, están haciendo alarde de sus propios planes pretenciosos, y semejante jactancia es maligna» (Santiago 4:13-16).

• • •

Señor, ayúdame a no aferrarme a mis planes para _____. Aumenta mi confianza en que tus planes son buenos incluso cuando a mí me parezca lo contrario. Dame la fe para confiar que si tú marcas sus pasos, cada uno acercará a _____ más a ti.

Jesús se hace cargo de los fracasos

Mientras tanto, como Simón Pedro seguía de pie junto a la fogata calentándose, volvieron a preguntarle:
—¿No eres tú también uno de sus discípulos?
—No lo soy —negó Pedro.
Pero uno de los esclavos del sumo sacerdote, pariente del hombre al que Pedro le había cortado la oreja, preguntó: «¿No te vi en el huerto de olivos con Jesús?». Una vez más, Pedro lo negó, y enseguida cantó un gallo. JUAN 18:25-27

JESÚS LE HABÍA DICHO A PEDRO QUE PEDRO LO NEGARÍA, pero Pedro no le creyó. Después de que Jesús le explicó que él había orado para que no le faltara la fe, Pedro le dijo con gran confianza: «Estoy dispuesto a morir por ti» (Juan 13:37). Después de todo, Jesús le había puesto el nombre Pedro, el cual significa «roca», diciéndole: «Ahora te digo que tú eres Pedro (que significa "roca"), y sobre esta roca edificaré mi iglesia, y el poder de la muerte no la conquistará» (Mateo 16:18). Pedro creía que siempre sería fuerte.

Después de que Jesús fue arrestado, Pedro descubrió que no estaba por encima de la posibilidad de negar a quien amaba. Lucas nos cuenta que lloró amargamente. Y sentimos lo aplastado que estaba por el dolor de su fracaso cuando leemos esta historia.

Aunque Pedro se consideró a sí mismo un fracaso y volvió a hacer lo que mejor sabía hacer, pescar, ese no fue el final de la historia. Al poco tiempo, levantó la vista y escuchó a Jesús que lo llamaba desde la orilla. Se sentó con Jesús y comió el pescado que Jesús le había cocinado para desayunar mientras Jesús lo llamaba a alimentar a sus ovejas. Queda claro que Jesús no había renunciado a Pedro, a pesar de su fracaso.

Mientras nuestros hijos se abren camino en la vida, Satanás siempre está listo para restregarles sus fracasos. Jesús, por su parte, es implacable en la búsqueda de los hijos que han fallado y se preguntan si Jesús se cansó de ellos para siempre. Jesús es el gran restaurador de quienes fracasan y lo buscan por perdón.

• • •

Señor, el fracaso de Pedro no lo definió, y por fe creemos que los nuestros no nos definirán. Por el contrario, son tu gracia y tu misericordia lo que nos define, tu restauración lo que arreglará las cosas y tu comisión lo que nos pondrá en marcha de nuevo.

Pero, Señor, la vergüenza de nuestro fracaso es genuina. Cuando la vergüenza haga que _____ huya de ti, búscalo. Llama a _____ para que venga a ti. Permite que _____ sepa que todavía seguirás usándolo, que su fracaso no define quién él es para ti.

Junto a la cruz

Estaban de pie junto a la cruz la madre de Jesús, la hermana de su madre, María la esposa de Cleofas y María Magdalena. Cuando Jesús vio a su madre al lado del discípulo que él amaba, le dijo: «Apreciada mujer, ahí tienes a tu hijo». Y al discípulo le dijo: «Ahí tienes a tu madre». Y, a partir de entonces, ese discípulo la llevó a vivir a su casa. JUAN 19:25-27

QUIZÁS NOS SINTAMOS TENTADOS A PENSAR que si solo tuviéramos un hijo perfecto, ser padres sería mucho más fácil. María, sin lugar a duda, tuvo el hijo perfecto, pero su vida se vio llena de dificultades relacionadas con este hijo. Dificultades que comenzaron con la humillación de estar embarazada antes de que ella y José estuvieran casados. Las palabras de Simeón: «Una espada atravesará tu propia alma» (Lucas 2:35), dichas cuando Jesús era un bebé, deben haber venido a su mente en muchas noches en las cuales no podía conciliar el sueño. Sin lugar a duda, se preguntaba qué significarían las palabras de Simeón para ella.

Cuando Jesús profetizó en la sinagoga de su pueblo, María de seguro estaba presente. Debe haber sido poseída por el terror aquel día en el que la gente de la sinagoga llevó a Jesús hasta una colina empinada con la intención de lanzarlo desde allí. Luego llegó el día cuando María fue a la casa donde Jesús estaba enseñando. En lugar de salir a saludarla, Jesús señaló a la gente que se había reunido a su alrededor y les dijo: «Miren, estos son mi madre y mis hermanos. Todo el que hace la voluntad de Dios es mi hermano y mi hermana y mi madre» (Marcos 3:34-35).

¿Qué sostenía a María en todas estas experiencias? Quizás recordaba la otra profecía que Simeón había hablado sobre su hijo recién nacido: «Él es una luz para revelar a Dios a las naciones» (Lucas 2:32). Ella había visto la gloria de Jesús. Juan describe la boda de Caná, donde Jesús convirtió el agua en vino luego de que su madre le pidiera que hiciera algo al respecto, como «la primera vez que Jesús reveló su gloria» (Juan 2:11). Este vistazo de su gloria debe haberla sostenido el día en que vio su agonía en la cruz, ese día cuando sintió que una espada le atravesaba su propia alma. Ese día, todo cambió respecto a su relación con su hijo. Él pasó de ser hijo a ser Salvador. Mientras Jesús era de ella por nacimiento, ella se hizo de Jesús por la fe.

* * *

Señor, en esos días cuando pareciera que una espada estuviera atravesando mi alma, permíteme echar un vistazo nuevo a tu gloria. Recuérdame tu habilidad para convertir el vacío de nuestra vida en plenitud de gozo, así como convertiste el agua en vino.

Si tan solo

Enseguida el etíope llegó y le dijo:
—Tengo buenas noticias para mi señor el rey. Hoy el SEÑOR lo ha librado de todos los que se rebelaron en su contra.
—¿Qué me dices del joven Absalón? —preguntó el rey—. ¿Se encuentra bien?
Y el etíope contestó:
—¡Que todos sus enemigos, mi señor el rey, ahora y en el futuro, corran con la misma suerte de ese joven!
Entonces el rey se sintió abrumado por la emoción. Subió a la habitación que estaba sobre la entrada y se echó a llorar. Y mientras subía, clamaba: «¡Oh, mi hijo Absalón! ¡Hijo mío, hijo mío Absalón! ¡Si tan solo yo hubiera muerto en tu lugar! ¡Oh Absalón, mi hijo, mi hijo!». 2 SAMUEL 18:31-33

LOS PADRES Y LAS MADRES QUE ALGUNA VEZ observaron sin poder hacer nada mientras su hijo destruía su vida, conocen la pena desgarradora del lamento de David: «¡Oh, mi hijo Absalón! ¡Hijo mío, hijo mío Absalón! ¡Si tan solo yo hubiera muerto en tu lugar!». Aun cuando Absalón había sido deshonesto y traicionó la confianza de su padre, David quería que regresara. Aun cuando David debería haberse sentido aliviado, porque Absalón ya no era una amenaza para su seguridad, David no tenía consuelo.

Esta misma clase de lamento llenó el corazón del profeta Jeremías mientras caminaba a través de Jerusalén después de la destrucción babilónica. Lloraba con angustia por los hijos rebeldes de Judá: «Por todas estas cosas lloro; lágrimas corren por mis mejillas. No tengo a nadie que me consuele; todos los que podrían alentarme están lejos. Mis hijos no tienen futuro porque el enemigo nos ha conquistado» (Lamentaciones 1:16).

Jesús mismo se sintió desconsolado por los hijos rebeldes. Se lamentó por la rebelión constante de quienes rehusaban la reconciliación que les ofrecía, con estas palabras: «¡Oh, Jerusalén, Jerusalén, la ciudad que mata a los profetas y apedrea a los mensajeros de Dios! Cuántas veces quise juntar a tus hijos como la gallina protege a sus pollitos debajo de sus alas, pero no me dejaste» (Lucas 13:34).

• • •

Señor, cuánto me ayuda saber que entiendes el desconsuelo que produce un hijo des-obediente, reticente. Solo tu misericordia puede salvar de la muerte a los hijos e hijas rebeldes. Solo tú puedes cargar con la muerte que tanto _____ como yo nos merece-mos. Júntanos bajo tus alas y danos la vida eterna que te mereces como el Hijo obediente.

2 DE JUNIO

2 Samuel 19:11–20:13
Juan 21:1-25
Salmo 120:1-7
Proverbios 16:16-17

¿Qué va a pasar con él?

Pedro se dio vuelta y vio que, detrás de ellos, estaba el discípulo a quien Jesús amaba, el que se había inclinado hacia Jesús durante la cena para preguntarle: «Señor, ¿quién va a traicionarte?». Pedro le preguntó a Jesús:

—Señor, ¿qué va a pasar con él?

Jesús contestó:

—Si quiero que él siga vivo hasta que yo regrese, ¿qué tiene que ver contigo? En cuanto a ti, sígueme. JUAN 21:20-22

EN UN ESFUERZO POR SENTIRNOS MEJOR con nosotros mismos, somos tentados a compararnos con otras personas: a nuestra familia con otra familia, a nuestros hijos con los hijos de otros y a nuestra paternidad con la paternidad de otra persona. Por supuesto, aunque esta tendencia de compararnos con los demás no comenzó con el invento de las redes sociales, el bombardeo incesante de fotos que muestran vacaciones fabulosas, fiestas creativas, logros dignos de ser tenidos en cuenta y mensajes afectuosos, sin duda, alimentan al monstruo. Miramos las fotos de las familias y los comentarios alegres y estamos bastante seguros de que a esa gente le cuesta un poco menos ser padres o que los hijos de los demás parecen resultar «mejor» o teniendo más logros que nuestros hijos.

El problema de comparar nuestra paternidad y a nuestros hijos es el orgullo o la insatisfacción que produce. Además, cuando deseamos la vida de otra persona, estamos diciendo en nuestro corazón que lo que Dios nos ha confiado simplemente no es lo suficientemente bueno. Nuestro celo y codicia acusan a Dios e insinúan que la historia que está escribiendo para nuestra vida está equivocada y que nosotros la hubiéramos escrito mejor.

Cuando somos tentados a preguntarle a Dios por qué nos confió algunos desafíos excepcionales que otros padres no parecen tener, debemos escuchar a Jesús que nos dice, como le dijo a Pedro: «En cuanto a ti, sígueme». Jesús nos da un trabajo que espera que cumplamos en la crianza de los hijos que nos confió, el cual no le dio a nadie más. Quizás haya un cierto nivel de dificultad en nuestra situación que otros padres no experimentan. Pero podemos estar seguros de que también nos está dando la gracia que necesitamos para criar a hijos excepcionales y para enfrentar estos desafíos excepcionales.

• • •

Señor, necesitamos tu ayuda para dejar de enfocarnos en comparar nuestra paternidad y a nuestros hijos con otros padres y sus hijos para que podamos enfocarnos en seguirte en la obra que nos llamaste a hacer.

Mi ayuda viene del Señor

Levanto la vista hacia las montañas;
*   ¿viene de allí mi ayuda?*
¡Mi ayuda viene del SEÑOR,
*   quien hizo el cielo y la tierra!*
Él no permitirá que tropieces;
*   el que te cuida no se dormirá.*
En efecto, el que cuida a Israel
*   nunca duerme ni se adormece.* SALMO 121:1-4

CUANDO EL PUEBLO DE DIOS ASCENDÍA desde las llanuras de Judea hacia los montes de Jerusalén para celebrar las fiestas y los festivales, cantaban los cánticos de las ascensiones, incluyendo el Salmo 121. Mientras caminaban miraban hacia las alturas que tenían que trepar y se preguntaban de dónde sacarían las fuerzas para hacerlo. Es una pregunta que hacían y respondían todos en voz alta mientras caminaban hacia arriba. El Señor con quien iban a reunirse en el templo sería su ayuda. Él podía ver los pozos ocultos de antemano y no los dejaría que tropezar. Nunca dejaría de vigilar con cuidado sus pasos.

A veces, el camino que debe transitar un niño para llegar a la adultez se parece a una colina muy empinada. Nos preguntamos si tendremos la fortaleza para el largo proceso. Podemos responder a nuestra pregunta de la manera en que lo hacían los peregrinos. Podemos recordarnos que aquel que creó tanto el mundo en el cual vivimos como a los hijos a los que amamos está comprometido con ayudarnos durante todo el camino de este largo viaje. Él conoce los potenciales pozos y los lugares donde podríamos equivocarnos y él nos mantendrá en el camino correcto. Nunca se aburrirá ni dejará de prestar atención a las preocupaciones que derramamos ante él en oración. Nunca se dormirá al volante cuando se trata de supervisar de manera soberana tanto nuestra vida como la vida de nuestros hijos.

• • •

Señor, reconozco mi necesidad de cultivar mi confianza en la ayuda que prometiste darnos durante todo el camino de este largo viaje de criar y preparar a nuestros hijos para la adultez. A veces, pareciera como que no llegaremos al final. Por eso necesitamos tu ayuda. Evita que tropecemos y nos alejemos de ti. Cuídanos en los detalles del día y en las preocupaciones de la noche. Cuida nuestra salida y nuestra entrada tanto ahora como por la eternidad.

Para ustedes y para sus hijos

«Por lo tanto, que todos en Israel sepan sin lugar a dudas, que a este Jesús, a quien ustedes crucificaron, ¡Dios lo ha hecho tanto Señor como Mesías!».

Las palabras de Pedro traspasaron el corazón de ellos, quienes [dijeron]:

—Hermanos, ¿qué debemos hacer?

Pedro contestó:

—Cada uno de ustedes debe arrepentirse de sus pecados y volver a Dios, y ser bautizado en el nombre de Jesucristo para el perdón de sus pecados. Entonces recibirán el regalo del Espíritu Santo. Esta promesa es para ustedes, para sus hijos y para los que están lejos, es decir, para todos los que han sido llamados por el Señor nuestro Dios.

HECHOS 2:36-39

PEDRO LE PREDICABA LA PALABRA de Dios (Joel 2, el Salmo 16 y el Salmo 110) a la gente reunida en Jerusalén para celebrar el festival de Pentecostés. Cincuenta días antes, Jesús había sido crucificado. Y unos días antes de Pentecostés, había ascendido al cielo. Lleno del Espíritu Santo, Pedro estaba ayudando a la gente a ver que las Escrituras que amaban se habían referido a la persona de Jesús, a quien ellos rechazaron y crucificaron.

Cuando Jesús fue arrestado, Pedro desenvainó una espada para defender a Jesús. En este día, sin embargo, era la espada de la Palabra de Dios la que Pedro estaba empuñando. El Espíritu la usaba para atravesar corazones. El de tres mil personas fue atravesado al escuchar y entender la Palabra de Dios. Reconocieron que la promesa de Jesús como Salvador exigía una respuesta, pero no estaban seguros de cuál debía ser.

«¿Qué debemos hacer?», les preguntaron a Pedro y a los otros apóstoles. Pedro les dijo que debían recibir el perdón por sus pecados mediante el arrepentimiento y la fe en el nombre de Jesucristo y que, luego, debían demostrarlo a través del bautismo. Entonces, el Espíritu Santo seguiría obrando en su vida, llenándolos, empoderándolos, dándoles seguridad y dones a ellos y a sus hijos.

Sentimos a menudo que lo que les decimos a nuestros hijos les entra por un oído y les sale por el otro. Pero aunque sea cierto, lo que más necesitan es escuchar la Palabra de Dios para que su corazón sea atravesado y su vida cambiada.

· · ·

Espíritu, háblale a _____ a través de la prédica de tu Palabra, de su lectura y cuando yo le hable de ella. Atraviesa la familiaridad, la resistencia y la dureza de su corazón para que esté dispuesto a arrepentirse y a estar gozoso de identificarse contigo.

Sacrificio

—¿Por qué ha venido, mi señor el rey? —preguntó Arauna.

David le contestó:

—Vine a comprar tu campo de trillar y a edificar allí un altar al SEÑOR, para que él detenga la plaga.

—Tómelo, mi señor el rey, y úselo como usted quiera —le respondió Arauna a David—. Aquí hay bueyes para la ofrenda quemada, y puede usar los tablones de trillar y los yugos de los bueyes como leña para hacer un fuego sobre el altar. Le daré todo a usted, su majestad, y que el SEÑOR su Dios acepte su sacrificio.

Pero el rey le respondió a Arauna:

—No, insisto en comprarlo; no le presentaré ofrendas quemadas al SEÑOR mi Dios que no me hayan costado nada.

De modo que David le pagó cincuenta piezas de plata por el campo de trillar y por los bueyes. 2 SAMUEL 24:21-24

DAVID ENTENDÍA QUE UN CORAZÓN QUE AMA MUCHO ESTÁ DISPUESTO a sacrificar. Cuando llegó al campo de trillar de Arauna para ofrecer el sacrificio, Arauna estuvo dispuesto a darle lo que necesitara. Pero David insistió en pagar. No solo iba a cumplir con el rito; quería ofrecerle al Señor algo de corazón.

Buscando crecer en Cristo, anhelamos que nuestra vida esté marcada cada vez más por esta clase de muerte al yo, de dar con alegría y de sacrificio. Ser padres es una de las herramientas clave que Dios usa para santificarnos y hacernos crecer así. El llamado de una madre al sacrificio comienza cuando descubre que está embarazada y abandona la cafeína o el vino. Cuando el bebé nace, un padre sacrifica tiempo y sueño para cuidar del recién nacido. El sacrificio no significa grandes gestos, sino pequeños costos diarios.

Nuestros hijos se vuelven herramientas en las manos de Dios para enseñarnos a aceptar la disciplina espiritual esencial del sacrificio y para moldearnos a la imagen de Cristo, quien se ofreció a sí mismo como sacrificio.

• • •

Señor, cuando me siento tentado a resentirme por los sacrificios costosos que demanda ser padres, ayúdame a ver que cada vez que tengo que morir a mis propios planes, tú me estás dando vida, no quitándomela. Sigue haciendo tu obra de moldearme a la imagen de tu Hijo, a pesar de lo que me pueda costar.

Palabras amables

Las palabras amables son como la miel:
dulces al alma y saludables para el cuerpo. PROVERBIOS 16:24

QUIZÁS ALGUNA VEZ HAYAMOS ESCUCHADO EL DICHO: «Los palos y las piedras pueden romper mis huesos, pero las palabras nunca me lastimarán». Sabemos que lo que este refrán expresa no es cierto porque la mayoría de nosotros tenemos recuerdos vívidos de las veces en que fuimos profundamente lastimados por las burlas de alguien. Así también, podemos recordar haber sido animados y envalentonados por las palabras de alguien. De cualquier forma, fuimos moldeados por las palabras que nos dijeron con ira o en insultos como así también por las palabras de consuelo y de ánimo.

Por lo tanto, como padres, necesitamos hacernos estas preguntas: ¿De qué forma mis palabras están moldeando a mis hijos? ¿Son como puñetazos que mis hijos tienen que esquivar o desviar para evitar que les hagan daño? O ¿son como miel que alivian el alma y traen sanidad a las heridas que les causa el mundo que los rodea?

Incluso cuando los insultos se dicen en broma, la esencia de verdad en ellos por lo general tiene el poder de lastimar. Dentro de todos los niños, hay una mente subconsciente, una caja de almacenaje en la cual la gente y los eventos ponen ideas de manera constante, y un lugar donde la imagen personal está siendo moldeada y la seguridad, entre otras cosas, calibrada. E incluso cuando nuestros hijos actúan como si nuestra opinión no significara nada y pensamos que no están escuchando, podemos estar seguros de que nuestras palabras están siendo oídas.

Cuando nuestros hijos se enfrenten al mundo, serán avasallados y menospreciados. Lo que necesitan es un hogar libre de sonidos hirientes, un lugar donde puedan protegerse de las púas de quienes no tienen ningún interés en su vida, cuyo propósito es aplastarles el alma. Necesitan padres cuya meta diaria sea hablarles palabras de ánimo, palabras amables y palabras de seguridad que les muestren que aceptamos de manera incondicional tanto quiénes son como lo que con alegría esperamos que lleguen a ser.

• • •

Señor, las palabras que salen de mi boca son demasiado a menudo desconsideradas, duras y frías. Necesito que tu Espíritu obre en mí para que cuando diga algo a _____ mis palabras estén llenas del fruto del Espíritu, llenas de amor, alegría, paz, paciencia, gentileza, bondad, fidelidad, humildad y control propio.

Leales al Rey

Cumple los requisitos del SEÑOR tu Dios y sigue todos sus caminos. Obedece los decretos, los mandatos, las ordenanzas y las leyes que están escritos en la ley de Moisés, para que tengas éxito en todo lo que hagas y dondequiera que vayas. Si lo haces, el SEÑOR cumplirá la promesa que me hizo cuando me dijo: «Si tus descendientes viven como debe ser y me siguen fielmente, con todo el corazón y con toda el alma, siempre habrá uno de ellos en el trono de Israel». 1 REYES 2:3-4

CUANDO COMIENZA 1 REYES, David está en el trono, pero sus días de gloria pasaron hace mucho tiempo. Es un anciano friolento, negligente y pasivo. Un segundo hijo caprichoso está tratando de apoderarse del trono. Finalmente, Betsabé persuade a David para que nombre a Salomón como el próximo rey. Mientras David se prepara para morir, le encarga a Salomón que viva conforme a lo que se les ordenó a los reyes de Israel en el Libro de la Ley. David le pide a Salomón que sea leal a Dios y guarde sus mandamientos, regulaciones y leyes.

Luego David desvía el enfoque a lo que Salomón debe hacer con quienes fueron especialmente leales o desleales a David. Ya que Joab asesinó a dos de sus comandantes, él también debe morir una muerte temprana. Simei, quien había maldecido a David mientras huía a Mahanaim, debía tener una muerte sangrienta orquestada por Salomón. Pero los hijos de Barzilai de Galaad, quienes cuidaron de David cuando huía, debían ser invitados permanentes a la mesa de Salomón.

El rey debía ser leal a Dios, pero el resto de 1 y 2 Reyes revela que Salomón y los gobernantes que lo siguieron no cumplieron con los requerimientos de la ley para los reyes. Aunque el reinado de Salomón fue el punto culminante en la historia de Israel, Salomón permitió que otros amores reemplazaran su amor por Dios. La verdad es que solo uno de los descendientes de David pudo obedecer por completo el encargo de David a Salomón y solo un Rey ha sido perfectamente leal a Dios. Jesús es el Rey a quien queremos que nuestros hijos se sometan. Jesús se merece y demanda nuestra lealtad exclusiva y absoluta.

• • •

Jesús, tú eres el verdadero Rey que vino a cumplir la ley. Sabemos que cuando regreses como Rey de reyes y Señor de señores, desterrarás a quienes no te sean leales. Hasta entonces, ofreces un camino de regreso a tu buena gracia a quienes no te fueron leales. Invitas a tus enemigos a ser tus amigos. Señor, por favor, obra en mí y también en _____ para inculcar en nosotros una lealtad profunda y permanente a ti en la espera.

Los años intermedios

Restaura nuestro bienestar, SEÑOR,
*   como los arroyos renuevan el desierto.*
Los que siembran con lágrimas
*   cosecharán con gritos de alegría.* SALMO 126:4-5

CUANDO EL PUEBLO DE DIOS REGRESÓ a Jerusalén después de haber estado en el exilio por setenta años, reían y cantaban de gozo. «¡Fue como un sueño!», escribe el salmista. Todo el mundo hablaba sobre lo que el Señor había hecho por su pueblo.

Una vez que regresaron a casa, sin embargo, los israelitas enfrentaron el desafío apabullante de reconstruir la cuidad de Jerusalén. Lo que una vez fue como un sueño, ahora se sentía como una vida en el desierto. Una vez estuvieron llenos de risas, pero ahora lloraban mientras trabajaban. Al principio, todos celebraban lo que Dios había hecho; ahora todo lo que podían ver era lo que necesitaban que él hiciera. Oraban que Dios derramara su Espíritu como agua sobre la tierra seca de su vida y generara frescura y gozo mientras ellos seguían reconstruyendo. Anhelaban todo lo que Dios había prometido, pero les resultaba difícil seguir poniendo un pie frente al otro en este tiempo intermedio.

Su experiencia se parece un poco a ser padres, lo cual comienza con mucho gozo y celebración por una pequeña nueva vida. Pero luego la novedad se desvanece y comienza el trabajo. A veces es tan difícil que lloramos mientras trabajamos. ¿Qué hacemos entonces en los difíciles años intermedios mientras trabajamos arduamente para criar a nuestros hijos? Oramos, pidiéndole a Dios que se manifieste. Le pedimos que convierta el surco donde estamos en un río de su gracia. Y, mientras esperamos con esperanza su intervención divina, en lugar de resecarnos o tirar la toalla, seguimos sembrando las semillas de la verdad del evangelio y de la sabiduría divina en la vida de nuestros hijos.

• • •

Señor, recuerdo la emoción y el gozo de tener un bebé recién nacido. Pero algunos días en estos años intermedios de ser padres parecen demasiado difíciles. Por eso te pido que hagas llover tu gracia en nuestros hogares y riegues las semillas que sigo sembrando, a veces con lágrimas en los ojos. Creo que lo que veo ahora no es como las cosas serán al final. En fe confío en que el resultado final en la vida de _____ no será vergüenza ni fracaso ni destrucción ni lágrimas, sino que un día habrá una cosecha inmensa de todo lo que sembré de modo que celebraremos con gritos de gozo.

Trabajar en vano

Si el SEÑOR no construye la casa,
el trabajo de los constructores es una pérdida de tiempo. SALMO 127:1

DIOS ESTÁ CONSTRUYENDO SU CASA, un reino compuesto por familias que lo aman y lo adoran, una ciudad en la cual habitará con su pueblo para siempre. Como padres, somos llamados a participar con él en esta gran obra. ¿Cómo lo haremos? Por medio de la fe. Somos llamados a vivir por fe y, como nos dice el Salmo 127, a confiar en la obra que Dios está haciendo para edificar nuestra familia.

Para la mayoría de nosotros, no es fácil confiar en que Dios edificará nuestro hogar. Debido a nuestro deseo y determinación a ser buenos padres nos inclinamos a pensar que, para que nuestros hijos amen a Dios, debemos ser diligentes. Debemos mantenerlos involucrados en la iglesia, enseñarles los valores correctos, inculcarles buenos hábitos, rodearlos de personas de fe y ser buenos ejemplos para ellos.

Por supuesto que todos estos son esfuerzos que vale la pena hacer, pero el Salmo 127 nos llama a dejar de lado la clase de enfoque de la paternidad que piense: *Tengo que hacerlo bien; todo depende de mí* y, en cambio, a adoptar una clase de paternidad dependiente que piense: *Puedo confiar en Dios; él lo va a hacer.* También nos recuerda que todos nuestros planes que resultan de la preocupación «desde temprano en la mañana hasta tarde en la noche» (versículo 2) no son lo que dará como resultado lo que estamos esperando para la vida de nuestros hijos. El Señor es quien debe construir su vida. Él da descanso a los padres que están agotados por tratar de generar frutos espirituales verdaderos en la vida de sus hijos y no lo logran.

• • •

Señor, a menos que tú construyas nuestro hogar, a menos que tú llames a _____ para que venga a ti e infundas en ella deseo por ti y tus caminos, todo nuestro trabajo es inútil. Por eso, por favor, Señor, haz tu obra de salvación, seguridad y edificación en nuestro hogar y en nuestro corazón. Sálvanos de los pensamientos tiranos que nos producen preocupación porque nos inducen a creer que depende de nosotros construir nuestro hogar para que sea un puesto de avanzada de tu Reino. Ayúdanos a vivir por fe en la obra terminada de Cristo en la cruz. Danos el descanso prometido para aquellos que confían en que tú edificarás tu Reino a tu manera y en tu tiempo.

Nutridos y enviados

Tu esposa será como una vid fructífera,
  floreciente en el hogar.
Tus hijos serán como vigorosos retoños de olivo
  alrededor de tu mesa.
Esa es la bendición del SEÑOR
  para los que le temen. SALMO 128:3-4

EN LOS SALMOS 127 Y 128, Salomón utiliza imágenes que eran conocidas para sus lectores originales con el propósito de describir lo que es la bendición de una familia feliz. En el Salmo 127 usa la imagen de construir una casa y de vigilar una ciudad. Les asegura a los padres que están ocupados construyendo y protegiendo que estas tareas no dependen exclusivamente de ellos. Podemos irnos a dormir durante la noche, en lugar de quedarnos despiertos para trabajar hasta tarde, porque sabemos que el Señor está activo en la vida de nuestra familia aun cuando nosotros dormimos.

En el Salmo 128, Salomón emplea una clase diferente de imágenes expresando que las esposas en las familias felices son como vides fructíferas. Está dibujando la imagen de una esposa plantada junto a su amoroso esposo, donde ella florece. Compara a los hijos en las familias felices con plantas de olivo jóvenes, retoños jóvenes y tiernos que deben ser nutridos. En el Salmo 127:4, describe a los hijos como «flechas en manos de un guerrero». Por lo tanto, combinando estas dos imágenes, el lector puede ver que estos retoños tiernos deben ser nutridos para que se vuelvan fuertes y sean lanzados al mundo como flechas. Las flechas no se quedan en la aljaba. Son creadas para ser propulsadas al mundo y cumplir así sus propósitos.

En los versículos finales del Salmo 128, descubrimos que esta familia feliz no es una isla. El salmista ora lo siguiente: «Que veas prosperar a Jerusalén durante toda tu vida» (128:5). En el centro de la felicidad de esta familia está su participación en la familia más grande, la familia de Dios. Juntos están comprometidos con hacer que los propósitos de Dios avancen y que su reino se expanda en el mundo.

• • •

Señor, anhelamos esta vida de bendición de quienes te temen: un padre que teme al Señor y confía en que él edificará la casa, una madre que florece e hijos que están siendo nutridos para que puedan ser lanzados como flechas un mundo que tanto necesita de ti.

La resistencia da lugar al arrepentimiento

¡Pueblo terco! Ustedes son paganos de corazón y sordos a la verdad. ¿Resistirán para siempre al Espíritu Santo? Eso es lo que hicieron sus antepasados, ¡y ustedes también!
HECHOS 7:51

ESTEBAN ESTABA ANTE EL SUMO SACERDOTE, rodeado por personas que conocían muy bien la historia judía. Aun así, comenzó desde el principio, mostrando que su pueblo había rechazado una y otra vez las leyes y los profetas de Dios y que habían crucificado al Mesías. A ellos no les gustó. «Se taparon los oídos [...] y empezaron a gritar. Se lanzaron sobre él, lo arrastraron fuera de la ciudad y comenzaron a apedrearlo» (Hechos 7:57-58).

Quizás el corazón más duro y frío de todos ahí era el de un joven llamado Saulo, «ansioso por matar a los seguidores del Señor» (Hechos 9:1). Él se estaba resistiendo al Espíritu Santo con el resto de la multitud, pero esto no tendría la palabra final en su vida. Era la intención de Dios que Saulo se volviera su «instrumento elegido para llevar [su] mensaje a los gentiles y a reyes, como también al pueblo de Israel» (Hechos 9:15). Saulo más tarde explicó: «Pues Dios, quien dijo: "Que haya luz en la oscuridad", hizo que esta luz brille en nuestro corazón para que podamos conocer la gloria de Dios que se ve en el rostro de Jesucristo» (2 Corintios 4:6).

El Espíritu puede vencer la resistencia y la rebelión por más enceguecedoras que sean. Así fue atraído usted a Cristo, y así serán atraídos sus hijos a Cristo. Dios nos atrae a él externamente dándonos a conocer a Cristo en la Palabra. Y nos atrae a él interiormente venciendo nuestras rebeliones para que podamos ver quién es Cristo en realidad.

Como padres, nuestra tarea es dar a conocer la Palabra y mostrar a Cristo y su obra en la cruz con tanta claridad como nos sea posible mientras oramos que Dios haga su obra en la vida de nuestros hijos y mediante ella los humille, les enseñe y quiebre su resistencia.

• • •

Señor, cuando pensamos en quienes escucharon tu Palabra en Pentecostés y fueron penetrados por tu Palabra hasta el corazón y, luego, pensamos en quienes escucharon tu Palabra y siguieron siendo «paganos en el corazón y sordos a la verdad», me doy cuenta de que es tu Espíritu quien derriba nuestra resistencia y nos convence de pecado. Señor, te ruego que envíes tu Espíritu a derribar cualquier resistencia en _____. Ablanda la obstinación; sana la sordera que impide que _____ te acepte y te siga.

Llevar un registro de las ofensas

SEÑOR, si llevaras un registro de nuestros pecados,
*   ¿quién, oh Señor, podría sobrevivir?*
Pero tú ofreces perdón,
*   para que aprendamos a temerte.* SALMO 130:3-4

EL GRAN CAPÍTULO SOBRE EL AMOR, 1 Corintios 13, dice que el amor «no lleva un registro de las ofensas». Nos encantaría amar a nuestros hijos así, pero a veces tenemos muy buena memoria de ofensas pasadas. El Salmo 130 nos ayuda a amar como debemos.

El salmista estaba abrumado porque sentía que Dios no aprobaba lo que había hecho. Había caído en un distanciamiento profundo de Dios. Su registro de fallas repetidas lo habían sumergido en la desesperación. Fue entonces que el Espíritu Santo, a través de las Escrituras, conmovió su corazón para que levantara la vista. «Desde lo profundo de mi desesperación, oh SEÑOR, clamo por tu ayuda» (versículo 1).

El salmista no estaba negando su pecado. Cuando pregunta quién sobreviviría en la presencia de Dios si Dios llevara una lista de los pecados, la respuesta implícita es «¡nadie!». El salmista, sin embargo, vio algo más grande, más poderoso que su propio pecado. Vio el perdón generoso de Dios: «Su redención sobreabunda» (versículo 7).

Desde su posición desesperada, al salmista le costaba ver cómo podría ser posible este perdón abundante, porque sabía que Dios era perfectamente justo. Pero, de todos modos, puso su esperanza en el amor inagotable de Dios. Lo que él no sabía en ese momento es que Dios trataría con nuestros pecados, no fingiendo que no existen, sino derramando el castigo por ellos sobre su propio Hijo. La Biblia indica que Dios «anuló el acta con los cargos que había contra nosotros y la eliminó clavándola en la cruz» (Colosenses 2:14). El caso contra nosotros; el registro con todos los hechos, nombres, fechas, fotografías y toda la evidencia incriminatoria, fue clavado en la cruz, donde Jesús sufrió por todo eso.

Esto significa que podemos vivir y amar y perdonar a partir de lo que sobreabunda. A medida que esta gracia obre en nosotros, descubriremos que ya no guardamos registros exhaustivos de los pecados y las ofensas de nuestros hijos. Así como nuestro Padre nos perdonó, nosotros podemos perdonar con generosidad.

• • •

Escucho tu voz Señor, dándome las buenas nuevas de que me has perdonado. Y deseo perdonar como tú. Que tu misericordia hacia mí me haga ser misericordioso con _____.

Corazones desviados

El SEÑOR había instruido claramente a los israelitas cuando les dijo: «No se casen con ellas, porque les desviarán el corazón hacia sus dioses». Sin embargo, Salomón se empecinó en amarlas. En total, tuvo setecientas esposas de cuna real y trescientas concubinas. En efecto, ellas apartaron su corazón del SEÑOR. 1 REYES 11:2-3

HABÍA UNA RAZÓN POR LA CUAL LOS HIJOS y las hijas de los israelitas no debían casarse con los hijos y las hijas de los cananeos que vivían en los alrededores. No tenía nada que ver con la pureza racial, sino con la devoción pura y exclusiva a Yahveh. Sin duda, el rey de Israel debería haber guiado a su pueblo cuidando su propio corazón de la influencia de la idolatría, rehusando casarse con mujeres que adoraban a otros dioses. Debería haberse negado a unir su corazón, su vida y su cuerpo a esas mujeres cuyas creencias no estaban orientadas hacia Yahveh.

A pesar de lo sabio que Salomón era en tantos aspectos, era profundamente necio en lo relativo a la vulnerabilidad de su propio corazón. Anteriormente leímos que «Salomón amaba al SEÑOR» (1 Reyes 3:3), pero ahora leemos que «Salomón amó a muchas mujeres extranjeras» y que «ellas le desviaron el corazón para que rindiera culto a otros dioses en lugar de ser totalmente fiel al SEÑOR su Dios» (1 Reyes 11:1, 4).

¡Ah, cuánto anhelamos que nuestros hijos amen al Señor! Y si Dios les concediera el don de tener un cónyuge, deseamos que ese cónyuge anime a nuestro hijo a amar a Cristo cada vez más, no cada vez menos. Nos damos cuenta de que no tenemos el poder para gobernar el corazón de nuestro hijo. Pero sabemos quién sí lo tiene. Por lo tanto, oramos.

• • •

Señor, anhelo que mi hijo conozca el gozo de compartir su vida y su amor con una esposa que lo acerque a una relación contigo en la que te ame cada vez más. Dame sabiduría para guiarlo bien y para animarlo a poner límites adecuados.

Oro por _____ hoy, rogándote que lo hagas más sabio que Salomón en los asuntos del corazón. Dale a _____ un amor profundo, amplio por ti para que su corazón no pueda ser desviado de ti. Que nunca se diga que _____ conocía tus claras instrucciones respecto a casarse con alguien que esté unida a Cristo, pero que «insistió» en amar a alguien que desviaría su corazón de ti.

Corona de gloria

Los nietos son la corona de gloria de los ancianos;
los padres son el orgullo de sus hijos. PROVERBIOS 17:6

SIN DUDA LA PRIMERA PARTE DE ESTE PROVERBIO es fácil de entender. Parece que algo les pasara a las personas cuando se vuelven abuelos; están completamente convencidos de que tienen los nietos más lindos e inteligentes que hayan venido a este mundo. La segunda parte del proverbio, sin embargo, nos obliga a detenernos a pensar. Podríamos esperar que dijera que los hijos son el orgullo de los padres. En lugar de eso, sin embargo, dice que «los padres son el orgullo de sus hijos».

Hay muchas veces que como padres sentimos que en realidad avergonzamos a nuestros hijos. Al menos parece que fuera así. Cuando lo pensamos detenidamente, nos damos cuenta de que en verdad sí tenemos la capacidad para honrar o para avergonzar a nuestros hijos por la forma en que vivimos, las decisiones que tomamos y el legado que les dejamos. A pesar de los consumidos que podemos estar con el anhelo que nuestros hijos vivan vidas que nos causen gran gozo a medida que envejecemos, este proverbio nos lleva a preguntarnos si estamos adecuadamente preocupados por vivir vidas que les causen gran gozo a nuestros hijos mientras crecen. ¿Estamos tan anclados en Cristo, somos tan dependientes de él que nuestros hijos tienen motivos para sentirse orgullosos por nuestra fe auténtica?

• • •

Señor, perdóname porque a menudo estoy tan preocupado por cómo la vida y las decisiones de mis hijos se reflejan en mí que pienso muy poco en la forma en que mi vida y mis elecciones se reflejan en mis hijos. Señor, deseo que mi vida, mi amor por ti, mi fidelidad a mi familia, mi servicio al pueblo de Dios, traigan gozo y honor a mis hijos y a mis nietos. Líbrame del pecado que cause vergüenza a mi familia.

Lo que todos necesitamos es que tú moldees nuestros pensamientos, sentimientos y deseos para que nos gloriemos en lo que te agrada. Que todas las generaciones de nuestra familia puedan gloriarse en que te conocemos a ti y en que estamos unidos a ti en un vínculo que no puede ser quebrado, en una forma que nos está cambiando a cada uno de nosotros día a día.

Armonía

¡Qué maravilloso y agradable es
  cuando los hermanos conviven en armonía!
Pues la armonía es tan preciosa como el aceite de la unción
  que se derramó sobre la cabeza de Aarón,
  que corrió por su barba
  hasta llegar al borde de su túnica.
La armonía es tan refrescante como el rocío del monte Hermón
  que cae sobre las montañas de Sion.
Y allí el SEÑOR ha pronunciado su bendición,
  incluso la vida eterna. SALMO 133

DESEAMOS QUE NUESTROS HIJOS TENGAN BUENOS AMIGOS y una vida feliz. Pero, en realidad, queremos más que eso. Anhelamos que vivan en una relación profunda con hermanos y hermanas en Cristo. Esperamos que experimenten durante toda su vida la pertenencia, el perfeccionamiento y la dependencia de Dios que viene de vivir toda una vida en el cuerpo de Cristo.

Eso es lo que el salmista está celebrando en el Salmo 133. En un sentido está reflexionando sobre la buena vida. Ahora ve que la buena vida no es lo que el mundo que lo rodea dice que es. En lugar de eso, es una vida vivida entre el pueblo de Dios, disfrutando del perdón y la purificación que están disponibles a través de nuestro gran Sumo Sacerdote. La buena vida es experimentar día a día el refrigerio de Cristo en medio de una sociedad que está reseca de sed. Compartir las bendiciones del perdón y la purificación con hermanos y hermanas en verdad es maravilloso y placentero. Sin lugar a duda, esta debe ser la esencia de nuestros deseos para nuestros hijos ahora y en el futuro.

• • •

Señor, quiero mucho más para _____ que simplemente una carrera satisfactoria, un matrimonio sólido, una casa linda, un nombre respetado y una serie de logros. Quiero que _____ beba abundantemente de la fuente refrescante que se encuentra en una vida unida a otros creyentes. Por favor, planta a _____ profundamente en tu iglesia, entre tu pueblo. Por favor dale a _____ un corazón que persevere en el cuerpo de Cristo cuando las cosas se pongan difíciles. Por favor, ayuda a _____ a ver que la buena vida se encuentra entre las personas que reconocen su necesidad de perdón y su necesidad del refrigerio que viene solo de ti.

Favoritismo

—Veo con claridad que Dios no muestra favoritismo. En cada nación, él acepta a los que le temen y hacen lo correcto. Este es el mensaje de la Buena Noticia para el pueblo de Israel: que hay paz con Dios por medio de Jesucristo, quien es Señor de todo. [...] todo el que cree en él se le perdonarán los pecados por medio de su nombre.
HECHOS 10:34-36, 43

ANTES DE QUE PEDRO FUERA A LA CASA DE CORNELIO, un gentil entre gentiles, pensaba que el evangelio era solo para su pueblo, los judíos. Los israelitas se consideraban a sí mismos un pueblo privilegiado y a los demás como extranjeros que no merecían el regalo de Dios de la salvación a través de Cristo. Lo que Pedro todavía no entendía es que Dios había dado su Palabra a su pueblo y había derramado su Espíritu Santo en su pueblo para que ellos llevaran las buenas nuevas del perdón de los pecados a través de Cristo a las personas de toda tribu y nación del mundo. La experiencia que Pedro tuvo con Cornelio fue una revelación tanto para él como para el resto de la iglesia.

A lo largo de toda la Biblia vemos a los «privilegiados» presumiendo de Dios debido a la familia en la cual habían nacido. Suponían que Dios los aceptaría aun cuando no tuvieran ningún interés en arrepentirse y en creer. Lo mismo sucede hoy. ¿Cuántos niños crecen en familias cristianas y están involucrados en la iglesia y; sin embargo, no tienen interés en una vida de arrepentimiento y de fe? ¿Cuántos suponen que Dios les mostrará favoritismo cuando los llame a rendir cuentas? Necesitamos ayudar a nuestros hijos a entender que les ha sido concedido el gran privilegio de crecer escuchando el evangelio. Pero deben responder al evangelio. Dios debe ser temido. El evangelio debe ser creído.

* * *

Señor, tú has derramado tus bendiciones en nuestra familia dándonos tu Palabra y permitiéndonos escuchar tu evangelio. Pero no queremos presumir de tu bondad. No nos permitas ni a mí ni a mis hijos ser arrullados por la autocomplacencia y la suposición.

Oro para que hagas que _____ te tema y haga lo correcto. Hay paz contigo para _____ a través de Jesucristo. Impide que presuma de ti por causa del favoritismo. Permítele que experimente tu gracia y tu misericordia. Que _____ escuche tu invitación y se aferre a todo lo que pusiste a disposición de aquellos que ponen su fe en ti.

Titubeando entre dos opiniones

Elías se paró frente a ellos y dijo: «¿Hasta cuándo seguirán indecisos, titubeando entre dos opiniones? Si el SEÑOR es Dios, ¡síganlo! Pero si Baal es el verdadero Dios, ¡entonces síganlo a él!». Sin embargo, la gente se mantenía en absoluto silencio. 1 REYES 18:21

LOS HIJOS DE ISRAEL DEBÍAN ser siervos de Dios, pero tenían muchos vecinos cananeos que hacían su mejor esfuerzo para que la adoración a Baal fuera atractiva. Con el tiempo, los israelitas decidieron incorporar un poco de la adoración a Baal a su adoración a Yahveh. No les parecía tan malo, pero era una gran abominación. Conocían el primer mandamiento: «No tengas ningún otro dios aparte de mí» (Éxodo 20:3), pero al parecer no creían que tenía que ser blanco o negro, todo o nada.

Había llegado el momento para un enfrentamiento. El rey Acab y todo el pueblo de Israel fueron convocados al monte Carmelo, territorio de los profetas de Baal. Allí Elías llamó al pueblo de Dios a dejar de estar indecisos. Debían tomar una decisión firme y seguir sin duda o a Baal o a Yahveh.

Cuando escuchamos la acusación de Elías, reconocemos que luchamos con lo mismo. Queremos servir a Dios, pero queremos ganar mucho dinero. Nuestros hijos desean agradar a Dios, pero quieren ser populares. Desean la seguridad del cielo para después, pero ahora quieren divertirse. Jesús, sin embargo, dice que simplemente no podemos servir a dos amos.

Nuestros hijos tal vez hayan crecido con una Biblia bajo el brazo, y es probable que hayan escuchado cientos de sermones y participado de la cena del Señor. La realidad, sin embargo, es que la mayoría está indecisa entre vivir para Cristo o amar al mundo. Quizás todavía no llegaron a tomar una decisión definitiva en sus propias mentes respecto a la Biblia; si es la Palabra de Dios o un invento de los hombres. Tal vez no saben con certeza si ser cristianos es la fuente de su identidad o una actividad ocasional.

Quizás nosotros y nuestros hijos necesitamos tomarnos en serio el desafío de Elías respecto a nuestra actitud de tener un pie en el mundo y un pie en la manera de vivir de la Palabra: *¡Si el Señor es Dios, síguelo!*

• • •

Señor, tú te mereces mucho más que nuestra devoción parcial. Tú exiges nuestra adoración total. Pusiste delante de nosotros la vida y la muerte, la bendición y la maldición, la gloria eterna y la desgracia eterna. Muéstranos nuestras ambivalencias. Termina con nuestros titubeos entre el camino de la cruz y el camino del mundo.

18 DE JUNIO

1 Reyes 19:1-21
Hechos 12:1-23
Salmo 136:1-26
Proverbios 17:14-15

Amor fiel

Él se acordó de nosotros en nuestras debilidades.
   Su fiel amor perdura para siempre.
Nos salvó de nuestros enemigos.
   Su fiel amor perdura para siempre.
Él provee alimento a todo ser viviente.
   Su fiel amor perdura para siempre.
Den gracias al Dios del cielo.
   Su fiel amor perdura para siempre. SALMO 136:23-26

EL AMOR NOS LEVANTA EN MEDIO DE LA NOCHE para alimentar a nuestro bebé y nos mantiene despiertos hasta que llegan a casa cuando son adolescentes. El amor es la razón por la cual llenamos nuestras agendas con actividades deportivas y vaciamos nuestros bolsillos en su educación. El amor por nuestros hijos nos hace querer abrir la belleza del mundo para ellos y también protegerlos de su ruina.

Amamos a nuestros hijos verdadera, profunda y sacrificialmente. Pero nuestro amor tiene límites. No importa lo sintonizados que estemos con sus necesidades, no siempre tenemos la capacidad para entender los verdaderos problemas que subyacen en algunas de sus luchas ni la sabiduría para abordarlos. No siempre podemos protegerlos de las cosas que la vida les lanza. No siempre podemos proveerles lo que más necesitan.

Esa es la razón por la cual no nos molesta la naturaleza repetitiva del Salmo 136. Necesitamos que su verdad golpee nuestra alma. Veintiséis veces sentimos el redoble del amor firme, eterno, inagotable, ilimitado de Dios por nosotros y por nuestros hijos. A lo largo de los veintiséis versículos, el salmista repasa el amor de Dios por su pueblo demostrado a través de sus actos de fidelidad: el mundo que hizo para nosotros, la redención de la esclavitud que logró para nosotros, la protección del maligno que nos provee y el cuidado de su gracia.

• • •

Señor, las mejores noticias y la realidad más bendita de este día es tu amor fiel hacia nosotros y hacia nuestros hijos. Si no hubiera sido por tu amor fiel, no tendríamos esperanza ni canciones. Vemos en este salmo a qué se parece lo divino. Se parece a la belleza de la creación, al rescate de la redención y el descanso de la provisión. Se parece a ser recordado, a ser rescatado y a ser cuidado. Descansamos hoy, no en nuestro amor por _____, sino en el tuyo. Tu amor fiel por _____ perdura para siempre.

La sabiduría no se puede comprar

Es absurdo pagar para educar a un necio,
puesto que no tiene deseos de aprender. PROVERBIOS 17:16

A PRIMERA VISTA, podría parecer que este proverbio trata sobre lo absurdo que es invertir mucho dinero en la educación de un hijo necio. Pensamos así solo porque traemos nuestras ideas modernas sobre el costo de los estudios al texto antiguo. La práctica de pagar a un tutor era desconocida hasta la Edad Media.

Lo que el Proverbio 17:16 presenta es la imagen de una persona que no tiene la predisposición para involucrarse en el proceso paciente de volverse sabio y, en lugar de eso, supone que la sabiduría se puede comprar con dinero. Este necio escuchó la instrucción del escritor del proverbio de «conseguir sabiduría», la cual es «mejor que el oro», pero en lugar de someterse a Dios con temor santo, en lugar de experimentar un crecimiento lento a través del estudio paciente de la Palabra de Dios y en lugar de estar dispuesto a ser transformado de adentro para afuera, mete la mano al bolsillo para pagar por la solución rápida. Es como una persona que no tiene interés en invertir en una relación matrimonial y le ofrece dinero a una prostituta, pensando que el amor se puede comprar. El amor no se puede comprar, y tampoco la sabiduría.

Se nos dijo desde el primer capítulo de Proverbios que el temor del Señor es el principio de la sabiduría. La sabiduría está disponible gratuitamente para cualquiera que reconoce que la necesita y la pide a Dios. Santiago escribe: «Si necesitan sabiduría, pídansela a nuestro generoso Dios, y él se la dará; no los reprenderá por pedirla» (Santiago 1:5).

• • •

Dios generoso que das sabiduría, tú salvas a los necios de una vida vacía para que puedan ser llenos de la sabiduría de Cristo. Sálvame Señor, y dame un corazón que anhele aprender tus caminos. Y salva a _____ de la necedad de pensar que hay atajos para volverse una persona sabia. Dale a _____ deseo de tener la sabiduría que viene solo de ti.

El poder de tu mano derecha

Aunque estoy rodeado de dificultades,
tú me protegerás del enojo de mis enemigos.
Extiendes tu mano,
y el poder de tu mano derecha me salva.
El SEÑOR llevará a cabo los planes que tiene para mi vida,
pues tu fiel amor, oh SEÑOR, permanece para siempre.
No me abandones, porque tú me creaste. SALMO 138:7-8

DAVID ESTABA PENSANDO SOBRE LO QUE LA MANO DE DIOS había hecho por él en el pasado. Dios había dicho: «Fue mi mano la que puso los cimientos de la tierra, mi mano derecha la que extendió los cielos en las alturas» (Isaías 48:13). Las manos que crearon algo de la nada podían proveer lo que David necesitaba. Él recordaba la canción de alabanza que Moisés cantó cuando los israelitas cruzaron el mar Rojo: «Tu mano derecha, oh SEÑOR, aplasta al enemigo» (Éxodo 15:6). Sin lugar a duda, las mismas manos que aplastaron al ejército del faraón podían derrotar a los enemigos que lo rodeaban.

David recordaba lo que Moisés le había dicho al pueblo antes de entrar a la Tierra Prometida: «El SEÑOR tu Dios te sacó de allí con mano fuerte» (Deuteronomio 5:15). Las mismas manos que sacaron a una nación de la esclavitud podían sacarlo de los temores que se habían apoderado de él y llevarlo al descanso que Dios provee. David recordaba a Josué diciéndole al pueblo de Dios después de que cruzaron a pie sobre tierra seca el río Jordán que el Señor «lo hizo para que todas las naciones de la tierra supieran que la mano del SEÑOR es poderosa, y para que ustedes temieran al SEÑOR su Dios para siempre» (Josué 4:24). David esperaba que la misma mano poderosa se encargara de cualquier cosa que pudiera tratar de impedir que él experimentara los planes de Dios.

Lo que no podía ver aún era la obra más grandiosa de salvación: el Dios encarnado entregaría sus manos a hombres malvados para que las atravesaran con clavos. Jesús les dice a quienes dudan: «Pon tu dedo aquí y mira mis manos; mete tu mano en la herida de mi costado. Ya no seas incrédulo. ¡Cree!» (Juan 20:27).

• • •

Señor, necesito recordar las historias donde extiendes tu mano para salvar a fin de recordarme quién eres y lo que puedes hacer. Creo que estás desarrollando tus planes para la vida de _____ y que lo protegerás del enemigo de su alma. Salva a _____ con el poder de tu mano derecha y a través de la obra de tus manos atravesadas por los clavos.

Cada día de mi vida

Tú creaste las delicadas partes internas de mi cuerpo
y me entretejiste en el vientre de mi madre.
¡Gracias por hacerme tan maravillosamente complejo!
Tu fino trabajo es maravilloso, lo sé muy bien.
Tú me observabas mientras iba cobrando forma en secreto,
mientras se entretejían mis partes en la oscuridad de la matriz.
Me viste antes de que naciera.
Cada día de mi vida estaba registrado en tu libro.
Cada momento fue diseñado
antes de que un solo día pasara. SALMO 139:13-16

LA PALABRA CLAVE AQUÍ ES *SABER*. David declara que el Señor lo ha examinado y que lo conoce. Se siente tranquilo porque Dios no solo lo conocía cuando estaba siendo formado en el vientre, sino sabía cómo sería diseñada su vida. David expresa que la historia de su vida, cada día, fue escrita en el libro de Dios mucho antes de que comenzara.

Aunque esta obra del Dios soberano de hacer, tejer, ver, entretejer y registrar es, en muchos sentidos, tranquilizadora, también puede ser de alguna manera desconcertante. Cuando la forma en que nuestro hijo fue «entretejido» en la oscuridad de la matriz incluye defectos de nacimiento, nos preguntamos cómo podemos decir con sinceridad: «Tu trabajo es maravilloso». El día que sucede un accidente o comienza una enfermedad seria, luchamos para creer que un Dios bueno podría haber registrado eso en el libro de la vida de nuestro hijo desde antes de que naciera.

La soberanía de Dios, su mandato sobre cómo se desarrollará tanto nuestra vida como la vida de nuestros hijos, puede ser una verdad muy difícil de entender. Si él está en control de todo, nos preguntamos por qué permitió que este universo fuera ordenado de tal manera que trae dolor. Aunque la soberanía de Dios puede ser difícil de aceptar, también es algo que nos da seguridad. Gracias a que Dios soberanamente se está encargando de que tanto la historia de la humanidad como nuestra vida lleguen al final señalado, podemos descansar.

• • •

Señor, tu soberanía es una roca sólida debajo de nuestros pies cuando soplan los vientos de las dificultades en nuestra vida. Tu soberanía confronta lo que parece absurdo en nuestra existencia. Tu soberanía es nuestra mayor esperanza cuando enfrentamos un futuro desconocido e incierto. Ayúdame a confiar en tus planes soberanos para cada día de la vida de _____.

22 DE JUNIO

2 Reyes 3:1–4:17
Hechos 14:8-28
Salmo 140:1-13
Proverbios 17:22

Un milagro de vida

La mujer regresó y se quedó de pie en la puerta mientras Eliseo le dijo:
—El año que viene, por esta fecha, ¡tendrás un hijo en tus brazos!
—¡No, señor mío! —exclamó ella—. Hombre de Dios, no me engañes así ni me des falsas esperanzas.
Efectivamente, la mujer pronto quedó embarazada y al año siguiente, por esa fecha, tuvo un hijo, tal como Eliseo le había dicho. 2 REYES 4:15-17

AUNQUE LA ADINERADA MUJER de Sunem no había pedido un hijo, Eliseo procuró esta bendición para ella. Cuando el niño todavía era pequeño, sin embargo, murió de repente. La madre desconsolada fue a buscar a Eliseo. Cuando él escuchó su situación desesperante, regresó con ella a su casa. «En efecto, cuando Eliseo llegó, el niño estaba muerto, acostado en la cama del profeta. Eliseo entró solo, cerró la puerta tras sí y oró al SEÑOR. Después se tendió sobre el cuerpo del niño, puso su boca sobre la boca del niño, sus ojos sobre sus ojos y sus manos sobre sus manos. Mientras se tendía sobre él, ¡el cuerpo del niño comenzó a entrar en calor!» (2 Reyes 4:32-34). Eliseo se estiró sobre el niño, identificándose con él en todas las formas, venciendo a la muerte e impartiendo la vida que viene de Dios.

Justo al otro lado de la colina de Sunem está el pueblo de Naín, donde cientos de años más tarde, llegó Jesús. Mientras se acercaba al pueblo salía una procesión funeraria que llevaba el cuerpo muerto de un joven, seguido por su madre quien lloraba desconsolada. Lucas escribe: «Cuando el Señor la vio, su corazón rebosó de compasión. "No llores", le dijo. Luego se acercó al ataúd y lo tocó y los que cargaban el ataúd se detuvieron. "Joven —dijo Jesús—, te digo, levántate". ¡Entonces el joven muerto se incorporó y comenzó a hablar! Y Jesús lo regresó a su madre» (Lucas 7:13-15).

Así como Eliseo se identificó a sí mismo con el niño muerto boca a boca, ojos a ojos y manos a manos, Jesús se identificó con nosotros en todos los sentidos para traernos de la muerte a la vida.

• • •

Señor, es justamente esta clase de milagro el que necesitamos para ser traídos de la muerte a la vida. Como padres, somos tan incapaces de respirar vida espiritual en la vida de nuestros hijos como lo fueron la mujer de Sunem y la madre de Naín para restaurar la vida de sus hijos. Pero tú puedes. Por favor, cubre a _____ y haz que sienta calor por la verdad del evangelio. Por favor, háblale a _____ y llámala para que despierte a ti.

Ruinas reconstruidas

Y la conversión de los gentiles es precisamente lo que los profetas predijeron. Como está escrito:

«Después yo volveré
y restauraré la casa caída de David.
Reconstruiré sus ruinas
y la restauraré,
para que el resto de la humanidad busque al SEÑOR,
incluidos los gentiles,
todos los que he llamado a ser míos.
El SEÑOR ha hablado». HECHOS 15:15-17

ALGUNOS CRISTIANOS JUDÍOS FERVIENTES COMENZARON a decir a los cristianos gentiles de Antíoco que no podrían ser salvos si no se circuncidaban según la ley de Moisés. Pablo y Bernabé discreparon, y la iglesia los envió a Jerusalén a reunirse con los apóstoles y los ancianos para encontrarle claridad al asunto. Santiago señaló que el que los gentiles creyeran en Cristo era lo que los profetas del Antiguo Testamento dijeron que sucedería. Citó a Amós, quien le prometió al pueblo de Dios que aunque estaban por ser pisoteados por los asirios, serían restaurados «para que el resto de la humanidad busque al SEÑOR, incluidos los gentiles» (versículo 17).

Muchos años después de que Amós diera esta profecía, Jesús vino al mundo y comenzó este proceso de restauración llamando a un remante de creyentes de Israel a quienes luego envió a que invitaran a entrar a los gentiles. Primero había doce apóstoles. Luego había cinco mil convertidos en Jerusalén. Luego el evangelio comenzó a difundirse por todo el mundo conocido.

Dios sigue obrando para recuperar a su pueblo de las ruinas. No busca gente perfecta para su obra en el mundo. Utiliza a quienes fueron arruinados por el pecado y están siendo restaurados y renovados por el poder de Dios para llamar a otros a Dios. Dios quiere que el mundo sea testigo de lo que la gracia puede lograr en la vida de gente y de hogares arruinados, para que los demás también busquen la gracia para su vida.

• • •

Señor, ven a nuestra ruina y haz tu obra de reconstrucción. Que la renovación de nuestra vida a través de tu gracia sea luz para quienes necesiten tu restauración.

Los hijos necios traen dolor

Los hijos necios traen dolor a su padre
y amargura a la que los dio a luz. PROVERBIOS 17:25

LAS MAMÁS Y LOS PAPÁS NUNCA SE EMBARCAN en el viaje de ser padres esperando que sus hijos vayan a causarles una gran tristeza. Aunque nos gusta pensar que el dolor de criar a los hijos termina con el dar a luz en la sala de parto, la mayoría de los padres pronto descubren que no es así. Sentimos los dolores que les causan a nuestros hijos y también los dolores causados por nuestros hijos. A la larga, ser padres a menudo incluye el dolor de los conflictos relacionales, las expectativas no logradas y las oportunidades perdidas. La aflicción más grande para un padre cristiano, sin embargo, es el dolor de tener un hijo que rechaza a Cristo.

Los padres fieles a veces tienen hijos que no son fieles a Dios. Y esto nos asusta. Nos gustaría pensar que, si vivimos de la manera correcta y les enseñamos a nuestros hijos las cosas correctas, podemos estar seguros de que nuestros hijos vivirán conforme a nuestro ejemplo y creerán lo que nosotros creemos. La vida, sin embargo no es ni tan pulcra ni tan ordenada. Las Escrituras incluyen muchos ejemplos de padres piadosos que tienen hijos impíos, así como de padres malvados que tienen hijos piadosos. Simplemente no hay una correlación uno a uno entre la condición espiritual de los padres y la de sus hijos. Pero la mayoría de nosotros no tenemos que referirnos a la Biblia para saber que esto es verdad. Conocemos padres fieles a Dios a quienes se les rompió el corazón porque sus hijos rechazaron a Cristo.

Podemos enseñarles la Palabra de Dios a nuestros hijos, exhortarlos a que confíen en Cristo y orar por su salvación. Pero ningún padre puede hacer que su hijo viva una vida verdaderamente fiel a Dios. Solo Dios puede hacer eso. Esto significa que los padres que sufren porque sus hijos rechazan al Cristo que aman pueden dolerse sin culpa. Así como no nos atreveríamos a darnos todo el crédito por la gracia de Dios en la vida de nuestros hijos que escogieron vivir la vida de fe, no deberíamos asumir toda la culpa por la decisión de un hijo de rechazar a Cristo.

• • •

Señor, cuando siento pena por las decisiones necias de mi hijo, me ayuda saber que tú sentiste ese mismo dolor. Recuérdame, también, cuando _____ me cause dolor que soy culpable de causarte dolor a ti. Ayúdame a extenderle a _____ el mismo perdón que tú me extendiste a mí con alegría.

Todos los de su casa

El carcelero pidió una luz y corrió al calabozo y cayó temblando ante Pablo y Silas. Después los sacó y les preguntó:

—Señores, ¿qué debo hacer para ser salvo?

Ellos le contestaron:

—Cree en el Señor Jesús y serás salvo, junto con todos los de tu casa.

Y le presentaron la palabra del Señor tanto a él como a todos los que vivían en su casa. Aun a esa hora de la noche, el carcelero los atendió y les lavó las heridas. Enseguida ellos lo bautizaron a él y a todos los de su casa. El carcelero los llevó adentro de su casa y les dio de comer, y tanto él como los de su casa se alegraron porque todos habían creído en Dios. HECHOS 16:29-34

DESPUÉS DE HABER SIDO GOLPEADOS, Pablo y Silas fueron entregados al carcelero en Filipo. Esa noche, el carcelero y los demás prisioneros escucharon sonidos que venían de su celda. No eran ni gemidos ni insultos, sino oraciones y cantos de himnos. Alrededor de la medianoche, un terremoto sacudió la prisión. Las puertas se abrieron y las cadenas de los prisioneros se soltaron. El carcelero, suponiendo que todos los prisioneros habían escapado y que él sería ejecutado por haberlos perdido, desenvainó su espada para matarse. En ese momento, escuchó una voz que le gritaba desde la oscuridad de la prisión, asegurándole que todos los prisioneros todavía estaban allí.

Quizás el carcelero escuchó a la adivina local que anunciaba que estos hombres habían venido a proclamar el camino de la salvación. O, tal vez, había sido conmovido por sus canciones y quería esa clase de esperanza. Quizás supuso que el terremoto y las cadenas sueltas eran una manifestación sobrenatural en defensa tanto de ellos como de su mensaje. Cualquiera haya sido la razón, el carcelero estaba completamente conmovido en cuerpo y alma, convencido de que la salvación que estos hombres predicaban era algo que él quería.

Pablo y Silas no estaban satisfechos con que esta salvación llegara solo al carcelero. Dios ama salvar no solo a individuos, sino a familias enteras, lo cual es exactamente lo que sucedió aquel día en Filipo. Pablo y Silas compartieron la palabra de Cristo con todos en la casa del carcelero y todos se aferraron a la salvación por fe.

• • •

Señor, cómo anhelamos que tu salvación llegue a toda nuestra familia. Deseamos experimentar esta clase de regocijo y de reorientación en nuestro hogar. Conmueve a nuestra familia como sea necesario para que todos deseemos la seguridad que se encuentra en ti.

26 DE JUNIO

2 Reyes 9:14–10:31
Hechos 17:1-34
Salmo 144:1-15
Proverbios 17:27-28

Los que tienen a Dios como el SEÑOR

Que nuestros hijos florezcan en su juventud
como plantas bien nutridas;
que nuestras hijas sean como columnas elegantes,
talladas para embellecer un palacio. SALMO 144:12

CUANDO LEEMOS EL SALMO 144, podemos imaginarnos a David pidiéndole a Dios que le dé la victoria sobre los enemigos que amenazan la seguridad y el bienestar del pueblo de Dios. En la parte final del salmo, es como si David se imaginara lo que será la vida cuando Dios responda su oración. La victoria que Dios da traerá aparejadas bendiciones para quienes que viven bajo el reinado del rey. Sus hijos, que son descritos en el Salmo 128 como «vigorosos retoños de olivo», seguirán creciendo. Sus hijos serán como «plantas bien nutridas» en lugar de ser cortados. Sus hijas irán con la cabeza bien alta por su belleza y fortaleza en lugar de tener que cubrirse con temor. En lugar de pasar hambre o languidecer de necesidad, tendrán abundante para comer y para comerciar. Y, en lugar de vivir con temor constante de ser atacados, vivirán una vida de gozo y de paz.

En otras palabras, cuando el Señor le dé la victoria a su rey, quienes viven bajo su gobierno disfrutarán de los beneficios de esa victoria. Así como la bendición del pueblo en los días de David estaba ligada a su rey, nuestra bendición está ligada a la victoria de nuestro Rey. Quienes estamos unidos a Cristo somos benditos «con toda clase de bendiciones espirituales en los lugares celestiales, porque estamos unidos a Cristo» (Efesios 1:3).

Cuando leemos o cantamos este salmo, escuchamos a nuestro Rey Jesús orar por aquellos que viven bajo su reinado. Está orando para que recibamos todos los beneficios de su victoria lograda en la cruz. Está orando para que nuestros hijos crezcan y florezcan y que no experimenten el ser cortados por el enemigo. Está orando para que nuestras hijas sean fuertes y hermosas, por dentro y por fuera, en lugar de vivir con temor a ser esclavas. Está orando para que nuestra familia prospere y viva con seguridad dentro de la cuidad que él ha asegurado para su pueblo.

• • •

Son gozosos aquellos cuyo Dios es el Señor. Día a día experimentamos la bendición que es nuestra porque estamos unidos a Cristo. Que _____ florezca como una planta bien nutrida. Que sea como una columna elegante, tallada para embellecer un palacio. ¡Que nuestra familia disfrute de la satisfacción y de la seguridad de tener a Jesús como Rey!

Que cada generación cuente

Que cada generación cuente a sus hijos de tus poderosos actos
y que proclame tu poder.
Meditaré en la gloria y la majestad de tu esplendor,
y en tus maravillosos milagros.
Tus obras imponentes estarán en boca de todos;
proclamaré tu grandeza.
Todos contarán la historia de tu maravillosa bondad;
cantarán de alegría acerca de tu justicia. SALMO 145:4-7

LES TRANSMITIMOS A NUESTROS HIJOS muchas lecciones que no tenemos particularmente la intención de enseñarles. Ellos se dan cuenta y, a menudo, imitan nuestras costumbres, actitudes y aptitudes. En este salmo final de David, él nos insta a transmitirles intencionadamente a nuestros hijos el compromiso de contar, proclamar, meditar, compartir y cantar acerca de quién es Dios y de lo que ha hecho. David parece haber explotado todo el vocabulario que podía dominar para describir la actitud de alabanza extrovertida y declarativa que deberíamos tener. Él anima a los padres a no limitar su alabanza a los devocionales privados ni incluso a la adoración pública. Desea que hablemos a nuestros hijos acerca de lo que en realidad nos asombra, nos anima y nos hace querer cantarle a Dios mismo.

David tiene el propósito de alabar a Dios con alegría todos los días, para siempre. Pero no quiere que su proclamación de alabanza termine con él. Anima a todas las generaciones a contarle a la siguiente acerca de los actos poderosos de Dios, de su glorioso esplendor y de su justicia. Una vez más, David utiliza todas las expresiones posibles para ensalzar lo que hace a Dios digno de tal alabanza; una lista de lo que debemos hablar con nuestros hijos alrededor de la mesa, en el auto, en los buenos y en los malos tiempos.

• • •

Señor, suelta mi lengua para que le cuente a _____ acerca de tus hechos poderosos sobre los cuales leí en tu Palabra y experimenté en mi propia vida. Permíteme proclamarle a _____ tu poder demostrado tanto en la historia como en el presente cuando tu poder divino está obrando en mí. Mientras hablo de tu grandeza, lléname con la esperanza de que tus obras asombrosas no son solo una cosa del pasado. ¡Que todos en nuestro hogar canten de gozo y compartan la historia de tu bondad para con nosotros!

El hombre muerto revivió

Después Eliseo murió y fue enterrado.
    Unos grupos de saqueadores moabitas solían invadir el país cada primavera. Cierta vez, mientras unos israelitas enterraban a un hombre, divisaron a una banda de esos saqueadores. Entonces en el apuro arrojaron el cuerpo en la tumba de Eliseo y huyeron; pero en cuanto el cuerpo tocó los huesos de Eliseo, ¡el muerto resucitó y de un salto se puso de pie! 2 REYES 13:20-21

ELISEO TENÍA UN MINISTERIO PROFÉTICO PODEROSO y vivificante. Alimentó a personas en medio de una hambruna, resucitó a un niño, limpió a un leproso e hizo el papel de pariente redentor de los fieles en Israel. Pero según lo que descubrimos en esta historia, Eliseo fue fuente de vida incluso después de estar muerto.

Este milagro de Eliseo provee una imagen de esperanza de resurrección para el pueblo de Dios. Aun cuando el pueblo en esa época estaba por ser echado en la tumba del exilio, todavía había esperanza de resurrección. Y aun cuando los profetas estaban muriendo, Israel podía ser salvo aferrándose a la palabra profética. La muerte no sería el final de su historia si se aferraban a la palabra de vida que habían hablado los profetas.

Con el tiempo, vendría uno más grande que Eliseo. Y cuando él murió, «las tumbas se abrieron. Los cuerpos de muchos hombres y mujeres justos que habían muerto resucitaron» (Mateo 27:52). El milagro, sin embargo, no terminó ahí. Incluso ahora, los muertos espirituales son revividos cuando se unen a Cristo de modo que la tumba de Cristo se convierte en la tumba de ellos: «Pues ustedes fueron sepultados con Cristo cuando se bautizaron. Y con él también fueron resucitados para vivir una vida nueva, debido a que confiaron en el gran poder de Dios, quien levantó a Cristo de los muertos» (Colosenses 2:12). Quienes están unidos a Cristo ya están viviendo esa nueva vida. Y cuando él regrese, la transformación de la muerte a la vida será completa: «Cristo fue resucitado como el primero de la cosecha, luego quienes pertenecen a Cristo serán resucitados cuando él regrese» (1 Corintios 15:23).

• • •

Señor, valoramos esta imagen de un hombre muerto que es revivido al entrar en contacto con tu Palabra profética. Esto es lo que anhelamos para _____. Anhelamos que el poder de tu resurrección penetre en este mundo arruinado y agonizante e infunda nueva vida a _____.

Uno igual

Luego el rey Acaz se dirigió a Damasco a encontrarse con Tiglat-pileser, rey de Asiria. Mientras estaba allí, observó detenidamente el altar y le envió un modelo del altar al sacerdote Urías, junto con el diseño bien detallado. Urías siguió las instrucciones del rey y construyó uno igual, y lo tuvo listo antes de que el rey volviera de Damasco.
2 REYES 16:10-11

DESDE EL PRINCIPIO MISMO, cuando Dios sacó a su pueblo de la esclavitud en Egipto, les dijo que debían separarse de todas las otras naciones. Debían vivir en pureza, amando y disfrutando la bendición del único Dios verdadero para que todas las naciones que los rodeaban quisieran adorar a su Dios. En lugar de mantenerse apartados, sin embargo, poco a poco se volvieron exactamente como aquellos que los rodeaban.

Acaz, el rey de Judá, muestra abiertamente que ya no adora al único Dios verdadero ni confía en él. Había buscado a las naciones paganas para hacer alianzas con ellas porque pensaba que así se aseguraría un reinado en paz. Cuando visita un pueblo en el norte que había sido capturado por Asiria, el altar en el medio del pueblo capta su atención. Cuando regresa a Jerusalén, hace sacar el altar viejo y poner el nuevo en su lugar. Lanza una campaña para rediseñar el templo y hacerlo más parecido a los de las otras naciones. Esta renovación solo lo condujo al desastre porque los sacrificios ofrecidos en los altares recientemente diseñados «fueron su ruina y la de todo Israel» (2 Crónicas 28:23, NVI).

Incluso en la actualidad, no nos sentimos cómodos sobresaliendo por el hecho de que adoramos a Dios y obedecemos sus caminos. Esto puede ser específicamente difícil para nuestros hijos que están buscando encontrar su lugar en el mundo. Por lo tanto, debemos guiarlos tanto con el ejemplo como por medio de la enseñanza de la Palabra de Dios, la cual dice: «No imiten las conductas ni las costumbres de este mundo, más bien dejen que Dios los transforme en personas nuevas al cambiarles la manera de pensar. Entonces aprenderán a conocer la voluntad de Dios para ustedes, la cual es buena, agradable y perfecta» (Romanos 12:2).

• • •

Señor, queremos ser tuyos y vivir solo para ti, pero sentimos los tirones del mundo que busca meternos en su molde. Dale valor a _____ hoy para ser diferente a quienes lo rodean. Ayuda a _____ a entender que adorar a cualquier otra cosa que no seas tú será su ruina.

30 DE JUNIO

2 Reyes 17:1–18:12
Hechos 20:1-38
Salmo 148:1-14
Proverbios 18:6-7

Los barrió de su presencia

Semejante desgracia ocurrió a los israelitas porque rindieron culto a otros dioses. [...] Habían seguido las prácticas de las naciones paganas que el SEÑOR había expulsado de la tierra por delante de ellos, así como las prácticas que los reyes de Israel habían introducido. [...] Como el SEÑOR estaba muy enojado con los israelitas, los barrió de su presencia. 2 REYES 17:7-8, 18

ISRAEL VINO A LA TIERRA DE CANAÁN con la obligación de purgar la tierra de los santuarios paganos y establecer la adoración exclusiva a Yahveh. Cuando llegamos a 2 Reyes 17, nos damos cuenta de que, en un cambio trágico, la tierra estaba de nuevo en el estado que tenía antes de ser conquistada, llena de santuarios paganos. «Hasta sacrificaron a sus hijos y a sus hijas en el fuego» (versículo 17). En lugar de criar a sus hijos para que amaran y obedecieran al Señor, ponían a sus hijos e hijas en los brazos de piedra de un dios falso y observaban mientras sus hijos se quemaban en el fuego.

Un dios que no se enciende en ira cuando sus hijos son lanzados al fuego no puede ser bueno. Nuestro buen Dios sí se enoja. Aunque es lento para la ira, su ira perfecta se encuentra entre sus atributos perfectos. Durante doscientos años una y otra vez envió a sus profetas a Israel para advertirles que si no abandonaban la adoración de ídolos, serían arrancados de la tierra. Cuando se rehusaron a escuchar, el Señor «los barrió de su presencia»; tal como expulsó a Adán y Eva del huerto debido a su desobediencia.

De la misma manera, llegará el día en que todas las personas comparecerán ante este Dios inmutable. Quienes rehusaron escuchar sus advertencias, quienes desdeñaron su oferta de gracia, serán barridos de su presencia.

• • •

Señor, sabemos que viene el día cuando derramarás tu ira sobre aquellos que viven para sí mismos, quienes rehúsan obedecer la verdad y, en lugar de eso, viven vidas malvadas. Pero también sabemos que derramaste tu ira sobre Cristo para que quienes encuentran refugio en él no sean barridos de tu presencia, sino que por el contrario sean traídos a salvo a tu hogar. Por lo tanto, te pedimos, Señor, que seas paciente en tu ira. Te pedimos que atraigas a _____ a la seguridad de tu redil y mantengas a _____ en la seguridad de tu presencia para siempre.

¿En qué confías?

Entonces el jefe del Estado Mayor del rey asirio les dijo que le transmitieran a Ezequías el siguiente mensaje: «El gran rey de Asiria dice: ¿En qué confías que te da tanta seguridad? [...]

¿Cuál de los dioses de alguna nación ha podido salvar alguna vez a su pueblo de mi poder? ¿Qué les hace pensar entonces que el SEÑOR puede librar a Jerusalén de mis manos?». 2 REYES 18:19, 35

EL SEÑOR HABÍA USADO AL EJÉRCITO ASIRIO para castigar al pueblo del reino del norte de Israel. Ahora el rey asirio estaba amenazando al reino del sur de Judá. Envió a su ejército a los muros de Jerusalén, donde sus guerreros comenzaron a desafiar a los mejores hombres de Ezequías. Después de recordarles que el Señor no había rescatado al reino del norte del ataque de los asirios, tenían un mensaje para el rey en la forma de una pregunta: «¿En qué confías que te da tanta seguridad?».

¿No es esta la pregunta que nuestro enemigo de manera constante nos lanza a los padres? Nuestro enemigo se burla de nuestra confianza en que Dios salvará y protegerá a nuestros hijos. Nuestro enemigo señala a todos los jóvenes que nos rodean que están cayendo víctimas de sus engaños y falsas promesas. Luego nos pregunta porqué pensamos que el Señor rescatará a nuestros hijos.

Ezequías nos muestra qué hacer cuando escuchamos la voz burlona, provocativa de nuestro enemigo. «Cuando el rey Ezequías oyó el informe, rasgó su ropa, se vistió de tela áspera y entró al templo del SEÑOR» (19:1). Ezequías se dirigió al Señor orando con humildad. Nosotros también debemos orar con humildad para que Dios actúe. Luego Ezequías buscó un profeta que le hablara la Palabra de Dios. Nosotros también debemos abrir la Palabra de Dios para escuchar su voz. La mayor preocupación de Ezequías era que Yahveh defendiera su propio nombre. Oró así: «Ahora, oh SEÑOR nuestro Dios, rescátanos de su poder; así todos los reinos de la tierra sabrán que solo tú, oh SEÑOR, eres Dios» (19:19). De la misma manera, nuestro corazón debe estar enfocado en que Dios se glorifique a sí mismo a través de la salvación de nuestros hijos.

• • •

Señor, estoy confiando en ti, el Dios que salva a su pueblo. Amas rescatar a quienes te pertenecen. Por eso te ruego que rescates a _____ del poder del maligno. ¡Muestra tu fortaleza en el mundo mediante tu poder salvador!

Mientras yo viva

Entonces Isaías dijo a Ezequías:

—Escucha este mensaje del SEÑOR: «Se acerca el tiempo cuando todo lo que hay en tu palacio —todos los tesoros que tus antepasados han acumulado hasta ahora— será llevado a Babilonia. No quedará nada, dice el SEÑOR. Algunos de tus hijos serán llevados al destierro. Los harán eunucos que servirán en el palacio del rey de Babilonia».

Entonces Ezequías dijo a Isaías:

—Este mensaje que me has dado de parte del SEÑOR es bueno.

Pues el rey pensaba: «Por lo menos habrá paz y seguridad mientras yo viva».

2 REYES 20:16-19

CUANDO EZEQUÍAS ENFERMÓ GRAVEMENTE y clamó al Señor llorando, Dios en su gracia extendió su vida quince años más. El orgullo entonces se apoderó de Ezequías. Con el propósito de alardear de sus riquezas, les mostró a algunos visitantes de Babilonia sus tesoros reales. Dios entonces envió al profeta Isaías para que le dijera a Ezequías que un día sus hijos y sus hijas sufrirían las consecuencias por el hecho de que se había jactado con orgullo de las riquezas del reino. Babilonia vendría y se llevaría todo. No solo se llevarían todo el dinero del tesoro a Babilonia, sino que también se llevarían los mejores hijos e hijas de Jerusalén para hacerlos siervos y siervas en Babilonia.

Podríamos esperar que Ezequías respondiera con angustia, rogándole al Señor que se arrepintiera de ejecutar este juicio futuro. Pero no lo hizo. Simplemente estaba contento de que este día de juicio no fuera a pasar mientras estuviera vivo. Ezequías había buscado la misericordia de Dios en el asunto de su *propia* vida, pero ahora por causa de su egoísmo no se preocupaba en absoluto por el bienestar de la generación venidera.

Como todos los reyes, incluso este rey que parecía bueno tenía un lado oscuro. Queda claro que los hijos y las hijas de Dios necesitaban un mejor Rey. Y eso es lo que hemos recibido en Jesús. En lugar de estar preocupado por su propio bienestar, Jesús entregó su vida para que las futuras generaciones pudieran vivir.

• • •

Señor, por mucho que desee considerarme un buen padre, sé que mis propios intereses egoístas a menudo se interponen en mi camino. A veces no pienso en que mis hijos y nietos sufrirán las consecuencias de mi orgullo, mi falta de oración y mis simulaciones. Te agradezco porque eres un mejor Padre para _____ que lo que yo podría ser jamás. Tú amas de manera perfecta y pura.

Feliz en verdad

Qué alegría para los que
no siguen el consejo de malos,
ni andan con pecadores,
ni se juntan con burlones,
sino que se deleitan en la ley del Señor
meditando en ella día y noche. SALMO 1:1-2

NO ES FÁCIL ENCONTRAR UNA TRADUCCIÓN para el término hebreo *ashre*, la primera palabra que se expresa en este salmo. «Feliz en verdad» podría ser la mejor traducción, pero el término *feliz* con frecuencia puede significar una emoción pasajera. A menudo decimos que esperamos que nuestros hijos sean felices. Pero la realidad es que queremos mucho más que eso. Esperamos que experimenten lo que se está expresado aquí en el Salmo 1. *Ashre* transmite un sentido profundo de bienestar, satisfacción y plenitud.

Lo primero que aprendemos en el Salmo 1 sobre aquellos que disfrutan esta clase de felicidad es lo que no hacen. No siguen, no se detienen ni se unen a los malvados, pecadores y burlones. Las palabras *seguir y unir*, que el salmista escoge, parecen describir una progresión en el compromiso que se abre paso a través del pensamiento, comportamiento y sentido de pertenencia. Entonces, las personas felices no absorben las ideas y los valores ni siguen el consejo de quienes viven su vida bajo la suposición de que Dios es irrelevante. No se conforman al comportamiento ni estilo de vida de quienes pecan sin consciencia. No son amigos de los escépticos que se ríen y se burlan de las cosas de Dios.

Eso no significa que quienes son felices no puedan ser influenciados, sino que la influencia central de su vida no es el consejo que les ofrecen en las redes sociales ni la opinión de los chicos populares de la escuela. Es algo bastante diferente: las Escrituras. Esta gente feliz ha implantado la Palabra de Dios en su mente y su alma. No sacan su Biblia de vez en cuando solo porque deben hacerlo. Por el contrario, la leen a menudo porque quieren hacerlo. Esta es la felicidad que anhelamos para nuestros hijos.

• • •

Señor, deseo que _____ tenga esta clase de vida bendita y esta clase de felicidad.
Te ruego que reconozca a los malvados y rehúse seguir sus consejos. Oro que _____
rehúse unirse a quienes se burlan de lo que es valioso para ti. Oro que las Escrituras sean
cada vez más una influencia que controle la vida de _____.

4 DE JULIO

2 Reyes 23:31–25:30
Hechos 22:17–23:10
Salmo 2:1-12
Proverbios 18:13

Tu herencia

El rey proclama el decreto del SEÑOR:
«El SEÑOR me dijo: "Tú eres mi hijo.
*   Hoy he llegado a ser tu Padre.*
Tan solo pídelo, y te daré como herencia las naciones,
*   toda la tierra como posesión tuya"».* SALMO 2:7-8

QUIZÁS INVIRTIÓ ALGÚN TIEMPO PENSANDO en lo que espera dejarles a sus hijos como herencia. En el Salmo 2, descubrimos que Dios el Padre le dijo al Hijo lo que anhela darle como herencia: las naciones.

El Salmo 2 es un salmo que David escribió para su propia coronación, y es probable que también se haya usado en la coronación de los reyes futuros del linaje de David. Cuando David fue coronado como representante de Dios para reinar sobre su pueblo, entró en una relación nueva y única con Dios, de hijo de la realeza.

Aunque este salmo en un inicio se escribió para la coronación de David, sin duda se trata de su hijo más grandioso, Jesús. A pesar de que él ha sido eternamente el Hijo de Dios en la presencia de Dios, él también entró en una nueva relación con Dios el Padre el día que fue resucitado de entre los muertos: la de hijo de la realeza (Hechos 13:33).

En el Salmo 2, el Hijo indica que Dios le dijo que solo pidiera, y que le daría las naciones como herencia. En el Evangelio de Juan, escuchamos que Jesús hace justamente esa petición. En su oración inmediatamente anterior a su crucifixión, Jesús expresó: «Padre, ha llegado la hora. Glorifica a tu Hijo para que él, a su vez, te dé la gloria a ti. Pues le has dado a tu Hijo autoridad sobre todo ser humano. Él da vida eterna a cada uno de los que tú le has dado» (Juan 17:1-2). Nosotros, como creyentes, somos la herencia que Jesús pidió.

Así como David, el ungido del Señor, solo necesitaba pedirle a Dios que le diera poder sobre sus enemigos y los hiciera parte de su propio reino, Jesús, el Ungido del Señor, solo necesitaba pedirle a Dios que le concediera poder sobre aquellos que eran sus enemigos. Al vencer a la muerte, Jesús ciertamente los venció.

Hay algo mucho más valioso que la herencia que les pueda dejar a sus hijos. Es mucho más importante que tanto usted como sus hijos sean parte de la herencia que Dios le dio a su Hijo.

• • •

Señor, Padre del Rey Jesús, gracias por darle una herencia tan gloriosa a tu Hijo. ¡Cuánto anhelamos el día en que regrese a reinar y toda la tierra se incline ante él como Rey!

185

Nuestro árbol genealógico

Los descendientes de Adán fueron Set, Enós, Cainán, Mahalaleel, Jared, Enoc, Matusalén, Lamec y Noé.
Los hijos de Noé fueron Sem, Cam y Jafet. 1 CRÓNICAS 1:1-4

LOS PRIMEROS CAPÍTULOS DE 1 CRÓNICAS no son solo un catálogo de los nombres de ancestros muertos. Son una historia rica del pueblo de Dios. Esta es la familia por medio de la cual Dios estaba desarrollando su plan de bendecir a todas las familias de la tierra. Mientras leemos cada uno de los nombres, entendemos nuestro comportamiento espiritual. Este primer capítulo nos recuerda quiénes somos contándonos acerca de nuestras raíces. Estos son los santos y los pecadores de los cuales descendemos; una larga línea de mamás y papás, hijos e hijas que están conectados a Cristo por la fe.

Si estamos en Cristo, este es nuestro árbol genealógico. Como creyentes gentiles, fuimos injertados en el antiguo y nudoso olivo de Israel. Nos volvimos parte de esta familia, no a través del nacimiento, sino mediante un renacimiento, no debido a la sangre que fluye a través de nuestras venas, sino por la fe que ha cautivado nuestro corazón.

No somos huérfanos. No estamos solos. Tenemos un lugar, una identidad que fluye del ser parte de esta familia.

A pesar de lo mucho que deseamos que nuestros hijos tengan un sentido de identidad que derive de ser parte de nuestra propia familia inmediata y extendida, lo que deseamos de una manera mucho más profunda es que nuestros hijos tengan un sentido de identidad que surja de ser parte de la familia de Dios. Deseamos que miren con cuidado este árbol genealógico y vean que célebres pecadores tristemente también tuvieron su parte en la genealogía. Esto significa que no hay pecado que nuestros hijos puedan cometer que los descalifique para no pertenecer a la familia de Dios. Lo que distingue a quienes pertenecen a esta familia es que saben cómo aferrarse a la gracia hecha posible por medio de Jesús, nuestro hermano único y especial.

• • •

Señor, podríamos haber sido incluidos con facilidad en la línea de quienes están eternamente separados de ti. Pero nos atrajiste a ti por gracia. Nos hiciste tuyos a través de la adopción. Estás obrando en nosotros, dándonos la semejanza de la familia a medida que nos transformas en tu propia imagen gloriosa. Por eso, Señor, dale a _____ un sentido profundo de pertenencia y un sentido profundo de gratitud por haber sido traído a tu familia.

Sin garantías

Los descendientes de Salomón fueron Roboam, Abías, Asa, Josafat, Yoram,
Ocozías, Joás, Amasías, Uzías, Jotam, Acaz, Ezequías, Manasés, Amón y Josías.
I CRÓNICAS 3:10-14

EN ESTA PARTE DE LA GENEALOGÍA del linaje real de David, encontramos que la salud espiritual de nuestros hijos no depende del todo de nosotros. Cuando leemos las historias de los reyes que descienden de Salomón, encontramos que:

El hijo de Roboam fue Abías. Un padre malo crio un hijo malo.

Abías crio a Asa. Un mal padre crio un buen hijo.

Asa crio a Josafat. Un buen padre crio un buen hijo.

Josafat crio a Yoram. Un buen padre crio un mal hijo.

No hay fórmulas; no hay garantías. A veces, de manera genuina y constante, las personas que aman a Dios tienen hijos que crecen viendo la integridad espiritual de sus padres y; sin embargo, esos hijos deciden no seguir su ejemplo. Otras veces, padres completamente impíos tienen hijos que crecen y se convierten radicalmente a Cristo y se vuelven seguidores completamente devotos a Cristo.

¿Qué significa esto para nosotros como padres entonces? Esto significa que, aunque deseamos vivir delante de nuestros hijos de una forma que demuestre la bendición inherente de pertenecer a Cristo y modelemos una vida que le agrada a él, no tenemos que darnos crédito cuando ellos escojan vivir así también. Ni tampoco debemos asumir la culpa cuando ellos deciden alejarse de la vida que agrada a Dios para vivir una vida mundana. Significa que ponemos nuestra fe no en nuestra presentación perfecta de una vida que agrade a Dios, sino en el poder del Espíritu Santo para convencer a nuestros hijos de pecado, como así también para atraerlos y para cuidarlos.

• • •

Señor, podemos ver en la historia de tu pueblo que los buenos padres tuvieron gran gozo por criar hijos que caminaron en tus caminos como también grandes penas por ver a sus hijos alejarse de la fe. ¡Cuánto anhelamos que _____ te ame y viva para ti! Líbranos de la desesperación y del orgullo. Ayúdanos a seguir confiando en ti.

Tu escudo de amor

Pero que se alegren todos los que en ti se refugian;
que canten alegres alabanzas por siempre.
Cúbrelos con tu protección,
para que todos los que aman tu nombre estén llenos de alegría.
Pues tú bendices a los justos, oh SEÑOR;
los rodeas con tu escudo de amor. SALMO 5:11-12

AUNQUE DAVID ERA EL REY SOBRE EL PUEBLO DE DIOS, entendía que Dios era el verdadero Rey. Por eso, cada mañana, David se acercaba a Dios en oración. No suponía que Dios escucharía sus oraciones y que le daría la bienvenida en su presencia real, sino que confiaba que lo hiciera. Por eso cuando leemos todo el Salmo 5, tal vez podríamos preguntarnos por qué. David escribió que el Señor aborrece a los asesinos y a los engañadores. David fue un asesino y un engañador. ¿Cómo podía tener tanta confianza en que Dios escucharía sus oraciones y lo recibiría?

David no presumía que podía entrar a la presencia de Dios sobre el fundamento de su registro impecable. No tenía un registro limpio de pecados. Por el contrario, decía que era gracias al amor inagotable de Dios que podía entrar a la casa de Dios. Esta gracia generosa impulsaba a David a vivir de una forma que agradara a Dios.

David podía buscar refugio en Dios porque confiaba en que la protección del Señor sería desplegada sobre él (versículo 11). Por supuesto, el Señor podía desplegar su protección sobre David y sobre nosotros y sobre nuestros hijos porque no hubo protección para su propio Hijo. Todo el castigo que nosotros nos merecemos fue derramado sobre Cristo para que Dios pudiera derramar sobre nosotros toda la bendición que Cristo se merecía.

• • •

Escucha mi grito por ayuda, mi Rey y mi Dios,
porque oro a nadie más que a ti.
Escucha mi voz en la mañana, Señor.
Cada mañana traigo mis peticiones ante ti y espero con ansias.
Guía a _____ por el camino correcto, oh Señor.
Despliega tu protección sobre _____
para que _____ sea llena de gozo.
Bendice a _____, oh Señor; rodea a _____ con tu escudo de amor.
ADAPTADA DEL SALMO 5:2-3, 8, 11-12

8 DE JULIO

1 Crónicas 5:18–6:81
Hechos 26:1-32
Salmo 6:1-10
Proverbios 18:20-21

¿Cuánto falta?

Mi corazón está angustiado;
¿cuánto falta, oh SEÑOR, para que me restaures? SALMO 6:3

QUÉ DIFÍCIL QUE ES ESPERAR EN DIOS. Algunos de nosotros hemos orado seriamente (lo cual, para algunos de nosotros, significa solo dos o tres veces) para que Dios obre y pensamos que hemos perseverado en oración. Pero cuando hemos orado por meses o años y no vemos ninguna señal visible de cambio, ninguna evidencia tangible de que Dios esté obrando, comenzamos a perder la esperanza. Nos preguntamos no solo si el cielo está cerrado para nosotros, sino si en realidad hay alguien en el cielo que esté escuchando y que pueda hacer algo al respecto.

Por eso las palabras que David usa en el Salmo 6 nos ayudan. Mediante estas palabras, podemos expresar nuestra frustración por lo que parece ser lentitud de parte de Dios. También nos recuerdan a quién estamos orando. Eso es lo que mantuvo a David orando por el tiempo que a él le parecía demasiado largo. Sabía que ser misericordioso es la naturaleza esencial de Dios. Estaba orando a un Dios de amor inagotable. Estaba orando a un Dios que escucha, responde y rescata.

Cuando nuestro corazón está angustiado por la dirección que está tomando la vida de nuestro hijo o las dificultades que lo aquejan, podemos estar seguros de que nuestro Dios restaurará en nuestra vida la confianza saludable en que él está obrando. Cuando estamos desgastados de tanto llorar por el dolor de nuestro hijo, podemos estar seguros de que el Señor escucha nuestro llanto y nuestros ruegos y que responderá. Quizás no sea hoy ni mañana. De hecho, tal vez Dios no termine con el proceso de sanidad ni restauración que anhelamos durante nuestro tiempo de vida. Pero podemos estar seguros de que llegará el día cuando su obra en nuestra vida y en la vida de nuestros hijos será terminada. Y, a la luz de la eternidad, no parecerá que le haya llevado mucho tiempo.

• • •

Señor, una parte de mí pregunta con el salmista: «¿Cuánto falta?». A veces parece que obras demasiado lento. Estoy impaciente porque cumplas tu propósito para la vida de _____. Pero no estoy desesperado. Aun cuando no te vea obrar, creeré que lo estás haciendo. Aun cuando parezca que te está llevando demasiado tiempo, confiaré en que lograrás todo lo que te propongas y tendré fe en que lo harás en el tiempo correcto.

Un tesoro

El hombre que halla esposa encuentra un tesoro,
y recibe el favor del SEÑOR. PROVERBIOS 18:22

ALGUNOS PADRES DESDE EL MOMENTO en que sus hijos nacen pasan tiempo en oración pidiéndole a Dios que guíe a sus hijos a encontrar esposas que sean un tesoro para ellos o pidiéndole a Dios que guíe a sus hijas hacia esposos que las atesoren durante toda la vida. Saben lo importante que es la elección del cónyuge, por eso la convierten en un motivo de oración.

Otros quizás deseamos que nuestro hijo tenga un buen matrimonio, pero pasamos muy poco tiempo orando para que nuestro hijo desarrolle el deseo de tener una esposa, por el proceso para encontrar al cónyuge o por su preparación para ser ese cónyuge para alguien. No hemos logrado entender que un cónyuge amoroso, que sigue al Señor, es un regalo de la gracia de Dios.

Dios no le da una esposa a nuestro hijo como resultado de nuestras oraciones perseverantes y esforzadas. Es un regalo, puro y simple. Y, sin embargo, al Señor le complace que no demos por sentado que nos dio este gran regalo porque lo merecemos ni que lo tomemos a la ligera. En conclusión, somos llamados a orar que el Dador de toda buena dádiva nos conceda el favor de una esposa valiosa para nuestro hijo y de un esposo que valore a nuestra hija.

* * *

Señor, no queremos dar por sentado que le concederás a _____ el favor de una compañera valiosa como un tesoro de por vida en este mundo a través del regalo del matrimonio. Quizás llames y prepares a _____ para que sea soltero. Queremos confiarte eso a ti. Pero, Señor, si tu propósito es que _____ se case, te pedimos que desde ya prepares a _____ para que sea un esposo fiel y amoroso. Dale a _____ ojos para buscar y ver en otra persona las cualidades que se mantengan durante el tiempo de vida que pasarán juntos a diario. Obra en _____ para que comience ahora el proceso de morir al yo para que pueda ser capaz de amar abnegada y sacrificialmente. Dale a _____ gran sabiduría y entendimiento para encontrar su potencial esposa, gran dominio propio durante los tiempos de soledad y gran gozo al aceptar este favor de tu parte.

Cumpliendo nuestro destino

¿Qué son los simples mortales para que pienses en ellos,
*   los seres humanos para que de ellos te ocupes?*
Sin embargo, los hiciste un poco menor que Dios
*   y los coronaste de gloria y honor.*
Los pusiste a cargo de todo lo que creaste,
*   y sometiste todas las cosas bajo su autoridad.* SALMO 8:4-6

TENEMOS LA SENSACIÓN DE QUE EL SALMISTA miraba hacia arriba y se maravillaba del cielo y del mundo. Estaba lleno de asombro al considerar que Dios había puesto a los seres humanos a cargo de su creación para que llenáramos la tierra y la domináramos.

El escritor de Hebreos reconoce que algo salió mal con esta creación cuando les recuerda a sus lectores que la Caída nos impidió cumplir con nuestro destino original. «Ahora bien, es cierto que todavía no vemos que todo esté sometido a él» (Hebreos 2:8, NVI). La humanidad debía gobernar la tierra, pero estamos sujetos a esta creación maldita en formas terribles. El pecado lo arruinó todo; nada es como fue creado para que fuera.

Eso no significa que Dios abandonó el plan original para la humanidad. Cuando miramos a nuestro alrededor, vemos que lo que el Salmo 8 describe cuando expresa que la humanidad ha sido coronada de gloria y honor no se cumple en nuestra vida. Pero tenemos razón para tener esperanza: «Vemos a Jesús, quien fue hecho un poco menor a los ángeles, coronado de gloria y honra por haber padecido la muerte» (Hebreos 2:9, NVI). Mediante nuestra unión con Cristo, cumplimos el destino que originalmente fue diseñado para nosotros.

El mundo, e incluso algunos rincones de la iglesia, les dice a nuestros hijos que deben trabajar mucho y soñar en grande para cumplir con su destino. En el Salmo 8, sin embargo, encontramos el destino que importa. Este destino se vuelve realidad no a través del trabajo arduo, sino a través de la fe salvadora.

· · ·

Señor, cuando consideramos el destino que tienes en mente para la humanidad que creaste, nos damos cuenta de que esto es lo que más anhelamos para _____. No queremos que _____ se conforme con la gloria y el honor que ofrece el mundo. Queremos que _____ sea coronada con la gloria y el honor que viene de ti. Cuando _____ se une a Cristo, se aferra al destino que tienes en mente para todo tu pueblo: que gobierne y reine contigo en el nuevo cielo y la nueva tierra.

Integridad

Es mejor ser pobre y honesto que deshonesto y necio. PROVERBIOS 19:1

LLEGA EL DÍA CUANDO EL NIÑO DICE su primera mentira, cuando engaña para conseguir algo que desea o para escaparse de algo que no quiere hacer. Parte de nuestro corazón se rompe porque vemos de forma más personal que es pecador y que el pecado y el sentido de supervivencia le sale de manera tan natural como a nosotros.

Lo que nos preocupa más es cuando caen en el hábito de mentir y se sienten cómodos con el engaño. Anhelamos que sean personas de integridad en las que podamos confiar, quienes harán lo que dicen que harán, se comportan igual en privado y en público, son incorruptibles y están comprometidos con la honestidad.

Sin duda podemos mostrarles a nuestros hijos con el ejemplo lo que es ser íntegros. Proverbios nos dice: «Los justos caminan con integridad; benditos son los hijos que siguen sus pasos» (20:7). Nuestros hijos se benefician cuando somos íntegros. Más que todos los demás, están en una posición de ver quiénes somos en realidad detrás de escena. Se dan cuenta cuando pagamos lo que en realidad cuesta el boleto o la comida que les compramos; o cuando mentimos acerca de su edad para ahorrarnos unos pesos. Escuchan cuando notificamos a la compañía de cable que deberían cobrarnos por el servicio extra en otra habitación; u observan cuando nos enganchamos al cable por el cual no hemos pagado. Nos ven trabajar arduamente porque sabemos que nos pagan por hora; o nos escuchan decirle a nuestro jefe que estamos trabajando desde casa cuando, en realidad, estamos haciendo otras cosas. Si modelamos la integridad con nuestra propia vida, animamos a nuestros hijos a actuar con integridad.

Dicho eso, nuestros hijos necesitan mucho más que nuestro ejemplo o nuestras reglas. Necesitan que el Espíritu Santo los llene de amor por la verdad y de desprecio por la deshonestidad. Necesitan que él los ayude a participar de la naturaleza divina, la cual es integridad perfecta. A medida que nuestros hijos permanezcan en Cristo, serán transformados en personas cada vez más íntegras.

• • •

Señor, muéstrame las pequeñas formas en que transijo y no dejo un legado de integridad. Muéstrame cómo desafiar y corregir a _____ cuando actúa sin integridad para que, por el poder del Espíritu Santo, _____ pueda conocer el gozo de una conciencia limpia, una buena reputación y una relación sin obstáculos contigo.

12 DE JULIO

1 Crónicas 12:19–14:17
Romanos 1:1-17
Salmo 9:13-20
Proverbios 19:4-5

El poder de Dios en acción

Pues no me avergüenzo de la Buena Noticia acerca de Cristo, porque es poder de Dios en acción para salvar a todos los que creen, a los judíos primero y también a los gentiles. Esa Buena Noticia nos revela cómo Dios nos hace justos ante sus ojos, lo cual se logra del principio al fin por medio de la fe. Como dicen las Escrituras: «Es por medio de la fe que el justo tiene vida». ROMANOS 1:16-17

EN ALGÚN MOMENTO, quizás nos sintamos un poco avergonzados por ser una familia tan diferente a las demás. El evangelio impacta cada área de nuestra vida, creando un conjunto de valores diferente. Aunque podamos sentir un poco de vergüenza, esos sentimientos no reflejan la realidad. El evangelio es la verdad más grandiosa que se ha conocido y las mejores noticias que se han dado. Podemos apoyarnos en el evangelio y depender de él día a día porque tenemos la certeza de que demostrará de manera conclusiva que es verdadero. No nos conducirá a la vergüenza, sino que nos traerá a la seguridad y el gozo eternos en la presencia de un Dios santo y glorioso.

No queremos que el evangelio sea solo una parte de nuestro hogar y de nuestra familia, del cual hablemos solo los domingos. Por el contrario, esperamos que sea el centro de nuestro hogar, un tema constante de conversación y celebración, la esencia misma de la forma en que procesamos la vida juntos. Queremos lograr que este evangelio sea claro para nuestros hijos desde sus primeros días de vida porque se puede entender a una edad temprana. Y a medida que nuestros hijos crecen, queremos que vean una y otra vez que sus padres no están avergonzados de las buenas nuevas acerca de Cristo. Esa es la razón por la cual hacemos más que solo hablar con nuestros vecinos acerca de la iglesia. Sin vergüenza hablamos acerca de Cristo y de las oportunidades que trajo a nuestra vida y del deseo de buscar la santidad. Nos rehusamos a ser avergonzados por los límites que pusimos para la elección de entretenimientos y actividades en nuestra familia. Nuestra confianza en el evangelio nos hace personas increíblemente felices y enorgullecidas.

* * *

¡Qué buena noticia es que hayas hecho un camino para que arregláramos las cosas contigo y tuviéramos paz contigo! Esta verdad, este evangelio, tiene el poder para cambiar todo. Por eso te pedimos que ese poder obre en nuestro hogar. Que estas buenas nuevas de una justicia provista para nosotros en Cristo transforme nuestras interacciones y expectativas. Obra en nosotros y en _____ a través de las buenas nuevas de tu gracia para los pecadores.

Dios los entregó

Porque la ira de Dios se revela desde el cielo contra toda impiedad e injusticia de los hombres que detienen con injusticia la verdad [...].

Y como ellos no aprobaron tener en cuenta a Dios, Dios los entregó a una mente reprobada, para hacer cosas que no convienen. ROMANOS 1:18, 28, RVR60

LA IRA DE DIOS NO ES UNA EXPLOSIÓN FUERA de control por un asunto sin importancia. Por el contrario, aquello que destruye lo que él creó a su imagen, es lo que provoca la ira de Dios. Pablo nos dice en Romanos 1:18 que Dios incluso ahora está revelando su ira contra la impiedad y la injusticia. La impiedad no quiere tener nada que ver con Dios. Y la injusticia es una reacción perversa contra lo que Dios ordena; injusticia es vivir una vida que aprueba lo opuesto a su ley amorosa.

¿Cómo muestra Dios su ira contra aquellos que no quieren tener nada que ver con él? Tres veces leemos en Romanos 1 que Dios «los abandonó». Dios abandona a quienes no quieren conocerlo ni obedecerlo para que sean libres de vivir su vida lejos de él. Los abandona a lo que desean. Se retira y quita su mano de aquellos que esperan que su mano sea quitada de su vida.

La buena nueva es que, aunque Dios «abandonó» a la humanidad para que viviera separada de él, no nos *abandonó* definitivamente ni para siempre. Por el contrario, envió a su Hijo a nuestro mundo impío e injusto y lo entregó para que experimentara todo el juicio que nosotros nos merecemos. «Si Dios no se guardó ni a su propio Hijo, sino que lo entregó por todos nosotros, ¿no nos dará también todo lo demás?» (Romanos 8:32).

Dios no nos ha abandonado ni desistió de nosotros, sino que ha sido paciente en su ira para que pudiéramos venir a él en arrepentimiento. Y esta es la paciencia que deseamos mostrarles a nuestros hijos. Así como él siguió extendiendo sus manos hacia nosotros por amor, nosotros rehusamos abandonar a nuestros hijos y, por el contrario, nos proponemos a seguir buscándolos por amor.

• • •

Dios, si fueras a abandonarnos para siempre, no tendríamos esperanza. Pero eres paciente y nos llamas con bondad al arrepentimiento. Por eso, no abandonaremos a _____. Esperaremos con paciencia a que obres y produzcas el cambio que consideres adecuado. Hoy es un día para la gracia, no para el abandono.

14 DE JULIO

1 Crónicas 16:37–18:17
Romanos 2:1-24
Salmo 10:16-18
Proverbios 19:8-9

Rendición de cuentas

Pues Dios no muestra favoritismo.

Los gentiles serán destruidos por el hecho de pecar, aunque nunca tuvieron la ley escrita de Dios; y los judíos, quienes sí tienen la ley de Dios, serán juzgados por esa ley porque no la obedecen. [...]

Y el mensaje que proclamo es que se acerca el día en que Dios juzgará, por medio de Cristo Jesús, la vida secreta de cada uno. ROMANOS 2:11-12, 16

DIFERENTES PERSONAS TIENEN DIFERENTES VENTAJAS cuando se trata de la «cantidad» de revelación que les fue dada. Pablo deja en claro en Romanos 2 que Dios no mostrará favoritismo a quienes tuvieron acceso a mayor cantidad de verdad. Por el contrario, el juicio será conforme a la verdad que cada uno tuvo. Pablo escribe que todos tuvieron la verdad de la ley moral de Dios escrita en su corazón.

Por supuesto, muchos de nosotros tuvimos mucho más que eso. Piense en la cantidad de Biblias que tenemos en nuestros hogares, la cantidad de sermones que hemos oído, la cantidad de oportunidades que tuvimos de escuchar las verdades de la Palabra de Dios. Piense acerca de todas las veces que rechazamos o ignoramos la verdad o que, simplemente, no la pusimos en práctica en nuestra vida. Todos tendremos que rendir cuentas por la forma en que hemos vivido a la luz de lo que hemos escuchado.

Este mensaje no solo nos debe hacer reflexionar acerca de nosotros. Es algo que también nos debe hacer reflexionar cuando pensamos en nuestros hijos. Están creciendo en un hogar donde sus padres se preocupan lo suficiente sobre las cosas de Dios como para estar leyendo este libro. Han escuchado, quizás desde que eran muy pequeños, acerca de un Dios que los ama y tiene el propósito de que lo conozcan y vivan para él. Quizás, sin embargo, aprendieron a ser simplemente religiosos sin abrir su corazón a Cristo.

Cuando estemos en la presencia de Dios en el día del juicio, la pregunta será: en vista de la mucha o la poca revelación que posee, ¿cómo vivió? ¿Cómo respondió en su corazón y con sus acciones a lo que sabía? Llegará el día cuando nuestro corazón será expuesto. Por lo tanto, oremos que nuestros hijos reciban la verdad que les fue dada.

• • •

Señor, oramos que en aquel día cuando lo que está escondido debajo de la superficie sea revelado, lo que se manifieste en _____ sea un amor profundo y verdadero por ti, nacido de toda una vida vivida para ti.

Motivado por el orgullo

Satanás se levantó contra Israel y provocó que David hiciera un censo del pueblo de Israel. De modo que David les dijo a Joab y a los comandantes del ejército: «Hagan un censo de todo el pueblo de Israel, desde Beerseba en el sur hasta Dan en el norte, y tráiganme un informe para que yo sepa cuántos son». 1 CRÓNICAS 21:1-2

NO PODEMOS ENTENDER DE INMEDIATO CUÁL ERA el problema con el censo que David les ordenó a sus oficiales que hicieran. Pero es claro que si Satanás se levantó y era la fuerza que impulsaba la decisión de David, no podía ser nada bueno. Incluso Joab, quien no era exactamente un exponente de piedad, le rogó a David que no lo hiciera: «¿Por qué hará que Israel caiga en pecado?» (versículo 3). Pero no pudo disuadirlo. De hecho, durante los nueve meses siguientes, este no retrocedió, sino que por el contrario siguió perseverando.

Nos damos una idea de lo que había en el corazón de David cuando le informaron de los cómputos: «Había en todo Israel 1.100.000 guerreros que podían manejar una espada, y 470.000 en Judá» (versículo 5). Por supuesto, Dios había prometido preservar el reino de David. No tenía nada que ver con el tamaño de su ejército, sino con la fidelidad de su Dios. Por lo tanto, David no tenía necesidad de preocuparse por el número de espadas que podía enviar al campo de batalla. Es evidente que David quería el censo para poder regocijarse por el tamaño de su ejército. Quería conocer el número solo para llenarse de orgullo.

Hacer un censo no era un pecado en sí mismo. No había ninguna estipulación respecto a esto en la ley de Dios. El problema fue la motivación. David fue impulsado por el orgullo, lo cual encabeza la lista de pecados que Dios aborrece (Proverbios 6:16-19). El orgullo es un pecado astuto, en especial cuando está en el corazón de nuestras motivaciones para hacer algo que no es necesariamente pecado. Cuánto necesitamos, y cuánto necesitan nuestros hijos, examinar lo que nos motiva; en especial cuando queremos contar los «me gusta» en lo que compartimos en las redes sociales o las veces que ganamos o los récords logrados en atletismo o la cantidad de calificaciones sobresalientes de nuestros hijos. Lo que necesitamos es que Dios haga lo que sea necesario para humillarnos de modo que no seamos seducidos por el pecado del orgullo.

• • •

Señor, no es fácil justificar lo que motiva el orgullo. En un mundo lleno de corazones orgullosos por logros, nos parece normal y correcto. Danos ojos para ver nuestro orgullo, labios dispuestos a confesarlo y corazones cambiados y limpios por el sacrificio de tu Hijo.

No hay ni uno que haga lo bueno

Todos se desviaron, todos se volvieron inútiles. No hay ni uno que haga lo bueno,
ni uno solo. ROMANOS 3:12

PODRÍAMOS LISTAR todo lo que nuestros hijos necesitan cambiar y los pecados de los cuales necesitan arrepentirse. Nos incomodaría mucho, sin embargo, nombrar los nuestros y confesar nuestra necesidad constante de arrepentimiento. En especial ante nuestros hijos. No deseamos que sepan lo pecadores que somos. No nos cuesta admitir que hemos pecado en un sentido general, pero no queremos dar detalles. Pensamos que preservamos nuestra credibilidad para disciplinarlos si mantenemos nuestros pecados ocultos, pero lo que estamos haciendo es privar a nuestros hijos de lo que más necesitan de nosotros: el ejemplo de una vida vivida a la luz del evangelio.

Nuestros hijos necesitan una experiencia diaria de gracia a través de Cristo. Todos necesitamos lo mismo. Si no estamos dispuestos a admitir nuestra necesidad constante de un Salvador, sin embargo, ¿cómo van a crecer nuestros hijos en el entendimiento de su propia necesidad diaria de Jesús? Sencillamente, no podemos compartir el evangelio con nuestros hijos si no estamos viviendo en el evangelio nosotros mismos.

Debido a que cada persona de nuestra casa es pecadora, no será una novedad para nuestros hijos saber que pecamos. Podría, sin embargo, ser un momento en verdad clave para que entiendan el evangelio correctamente si somos honestos con ellos acerca de nuestra propia lucha con el pecado y de nuestra propia necesidad de la gracia del arrepentimiento. En esos días cuando nuestros pecados se manifiestan de modo que todos los pueden ver, en lugar de justificarlos o esconderlos, podemos simple y humildemente reconocer que necesitamos tanto a Jesús como los demás en nuestro hogar. Podemos guiar a nuestros hijos a Jesús y enseñarles la verdad del evangelio siendo los primeros que se arrepienten en nuestra familia. Nuestros hijos aprenderán lo que significa caminar humildemente con su Dios observándonos caminar cerca de nuestro Dios en arrepentimiento y obediencia.

. . .

Señor, me encantaría que _____ pensara que soy mejor de lo que soy y ser más fiel a ti de lo que soy. Llegué a pensar que para criar bien a mis hijos, no debo dejar que sepan de mis pecados. Eso no es sabiduría; es orgullo. Cuando presento mi cristianismo como un sistema de reglas más que una bienvenida para los pecadores, alejo a _____ de ti. Por lo tanto, dame el valor para decir la verdad. Dame la fortaleza para ser débil.

Considerado justo

Pues las Escrituras nos dicen: «Abraham le creyó a Dios, y Dios lo consideró justo debido a su fe».

Cuando la gente trabaja, el salario que recibe no es un regalo sino algo que se ha ganado; pero la gente no es considerada justa por sus acciones sino por su fe en Dios, quien perdona a los pecadores. ROMANOS 4:3-5

LLEGA EL MOMENTO EN QUE TENEMOS QUE COMENZAR a enseñarles a nuestros hijos cómo funcionan las cuentas bancarias. Hay depósitos y extracciones, débitos y créditos. Las operaciones bancarias también proveen una ilustración que ayuda a nuestros hijos a entender lo que significa ser cristianos.

Pablo usa la analogía de las transacciones bancarias cuando dice que Abraham fue considerado justo. En otras palabras, cuando Abraham creyó en Dios, se hizo un crédito a su cuenta espiritual. Dios no simuló que había algo de justicia en la cuenta de Abraham; hizo un depósito real. Mucho antes de que Jesús viniera y viviera una vida de justicia, pero anticipándose a esa vida justa, Dios acreditó la justicia de Cristo a la cuenta de Abraham. No le pagó a Abraham por algo que se había ganado. La justicia de Cristo fue depositada en su cuenta como un regalo.

Este es el depósito que anhelamos que se haga en la cuenta de nuestros hijos. Sabemos qué es lo que nuestros hijos se han ganado; la misma cosa que nosotros nos hemos ganado, la misma cosa que todas las personas se han ganado: «Pues la paga que deja el pecado es la muerte». Entonces lo que pedimos es un regalo; un regalo que solo puede venir de Dios, una trasferencia que solo puede ser hecha por sus manos. Estamos pidiendo «el regalo que Dios da es la vida eterna por medio de Cristo Jesús nuestro Señor» (Romanos 6:23).

• • •

Señor, nunca podré ganar lo suficiente ni ahorrar lo suficiente como para tener la clase de crédito para la cuenta de _____ que hace falta para que _____ sea considerado justo ante ti. Estoy en bancarrota cuando se trata de la clase de justicia que se necesita. Por eso, vengo a ti pidiéndote que hagas el depósito de la justicia perfecta de Jesús en la cuenta de _____. Haz rico a _____ con toda la bondad de Jesús.

Resistencia

También nos alegramos al enfrentar pruebas y dificultades porque sabemos que nos ayudan a desarrollar resistencia. Y la resistencia desarrolla firmeza de carácter, y el carácter fortalece nuestra esperanza segura de salvación. Y esa esperanza no acabará en desilusión. Pues sabemos con cuánta ternura nos ama Dios, porque nos ha dado el Espíritu Santo para llenar nuestro corazón con su amor. ROMANOS 5:3-5

EL DESÁNIMO PUEDE LLEGAR EN CUALQUIER ETAPA de criar hijos. En los primeros años, nos preguntamos cuándo dormirán toda la noche. Luego nos preguntamos cuándo nos harán caso y obedecerán. Luego nos preguntamos cuándo los adolescentes entrarán en razón. En cada periodo de espera, estamos tentados a perder la esperanza, lo cual puede causar que la paternidad se convierta en una carga pesada.

Criar bien a los hijos demanda resistencia. Amor a largo plazo. Voluntad para esperar que Dios obre. Por eso una de las tareas más importantes para los padres es simplemente resistirse a abandonar cuando las cosas se ponen difíciles.

Cuando necesitamos la fortaleza para resistir, el Espíritu Santo nos recuerda las verdades de las Escrituras para llenarnos de esperanza. Cuando nos sentimos tentados a pensar que somos los padres equivocados para nuestros hijos, el Espíritu Santo nos recuerda que Dios nos puso en su vida para que lo conocieran a él (Hechos 17:26-27). Cuando no sentimos tentados a pensar que nuestros hijos nunca acudirán a Dios, el Espíritu Santo nos recuerda que Dios obra en las familias y a través de ellas (Hechos 11:14; 16:31). Cuando sentimos temor de que pase algo que arruine la vida de nuestros hijos, el Espíritu nos recuerda que nada puede separarlos del amor de Dios (Romanos 8:35-39). El Espíritu nos recuerda que las circunstancias más difíciles en la vida de nuestros hijos no están fuera del plan de Dios, sino que son parte de su plan de hacerles el bien (Romanos 8:28).

* * *

Señor, cuando nos encontramos con problemas con _____, ayúdanos a recordar que tú obras en medio de los problemas y las pruebas para desarrollar algo en nosotros que no podría suceder de otra forma. Nunca podríamos encontrar refugio en la esperanza de la salvación si nunca sintiéramos necesidad de ella. Por lo tanto, nos rehusamos a buscar la solución fácil y rápida. Por el contrario, te invitamos a que hagas las cosas a tu manera para desarrollar resistencia en nosotros. Danos la paciencia, la sabiduría y el amor que necesitamos para asumir la responsabilidad de ser padres durante todos los años que faltan.

El encargo de un padre

Así que ahora, con Dios como nuestro testigo, y a la vista de todo Israel —la asamblea del SEÑOR— les doy este encargo. Asegúrense de obedecer todos los mandatos del SEÑOR su Dios, para que esta buena tierra siga en su posesión y la dejen para sus hijos en herencia permanente.

Y tú, Salomón, hijo mío, aprende a conocer íntimamente al Dios de tus antepasados. Adóralo y sírvelo de todo corazón y con una mente dispuesta. 1 CRÓNICAS 28:8-9

AQUÍ TENEMOS EL ENCARGO SABIO Y CUIDADOSO que el rey David le hace a su hijo Salomón cuando le entrega las riendas del reino. David le dijo que tuviera cuidado de obedecer todos los mandamientos del Señor.

Cuando Dios invitó a Salomón a pedirle lo que deseara, Salomón pidió sabiduría: un comienzo prometedor para su reinado. Al poco tiempo, sin embargo, hizo una alianza con Egipto al casarse con la hija del faraón, incluso cuando Dios les había ordenado a los reyes de Israel que nunca volvieran a Egipto (Deuteronomio 17:16; 1 Reyes 3:1). Luego, ofreció sacrificios en los lugares altos, aun cuando Dios le había ordenado a Israel que destruyera aquellos sitios (Deuteronomio 12:2-5; 1 Reyes 3:3).

David le encargó a Salomón que sirviera a Dios con todo su corazón y parecía que Salomón estaba haciendo las cosas bien según 1 Reyes 3:3: «Salomón amaba al SEÑOR»; algo que no se dice de ninguna otra persona en la Biblia. Al final de su historia, sin embargo, leemos que Salomón amó «a muchas mujeres extranjeras» y que «su corazón no era perfecto con Jehová su Dios» (1 Reyes 11:1, 4, RVR60). Ay, si Salomón tan solo hubiera seguido el encargo de su padre de entregarse a Dios con todo el corazón.

Salomón nos muestra que incluso las personas más sabias llegan a ignorar con necedad la guía amorosa de sus padres. El problema no fue que David no hubiera sido claro o que hubiera sido inconsistente o que le pidiera a Salomón que hiciera algo inaceptable. El problema estuvo en el corazón de Salomón.

• • •

Señor, cuando nos sentimos tentados a acumular culpas porque _____ dejó de lado las guías amorosas que le dimos, ayúdanos a recordar que a veces los hijos ignoran las instrucciones sensatas de los padres. A veces, la sabiduría que se ofrece no es recibida. Ayúdanos a recordar que es tu voz la que _____ debe escuchar y tu palabra a lo que _____ debe hacer caso.

20 DE JULIO

2 Crónicas 1:1–3:17
Romanos 6:1-23
Salmo 16:1-11
Proverbios 19:20-21

Entréguense completamente a Dios

No dejen que ninguna parte de su cuerpo se convierta en un instrumento del mal para servir al pecado. En cambio, entréguense completamente a Dios, porque antes estaban muertos, pero ahora tienen una vida nueva. Así que usen todo su cuerpo como un instrumento para hacer lo que es correcto para la gloria de Dios. ROMANOS 6:13

LA CRIANZA DE LOS HIJOS COMIENZA con dar a luz a un pequeño cuerpo que debemos cuidar. A medida que nuestros hijos crecen, podemos orar que cada parte de su cuerpo sea entregada para agradar a Dios.

• • •

¡Señor, desde la cabeza hasta los pies, por dentro y por fuera, desde el principio hasta el final, que ninguna parte del cuerpo de _____ sea un instrumento del mal para servir al pecado! Que todo su cuerpo sea un instrumento para hacer lo correcto para tu gloria.

No permitas que los pies de _____ lo lleven a lugares donde las tinieblas lo envuelvan y lo seduzcan. En lugar de eso, permite que sus pies lo lleven a lugares donde pueda hacer retroceder a las tinieblas e irradiar tu luz.

No permitas que los apetitos sexuales o los apetitos por comida o bebida esclaven a _____. Santifícalos para que lo hagan acudir a ti en busca de satisfacción.

No permitas que el corazón de _____ siga pasiones que ocupen el lugar que debería estar reservado solo para ti. Rompe el corazón de _____ con las cosas que rompen tu corazón. Atrapa el corazón de _____ con pasión por el evangelio y por tu gloria.

No permitas que la boca de _____ sea usada para hablar falsedades, inmundicias o cosas inútiles. Por el contrario, llena la boca de _____ con palabras de verdad, palabras de pureza, palabras de significado y propósito. Que la boca de _____ esté llena de palabras de ánimo, bendiciones y paz.

No permitas que las manos de _____ se aferren a las cosas de este mundo. Dale manos dispuestas a trabajar y manos que toquen a otros con gran compasión.

No permitas que los ojos de _____ busquen lo que corrompe y contamina. Dale a _____ amor por lo hermoso y lo puro.

No permitas que los oídos de _____ estén sintonizados con las voces que dudan de las cosas de Dios o se burlan de ellas. Dale oídos abiertos a tu Palabra y a tus caminos.

No permitas que el intelecto de _____ sea capturado por los patrones de pensamiento de este mundo. Llena su mente con tu sabiduría y conocimiento profundos.

Servir a Dios de una manera nueva

Cuando vivíamos controlados por nuestra vieja naturaleza, los deseos pecaminosos actuaban dentro de nosotros y la ley despertaba esos malos deseos que producían una cosecha de acciones pecaminosas, las cuales nos llevaban a la muerte. Pero ahora fuimos liberados de la ley, porque morimos a ella y ya no estamos presos de su poder. Ahora podemos servir a Dios, no según el antiguo modo —que consistía en obedecer la letra de la ley— sino mediante uno nuevo, el de vivir en el Espíritu. ROMANOS 7:5-6

NOS ENCANTA QUE NUESTROS HIJOS nos hagan quedar bien. Nos gusta mucho más ver sus nombres en la lista de honor que en la lista de sanciones. Pero cuando esperamos buen comportamiento que se basa solo en su conocimiento de las reglas y en su determinación a obedecerlas, los exponemos al fracaso y a la desesperación. Si deben esforzarse de manera constante para vivir a la altura de expectativas morales o de constructos sociales, a pesar de lo formal o informalmente que se los comuniquemos, su vida será muy aburrida. El éxito absoluto será algo imposible de lograr. No encontrarán paz ni gozo. Y, en algún momento, es muy probable que nuestros hijos dejen de intentarlo.

Por lo tanto, lo que anhelamos no son hijos que vivan conforme a las reglas, sino hijos que vivan en el Espíritu. Deseamos que nuestros hijos experimenten el «pero ahora» de Romanos 7:6. Esperamos que experimenten un milagro que resulta de la obra de Dios. En el momento de la conversión, ansiamos que Dios implante en nuestros hijos el deseo de agradarle. Esperamos que nuestros hijos experimenten el gozo y la libertad de vivir para Cristo a partir de un deseo profundo puesto ahí por Dios mismo. Nuestros intentos de poner reglas no pueden lograr esto. Solo Dios puede.

Este «nuevo modo de vivir en el Espíritu» no se vuelve una realidad de la noche a la mañana, sino a lo largo de toda la vida. Lo que buscamos no es perfección, sino crecimiento. No esperamos que «lleguen» a ningún punto. Oramos que sigan avanzando de manera continua en servicio y amor verdaderos por Dios.

· · ·

Gracias, Señor, por no dejar sola a _____, sin tu poder para cambiar. Tú le has quitado la carga de producir los cambios que necesita. Sigues encontrándote con _____ con la gracia que transforma. Libra a _____ de la obediencia por obligación que le imponen desde afuera. Dale poder para decirles que no a los deseos pecaminosos mediante el poder de tu Espíritu que vive en ella. Imparte a _____ amor por la santidad.

No hay condenación

Por lo tanto, ya no hay condenación para los que pertenecen a Cristo Jesús. ROMANOS 8:1

NUNCA HUBO MEJORES NOTICIAS. Nunca hubo una razón mejor para respirar profundamente y liberar todos sus temores y remordimientos. Si está en Cristo, unido a él por la fe, no hay condenación sobre su cabeza, amenazándolo, acusándolo.

No es que nunca haya hecho algo digno de juicio. No es que todos los padres simplemente necesitan tomarse un respiro. Los padres que no están en Cristo, que no se aferraron a Cristo, tienen muchísimas razones para sentirse aterrorizados por su incapacidad para vivir según los estándares de Dios. La buena nueva increíble para los padres imperfectos que están en Cristo es que toda la condenación que nos merecemos por no ser lo suficientemente pacientes, por no prestar suficiente atención, por simplemente no *ser* suficientes ha sido puesta sobre Cristo. Toda la condenación que merecemos por cortar a nuestros hijos en pedazos con nuestras palabras, por ser duros con ellos cuando nos enojamos, por aplastar su espíritu con nuestras expectativas poco realistas ha sido puesta sobre Jesús. Esto significa que Dios puede mirar a quienes estamos en Cristo y asegurarnos: «No hay condenación para ti. No necesitas seguir cargando un peso tan pesado de culpa y remordimientos».

Cuando nuestros hijos tienen dificultades, es fácil encontrar razones para estar completamente seguros de que es nuestra culpa. ¿Qué hacemos al respecto, entonces? Es probable que nunca podamos descifrar exactamente qué es lo que causa dificultades en su vida. Pero cuando estamos convencidos de que no hay condenación para aquellos que están en Cristo Jesús, podemos admitir nuestras fallas libremente, humillarnos ante nuestros hijos y comenzar a buscar la sanidad juntos.

• • •

Señor, estas palabras, «No hay condenación», son tres de las palabras más hermosas de todo el mundo. Y, sin embargo, algunos días me cuesta creer que son ciertas, me cuesta aferrarme a ellas. Por otro lado, aunque siempre estoy dispuesto a culpar a alguien o a algo más por las luchas que enfrentan mis hijos, muy en lo profundo me condeno a mí mismo. Ayúdame a vivir y a amar conforme a la realidad de la libertad que viene de tu gracia. Y, por sobre todas las cosas, que el hecho de que yo haya recibido la verdad de este evangelio cambie la forma en que mis hijos luchan con la autocondenación que amenaza su paz.

Esperamos

Contra su propia voluntad, toda la creación quedó sujeta a la maldición de Dios. Sin embargo, con gran esperanza, la creación espera el día en que será liberada de la muerte y la descomposición, y se unirá a la gloria de los hijos de Dios. Pues sabemos que, hasta el día de hoy, toda la creación gime de angustia como si tuviera dolores de parto; y los creyentes también gemimos —aunque tenemos al Espíritu Santo en nosotros como una muestra anticipada de la gloria futura— porque anhelamos que nuestro cuerpo sea liberado del pecado y el sufrimiento. Nosotros también deseamos con una esperanza ferviente que llegue el día en que Dios nos dé todos nuestros derechos como sus hijos adoptivos, incluido el nuevo cuerpo que nos prometió. ROMANOS 8:20-23

«GIME DE ANGUSTIA COMO SI TUVIERA DOLORES DE PARTO». Es una imagen dramática, un recuerdo vívido para muchas mamás. El dolor parecía insoportable. Esperábamos que terminara lo antes posible. Pero estábamos dispuestas a soportarlo porque sabíamos que, al final, el dolor daría sus frutos. Le daríamos la bienvenida a una nueva vida que hizo que la espera valiera la pena. Los gemidos del dolor del parto darían lugar al gozo increíble de sostener un bebé en nuestros brazos y en nuestro corazón.

Nuestros gemidos de dolor no terminan cuando nuestros hijos nacen. En muchos sentidos, es solo el comienzo. Pablo dice que gemimos a pesar de que esperamos con esperanza ferviente. ¿Qué significa esto para los padres? Esto significa que los problemas no nos sorprenden. No esperamos que la vida cristiana se desarrolle sin luchas. Porque sabemos que la muerte y la descomposición son realidades de la creación caída en la que vivimos, no acusamos a Dios de hacer mal las cosas cuando los efectos de la maldición impactan a nuestros hijos. No nos sorprendemos cuando ocurren accidentes o desastres naturales ni ante infecciones causadas por virus mortales. Gemimos, pero no abandonamos. En medio de los dolores hay una esperanza radiante y confiada en que viene el día que hará que todo el dolor de esta vida valga la pena; un día de gloria tan grandioso que nuestros sufrimientos parecerán pequeños en comparación.

• • •

Señor, a veces gimo cuando pienso acerca de esperar que liberes a este mundo de la muerte y la descomposición. La maldición es tan real. Sentimos los efectos de ella en nuestra familia. Vemos sus efectos en nuestra comunidad. Experimentamos sus efectos en nuestro cuerpo. Pero también nos capacitaste para esperar la gloria futura. Ayúdanos a saborear cada anticipo de lo que vendrá y a esperar con esperanza ferviente.

Todas las cosas

Y sabemos que Dios hace que todas las cosas cooperen para el bien de quienes lo aman y son llamados según el propósito que él tiene para ellos. Pues Dios conoció a los suyos de antemano y los eligió para que llegaran a ser como su Hijo, a fin de que su Hijo fuera el hijo mayor entre muchos hermanos. ROMANOS 8:28-29

QUIZÁS LA FRASE MÁS DIFÍCIL DE DIGERIR en Romanos 8:28 es «*todas* las cosas». Eso significa que ni siquiera una sola cosa queda fuera de esta promesa. «Todas las cosas» en este versículo se refiere tanto a una roca que hace tropezar como a un consuelo bendito. En su soberanía, Dios puede y se compromete a usar incluso las peores cosas que podamos imaginarnos para nuestro bien final y para el bien final de nuestros hijos.

Quizás es ahí donde el problema se hace más profundo. A pesar de lo difícil que nos resulta creer que Dios puede hacer y hará que todas las cosas cooperen para el bien de nuestra vida porque le pertenecemos, puede ser mucho más difícil creer esto para nuestros hijos. Cuando vemos que las heridas y las dificultades le pasan factura a la vida de nuestros hijos, puede ser terriblemente difícil descansar en la promesa de Dios de que usará esta lucha para hacer que se parezcan más a Cristo. Deseamos poder ver una «cosa buena» específica que resulte de la dificultad antes de estar dispuestos a creer que es verdad.

Sin evidencia, somos propensos a ahogarnos en la preocupación y, tal vez, cedemos a la desesperación. Aferrarnos a esta verdad y a esta promesa nos ayuda a mantenernos enfocados en el propósito de Dios para la vida de nuestros hijos; el cual es hacerlos cada vez más parecidos a Jesús. Para poder aferrarnos a este propósito, debemos dejar ir nuestros deseos de que nuestros hijos tengan una vida cómoda. Esto nos capacita para aceptar una vida con propósito y significado incluso cuando eso incluya dolor.

• • •

Señor, o todo obra para bien o nada tiene sentido. Creo, pero ayúdame en mi incredulidad. Dame una confianza profunda y segura en que puedes y harás que todo coopere para el bien de aquellos que te pertenecen. Tu soberanía sobre estas cosas difíciles puede ser difícil de aceptar, pero a la vez es mi fuente de consuelo más grande.

Revelación

EN EL SALMO 19, David delinea las perfecciones de las Escrituras y el impacto de la Palabra de Dios. Oramos para que la Palabra de Dios tenga esta influencia sobre la vida de nuestros hijos.

Las enseñanzas del SEÑOR son perfectas; reavivan el alma.

Señor, que _____ reciba la enseñanza perfecta de tu Palabra en lugar de resistirla. Y que el alma de _____ sea revivida en lugar de recibir tu instrucción como una carga.

Los decretos del SEÑOR son confiables; hacen sabio al sencillo.

Señor, que _____ ponga toda su confianza en lo que tú decretes para su vida. Haz sabio a _____ de modo que te confíe a ti las verdades que no entiende por completo.

Los mandamientos del SEÑOR son rectos; traen alegría al corazón.

Señor, dale a _____ el gozo inigualable de descubrir que todo que lo ordenas es para su bien y para tu gloria.

Los mandatos del SEÑOR son claros; dan buena percepción para vivir.

Señor, _____ necesita la percepción que viene solo de ti para abrirse paso en la vida. Dale entendimiento de tus claros mandamientos y un corazón para obedecerlos.

La reverencia al SEÑOR es pura; permanece para siempre.

Señor, eres digno de asombro y honor. Llévate todas las actitudes que toman al pecado livianamente y llena a _____ con un sentido de asombro reverencial hacia ti.

Las leyes del SEÑOR son verdaderas; cada una de ellas es imparcial.

Señor, el mundo que rodea a _____ le dice mentiras, mientras que tu Palabra es eterna y perfectamente verdadera. Dale oídos para escuchar tu verdad.

Son más deseables que el oro, incluso que el oro más puro.

Señor, _____ tiene tantos anhelos que amenazan este deseo supremo. Dale un deseo ardiente por tu Palabra.

Son más dulces que la miel, incluso que la miel que gotea del panal.

Señor, _____ ha probado tantas cosas dulces en el mundo que tú creaste. Dale gusto por lo dulce de tu Palabra. ADAPTADA DEL SALMO 19:7-10

¿En qué pondrá su confianza?

Estos confían en sus carros de guerra, aquellos confían en sus corceles,
  pero nosotros confiamos en el nombre del SEÑOR nuestro Dios. SALMO 20:7, NVI

HUBIERA SIDO PERFECTAMENTE NATURAL QUE el rey de Israel pusiera su confianza en el tamaño y capacidades de su ejército permanente. Esa es la forma en que la vida funcionaba en sus días. Pero David estaba decidido a acudir por completo a una fuente diferente de seguridad. En lugar de confiar en la capacidad humana, estaba decidido a confiar solo en Dios.

De la misma manera, es perfectamente natural para los padres de hoy en día que están preocupados por sus hijos poner su confianza en muchas cosas que parecen ofrecer seguridad. Los padres ponen su confianza en buenos vecindarios y buenas escuelas, en buenos ejemplos y buenas experiencias, en la buena salud y las buenas oportunidades. Como si esto fuera poco, confían en sus propios esfuerzos para ser buenos padres.

¿Dónde debe poner su confianza entonces? La esencia de lo que significa seguir a Dios está el hacerlo el centro y la fuente de nuestra seguridad. Ya no dependemos de la defensa y protección del mundo. El futuro de nuestro hijo no depende de la protección, de las oportunidades ni la supervisión que podamos proveerle. Confiamos en el nombre del Señor nuestro Dios.

En lugar de confiar en la cuenta de ahorros y en las pólizas de seguro, confiamos en el Dios que provee para los suyos. En lugar de confiar en las dietas sanas y las medidas de seguridad, confiamos en el Dios que protege a los suyos. En lugar de confiar en nuestros propios planes y sueños, confiamos en el Dios que ordena de antemano todos los días de nuestra vida. En lugar de confiar en lo que podemos lograr o en lo que nuestros hijos pueden lograr, confiamos en lo que Cristo ha logrado para nosotros.

• • •

Señor, hay muchas cosas que prometen seguridad falsamente. Pero la única seguridad verdadera y duradera en este mundo incierto es Cristo. Por favor ayúdame, Señor, cuando me siento tentado a poner mi confianza y esperanza en lo que parece prometedor pero que al final es inestable. Sigue llamándome a volver a confiar en ti todo lo que se refiere a la vida de _____.

Brazos abiertos

Luego Isaías habló audazmente de parte de Dios y dijo:

> *«Me encontraron personas que no me buscaban.*
> *Me mostré a los que no preguntaban por mí».*

Pero, con respecto a Israel, Dios dijo:

> *«Todo el día les abrí mis brazos,*
> *pero ellos fueron desobedientes y rebeldes».* ROMANOS 10:20-21

LOS BRAZOS ABIERTOS DE UN PADRE OFRECEN REFUGIO, aceptación, seguridad y pertenencia. Así se describe Dios a sí mismo. Dios pone esta imagen frente a nosotros para ayudarnos a entender su postura respecto a nosotros y a nuestros hijos.

Podríamos esperar una postura completamente diferente de parte de nuestro Padre celestial. Podríamos esperar que sus brazos estuvieran cruzados por ira y frustración o a los costados esperando que hagamos el primer movimiento. Podríamos esperar que él quisiera mantenernos lejos. Pero no. Sus brazos están abiertos, invitándonos a acercarnos para ser amados y cuidados.

«Todo el día» nos abre sus brazos. «Todo el día» es un tiempo muy largo. Dios es paciente y persistente. El día de la gracia no ha terminado y, por eso, sus brazos todavía están abiertos invitando a sus hijos a venir a él.

Es una imagen tan hermosa que apenas se puede entender por qué alguien rechazaría ser abrazado así o por qué alguien escogería desobedecer o rebelarse contra un Padre tan amoroso. Aun así, esa era la realidad de muchos judíos que habían estado expuestos a esta revelación del corazón del Padre durante toda su vida. Rechazaron su bienvenida alegre. Hoy también es la realidad de muchas personas que crecen rodeadas de las buenas nuevas de la invitación de Dios, pero rehúsan entrar en su abrazo. ¡Ah, que nuestros hijos corran hacia sus brazos abiertos!

• • •

Señor, te puedo ver con los brazos abiertos, invitando a _____ a venir a ti. Has extendido esa oferta a través de los sermones que ha escuchado, las oraciones que ha orado y la lectura de la Biblia que ha experimentado a lo largo de los años. Derriba cualquier resistencia que perdure para que se encuentre como en su hogar en tu presencia. Envuelve a _____ en un abrazo que nada pueda ni disminuir ni interrumpir jamás.

Imposible entender

¡Qué grande es la riqueza, la sabiduría y el conocimiento de Dios! ¡Es realmente imposible para nosotros entender sus decisiones y sus caminos! ROMANOS 11:33

ES INTERESANTE QUE EN LA GRAN CARTA de Pablo a los Romanos, después de explicar tanto acerca de los planes y propósitos de Dios, Pablo mismo admite que es imposible para nosotros entender todas las decisiones y los caminos de Dios. Dice que los juicios o decretos de Dios no pueden ser investigados a fondo y que sus caminos no se pueden seguir hasta el final. Nunca llegaremos a comprender por completo todo lo que él está haciendo, ni tampoco tendremos claridad completa del porqué.

No se trata de que jamás debamos esperar saber algo acerca de los caminos de Dios, pero solo podemos entender lo que nos es revelado. Y, a pesar de lo mucho que Dios nos ha dado a conocer, no nos reveló todo, en particular las explicaciones y las respuestas detalladas a todas las preguntas que alguna vez hicimos. Dios conoce el camino que nos espera tanto a nosotros como a nuestros hijos, nosotros no lo conocemos. Dios nos llama a vivir por fe en sus propósitos amorosos y soberanos. Nos pide que le confiemos a él lo que supera nuestra capacidad para entender.

Dios va delante de nosotros, abriendo camino para la historia de la humanidad y para nuestra vida. Y sus caminos están más allá de nuestra capacidad para rastrearlos; no podemos entender por completo la razón exacta por la cual decretó que el mundo y nuestra vida estén tomando un curso determinado.

¿Por qué camino inescrutable los está llevando Dios tanto a usted como a sus hijos que le resulta imposible de entender o aceptar como la ruta planeada para su vida y la de sus hijos? Dios sabe lo que está haciendo. Ya que las profundidades de su conocimiento, sabiduría y misericordia son insondablemente profundas, podemos confiar en él incluso cuando sus caminos son inescrutables para nosotros. Podríamos no saber lo que está haciendo, pero podemos estar seguros de que *él sí lo sabe*.

· · ·

Señor, deseo dejar de insistir que debo entender todo lo que estás haciendo para aceptarlo. Perdóname por pensar neciamente que mis planes serían mejores que los tuyos. Perdóname por pensar con arrogancia que sé más que tú de las soluciones para mis problemas. Quizás no entienda tus decisiones, pero quiero aceptarlas. Y quizás no pueda rastrear tus caminos, pero quiero ir por ellos y deseo que _____ vaya a donde lo lleves.

Aprenderán a conocer

No imiten las conductas ni las costumbres de este mundo, más bien dejen que Dios los transforme en personas nuevas al cambiarles la manera de pensar. Entonces aprenderán a conocer la voluntad de Dios para ustedes, la cual es buena, agradable y perfecta.
ROMANOS 12:2

SI HAY ALGO QUE ANHELAMOS para nuestros hijos es que conozcan la voluntad de Dios y caminen en ella. ¿Cómo sabrán cuál es su voluntad? ¿Deberían esperar que el Señor les hable sobre decisiones pequeñas y grandes en sus pensamientos subconscientes? ¿Deberían «probar» algunas decisiones en particular para ver si tienen «paz» respecto a ellas? ¿Deberían buscar interpretar la voz de Dios a través de sus circunstancias?

Aunque tanto nosotros como nuestros hijos podríamos querer recibir mensajes divinos que nos dijeran de manera específica qué hacer y a dónde ir, nada en la Biblia indica que Dios nos guía de esa forma. Solo porque Dios haya hablado de una cierta forma a algunos creyentes en particular en algún momento de la historia de la redención no significa que esa sea la manera en que les habla a creyentes comunes en la actualidad.

Podemos estar seguros de que Dios guiará a nuestros hijos. No les proveerá necesariamente un mapa que les diga exactamente dónde ir y qué hacer, pero sí les ha provisto una brújula. Esta brújula es lo que Dios nos dice en la Biblia. De manera constante e inerrante guiará a nuestros hijos hacia su voluntad para la vida de ellos.

No esperamos ni que dejen de tomar decisiones para buscar mensajes divinos ni que estén en una búsqueda continua de una palabra sobrenatural, extrabíblica de parte de Dios que les diga dónde ir y qué hacer. No deseamos que traten de discernir la voluntad de Dios solo a través de sentimientos de paz o de interpretar las circunstancias, lo cual puede ser ambiguo. No buscamos que vivan con temor de perderse el mensaje. Sí anhelamos que su mente sea transformada mientras el Espíritu obra en su corazón a través de la Palabra de Dios, despierta una respuesta y los guía a seguirlo. Deseamos que tengan la mente de Cristo para que puedan discernir lo que es bueno, agradable y perfecto.

• • •

Señor, haz tu obra transformadora en _____ a través de tu Palabra para que _____ pueda aprender a conocer tu corazón, tu mente y tus deseos. Dale a _____ la mente de Cristo para que pueda tomar decisiones sabias que sean agradables a ti. Guíalo en tu camino mediante tu Palabra para que acepte tu voluntad.

Autoridad

Toda persona debe someterse a las autoridades de gobierno, pues toda autoridad proviene de Dios, y los que ocupan puestos de autoridad están allí colocados por Dios. Por lo tanto, cualquiera que se rebele contra la autoridad se rebela contra lo que Dios ha instituido, y será castigado. ROMANOS 13:1-2

SERÍA FÁCIL DESESTIMAR LAS INSTRUCCIONES de Pablo de someternos a las autoridades que nos gobiernan si pudiéramos argumentar que los gobernantes de sus días eran tan justos y buenos que se merecían dicha sumisión. Jesús, sin embargo, fue ejecutado bajo el pretexto de traición y Pablo mismo fue acusado de insurrección. Se avecinaba un tiempo de persecución intensa para los cristianos de Roma; sin embargo, fue en esa realidad que Pablo instruyó a aquellos que eran recipientes de la gracia salvadora de Dios en Cristo que respondieran con sumisión al gobierno civil. «Las autoridades están al servicio de Dios para tu bien», Pablo escribió en el versículo 4. Pablo reconocía que incluso las autoridades civiles injustas frenaban la ola de maldad que se desataría en el mundo sin ellas.

Por supuesto, hay un principio mucho más grande en este pasaje que tiene relevancia para la forma en que criamos a nuestros hijos. Dios pone toda autoridad en su puesto. Reconocer plenamente la soberanía de Dios sobre el mundo es reconocer y ayudar a nuestros hijos a que reconozcan que, toda persona bajo cuya autoridad están, fue puesta allí por Dios. Nos es fácil motivar a nuestros hijos a que respeten la autoridad de los docentes que admiramos, de los entrenadores que apreciamos y de los jefes que respetamos. No obstante, cuando nuestros hijos nos cuentan sobre algún docente deshonroso, cuando observamos que el entrenador los trata injustamente o cuando reconocemos que ese jefe hizo muy poco para ganarse su respeto, es mucho más difícil animar a nuestros hijos a que se sometan correctamente a su autoridad. Es ahí cuando debemos recordar que la sumisión no está motivada principalmente por la persona a quien nos sometemos, sino que es un acto de obediencia y sumisión al Señor mismo.

• • •

Señor, anhelamos que _____ aprenda a vivir bajo tu autoridad. Y eso significa someterse a los líderes humanos; incluso, y quizás en especial, a aquellos que no se ganan su respeto. Más que todo, deseamos que _____ se someta alegremente a tu autoridad. Por eso ayuda a _____ a hacer la conexión. Concédele a _____ la gracia de someterse a toda autoridad como si se sometiera a ti.

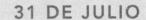

Tendremos que responder ante Dios

Recuerda que todos estaremos delante del tribunal de Dios. Pues dicen las Escrituras:
«Tan cierto como que yo vivo —dice el SEÑOR—, toda rodilla se doblará ante mí,
y toda lengua declarará lealtad a Dios».
Es cierto, cada uno de nosotros tendrá que responder por sí mismo ante Dios.
ROMANOS 14:10-12

NOS IMPORTA CRIAR BIEN a nuestros hijos y vemos las muchas maneras en las cuales no lo hacemos. En nuestra desesperación por encontrar ánimo, a veces somos tentados a juzgar a otros padres. Los juzgamos por estar demasiado involucrados o por ser negligentes; por ser demasiado relajados o demasiado severos. Estamos bastantes seguros de que las luchas de sus hijos son el resultado de que transigen y son incoherentes como padres.

Pablo nos hace bajar de nuestra posición elevada desde la cual menospreciamos a nuestros hermanos y hermanas. Nos recuerda que todos estamos destinados a presentarnos ante un Juez; un Juez sublime y santo ante quien todos tendremos que responder en lo personal por la forma en que criamos a los hijos que nos confió.

Jesús nos dijo que todos rendiremos cuentas en el día del juicio por todas las palabras ociosas que hayan salido de nuestra boca. Ay, Dios. Palabras severas. Palabras poco edificantes. Palabras hipócritas. Jesús contó la historia de un mayordomo a quien le habían confiado los recursos de su amo y, luego, cuando regresó su amo, lo llamaron para que diera cuenta de la forma en que había invertido los recursos. A nosotros también nos llamarán a rendir cuentas el día en que regrese nuestro Amo. Ay, Dios. Se nos dio tanto tiempo y tantos recursos financieros, espirituales y educacionales para criar a nuestros hijos para que amen y sirvan al Señor, pero sabemos que hemos perdido el tiempo, perdido oportunidades y perdido esfuerzos en cosas que simplemente no importan mientras descuidábamos las cosas que sí importan para la eternidad. Simplemente no estamos en posición de juzgar a los demás, sino que, por el contrario, estamos en posición de pedir misericordia.

• • •

Señor, pedimos tu perdón por los comentarios desdeñosos y los juicios rápidos que hicimos acerca de la forma en que otras personas crían a sus hijos. Te pedimos ayuda para mantenernos enfocados en estar listos para presentarnos ante ti en lugar de señalar las fallas de los demás. ¿Cómo podríamos persistir en extender a los demás otra cosa que no sea misericordia cuando tú nos concediste tanta misericordia a nosotros?

1 DE AGOSTO

2 Crónicas 30:1–31:21
Romanos 15:1-22
Salmo 25:1-15
Proverbios 20:13-15

Acéptense unos a otros

Por lo tanto, acéptense unos a otros, tal como Cristo los aceptó a ustedes, para que Dios reciba la gloria. ROMANOS 15:7

MUCHAS VECES NOS VEMOS A NOSOTROS MISMOS, nuestros intereses, nuestro temperamento, nuestras creencias, nuestras costumbres, reflejados en la vida de nuestros hijos. Pero otras veces es exactamente lo opuesto. Nuestros hijos crecen y florecen en la dirección que hemos soñado. Y otras veces, la visión que tenemos para nuestros hijos no concuerda con aquello en lo que se están convirtiendo.

Es fácil aceptar y motivar las áreas en la vida de nuestros hijos que son un reflejo positivo de nosotros. Nos sentimos respetados y motivados cuando siguen nuestros pasos y están de acuerdo con nuestras opiniones. Pero cuando Dios nos da hijos que no piensan como nosotros, valoran cosas diferentes y no procesan la vida de la misma manera, tal vez nos sintamos justificados al no darles el apoyo, la aprobación y la aceptación que necesitan. Pero entonces leemos las palabras de Pablo, quien nos enseña a aceptarnos los unos a los otros. Tenemos que ir más allá de la tolerancia y aceptar a quienes pertenecen al cuerpo de Cristo y que son diferentes a nosotros, incluyendo a nuestros hijos.

A veces, esto puede parecer una hazaña. Y parece que Pablo se da cuenta de que la aceptación verdadera nunca es fácil. Por lo tanto, nos provee tanto la motivación como los recursos que necesitamos para aceptar a los demás. Recordar y deleitarnos en la aceptación que recibimos de parte de Cristo nos provee lo que necesitamos para aceptar a los demás.

Si lo piensa, cuando hablamos acerca de la aceptación en la iglesia, en su mayoría hablamos en términos de aceptar a Jesús. La realidad aquí es que Jesús nos aceptó incluso cuando pensábamos absolutamente diferente que él, valorábamos las cosas de manera diferente a él y procesábamos la vida muy diferente a él. No nos exigió que limpiáramos nuestra vida primero. Como el padre del hijo pródigo, Jesús corrió hacia nosotros, nos abrazó y nos dio la bienvenida a su familia. Ah, que tengamos la gracia para aceptar a nuestros hijos así.

• • •

Señor, necesito tu gracia para aceptar a _____ de la misma forma acogedora, alentadora y alegre en que me aceptaste a mí. Necesito palabras de ánimo y confirmación. Necesito un semblante abierto y alegre. Necesito voluntad para dejar ir mis expectativas para _____ de modo que pueda aceptar y celebrar su vida sin importar la forma en que se desarrolle.

Olvido

Pero cuando estaba sumido en profunda angustia, Manasés buscó al SEÑOR su Dios y se humilló con sinceridad ante el Dios de sus antepasados. Cuando oró, el SEÑOR lo escuchó y se conmovió por su petición. Así que el SEÑOR hizo que Manasés regresara a Jerusalén y a su reino. ¡Entonces Manasés finalmente se dio cuenta de que el SEÑOR es el único Dios! 2 CRÓNICAS 33:12-13

EN REPETIDAS OCASIONES, Moisés le advirtió al pueblo de Israel que recordara al Señor cuando se estableciera en la Tierra Prometida: «Así que asegúrense de no romper el pacto que el SEÑOR su Dios hizo con ustedes. No se hagan ídolos de ninguna imagen ni de ninguna forma, porque el SEÑOR su Dios lo ha prohibido» (Deuteronomio 4:23). Aun así, ellos lo olvidaron.

Su falta de memoria alcanzó su punto culminante cuando Manasés, un hombre cuyo nombre significa «olvido», reinaba en Judá. Se suponía que el rey que gobernaba al pueblo de Dios gobernara en justicia, guiando al pueblo a amar al Señor de manera exclusiva. Pero Manasés lo guío a adorar ídolos y a abandonar al Señor. También se esperaba que el rey que gobernaba al pueblo de Dios escuchara lo que Dios tenía que decirle a través de los profetas, pero Manasés asesinó a los profetas que le señalaron sus pecados.

Judá, junto con su rey, se olvidó de Dios, así que Dios hizo algo que Judá nunca olvidaría: «Envió a los comandantes de los ejércitos asirios y tomó a Manasés prisionero. Le pusieron un aro en la nariz, lo sujetaron con cadenas de bronce y se lo llevaron a Babilonia» (2 Crónicas 33:11). Judá observó a su rey ser tratado como un animal. Dios le recordó a este rey su amor inagotable y Manasés se humilló ante Dios. Aunque se merecía el juicio de Dios, experimentó la misericordia de Dios.

Manasés muestra que no hay maldad demasiado grande como para que Dios no nos muestre misericordia cuando clamamos a él en arrepentimiento. Cuando nos humillamos así, podemos estar seguros de que experimentaremos su abundante misericordia.

• • •

Señor, perdemos de vista lo que significa que te hayas unido a nosotros en un pacto de amor. Pero no queremos olvidar. Te pedimos que protejas a _____ de olvidarse. Que se aferre a ti tanto que no haga falta que pase por una angustia profunda para que se dé cuenta de que solo tú eres Dios. Que _____ jamás olvide que nunca podrá cometer una maldad tan grande como para que no le muestres misericordia cuando se arrepienta.

3 DE AGOSTO

Nada que esconder

Declárame inocente, oh SEÑOR,
* porque he actuado con integridad;*
* he confiado en el SEÑOR sin vacilar.*
Ponme a prueba, SEÑOR, e interrógame;
* examina mis intenciones y mi corazón.*
Pues siempre estoy consciente de tu amor inagotable,
* y he vivido de acuerdo con tu verdad.* SALMO 26:1-3

EN ESTE SALMO, podríamos confundir la confianza de David con orgullo cuando invita osadamente al Dios que ve y sabe todo a que investigue fehacientemente sus acciones y motivaciones y que declare en público que él es un creyente verdadero. David afirma que siempre estuvo enfocado en el amor inagotable de Dios y que ha vivido todos los días de su vida en sintonía con el carácter y los mandamientos de Dios. En otra afirmación que podría parecer arrogante, David se distinguió a sí mismo de los mentirosos, hipócritas y de aquellos que hacen maldad.

David no estaba hablando con orgullo. Si hubiera estado motivado por la confianza en su propia justicia, no le hubiera pedido a Dios que lo redimiera. No le hubiera pedido a Dios que le mostrara misericordia. Por el contrario, David cierra su salmo implorándole a Dios: «Por eso, rescátame y muéstrame tu misericordia. Ahora piso tierra firme, y en público alabaré al SEÑOR» (Salmo 26:11-12). David sabía que no podía depender de su registro de integridad para ganar el favor de Dios. Por el contrario, estaba parado sobre la tierra firme de la gracia de Dios para los pecadores. Por supuesto, no podía entender esta gracia con tanta claridad como usted y yo podemos de este lado de la cruz. No sabía con exactitud cómo lo que había sucedido en el altar hizo que sus manos sucias quedaran limpias, pero confiaba en el Señor sin dudar. Vivía según la verdad que le había sido dada.

Esta es la clase de fe segura que anhelamos ver florecer en nuestros hijos. Deseamos que la gracia de Dios se vuelva tan verdadera para ellos que puedan abrir ampliamente las ventanas de su vida confiados en que no tienen necesidad de esconder nada de Dios debido a que todo ha sido saldado en su altar. Deseamos ver que vaya tomando forma una congruencia creciente entre el carácter de Dios y su carácter, una confianza creciente en la gracia por los pecadores.

• • •

Señor, anhelamos que obres en la vida de _____ para que _____ pueda hacer esta clase de oración confiada, sin nada que esconder y con todo que esperar.

Compasión incansable

Asimismo, todos los jefes de los sacerdotes y el pueblo se volvieron cada vez más infieles. Siguieron todas las prácticas paganas de las naciones vecinas y profanaron el templo del SEÑOR que había sido consagrado en Jerusalén.

Repetidas veces el SEÑOR, Dios de sus antepasados, envió a sus profetas para advertirles, porque tenía compasión de su pueblo y de su templo. Sin embargo, el pueblo se mofaba de estos mensajeros de Dios y despreciaba sus palabras. Se burlaron con desprecio de los profetas hasta que el enojo del SEÑOR no pudo ser contenido y ya no se podía hacer nada. 2 CRÓNICAS 36:14-16

AQUÍ VEMOS QUE YAHVEH ES UN PADRE PERSISTENTE y paciente. Les da todas las oportunidades posibles a sus hijos para que obedezcan y disfruten de todas las bendiciones que les dio a los israelitas sacerdotes que estaban encargados de presentar sus preocupaciones ante la presencia de Dios y de ofrecer sus sacrificios en el altar de Dios. Pero los sacerdotes fueron desleales y comenzaron a aprovecharse del pueblo de Dios y a llevarlos por el mal camino. Dios descendió para vivir en medio de su pueblo en el lugar santísimo del templo, pero ellos profanaron su casa, ofreciendo sacrificios a otros dioses dentro de sus paredes santas. Envió profetas a advertirles a los israelitas lo que les sucedería si persistían en su rebelión. Pero en lugar de escuchar a los profetas, el pueblo se burlaba de ellos.

Estos versículos finales de 2 Crónicas presentan un final al parecer triste a la luz de las promesas que Dios les había hecho y de todas las bendiciones que había derramado sobre ellos. Aunque este es el final de la historia registrado en este libro, no es ni por cerca el final de la historia. Dios continuaría extendiendo sus manos a sus hijos rebeldes. Llegaría el día cuando enviaría un mejor sacerdote para que habitara en medio de su pueblo, no en el templo, sino entre ellos como uno de ellos. En lugar de enviar su Palabra a través de un profeta, la Palabra se volvería carne.

Dios no abandonó a su pueblo a pesar de que lo rechazaron. Siguió buscándolos y atrayéndolos hacia sí mismo. Dios sigue obrando de la misma manera. Este es el Dios en quien pusimos nuestra esperanza por nuestros hijos. Aunque quizás hasta ahora resistieron y rechazaron la provisión de Dios o se burlaron y se mofaron de la Palabra de Dios, no se rinda. Dios es incansable en la búsqueda de su pueblo.

• • •

Señor, eres un Padre incansable, que nos busca con amor. Ayúdame a buscar a _____ mostrándole con mi vida tu fidelidad, tu persistencia y tu compasión.

Movidos

Luego Dios movió el corazón de los sacerdotes, de los levitas y de los jefes de las tribus de Judá y de Benjamín, para que fueran a Jerusalén a reconstruir el templo del SEÑOR.
ESDRAS 1 : 5

EL PUEBLO DE DIOS ESTABA MUY LEJOS de la tierra donde Dios había prometido habitar con ellos, lejos del templo donde solían ir a buscar perdón, lejos de ser todo lo que debían ser. Estaba a ochocientos kilómetros al este de Jerusalén, en Babilonia, viviendo en una cultura diferente que tenía el propósito de asimilarlos. Subió al poder un nuevo régimen. Los persas vencieron a los babilonios. Dios «movió el corazón» del rey persa, Ciro, para que emitiera una proclama en la cual decía que todos los judíos que quisieran podían volver a Jerusalén a reconstruir el templo.

¿Quiénes volverían? «Todos aquellos cuyo espíritu despertó Dios» (versículo 5, RVR60).

Para traer a su pueblo al hogar que es él mismo, Dios movió el corazón de un rey pagano para que los liberara. Luego movió el corazón de algunas personas de su pueblo, dándoles el deseo de dejar Babilonia atrás y de encontrar su hogar en la tierra de Dios. En varias oleadas, en varias épocas, un remanente del pueblo de Dios regresó a casa para comenzar de nuevo; para comenzar de nuevo en la tierra, para comenzar de nuevo en el templo, para comenzar de nuevo con Dios y para ser el pueblo que Dios siempre había anhelado que fuera. Regresar a Jerusalén no era simplemente una reubicación geográfica. Era una transformación personal, una reorientación de la vida completa; lejos del mundo que pretendería asimilarlos y cerca de la ciudad donde Dios quería santificarlos.

Dios todavía mueve el corazón de la gente para que dejen el mundo, con todo lo familiar y las comodidades, y para que entren en la ciudad de Dios, donde se puede encontrar verdadera seguridad. Anhelamos que este despertar se produzca en el corazón de nuestros hijos para que puedan ser atraídos a hacer su hogar en Dios.

• • •

Señor, tú mueves el corazón de los reyes paganos y te mueves en el corazón de tu pueblo. Por favor, enciende un fuego en el corazón de _____ para que deje atrás la Babilonia de este mundo y venga a su hogar que eres tú. Por favor, mueve su corazón.

De manera que podemos conocer

Pero fue a nosotros a quienes Dios reveló esas cosas por medio de su Espíritu. Pues su Espíritu investiga todo a fondo y nos muestra los secretos profundos de Dios. Nadie puede conocer los pensamientos de una persona excepto el propio espíritu de esa persona y nadie puede conocer los pensamientos de Dios excepto el propio Espíritu de Dios. Y nosotros hemos recibido el Espíritu de Dios (no el espíritu del mundo), de manera que podemos conocer las cosas maravillosas que Dios nos ha regalado. 1 CORINTIOS 2:10-12

PABLO HABÍA HABLADO de «la clase de sabiduría que pertenece a este mundo o a los gobernantes de este mundo» (versículo 6). Pablo se refiere a la gente de su época que tenía gran influencia con sus opiniones, la gente con influencia sobre la cultura. Un abismo los separaba de poder entender lo que era verdadero e importante. Estos «gobernantes del mundo» consideraban lo que sucedió en la cruz algo débil e ineficaz, incluso ridículo y despreciable. Simplemente no entendían, pero seguían hablando.

Si tuviéramos que identificar a los «gobernantes del mundo» de hoy, quienes influencian la forma de pensar de la gente, señalaríamos a los guías espirituales de los programas televisivos de las tardes, a los anfitriones de los programas de debate político, los blogueros y columnistas populares, animadores y deportistas. Estas voces dominan la conversación en nuestra cultura y, a veces, lo hacen con tan solo 140 caracteres.

Esta no es la sabiduría que anhelamos que nuestros hijos absorban. No son las voces que deseamos que escuchen. «La clase de sabiduría que pertenece a este mundo» no los puede ayudar a entender «el misterio de Dios, su plan que antes estaba escondido, aunque él lo hizo para nuestra gloria final aún antes que comenzara el mundo» (versículos 6-7). Esto es lo que más necesitan saber, pero necesitan más que la información sobre el plan de Dios de redención a través de Cristo. Necesitan que otra dimensión de revelación ocupe su lugar en su mismo espíritu. Necesitan que el Espíritu de Dios imprima en ellos la sabiduría del plan de Dios y por qué es esencial para una vida abundante. Solo el Espíritu de Dios puede capacitarlos para «conocer las cosas maravillosas que Dios nos ha regalado» (versículo 12).

• • •

Señor, es fuerte la tentación de tratar de ser el Espíritu en la vida de _____. Me doy cuenta de que siempre estoy buscando una voz que hable la verdad a _____ de una forma que _____ la escuche y la reciba. Pero hay una sola forma en que _____ llegará a conocer todo lo que gratuitamente nos has dado en Cristo, y es a través de tu Espíritu, quien revela estas cosas maravillosas.

7 DE AGOSTO

Esdras 4:24–6:22
1 Corintios 3:5-23
Salmo 29:1-11
Proverbios 20:26-27

La voz del Señor

La voz del SEÑOR resuena sobre la superficie del mar;
  el Dios de gloria truena;
  el SEÑOR truena sobre el poderoso mar.
La voz del SEÑOR es potente;
  la voz del SEÑOR es majestuosa.
La voz del SEÑOR parte los enormes cedros;
  el SEÑOR hace pedazos los cedros del Líbano. SALMO 29:3-5

CUANDO LEEMOS EL SALMO 29, nos da la sensación de que David está mirando al cielo, observando el progreso de una tormenta que arrasa todo Israel. Sin embargo, él no solo está mirando la tormenta. Está escuchando lo que el Señor busca decirle a través de ella.

La escena comienza en el cielo, donde los seres sobrenaturales están rindiéndole homenaje al Señor, adorándolo mientras el esplendor de su santa presencia los rodea. Pero entonces la presencia magnificente del Señor se traslada del cielo a la tierra cual tormenta que atraviesa el cielo como una lanza. Después de aparecer primero sobre el indomable mar Mediterráneo, la presencia del Señor se cierne sobre la tierra mientras truena desde el norte de Israel, donde los cuantiosos cedros del Líbano son partidos por la fuerza de la tormenta, que se extiende a través de Canaán hasta el desierto de Cades, donde su poder deja a su paso robles hechos pedazos y bosques desnudos. Cualquiera que haya experimentado alguna vez una tormenta con relámpagos, rayos y árboles hechos pedazos con vientos que dejan los bosques pelados entiende lo que David está describiendo.

La voz del Señor es demoledora. La misma voz que parte en dos los cedros del Líbano puede atravesar cualquier resistencia a Dios que nuestros hijos pudieran tener. La voz del Señor golpea como un martillo, atraviesa como un rayo. Esta voz puede hablarles a nuestros hijos como una lluvia suave que los ayuda a entender de forma gradual o como un golpe de rayo que les da una perspectiva que les cambia la vida. La voz del Señor sacude. Puede arrancar a nuestros hijos de la apatía y la comodidad. La voz del Señor desnuda. Así como desnuda los bosques, puede eliminar las actitudes y los argumentos negativos del corazón y la mente de nuestros hijos.

• • •

Señor, no podemos evitar anhelar que _____ sienta tu poder y te escuche hablar. Por favor, arrasa nuestro hogar de la misma forma como David te vio arrasando Israel de norte a sur. Ven a reinar como rey en nuestro corazón para siempre.

219

Calificados

En cuanto a mí, me importa muy poco cómo me califiquen ustedes o cualquier autoridad humana. Ni siquiera confío en mi propio juicio en este sentido. Tengo la conciencia limpia, pero eso no demuestra que yo tenga razón. Es el Señor mismo quien me evaluará y tomará la decisión. 1 CORINTIOS 4:3-4

INTERNET PROPORCIONA UNA PLATAFORMA A TODOS para que trasmitan sus opiniones. Con un solo clic podemos volvernos críticos aficionados que ofrecen perspectivas irreprochables sobre casi cualquier cosa; incluyendo lo que opinamos sobre otras personas.

Juzgar a los demás de una manera pública no es nada nuevo. Al parecer, había algunos en la iglesia de Corinto que compartían sin reservas lo que opinaban de Pablo. Por eso, Pablo les escribió para desafiar no solo los parámetros que estaban usando para juzgarlo, sino también su condición para juzgarlo. Pablo no estaba preocupado ni siquiera por cómo él mismo se calificaba. «Ni siquiera confío en mi propio juicio en este sentido», dijo. Había un solo Calificador que le importaba a Pablo y una sola evaluación que le interesaba. Lo único que en realidad le preocupaba a Pablo era cómo lo calificaría el Señor.

Ah, si tan solo pudiéramos impartir esta clase de libertad a nuestros hijos cuando están desesperados tratando de demostrar su valor a un mundo que parece estar esperando para evaluar su desempeño, lo que comparten en las redes y en sus fotos. Las opiniones de los demás pueden ser muy inspiradoras en los días cuando se distinguen y se desempeñan bien, pero las críticas pueden aplastar a nuestros hijos cuando apuntan a sus debilidades y fallas. La carga de vivir según la evaluación de los demás es demasiado pesada. Es cansador vivir todos los días ante un mundo que observa y critica.

Lo que nuestros hijos necesitan para contrarrestar esta presión es la verdad del evangelio. Allí, el camino de la debilidad es el camino de la fortaleza. El camino de la pobreza es el camino de las riquezas. El camino a la gloria es el camino de la humildad. El evangelio nos dice que lo que importa es lo que Dios opina de nosotros. Y Dios, al final, nos evalúa según lo que pensamos acerca de Jesús.

• • •

Señor, por favor libra a _____ de ser gobernada y arruinada por la evaluación de los demás. También líbrala de la tiranía de la autoevaluación. Haz que sus ojos se fijen en Jesús. Dale descanso en saber que tú evalúas los logros humanos de una forma paradójica.

La gracia de la disciplina

No es mi deber juzgar a los de afuera, pero sí es responsabilidad de ustedes juzgar a los que son de la iglesia y están en pecado. I CORINTIOS 5:12

¿CÓMO RESPONDERÍAMOS SI DESCUBRIÉRAMOS que nuestro hijo adulto está esclavizado por el pecado sexual, involucrado en prácticas financieras corruptas, maltratando a su esposa o empleados o bebiendo alcohol excesiva y habitualmente?

Si nuestros hijos están en Cristo, además de ser nuestros hijos e hijas, son nuestros hermanos y hermanas en Cristo. De modo que, no solo nos relacionamos con ellos como padres e hijos, sino como creyentes. Además, hay una gran diferencia entre la forma en que debemos responder a un no creyente esclavizado por el pecado y a un creyente que rehúsa abandonar su pecado.

Pablo deja en claro que no debemos esperar que quienes están separados de Cristo acepten y obedezcan sus mandamientos. Esto se aplica también a nuestros hijos. Por lo tanto, la gran pregunta ante la realidad de un joven adulto que peca deliberadamente no es tanto respecto al comportamiento, sino respecto a si le pertenece a Cristo en realidad. Si nuestro hijo no se ha unido verdaderamente a Jesús por la fe, tiene sentido que peque. Después de todo, los no creyentes no tienen el poder del Espíritu Santo para vencer el pecado y la tentación.

Pero si nuestro hijo afirma estar en Cristo y se niega a arrepentirse cuando lo confrontamos con compasión y paciencia, la situación es diferente. El pecado de nuestro hijo afecta a toda la iglesia. El lenguaje que Pablo utiliza nos golpea duramente y nos hace sentir incómodos. Esta persona debe ser quitada de la comunión de la iglesia (versículo 2), echada fuera y entregada a Satanás (versículo 5). Los miembros de la iglesia no deben «relacionarse» (versículo 9) con quienes afirman ser creyentes, pero sin embargo se entregan a cualquier clase de pecado. Debemos considerar que esta respuesta dura tiene el propósito de causar un efecto: la restauración. Dicha disciplina no tiene la intención de transmitir nuestra desaprobación, sino por el contrario, nuestro temor por el alma de nuestro hijo.

• • •

Señor, si alguna vez tengo que ver a mi hijo padecer la disciplina de la iglesia por un pecado recurrente, voy a necesitar abundante gracia. Ayúdame a amar la pureza de tu iglesia más que la comodidad de mi hijo. Ayúdame a confiar en que la gracia de la disciplina en la vida de _____ traerá como resultado restauración.

¿No se dan cuenta?

¡Huyan del pecado sexual! Ningún otro pecado afecta tanto el cuerpo como este, porque la inmoralidad sexual es un pecado contra el propio cuerpo. ¿No se dan cuenta de que su cuerpo es el templo del Espíritu Santo, quien vive en ustedes y les fue dado por Dios? Ustedes no se pertenecen a sí mismos, porque Dios los compró a un alto precio. Por lo tanto, honren a Dios con su cuerpo. I CORINTIOS 6:18-20

PABLO ESCRIBIÓ CON LA POSTURA DE UN PADRE, razonando con sus lectores y ayudándolos a pensar acerca de su vida y de sus cuerpos de una manera que refleje que le pertenecen a Cristo. Once veces, Pablo comienza: «¿No se dan cuenta?». «No se dan cuenta de que [...] son el templo de Dios?» (3:16). «¿No se dan cuenta de que ese pecado es como un poco de levadura que impregna toda la masa?» (5:6). «¿No se dan cuenta de que algún día nosotros, los creyentes, juzgaremos al mundo?» (6:2). «¿No se dan cuenta de que los que hacen lo malo no heredarán el reino de Dios?» (6:9). Y, luego, pregunta:

> *¿No se dan cuenta* de que sus cuerpos en realidad son miembros de Cristo? (6:15)
> *¿Y no se dan cuenta* de que, si un hombre se une a una prostituta, se hace un solo cuerpo con ella? (6:16)
> *¿No se dan cuenta* de que su cuerpo es el templo del Espíritu Santo, quien vive en ustedes y les fue dado por Dios? (6:19)

Quizás Pablo nos está mostrando la clase de preguntas que deberíamos estar haciéndoles a nuestros hijos y preguntándonos a nosotros mismos acerca de ellos. ¿Se dan cuenta de que la pureza sexual es mucho más que ser buenos o evitar enfermedades sexuales, embarazos o vergüenza? ¿Se dan cuenta de que si están en Cristo, lo llevan con ellos a cada encuentro sexual? Podemos darles muchas razones para mantenerse puros, pero Pablo nos ayuda a centrar nuestra súplica en la realidad del evangelio de estar unidos a Cristo tanto en cuerpo como en alma.

• • •

Señor, mientras buscamos inculcarle a _____ un entendimiento profundo de la santidad e importancia del sexo, nos damos cuenta de que estamos nadando contra una corriente muy fuerte. Solo el poder de tu evangelio y la realidad de que _____ te pertenece a ti pueden hacer retroceder a esta corriente. Danos las palabras y la voluntad para seguir luchando para ayudar a _____ a darse cuenta de que su cuerpo te pertenece.

Grandes dificultades y desgracias

Les pregunté por los judíos que habían regresado del cautiverio y sobre la situación en Jerusalén.

Me dijeron: «Las cosas no andan bien. Los que regresaron a la provincia de Judá tienen grandes dificultades y viven en desgracia. La muralla de Jerusalén fue derribada, y las puertas fueron consumidas por el fuego».

Cuando oí esto, me senté a llorar. De hecho, durante varios días estuve de duelo, ayuné y oré al Dios del cielo. NEHEMÍAS 1:2-4

EL CORAZÓN DE NEHEMÍAS ESTABA QUEBRANTADO por las cosas que le parten el corazón a Dios, lo cual es la marca de quien en verdad conoce y ama a Dios. Nehemías sabía qué hacer y a dónde ir con su corazón quebrantado. Regresó a la persona que amaba a su pueblo más que él, quien estaba más comprometido con el futuro de Jerusalén que él, quien tenía el poder para hacerse cargo de «las grandes dificultades y la desgracia» de su pueblo. Comenzó a orar. Y siguió orando.

Nehemías sabía a quién le oraba. Le pidió «al Dios grande y temible» (versículo 5) que se hiciera cargo de las «grandes dificultades». Este no era un dios cualquiera. Era el Dios que «guarda el pacto y la misericordia a los que le aman y guardan sus mandamientos» (versículo 5, RVR60). Era el Dios que había rescatado a su pueblo con «gran poder y mano fuerte» (versículo 10). Era el Dios que tenía una larga historia de proteger a su pueblo y de proveerles. Nehemías sugirió que su pueblo *merecía* ser liberado. Le pidió a Dios que les diera lo que no se merecían ni se habían ganado. Esto es gracia. Le pidió a Dios que fuera fiel a su promesa de traer a su pueblo de regreso a la Tierra Prometida después del exilio.

Nehemías *nos* muestra cómo orar cuando estamos desolados porque nuestros hijos están en grandes dificultades y desgracias. Pedimos gracia, favor no merecido. Pedimos que Dios sea fiel a las promesas que hizo. Orar no es presentarse con una lista de lo que pensamos que Dios debe hacer y esperar a que lo haga. Orar es estar de acuerdo con el carácter poderoso y misericordioso de Dios, el cual nunca cambia, y pedirle que sea fiel a su Palabra, lo cual siempre hace.

• • •

Señor, cuando alguien que amo está en grandes dificultades y desgracias, tiendo a llenar mis oraciones con los planes que quiero que tú pongas en práctica. Pero, Señor, deseo llenar mis oraciones con tus promesas, clamando que hagas lo que juraste hacer para cuidar a los tuyos. Señor, por favor, convence de pecado, atrae, salva y renueva.

Ira justa

En esos días, algunos de los hombres y sus esposas elevaron una protesta contra sus hermanos judíos. Decían: «Nuestras familias son tan numerosas que necesitamos más comida para sobrevivir». Otros decían: «Hemos hipotecado nuestros campos, viñedos y casas para conseguir comida durante el hambre». [...] Cuando oí sus quejas me enojé muchísimo. NEHEMÍAS 5:1-3, 6

LOS JUDÍOS RECONSTRUYENDO los muros vivían en una región que había pasado por una hambruna. Personas privilegiadas de la ciudad se aprovechaban de la situación, inflaban el precio de los granos y prestaban dinero para comprar comida con intereses exorbitantes. Algunas personas desesperadas vendían a sus familiares como esclavos para pagar sus deudas. Podríamos decir que es normal que entre la gente del mundo de afuera, mundo despiadado que invita a hacer cualquier cosa para salir adelante, se aprovechen los unos de los otros, pero nunca tendría que haber sucedido entre hermanos.

Se suponía que la forma en la que el pueblo de Dios vivía demostrara la bondad de Dios. El que se hayan explotado y esclavizado los unos a los otros muestra lo opuesto. ¿Por qué alguien en los alrededores creería que el Dios de Israel era bueno, misericordioso y compasivo si veía que quienes lo adoraban y se identificaban con su nombre esclavizaban a sus hermanos, inflaban los precios y se aprovechaban los unos de los otros?

Cuando le presentaron el problema a Nehemías, este se enojó, pero no perdió los estribos. «Después de pensarlo bien, denuncié a esos nobles y a los funcionarios» (versículo 7). Nehemías demuestra que enojarse no siempre es pecado. A veces es perfectamente apropiado enojarse en respuesta a la injusticia o al mal uso del nombre de Dios.

Esta escena en Nehemías nos ayuda a considerar nuestra propia ira y la forma en que lidiamos con los conflictos en nuestro hogar. Nos obliga a preguntarnos: ¿Mi enojo es justo o egoísta? ¿Grito o discuto por frustración o pienso antes de hablar, consciente del impacto que tienen mis palabras?

· · ·

Señor, sería difícil decir que todas las veces que me enojo mi ira es «justa». En realidad quiero que _____ vea un ejemplo de ira justa y apropiada en nuestro hogar. Por eso, ayúdame a enojarme por lo que te enoja a ti para que el mundo pueda ver que eres un Dios justo. A la vez, ayúdame a lidiar con la ira egoísta y con todo lo que tenga que ver con salirme con la mía.

Pendencieros

Más vale habitar en un rincón de la azotea
que compartir el techo con mujer pendenciera. PROVERBIOS 21:9, NVI

¿HAY ALGUNAS PERSONAS PENDENCIERAS VIVIENDO en su casa? ¿Padres o hijos que son rápidos para acusar a los demás y siempre están buscando defenderse a sí mismos, personas cuyo primer impulso es criticar y el último es animar? Tales personas parecen echar combustible sobre cualquier pequeña chispa de conflicto potencial.

En el libro de Proverbios, Salomón usa cinco veces imágenes vívidas para describir lo que significa vivir con una persona así. Según Salomón, es «tan molesta como una gotera continua en un día de lluvia» (27:15). Vivir con una persona pendenciera es peor que vivir «solo en un rincón de la azotea» (21:9) o que «vivir solo en el desierto» (21:19).

Mientras algunos de nosotros podríamos ser pendencieros por naturaleza, el objeto de la vida cristiana es morir a quienes éramos por naturaleza. En lugar de hacer lo que nos sale naturalmente, experimentamos algo sobrenatural. En lugar de usar palabras cortantes o severas, nuestras palabras son amables (15:1). En lugar de decir la primera cosa hiriente o de poca ayuda que nos viene a la mente, practicamos el control (10:19). En lugar de apresurarnos a emitir juicios acerca de las motivaciones de los demás, suponemos lo mejor. En lugar de quejarnos, nos hablamos con gracia los unos a los otros (Santiago 5:9). En el libro de Efesios encontramos el siguiente consejo: debido a que Dios nos perdonó con tanta generosidad, «sean amables unos con otros, sean de buen corazón, y perdónense unos a otros» (Efesios 4:32).

¡Qué hermoso y qué placentero sería para nuestra familia estar marcados por la bondad en lugar de ser pendencieros! «La clase de fruto que el Espíritu Santo produce en nuestra vida es: amor, alegría, paz, paciencia, gentileza, bondad, fidelidad, humildad y control propio» (Gálatas 5:22-23).

• • •

Señor, necesitamos tu ayuda divina para que en nuestro hogar impere un ambiente de paz, de ánimo y de amor en lugar de rencor, crítica y escepticismo. Ayúdanos como padres a establecer la bondad, en lugar del enfado, como el tono en que nos hablamos unos a otros en nuestra casa.

Escuchar atentamente

En octubre, cuando los israelitas ya se habían establecido en sus ciudades, todo el pueblo se reunió con un mismo propósito en la plaza, justo dentro de la puerta del Agua. Le pidieron al escriba Esdras que sacara el libro de la ley de Moisés, la cual el SEÑOR había dado a Israel para que la obedeciera. Así que el 8 de octubre el sacerdote Esdras llevó el libro de la ley ante la asamblea, que incluía a los hombres y a las mujeres y a todos los niños con edad suficiente para entender. Se puso frente a la plaza, justo dentro de la entrada de la puerta del Agua, desde temprano por la mañana hasta el mediodía y leyó en voz alta a todos los que podían entender. Todo el pueblo escuchó atentamente la lectura del libro de la ley. NEHEMÍAS 7:73–8:3*

LA BIBLIA PUEDE PARECER un libro muy antiguo. Lo que es interesante es que ya era un libro antiguo para estas personas. El libro de la Ley de Moisés (Génesis, Éxodo, Levítico, Números y Deuteronomio) tenía mil años. Aun así, los israelitas estaban hambrientos de la ley, confiados en que les hablaría, los desafiaría y les daría satisfacción. No se habían presentado para escuchar la lectura con la mente ausente (¿no es lo que a veces nos sucede cuando nos reunimos a escuchar la lectura y la enseñanza de la Palabra?). Recibieron la Palabra, meditaron en ella y buscaron entenderla y ponerla en práctica.

Imagínese la escena: Esdras parado en una plataforma de madera flanqueado por trece levitas y rodeado por cinco mil hombres, mujeres y niños. Desde el amanecer hasta cerca del mediodía, escucharon a Esdras mientras leía de los rollos, los cuales estaban escritos en hebreo. Debido a que las personas que volvían del exilio hablaban arameo, tuvieron que traducirla. Más que eso, tuvieron que explicarla. Esdras estaba rodeado de trece levitas. Estos hombres «leían del libro de la ley de Dios y explicaban con claridad el significado de lo que se leía, así ayudaban al pueblo a comprender cada pasaje» (versículo 8).

Y ¿cómo respondió el pueblo que se había reunido? «Todo el pueblo, con las manos levantadas, exclamó: "¡Amén! ¡Amén!". Luego se inclinaron y, con el rostro en tierra, adoraron al SEÑOR» (versículo 6). Este no era un «Amén» simbólico. Con sus labios y con todo su cuerpo, expresaban sumisión a lo que habían escuchado.

• • •

Señor, necesitamos que libres a nuestra familia de asistir a la iglesia semana tras semana sin anhelar en verdad tu Palabra ni querer escucharla. Necesitamos un corazón que la reciba, mentes que la mediten, manos que no puedan evitar ser levantadas a ti y rostros que se postren delante de ti. Solo tú puedes hacer que estemos así de vivos para tu Palabra.

15 DE AGOSTO

Nehemías 9:22–10:39
1 Corintios 9:19–10:13
Salmo 34:1-10
Proverbios 21:13

Él les mostrará una salida

Si ustedes piensan que están firmes, tengan cuidado de no caer. Las tentaciones que enfrentan en su vida no son distintas de las que otros atraviesan. Y Dios es fiel; no permitirá que la tentación sea mayor de lo que puedan soportar. Cuando sean tentados, él les mostrará una salida, para que puedan resistir. I CORINTIOS 10:12-13

PARA ANIMAR A LOS MIEMBROS DE LA IGLESIA de Corinto a apartarse de la idolatría, Pablo les dijo que consideraran a los israelitas que adoraron falsos dioses y sufrieron ruina y destrucción. «Esas cosas les sucedieron a ellos como ejemplo para nosotros», Pablo escribe en el versículo 11.

Cuando leemos acerca de los israelitas que adoraron el becerro de oro o sobre los corintios que participaban en los cultos paganos visitando a las prostitutas del templo, quizás pensamos que sus actos fueron erradicados de nuestra vida moderna. La idolatría, sin embargo, es parte indudable de nuestra vida. Debido a que está en el aire que respiramos, no podemos verla en realidad.

¿Qué es la idolatría? Los ídolos no son necesariamente cosas malas. A menudo son cosas *buenas* que se convirtieron en cosas *extremas*. Son deseos legítimos que se han transformado en exigencias destructivas. Tomamos una cosa buena, como proveer para la familia, y la transformamos en una cosa extrema, llena de ambición y codicia. Tomamos algo importante, como ser padres, y lo transformamos en un esfuerzo extremo cuando permitimos que nuestra identidad sea definida por el éxito o el fracaso de nuestro hijo.

Nuestro Dios entiende nuestros deseos, nuestras debilidades y nuestra necesidad de salir de las garras de la idolatría. Y eso es lo que nos provee. Cuando entendemos que nuestros ídolos no pueden satisfacernos y vemos con humildad que Cristo está dispuesto a cargar con todo el juicio por nuestra idolatría, entendemos que hay un camino para la gracia. Él nos provee la salida para lo que una vez parecía una tentación insoportable que nos seguía impulsando a buscar nuestro valor, seguridad y satisfacción fuera de Cristo.

• • •

Señor, amamos a _____, pero no deseamos que se vuelva un ídolo. Estamos desesperados porque nos ayudes a ordenar nuestro amor para que nuestros deseos no se vuelvan exigencias. Para poder deshacernos de los ídolos, necesitamos tu ayuda para identificarlos. Por favor, usa los medios que consideres necesarios para revelarnos lo que hemos llegado a amar más que a ti y aquello de lo que hemos llegado a depender más que de ti.

Les enseñaré a temer

Vengan, hijos míos, y escúchenme,
y les enseñaré a temer al SEÑOR. SALMO 34:11

DE TODAS LAS COSAS QUE NECESITAMOS y queremos enseñarles a nuestros hijos, la más importante, sin duda, es que el fundamento para una vida exitosa es este: el temor al Señor. Lo que nos resulta más natural, sin embargo, tanto a nosotros como a nuestros hijos, es temer a la gente más que a Dios y obtener la aprobación de la gente más que la de Dios.

Nuestros hijos ceden a la presión de sus pares porque quieren ser más como los otros chicos que ser como Cristo. Cuando no pueden soportar la idea de decepcionar a alguien, es porque les gusta agradar más a la gente que lo que quieren agradar a Cristo.

Quizás las opiniones de la gente llegaron a tener tanto valor para nuestros hijos porque no han sido expuestos lo suficiente a la grandeza de Dios y a la perfección de su carácter. Para crecer en el temor de Dios, debemos volvernos más pequeños y él debe volverse más grande. Nuestros hijos necesitan que los ayudemos a entender cómo, con el tiempo, las opiniones de los demás van perdiendo importancia. De esta manera nuestros hijos pueden comenzar a preocuparse más acerca de lo que Dios piensa y menos acerca de lo que los demás piensan.

En el Salmo 34, David llama sus hijos para enseñarles a temer al Señor. Quizás nosotros también necesitamos tomar en serio el enseñarles a nuestros hijos a temer al Señor; no solo hablando sobre eso, sino también demostrándolo con nuestras palabras y acciones. Nuestros hijos necesitan que les enseñemos que agradar a Dios es más importante y más significativo que agradar a las personas. Necesitan que les enseñemos que Cristo es el único ante quien rendirán cuentas al final de los tiempos. Vivir para escuchar que él nos diga «bien hecho» es la vida más liberadora y satisfactoria que uno pudiera vivir.

• • •

Señor, me doy cuenta de que no solo _____ es quien necesita temerte más a ti y menos a la gente. Yo también lo necesito. Parece ser que no he superado mi necesidad de la aprobación y la aceptación de los demás. Necesito que tú seas más importante en mi valoración. Necesito que tu aprobación y aceptación tengan una influencia mucho más prominente que la que tienen ahora. Por eso, obra en mí y, mientras lo haces, que el cambio en mí sea evidente para _____ de modo que _____ tema menos a la gente y más a ti.

Manteniendo las concesiones fuera

En esa época yo no estaba en Jerusalén porque había ido a presentarme ante Artajerjes, rey de Babilonia, en el año treinta y dos de su reinado, aunque más tarde le pedí permiso para regresar. Cuando regresé a Jerusalén, me enteré del acto perverso de Eliasib de proporcionarle a Tobías una habitación en los atrios del templo de Dios. Me disgusté mucho y saqué del cuarto todas las pertenencias de Tobías. NEHEMÍAS 13:6-8

EL CAPÍTULO FINAL DE NEHEMÍAS NOS CUENTA sobre su regreso a Jerusalén algunos años después de haber regresado a Persia para retomar su servicio al rey Artajerjes. Cuando Nehemías regresó a Jerusalén, se enteró de que a un pagano no israelita llamado Tobías le habían dado un lugar para trabajar en el templo. También descubrió que debido a que el pueblo no estaba dando sus ofrendas, los levitas, quienes se suponía que debían llevar adelante las tareas del templo, tuvieron que salir a trabajar en los campos para lograr comer. Además, la gente del pueblo estaba viviendo el día de reposo como cualquier otro día de trabajo.

Años atrás, el pueblo había estado de acuerdo con separarse de sus esposas paganas a pesar del costo. Pero cuando Nehemías regresó, se enteró de que, una vez más, los judíos se habían casado con mujeres de Asdod, Amón y Moab. Se habían enredado en esas culturas y religiones impías a tal punto que sus hijos ya no hablaban más la lengua de Judá.

Nehemías era como un padre que vuelve al hogar después de un largo viaje y descubre que sus hijos han hecho una fiesta desenfrenada en la casa durante su ausencia. Queda claro que todas las reglas y estipulaciones que implementó para que su pueblo amara y siguiera a Dios habían sido olvidadas. Cuando Nehemías regresó a Jerusalén, quedó en claro que el muro que él había construido no podía mantener afuera las concesiones que habían vuelto a contaminar al pueblo de Dios.

Como padres, no podemos construir paredes para mantener afuera las concesiones que siempre están tratando de entrar a nuestro hogar y a nuestro corazón. No podemos proveerles a nuestros hijos la energía necesaria para que persistan y crezcan en su búsqueda de agradar a Dios. Necesitan un restaurador mejor. Y lo tienen en Cristo.

. . .

Señor, sabes cuánto anhelo que _____ ande en tus caminos. Has escuchado mis oraciones y has sido testigo de mi trabajo. Pero _____ es tu hija. Y necesita mucho más que un padre piadoso. _____ necesita que tú evites que ceda ante la presión.

Cada uno debería examinarse

Por lo tanto, cualquiera que coma este pan o beba de esta copa del Señor en forma indigna es culpable de pecar contra el cuerpo y la sangre del Señor. Por esta razón, cada uno debería examinarse a sí mismo antes de comer el pan y beber de la copa. Pues, si alguno come el pan y bebe de la copa sin honrar el cuerpo de Cristo, come y bebe el juicio de Dios sobre sí mismo. I CORINTIOS II:27-29

SER PADRES MIENTRAS estamos sentados en el banco de la iglesia puede ser un desafío. Queremos adorar y queremos criar hijos que escuchen bien y que adoren al Señor con alegría. Dependiendo de cómo se celebre la cena del Señor en la iglesia a la cual asistimos, puede ser muy difícil ayudar a nuestros hijos hambrientos a entender que el pan y la copa son para aquellos que se han unido a Cristo por la fe y que no son solo un refrigerio para que todos compartan durante el servicio de la iglesia.

A medida que nuestros hijos crecen, quizás el desafío cambie, pero todavía existe: como, por ejemplo, ayudarlos a entender el significado de la cena, a entrar a la bendición de la mesa y examinarse a sí mismos antes de ir a la mesa. Sinceramente sería más fácil dejarlo pasar, pero cuando leemos estas palabras de Pablo podemos darnos cuenta de que no enseñarles a nuestros hijos que significa comer el pan y beber de la copa de manera indigna es rehusar protegerlos de comer y beber el juicio de Dios sobre sí mismos.

Pablo aquí no está preocupado sobre si la persona *merece* acercase a la mesa del Señor. Si así fuera, nadie podría ni comer el pan ni beber de la copa. Venir a la mesa de una manera indigna es venir con un corazón indiferente hacia el pecado personal y negarse a confesarlo. Pablo llama a los creyentes a examinarse a sí mismos antes de acercarse a la mesa, no para encontrar razones por las cuales son indignos, sino para encontrar evidencias de un corazón arrepentido; evidencias de la gracia de Dios obrando.

• • •

Señor, necesito este recordatorio de tu expectativa de que me examine a mí mismo antes de venir a comer de tu cuerpo partido y a beber de tu sangre derramada. Es fácil hacer las cosas por costumbre y, a menudo, es incómodo ser honesto acerca de la condición de mi corazón. Por eso, gracias Señor por tu Palabra que me recuerda que debo examinarme a mí mismo. Y, Señor, dame la oportunidad y las palabras para hablarle a _____ acerca de la importancia de examinarse a sí mismo antes de venir a tu mesa. Ayúdame a comunicar esta rica verdad de una forma que atraiga a _____ hacia tu mesa y, por lo tanto, hacia ti.

19 DE AGOSTO

Ester 4:1–7:10
1 Corintios 12:1-26
Salmo 36:1-12
Proverbios 21:21-22

Identificación con el pueblo de Dios

Mardoqueo le envió la siguiente respuesta a Ester: «No te creas que por estar en el palacio escaparás cuando todos los demás judíos sean asesinados. Si te quedas callada en un momento como este, el alivio y la liberación para los judíos surgirán de algún otro lado, pero tú y tus parientes morirán. ¿Quién sabe si no llegaste a ser reina precisamente para un momento como este?». ESTER 4:13-14

CUANDO ESTER SE CONVIRTIÓ EN REINA, mantuvo en secreto su identidad judía. De hecho, la mantuvo en secreto tan bien que nadie pensó en informarle acerca del edicto del rey mediante el cual su pueblo estaba a punto de ser exterminado. Mardoqueo le informó acerca del edicto y le aconsejó que intercediera ante el rey a favor de su pueblo.

Ester sabía que si iba a ver al rey y este no le extendía su cetro dorado, sería condenada a muerte. Acercarse al rey, sin lugar a duda, podía costarle algo; quizás incluso todo. Ester estaba bajo un peligro verdadero. Corría el peligro de ser asimilada por el reino del mundo de tal modo que perdería su identidad como parte del pueblo de Dios.

Aun así, Ester se sinceró con el rey, diciéndole: «Pues mi pueblo y yo hemos sido vendidos para ser muertos, masacrados y aniquilados» (7:4). Al identificarse con el pueblo de Dios y su difícil situación, añadió su nombre a la lista de quienes serían masacrados en el día señalado.

Como sucedió con Ester, el llamado de los placeres del reino de este mundo es muy fuerte sobre nuestros hijos. Este reino quiere asimilarlos para que se vean como los demás y piensen como los demás y valoren las cosas que los demás valoran. Pero el reino de Dios los está llamando para que se aparten de eso. Los llama a identificarse con el pueblo de Dios. Quizás eso signifique ser aborrecidos y marginados en este mundo, pero podemos asegurarles que identificarse con su reino tendrá como resultado una gran recompensa cuando Cristo, nuestro Rey, regrese.

• • •

Señor, ser testigo de la identificación valiente de Ester contigo y con tu pueblo me hace considerar mi vida. Debo preguntarme si he sido así de valiente y comprometido con ser parte de tu pueblo. Dame el valor que necesito para identificarme abiertamente contigo y con tu causa. Y dale a _____ el valor extraordinario que se necesita para ser diferente, incluso si eso significa ser rechazado por identificarse contigo.

El amor

El amor nunca se da por vencido, jamás pierde la fe, siempre tiene esperanzas.
1 CORINTIOS 13:7

HIJO MÍO, SI HABLARA CONTIGO DURANTE HORAS ACERCA de lo que yo pienso que importa, pero nunca escuchara lo que en realidad te importa a ti, solo estaría haciendo ruido. Si tuviera la respuesta para cada una de tus preguntas y una gran fe para ayudarte a superar tus luchas con oración, pero nunca reconociera mis propias preguntas y luchas, no te estaría amando de una manera correcta. Si guiara con mi ejemplo a mi familia para que hiciera buenas obras, pero hablara mal a espaldas de los demás, no hubiera ganado nada; ni siquiera tu respeto.

Quiero que mi amor sea paciente cuando tengo que esperar que llegues al auto para seguir con la rutina de todos los días. Quiero que mi amor sea amable cuando el resto del mundo ha sido cruel. No quiero ser celoso cuando estás de acuerdo con las ideas de otras personas o disfrutas la comida o la compañía de otra persona más que de la mía. No quiero jactarme de tus logros para quedar bien ante los demás. No quiero tratarte ni a ti ni a tus amigos groseramente. No quiero exigirte que hagas las cosas a mi manera, sino hacer las cosas a tu manera a veces. No quiero desquitarme contigo por causa de mis frustraciones ni que tengas que sufrir por causa de mi estado de ánimo. Me rehúso a tener un registro de tus errores para echártelos en cara. Nunca me alegraré cuando las cosas sean difíciles para ti, pero siempre seré feliz cuando hagas lo correcto aun cuando sea difícil.

Debido a que te amo, nunca voy a abandonarte. Nunca voy a dejar de esperar lo mejor de ti. Nunca voy a perder la esperanza en que Dios está obrando en tu vida. Si hay algo de lo que puedes estar seguro hasta el día en que muera, es que mi amor siempre te acompañará para que te apoyes en él cuando suceda lo peor.

No siempre veo las cosas con claridad o por completo, y eso incluye las cosas acerca de ti. Llegará el día, sin embargo, en que nos conoceremos el uno al otro de manera perfecta. Nada se interpondrá entre nosotros, ni entre Dios y nosotros y será mejor de lo que alguna vez hayamos esperado.

Por lo tanto, cuando miro hacia el futuro sé lo que es importante. Nuestra fe en Cristo es importante. Eso es lo que nos une a él. Nuestra esperanza en Cristo es importante. Eso es lo que nos asegura que tendremos un futuro con él. Pero es el amor del uno por el otro y por Cristo lo que tiene importancia suprema. Porque ese amor durará para siempre.

Maldecido a Dios en el corazón

*Los hijos de Job se turnaban en preparar banquetes en sus casas e invitaban a sus tres
hermanas para que celebraran con ellos. Cuando las fiestas terminaban —a veces después
de varios días— Job purificaba a sus hijos. Se levantaba temprano por la mañana y
ofrecía una ofrenda quemada por cada uno de ellos, porque pensaba: «Quizá mis hijos
hayan pecado y maldecido a Dios en el corazón». Esta era una práctica habitual de Job.*

JOB 1:4-5

JOB ERA UN HOMBRE INTACHABLE, DE ABSOLUTA INTEGRIDAD. Tenía muchas
riquezas y lo que parecía ser la familia perfecta, pero sentía una preocupación profunda en
el corazón: que algo malvado estuviera ocurriendo en el corazón de sus hijos. Al final de
cada fiesta de cumpleaños, Job llamaba a sus hijos para ofrecer un sacrificio juntos. Parecía
que había un sentido de urgencia porque «temprano por la mañana», se reunían alrededor
del altar familiar, donde Job ofrecía una ofrenda encendida por cada uno de ellos. Un animal sacrificial era consumido por el fuego, representado la ira de Dios quemando al animal
en lugar de consumir a los hijos de Job. Tal vez Job quemaba un animal por vez, diciéndole
a cada hijo o hija: «Este es por ti, por las dudas hayas maldecido a Dios en tu corazón».

Job no podía señalar un pecado específico en su hijos. No habían maldecido a Dios
con sus bocas, pero Job entendía que lo que importa es la disposición interna a amar a
Dios. También creía en el poder expiatorio del sacrificio y lanzaba sus temores por los
pecados de sus hijos sobre el altar, donde se solucionaba el problema de los pecados.

Como Job, no podemos ver lo que hay en el corazón de nuestros hijos. Pero sí
podemos ver el sacrificio disponible que se encarga del pecado de nuestros hijos mucho
más efectivamente que los sacrificios de Job. Job puso su confianza en la esperanza de
un Redentor que vendría en el futuro y en un sacrificio que no podía entender por
completo. Nosotros ponemos nuestra confianza por el perdón de los pecados de nuestros
hijos en el Redentor que vino en el pasado y en su sacrificio en la cruz.

* * *

*Señor, anhelamos mucho más para _____ que el simple hecho de estar de acuerdo
y de portarse bien por fuera. Anhelamos que sea sensible a los pecados del corazón.
Anhelamos que tenga un amor profundo y creciente por ti en lugar de resentimiento. Que
cada año de su vida _____ pueda contemplar el sacrificio perfecto de una vez para
siempre de tu Hijo y reconocer que Cristo murió en su lugar para que pueda vivir en ti.*

Padres devotos a Dios

Los justos ofrecen buenos consejos;
enseñan a diferenciar entre lo bueno y lo malo.
Han hecho suya la ley de Dios,
por eso, nunca resbalarán de su camino. SALMO 37:30-31

SI HAY ALGO QUE NOS ENCANTARÍA ESCUCHARLES DECIR a nuestros hijos cuando cuenten la historia de su vida en el futuro es que tuvieron padres devotos a Dios. Anhelamos que digan algo más que simplemente fuimos padres que los llevábamos a la iglesia o que afirmábamos ser cristianos. Deseamos que su testimonio sea que sus padres eran legítima y completamente devotos a Cristo. La pregunta es, ¿cómo sería eso según el Salmo 37?

«Los justos ofrecen buenos consejos; enseñan a diferenciar entre lo bueno y lo malo». Esto no significa que los padres devotos siempre dan buenos consejos, sino que la guía que proveen para sus hijos está enraizada en la sabiduría y la justicia de Dios mismo. La Palabra de Dios se volvió parte de quienes ellos son. «Hicieron suya la ley de Dios» internalizándola para que sea parte de su misma fibra. Las Escrituras los afirman en Dios para que no sean inestables.

Los hijos que son criados por padres así ven que sus padres aman de manera consistente al Señor, que se aman el uno al otro y que viven según la Palabra de Dios. A pesar de lo mucho que pretendieran cambiar a sus padres en algunos sentidos, saben que su conexión con Dios nunca cambiará y se sienten felices por eso. Les da seguridad en un mundo incierto. Pueden decirse a sí mismos con confianza: *Mamá y papá siempre ponen a Cristo antes que todo. La Biblia siempre moldea sus opiniones, juicios y consejos. Cuando llegan los tiempos difíciles, buscan a Dios y buscan confiar en él. Y, cuando mueran, no tendré que hacer duelo como aquellos que no tienen esperanza. Tendré paz sabiendo que mis padres están disfrutando como dice el Salmo 37: «A los que aman la paz les espera un futuro maravilloso» (versículo 37).*

. . .

Señor, _____ nunca tendrá padres perfectos, pero deseamos que tenga padres devotos a ti. Anhelamos que tu Palabra se vuelva una parte tan importante de lo que somos que _____ pueda estar siempre seguro de que nuestro consejo es bíblico y divino. Queremos caminar tan cerca de ti y de manera tan consistente que _____ tenga paz cuando muramos, sabiendo que hemos encontrado un refugio eterno en ti.

23 DE AGOSTO

Job 8:1–11:20
1 Corintios 15:1-28
Salmo 38:1-22
Proverbios 21:28-29

¿Dios lo está castigando?

Tú afirmas: «Mis creencias son puras»
   y «estoy limpio a los ojos de Dios». [...]
¡Escucha! ¡Sin duda Dios te está castigando
   mucho menos de lo que mereces! JOB 11:4, 6

DESDE EL PRIMER CAPÍTULO DE JOB SABEMOS que él se había apartado del mal y que Dios mismo dijo que era un hombre intachable. Como lectores, también estamos al tanto de la apuesta con la cual Satanás había desafiado a Dios. Por supuesto, los amigos de Job no tenían la ventaja de tener toda esta información.

Aun así, mientras que revoloteaban alrededor de Job en su estado de sufrimiento, estaban bastante seguros de que sabían cuál era la causa del sufrimiento increíble de Job: su propia culpa. Job estaba siendo castigado por algún pecado secreto. En realidad, según las palabras de Zofar en Job 11, Job no solo estaba recibiendo lo que merecía, ¡sino mucho menos de lo que merecía! Los amigos de Job supusieron que tal sufrimiento extremo venía solo sobre alguien que había cometido un pecado atroz que Dios determinó que debía ser castigado.

Y todos suponemos lo mismo, ¿verdad? Cuando sufrimos o cuando nuestros hijos sufren, suponemos que Dios nos está castigando. ¿Es así como funcionan las cosas? ¿Dios nos castiga tanto a nosotros como a nuestros hijos por causa de algo que hicimos o que no hicimos?

Mi amigo/amiga, si pertenece a Cristo, puede tener confianza en que su sufrimiento o el de su hijo no es castigo por el pecado. Alguien ya fue castigado por su pecado para que usted no fuera castigado. Todos los castigos que se merece por sus pecados, su rebelión abierta contra Dios o su apatía absoluta hacia Dios; su rechazo a amarlo con todo su corazón, mente, alma y fuerzas; sus obras o palabras más horrendas y vergonzosas, fueron puestos sobre Jesús. Él fue castigado por sus pecados para que usted no tuviera que ser castigado.

• • •

Señor, tu evangelio va en contra de mis instintos. Parece demasiado bueno como para ser verdad. Necesito tu ayuda para creer profundamente que es verdad cuando llego a la conclusión de que me estás haciendo pagar por mis pecados o que estás haciendo pagar por mis pecados a _____. Gracias porque no tengo que temer que vayas a descargar tu ira en mí. Por el contrario, espero que derrames en mí tu amor, tu misericordia, tu gracia y tu perdón.

Constantes

Por lo tanto, mis amados hermanos, permanezcan fuertes y constantes. Trabajen siempre para el Señor con entusiasmo, porque ustedes saben que nada de lo que hacen para el Señor es inútil. 1 CORINTIOS 15:58

PABLO ACABA DE USAR UN CAPÍTULO entero para explicar la realidad de la resurrección venidera con el propósito de recalcarles a los creyentes de Corinto que la resurrección no es algo ni meramente religioso ni irreal, sino un asunto de «lo más importante» (versículo 3). Gracias a que Jesús murió y su cuerpo fue resucitado de la tumba, podemos estar seguros de que quienes estamos unidos a Cristo un día tendremos la misma experiencia. La muerte no tiene la última palabra en la vida del creyente.

Pablo señala la diferencia que esta creencia y esta confianza en la resurrección debería marcar en la vida de los creyentes. Debería ayudarnos a permanecer firmes y constantes. Debe impulsarnos a seguir avanzando hasta que el trabajo esté terminado. No perdemos nuestro equilibrio con facilidad y, por lo tanto, no podemos ser derribados. Cuando nuestra familia se ve azotada por vientos de dificultades, enfermedades, presión financiera, conflictos relacionales o perspectivas impías, no nos desviamos del camino. Permanecemos firmes en lo que respecta a la verdad, a lo confiable y a lo que dura para siempre.

No se trata de que no estemos dispuestos a escuchar a los demás ni que seamos agresivos o intolerantes con las perspectivas de los demás. Simplemente se trata de que estamos tan convencidos de que el evangelio es verdad y que Cristo tiene la autoridad suprema sobre todo, incluso la muerte, que nuestra confianza en él es inconmovible.

Mientras perseveramos en la tarea de ser padres, podemos estar seguros de que lo que hacemos tiene importancia más allá de esta vida. No estamos esforzándonos para crear la familia perfecta aquí y ahora. Estamos luchando por el alma de nuestros hijos porque sabemos que viene el día cuando los cuerpos serán levantados y unidos a su alma y anhelamos que nuestros hijos estén con nosotros en ese día. Por lo tanto, somos fuertes y estables en lo referente a nuestro amor por el Señor, a compartir su Palabra y a vivir como quienes en realidad creen que el día de la resurrección viene.

• • •

Señor, que la verdad de la resurrección de Jesús y la certeza de la resurrección de todos los creyentes nos haga fuertes y estables en lo que respecta a nuestra tarea de padres. Que nos haga inamovibles mientras miramos hacia ti como nuestra única esperanza.

25 DE AGOSTO

Job 16:1–19:29
1 Corintios 16:1-24
Salmo 40:1-10
Proverbios 22:1

Consejeros miserables

¡Qué consejeros tan miserables son ustedes!
¿Nunca dejarán de decir más que palabrería?
¿Qué los mueve a seguir hablando?
Si ustedes estuvieran en mi lugar, yo podría decir lo mismo.
Podría lanzar críticas y menear mi cabeza ante ustedes.
Sin embargo, yo les daría palabras de ánimo;
intentaría aliviar su dolor. JOB 16:2-5

EL PROBLEMA DE LOS AMIGOS DE JOB QUE VINIERON a verlo en medio de su adversidad y desesperación no era que decían algo equivocado. Sin duda, mucho de lo que decían era correcto, bueno y verdadero, pero mucho de lo que decían estaba siendo mal usado y dicho en el momento incorrecto. Hacían suposiciones basados en sus creencias y decían cosas que no sabían y aplastaban a Job en el proceso. Decidieron que sabían lo que Dios estaba haciendo y redujeron la forma de hacer las cosas de Dios a fórmulas simplistas que no ayudaban a Job.

Sin duda esperamos que el sufrimiento de nuestros hijos nunca llegue al nivel del sufrimiento de Job. Aunque podemos estar seguros de que, algunas veces, a ellos les parecerá que sí. El dolor en realidad no se puede comparar. Solo le duele a la persona que está sufriendo. Lo que anhelamos es ser consejeros dignos y no consejeros inútiles. Deseamos ser rápidos para oír y lentos para hablar. Deseamos entrar al dolor de nuestros hijos y escuchar su corazón y ser muy lentos para hablar acerca de eso, de modo que no subestimemos lo que en realidad les duele.

Es claro que los amigos de Job tenían buenas intenciones y que no estaban tratando de hacerlo sentir peor. En realidad, querían ayudarlo. En lugar de eso, sin embargo, solo añadieron más dolor a su desgracia. De la misma manera, tenemos buenas intenciones con nuestros hijos y nuestro deseo es ayudarlos. Por lo tanto, debemos ser cuidadosos con nuestras palabras y acompañarlos en lugar de ser paternalistas. Debemos buscar entrar en sus decepciones y frustraciones en lugar de ofrecerles respuestas rápidas.

• • •

Señor, deseo ser un consejero verdadero para _____ cuando se encuentre en situaciones difíciles, no un consolador pésimo. Ayúdame a guardar silencio cuando sea tiempo de permanecer callado. Humíllame cuando estoy seguro de que tengo razón, pero mis palabras no son de ayuda. Dame las palabras justas en el tiempo justo.

Menos confianza en nosotros mismos, más confianza en Dios

Amados hermanos, pensamos que tienen que estar al tanto de las dificultades que hemos atravesado en la provincia de Asia. Fuimos oprimidos y agobiados más allá de nuestra capacidad de aguantar y hasta pensamos que no saldríamos con vida. De hecho, esperábamos morir; pero, como resultado, dejamos de confiar en nosotros mismos y aprendimos a confiar solo en Dios, quien resucita a los muertos. 2 CORINTIOS 1:8-9

HACIENDO UNA BÚSQUEDA RÁPIDA en Internet podemos encontrar como resultado numerosos artículos sobre: «7 reglas», «10 maneras», «4 pasos» y «3 habilidades» para enseñarles a nuestros hijos a ser autosuficientes. La autosuficiencia sin duda es un valor de nuestra época. Y, hasta cierto punto, entendemos el beneficio de enseñarles a nuestros hijos a ser autosuficientes. No queremos seguir poniéndoles pasta dentífrica en sus cepillos ni preparándoles la ropa cuando sean adultos. Deseamos que sean capaces de tomar buenas decisiones y de ponerlas en práctica cuando estén solos. Esperamos que tengan una comprensión saludable de que son personas hechas a la imagen de Dios para su gloria y que esa comprensión les dé la confianza para salir al mundo y marcar una diferencia para Cristo. Sin embargo, hay algo más importante que enseñarles a ser autosuficientes.

Pablo tuvo que aprender esto y la lección no fue agradable. En su segunda carta a los corintios, Pablo escribió que había experimentado algo tan nefasto que pensaba que no sobreviviría. Cualquier cosa que haya sido y cualquier cosa que la haya causado en términos humanos, Pablo dejó claro el propósito divino de esta prueba para su vida. Dios no estaba interesado en enseñarle a Pablo a ser más autosuficiente. Dios tenía el propósito de que esta adversidad le enseñara a Pablo a depender más plenamente de él. Dios estaba obrando para borrar cualquier confianza que Pablo todavía tuviera en su propia capacidad para sufrir sin quejarse o para soportar las dificultades solo. Dios estaba guiando a Pablo a entender su debilidad con mayor profundidad, lo cual lo haría mucho más receptivo de la seguridad que solo Dios le podía dar: «Mi poder se perfecciona en la debilidad» (2 Corintios 12:9, RVR60).

• • •

Señor, me doy cuenta de que tu forma de enseñarnos a depender de ti por completo quizás significa que estaríamos reducidos a confiar solo en ti. Y eso suena terriblemente difícil para nosotros y para _____. Pero te pedimos que nos enseñes, y que le enseñes a _____, lo que significa depender por completo de ti en lugar de depender de nosotros mismos.

El camino correcto

Dirige a tus hijos por el camino correcto, y cuando sean mayores, no lo abandonarán.
PROVERBIOS 22:6

NOS GUSTARÍA LEER ESTE PROVERBIO COMO PROMESA. Quisiéramos poder estar seguros de que si guiamos a nuestros hijos por el camino correcto —el camino que lleva a la vida en Cristo—, ellos nunca lo abandonarán. Pero este proverbio no es una promesa, sino un dicho que señala un principio general. Es común que suceda, pero no es lo que siempre pasa. Aunque los padres que son apasionadamente fieles a Cristo a menudo crían hijos apasionadamente fieles a Cristo, este proverbio no garantiza que los esfuerzos constantes de los padres devotos siempre darán como resultado hijos devotos.

No quiero decir que no haya correlación entre la forma en que criamos a nuestros hijos y la manera en que eso afecta su desarrollo. La Biblia nos enseña a criar hijos «con la disciplina e instrucción que proviene del Señor» (Efesios 6:4). Tenemos influencia, pero no tenemos el control. Simplemente no tenemos el poder para generar arrepentimiento y fe en nuestro hijo. Esa es una carga que nunca debimos mantener, es una carga que solo nuestro Padre celestial puede cargar.

Cuando reconocemos que es un proverbio no una promesa, podemos dejar de juzgar a los otros padres cuyos hijos parecen estar desviándose del camino de Cristo. Y podemos dejar de condenarnos a nosotros mismos cuando nuestros hijos parecen estar en contra de nuestra guía hacia el camino correcto. Podemos acallar las voces dentro de nuestra cabeza que nos dicen que si tan solo hubiéramos hecho un mayor esfuerzo, comunicado con más claridad el mensaje, sido más constantes, llevado a nuestros hijos a la iglesia más a menudo, educado a nuestros hijos en el hogar, enviado a una escuela cristiana, enviado a una escuela pública, entonces, sin duda las cosas hubieran sido diferentes. Podemos descansar en la soberanía de Dios y echar sobre el Señor todas nuestras preocupaciones sobre el camino que nuestros hijos están tomando, porque sabemos que él tiene cuidado de nosotros y de nuestros hijos.

• • •

Señor, si solo depende de mí el asegurarme de que _____ esté yendo por el camino que lleva hacia ti, entonces, la carga es más de lo que puedo soportar. Por lo tanto, aunque quiero caminar en sabiduría para señalar, guiar y aguijonear a _____ en tu dirección, tú debes llamar, tú debes convencer, tú debes capturar el corazón de _____.

¡Pondré mi esperanza en Dios!

¿Por qué estoy desanimado?
¿Por qué está tan triste mi corazón?
¡Pondré mi esperanza en Dios!
Nuevamente lo alabaré,
¡mi Salvador y mi Dios! SALMO 42:5-6

HAY TANTO GOZO EN SER PADRES, pero también puede ser profundamente desalentador. Podemos desanimarnos por nuestra aparente incapacidad para quebrar la falta de sabiduría y de gracia que tenemos como padres. Podemos angustiarnos por la dirección que la vida de nuestros hijos está tomando. Debido a que amamos a nuestros hijos profundamente, no podemos vencer con facilidad tal desánimo. Necesitamos ayuda divina. Y eso es lo que Dios nos da en el Salmo 42.

El salmista utiliza imágenes vívidas de su entorno para ayudarnos a entender cómo se siente por dentro. La primera imagen que emplea es la de un ciervo jadeante que sumerge su cabeza en lo que parece ser un riachuelo que fluye y solo encuentra el cauce seco de un arroyo. Se siente seco por dentro, lleno de anhelos y sin alivio. Posteriormente el salmista nos provee otra imagen vívida, nos lleva al norte de la Tierra Prometida, fuera de sus límites, donde los torrentes de agua y las cascadas que fluyen del monte Hermón crean las nacientes del río Jordán. Escribe: «Me arrasan tus olas y las crecientes mareas» (versículo 7). Entonces, por medio de estas dos imágenes entendemos que el salmista se siente seco como un ciervo que no puede encontrar agua, pero también se siente como si se estuviera ahogando.

Dicho eso, el salmista no simplemente acepta sus pensamientos como su realidad, sino que se anuncia el evangelio a sí mismo: no el evangelio en términos generales, sino aplicado a sí mismo de manera personal: «*¡Pondré* mi esperanza en Dios! Nuevamente *lo* alabaré, *¡mi* Salvador y *mi* Dios!» (énfasis añadido). El salmista derrama su queja ante Dios, pero también, de manera intencionada, recuerda y recita lo bueno que es estar cerca de Dios. Le habla a su propia alma para decirle que ponga su esperanza en Dios.

• • •

Señor, en este salmo me diste palabras para predicarme a mí mismo. Y, por lo tanto, cuando esté profundamente desanimado, cuando no pueda ver el camino hacia adelante y mis emociones me estén diciendo que nada bueno me espera en el futuro, le diré estas palabras a mi alma: «¡Pondré mi esperanza en Dios!».

Un pacto con mis ojos

Hice un pacto con mis ojos,
de no mirar con codicia sexual a ninguna joven.
Pues, ¿qué ha escogido para nosotros el Dios del cielo?
¿Cuál es nuestra herencia del Todopoderoso en las alturas?
¿No es calamidad para los malvados
y desgracia para quienes hacen el mal?
¿No ve Dios todo lo que hago
y cada paso que doy? JOB 31:1-4

JOB ERA REALISTA sobre la tentación sexual. Sabía que no podía tomarla a la ligera. Podía llevarlo a la ruina y romperle el corazón al Dios que amaba. Job hizo un pacto solemne y vinculante de no mirar con lujuria a ninguna mujer joven. No elaboraría fantasías que podrían llevarlo a cometer adulterio o inmoralidad sexual.

Tenga en cuenta que no dijo que iba a intentar con todas sus fuerzas no hacerlo. La clave está en el uso que hace del término *pacto*. Hacer un pacto a menudo involucraba cortar animales por la mitad, lo cual era una forma de decir: «Si no cumplo con mi compromiso de pacto, debería ser cortado por la mitad como este animal». El tipo de compromiso que hizo Job fue más profundo que la prohibición impuesta desde afuera o, incluso, que la responsabilidad autoimpuesta. Era un compromiso interno riguroso con la pureza formalizado con un voto verbal o escrito. La Biblia no demanda que hagamos este pacto con los ojos. Pero sí ordena pureza completa (Colosenses 3:5). Job estableció un pacto con sus ojos como un medio para avivar su propia pureza.

Quizás un pacto considerado con cuidado, como el de Job, podría ser una herramienta útil para empoderar la pureza en nuestro hogar y familia; no solo para los hijos, sino también para los padres. Al promover este nivel de compromiso, no estamos esperando perfección, sino provocando una promesa de pelear, un plan de escape y una estrategia para evitar hacerlo. Y no esperamos que nadie cumpla con este pacto dependiendo por completo de su fuerza de voluntad, sino solo por gracia a través de la fe en la ayuda prometida por Dios.

• • •

Señor, permíteme liderar el camino a la batalla por la pureza en nuestro hogar. Cuando me encuentre con una imagen o persona seductora de manera inesperada, miraré para otro lado, apagaré el dispositivo electrónico o me alejaré. Concédeme la gracia para vivir de esta forma todos los días de mi vida. Me arrojo sobre tu misericordia y fortaleza.

Dios hizo que la luz brille

Satanás, quien es el dios de este mundo, ha cegado la mente de los que no creen. Son incapaces de ver la gloriosa luz de la Buena Noticia. No entienden este mensaje acerca de la gloria de Cristo, quien es la imagen exacta de Dios. [...] Pues Dios, quien dijo: «Que haya luz en la oscuridad», hizo que esta luz brille en nuestro corazón para que podamos conocer la gloria de Dios que se ve en el rostro de Jesucristo. 2 CORINTIOS 4:4, 6

SATANÁS TIENE EL OBJETIVO DE CEGAR el entendimiento de nuestros hijos para que sean «incapaces de ver la gloriosa luz de la Buena Noticia». ¿Cómo intenta hacer esto? «Es mentiroso y el padre de la mentira» (Juan 8:44). Satanás siempre nos está mintiendo tanto a nosotros como a nuestros hijos. Las mentiras pueden cobrar diferentes formas en cada generación, pero en general las estrategias han sido, en esencia, las mismas desde el huerto de Edén. Siembra dudas sobre la Palabra de Dios y sobre la bondad de Dios y echa leña al fuego de nuestros deseos de ser alguien y de estar a cargo de nuestra vida.

Satanás busca impedir que nuestros hijos piensen profundamente acerca de las cosas que importan, entonces los inunda con entretenimientos y cosas interesantes que finalmente resultan ser triviales y sin sentido. Hace que a nuestros hijos les parezca normal estar completamente obsesionados consigo mismos y con lo que los demás piensan y dicen acerca de ellos. Magnifica las voces del mundo que les insisten a nuestros hijos que son los dueños de su propio destino y que deben hacer algo importante con su vida.

¿Qué esperanza tienen nuestros hijos de crecer correctamente en este mundo gobernado por una fuerza tan poderosa que trabaja en contra de ellos? Esta es la esperanza: «Pues Dios, quien dijo: "Que haya luz en la oscuridad", hizo que esta luz brille en nuestro corazón para que podamos conocer la gloria de Dios que se ve en el rostro de Jesucristo». Cuando leemos, hablamos y exponemos a nuestros hijos a la Palabra de Dios, la luz resplandece y «la oscuridad jamás podrá apagarla» (Juan 1:5).

• • •

Señor, sé que la única manera de que alguien se convierta es que tú hagas que el alma oscurecida vea la belleza de Cristo en tu evangelio. No puedo generar la clase de luz que se necesita para convertir a una persona. Pero tú sí puedes. ¡Por eso te pedimos que hagas brillar tu luz en nuestro hogar para que podamos ver tu gloria!

Es por eso que nunca nos damos por vencidos

Es por esto que nunca nos damos por vencidos. Aunque nuestro cuerpo está muriéndose, nuestro espíritu va renovándose cada día. Pues nuestras dificultades actuales son pequeñas y no durarán mucho tiempo. Sin embargo, ¡nos producen una gloria que durará para siempre y que es de mucho más peso que las dificultades! Así que no miramos las dificultades que ahora vemos; en cambio, fijamos nuestra vista en cosas que no pueden verse. Pues las cosas que ahora podemos ver pronto se habrán ido, pero las cosas que no podemos ver permanecerán para siempre. 2 CORINTIOS 4:16-18

PABLO DESCRIBE SUS DIFICULTADES como «pequeñas», y somos tentados a pensar que su vida debe haber sido mucho más fácil que la nuestra, que estaba quitándole importancia a la realidad de sus dificultades o que simplemente estaba delirando. Y cuando dice que «no durarán mucho tiempo», nos vemos tentados a pensar o que nunca había enfrentado dolor crónico, problemas repetidos, pruebas que duran toda la vida o que estaba siendo valiente ante las realidades de la vida para hacer quedar bien al cristianismo.

Ese, sin embargo, no era el caso en lo más mínimo. Pablo había encontrado el secreto para no darse por vencido. Estaba experimentando una nueva sensación interior de renovación en medio de sus dificultades. ¿Cómo? Catorce años antes, había recibido una visita guiada por el cielo. Ver la gloria de Dios había moldeado su perspectiva de la vida. Vio el peso de la gloria venidera y podía describir los problemas de esta vida como «livianos». Y, debido a que Pablo salió del tiempo brevemente y entró a la eternidad, podía describir las aflicciones de esta vida como «momentáneas» (versículo 17, NVI).

La paternidad es una tarea mucho más difícil y mucho más larga de lo que pensamos al principio. A veces queremos darnos por vencidos, dejar de buscar una relación significativa con nuestros hijos, dejar de enseñarles, dejar de disciplinarlos, dejar de esperar que Dios obre en ellos. Pablo, sin embargo, quiere que veamos el panorama completo. Lo hacemos si fijamos nuestros ojos en la gloria que hace que las cargas más pesadas parezcan livianas y, en el futuro eterno, que los problemas que duran toda la vida parezcan momentáneos.

• • •

Señor, en verdad necesito tu ayuda para no enfocarme en los problemas actuales. Parecen tan grandes y tan implacables que a veces deseo darme por vencido. Por favor, ayúdame a fijar mi mirada en las realidades que no puedo ver con ojos físicos. Renuévame a diario.

¡Vuelvan a Dios!

Y todo esto es un regalo de Dios, quien nos trajo de vuelta a sí mismo por medio de Cristo. Y Dios nos ha dado la tarea de reconciliar a la gente con él. Pues Dios estaba en Cristo reconciliando al mundo consigo mismo, no tomando más en cuenta el pecado de la gente. Y nos dio a nosotros este maravilloso mensaje de reconciliación. Así que somos embajadores de Cristo; Dios hace su llamado por medio de nosotros. Hablamos en nombre de Cristo cuando les rogamos: «¡Vuelvan a Dios!». 2 CORINTIOS 5:18-20

CADA VEZ QUE DISCIPLINAMOS A NUESTROS HIJOS, podemos usar la disciplina como una oportunidad para darle rienda suelta a nuestra frustración e ira, obligándolos a obedecer las reglas, humillarlos para que sientan remordimientos agónicos y manipularlos para que cambien su comportamiento. O podemos considerar que estamos cumpliendo la tarea que Dios mismo nos encomendó: esta tarea de reconciliar a las personas, incluyendo a nuestros hijos, con él.

Una vez fuimos enemigos de Dios. Nos oponíamos a todo lo que él ama y hacíamos lo opuesto a lo que nos ordenó en amor. En lugar de gritarnos, avergonzarnos o manipularnos, sin embargo, nos dio la bienvenida. Nos reconcilió con él mismo derramando toda su ira sobre su propio Hijo. De esta manera, nos acercó a él. Su bondad nos llevó al arrepentimiento cuando no habíamos hecho nada para merecerlo y, de hecho, habíamos hecho todo para merecer su ira. Todos los obstáculos que se interponían entre él y nosotros fueron derribados por su gran amor.

Por lo tanto, ahora, como padres que hemos sido reconciliados con Dios, podemos vivir, amar y disciplinar como reconciliadores. Podemos señalarles la cruz a nuestros hijos como el lugar donde sus pecados fueron perdonados. En lugar de alejarlos con nuestras palabras airadas y comportamiento frío, podemos acercarnos a nuestros hijos recordando la bondad de Dios que nos guio al arrepentimiento. Podemos amar como hemos sido amados y perdonar como fuimos perdonados.

• • •

Señor, nunca vienes a nosotros con brazos cruzados. Siempre están abiertos para nosotros, incluso cuando nos portamos mal. Deseamos que esa bondad marque nuestras interacciones con _____, aun cuando haya hecho algo malo. Gracias por este mensaje de reconciliación, en lugar de condenación, contrario a la lógica, el cual nos corresponde a nosotros pasar a nuestros hijos. Ayúdanos a vivir como reconciliadores estando dispuestos a humillarnos y a dar el primer paso hacia la reconciliación con quienes hemos herido.

Nuestra vida importa para siempre

«Nada tiene sentido —dice el Maestro—, ¡ningún sentido en absoluto!».
ECLESIASTÉS 1:2

EN EL LIBRO DE ECLESIASTÉS, escuchamos la voz del Maestro, quien ha inquirido en la vida desde todos los ángulos y está convencido de que nuestra vida no tiene significado ni importancia duraderos. Él ha visto todo «bajo el sol» (versículo 9), es decir, todo lo que se puede ver desde una perspectiva terrenal limitada. Su juicio de valor es que nada tiene sentido. Nuestra vida, dice, son como los vapores visibles de nuestra respiración en una noche fría; están por un segundo y luego desaparecen. Y, sin embargo, dice: Dios «sembró la eternidad en el corazón humano» (3:11). Dentro del alma humana, Dios puso el anhelo de que nuestra vida importe más allá de nuestro tiempo limitado en la tierra.

El Maestro ve que las personas trabajan toda su vida y, luego, mueren dejando todo aquello por lo cual trabajaron. Su consejo es comer, beber y disfrutar de los frutos del trabajo si es posible, reconociendo que «todo es hecho del polvo, y todo volverá al mismo polvo» (3:20, RVR60). Y después de la muerte, ¿quién sabe? El Maestro no tiene conocimiento claro de lo que sucederá cuando esta vida debajo del sol llegue a su fin.

Gracias a Dios nosotros podemos ver algo que el Maestro no pudo ver; algo que deseamos que vean nuestros hijos. Debido a que vivimos a la luz de la revelación más completa de Dios de sí mismo en la persona y la obra de Cristo, sabemos que hay vida más allá de estos pocos años vividos bajo el sol. Vivimos con confianza y esperanza en la resurrección que vencerá a la sepultura. Aunque esta vida a veces parece inútil, Jesús ha logrado todo lo que se necesita para que toda la creación sea libre de su inutilidad.

Todo lo que hicimos en Cristo, para Cristo y a través de Cristo tendrá una importancia eterna. La vida debajo del sol no es inútil. Debido a que estamos unidos a Cristo, sabemos que nuestra vida importa para siempre.

• • •

Jesús, incluso ahora estás llenando con significado y propósito la vida de todos aquellos que están unidos a ti por fe. Oro que _____ se mantenga firme, inamovible y que siempre trabaje con entusiasmo para ti, con la certeza de que nada de lo que ella haga por ti es inútil.

Completa santidad

Queridos amigos, dado que tenemos estas promesas, limpiémonos de todo lo que pueda contaminar nuestro cuerpo o espíritu. Y procuremos alcanzar una completa santidad porque tememos a Dios. 2 CORINTIOS 7:1

MUCHOS EXPERTOS están ansiosos por decirnos cómo criar a nuestros hijos, pero muchos de los «cómo hacerlo» ignoran el «porqué». Pablo nos da uno muy claro: «Porque tememos a Dios» y, por eso, nos esforzamos por incrementar la santidad en todos los aspectos de nuestra vida. Ya que tememos a Dios, confrontamos el pecado en lugar de ignorarlo o justificarlo y reconocemos que la crianza de nuestros hijos no tiene que ver solo con su crecimiento. Nos damos cuenta de que Dios quiere que usemos el proceso de la crianza para traer a la superficie los pecados que necesitan ser enfrentados.

Es fácil llegar a enfocarse solo en tratar de proteger a nuestros hijos contra todo lo que pueda contaminar su cuerpo o espíritu mientras descuidamos las cosas que contaminan nuestro cuerpo y espíritu. Podemos ser estrictos respecto a lo que pueden ver en la televisión o el celular mientras nos convencemos a nosotros mismos de que no seremos contaminados por lo que vemos. Podemos decirles que compartan mientras nosotros no estamos dispuestos a compartir con quienes tiene necesidad.

Dios usa la paternidad para purificarnos, incluso mientras él está obrando en la purificación de nuestros hijos. Los pecados que nunca antes vimos salen a la superficie y deben ser enfrentados en lugar de ignorados; pecados de rebelión sutil a Dios; pecados de idolatría cuando descubrimos que la seguridad financiera o la seguridad personal han llegado a significar demasiado para nosotros; pecados del corazón tales como orgullo, celos o sentido de derecho. A menos que «procuremos alcanzar una completa santidad», podemos volvernos más exigentes, más controladores y más resentidos como padres. Al permitir que nuestros hijos colaboren con nuestra búsqueda de santidad completa, sin embargo, descubriremos que Dios no quiere que simplemente criemos a nuestros hijos, sino mucho más que eso. Quiere usarlos para impulsarnos a seguir avanzando en nuestro propio crecimiento espiritual.

• • •

Te temo, Señor, y deseo que mi vida sea marcada por una santidad en aumento. Eso significa que los pecados que deben ser enfrentados saldrán a la superficie. Y parecería que la paternidad está revelando de manera constante la realidad de mi mundo interior. Por eso, Señor, mientras tú obras en mí, yo quiero esforzarme para agradarte cada vez más.

Eclesiastés 7:1–9:18
2 Corintios 7:8-16
Salmo 48:1-14
Proverbios 22:17-19

La clase de tristeza que Dios quiere

No lamento haberles enviado esa carta tan severa, aunque al principio sí me lamenté porque sé que les causó dolor durante un tiempo. Ahora me alegro de haberla enviado, no porque los haya lastimado, sino porque el dolor hizo que se arrepintieran y cambiaran su conducta. Fue la clase de tristeza que Dios quiere que su pueblo tenga, de modo que no les hicimos daño de ninguna manera. Pues la clase de tristeza que Dios desea que suframos nos aleja del pecado y trae como resultado salvación. No hay que lamentarse por esa clase de tristeza; pero la tristeza del mundo, a la cual le falta arrepentimiento, resulta en muerte espiritual. 2 CORINTIOS 7:8-10

A PABLO NO LE CAUSÓ NINGÚN PLACER SEÑALAR el pecado de los corintios ni reprenderlos por ello. Pablo los amaba y sabía que él era el «primero» de los pecadores (1 Timoteo 1:15, NVI). Aunque tener que ser tan severo con ellos lo hacía sentir incómodo, estaba dispuesto a hacerlo porque sabía que su salvación estaba en juego. Era un mensajero de Dios enviado para hacerlos regresar al camino del arrepentimiento que lleva a la vida.

Cuando vemos en la vida de nuestros hijos que afirman ser creyentes que tienen un pecado recurrente del cual no se arrepienten, el amor nos exige que dejemos de ignorarlo y que los ayudemos a reconocerlo como lo que es y que los exhortemos para que lo abandonen. Ningún padre desea ocasionarle angustia a su hijo o hija. Pero el dolor que procede del arrepentimiento es angustia redentora que asegura la felicidad eterna de nuestros hijos.

Cuando Jesús dice: «Dios bendice a los que lloran, porque serán consolados» (Mateo 5:4), no está hablando simplemente de estar triste por las pérdidas y decepciones que experimentamos en la vida. Ni tampoco está hablando de un sentido general de tristeza por no ser lo que deseamos ser. Está hablando de un dolor profundo por pecados específicos que rompen el corazón de Dios. Ese es el dolor divino.

Después de que nos hemos encargado de sacar la viga de nuestro propio ojo, podemos señalar la paja en el ojo de nuestros hijos que ellos no pueden ver. También podemos orar que el dolor divino los haga arrepentirse y cambiar su forma de vivir.

• • •

Señor, ayúdame a estar dispuesto a causarle dolor a _____ ahora para salvarlo de una eternidad separado de ti. Usa mis palabras honestas pero amorosas para ayudar a _____ a vencer los pecados recurrentes.

La necesidad de sabiduría superior

Aquí culmina el relato. Mi conclusión final es la siguiente: teme a Dios y obedece sus mandatos, porque ese es el deber que tenemos todos. Dios nos juzgará por cada cosa que hagamos, incluso lo que hayamos hecho en secreto, sea bueno o sea malo.
ECLESIASTÉS 12:13-14

AL COMIENZO DE ECLESIASTÉS, un narrador nos presenta al Maestro, cuya voz escuchamos a lo largo de los doce capítulos del libro. Luego, al final del libro, cuando el narrador habla de nuevo para sacar las conclusiones de todo lo que el Maestro ha dicho, hace referencia a un «hijo mío». Por lo tanto, podemos imaginarnos una escena donde un hombre está sentado con su hijo o pupilo, tratando de hablar con él acerca de lo que significa la vida y de lo que en realidad importa. A lo largo del libro, le cuenta a su hijo todo acerca de las búsquedas, preguntas y conclusiones del Maestro. Aunque el maestro ofreció muchas observaciones sabias y expresó muchas cosas que son ciertas acerca del mundo, su sabiduría es limitada. Él puede ver la vida solo desde la perspectiva de «debajo del sol».

Podemos imaginarnos al narrador inclinándose para mirar a su hijo a los ojos y declararle que la conclusión es este pasaje. Los escritos de sabiduría del Antiguo Testamento nos pueden traer solo hasta esta conclusión, la cual es muy sensata pero limitada. Nos dejan con la sensación de que falta algo. Lo que se necesitaba en los días del Maestro era una revelación nueva; sabiduría que viniera del cielo, no desde debajo del sol.

Asimismo, enseñar «principios bíblicos» para vivir con sabiduría puede causar que nuestros hijos tengan un conocimiento limitado. Se necesita algo más grandioso para vencer la aparente falta de propósito en el mundo: estar unido por la fe a la sabiduría encarnada, Jesucristo. Si solo depende de que cumplamos con nuestra obligación y obedezcamos, estamos en problemas. Si esperamos ser juzgados por cada acto secreto que hemos cometido sin contar con Cristo, no tenemos esperanza. Pero no estamos ni en problemas ni desesperados. Tenemos a Jesús, la sabiduría que vino a este mundo y llenó nuestra vida con significado.

. . .

Señor, no queremos enseñarle a _____ principios para vivir bien en el mundo y ser virtuosa y exitosa según los términos del mundo pero sin ver su necesidad de ti. Oramos que te tema y obedezca tus mandatos, creyendo y viviendo a la luz del evangelio.

Hasta que llegue el momento apropiado

Prométanme, oh mujeres de Jerusalén,
por las gacelas y los ciervos salvajes,
que no despertarán al amor hasta que llegue el momento apropiado.
CANTAR DE LOS CANTARES 2:7

YA QUE EL SEXO PUEDE SER UN TEMA MUY INCÓMODO, nos sorprende encontrar un libro entero sobre él en la Biblia. Desde el comienzo de Cantares, sin embargo, aprendemos que el sexo no es inherentemente sucio ni vergonzoso. La imagen de la sexualidad pintada por el escritor se remonta al jardín de Edén, donde Adán y Eva disfrutaban la hermosa maravilla de estar desnudos y no tener vergüenza. Cantares presenta la sexualidad como un regalo hermoso protegido por el matrimonio, no como una cosa horrible permitida por el matrimonio. El mundo considera que los cristianos somos unos mojigatos represores del sexo, pero la Biblia deja claro que el sexo es una forma bendecida por Dios de decirle a la otra persona: «Te pertenezco completa, exclusiva y permanentemente». El sexo crea intimidad, unidad y comunión profundas entre dos personas.

Dios sabe que las emociones humanas vienen y van y que necesitamos algo que nos una al otro. Es por eso que exige un pacto público y legal como la infraestructura para la intimidad. Esta protección del amor sexual es la esencia de este coro, en el cual descubrimos un mensaje impactante para nuestra cultura: el deseo sexual puede permanecer dormido. Se puede ser un ser humano completamente normal sin tener sexo. Ah, qué difícil que es para nosotros los padres que vivimos en una cultura que celebra cualquiera y toda clase de expresiones sexuales comunicar la celebración gozosa del sexo exclusivamente dentro del matrimonio y animar a nuestros hijos a «no despertar al amor hasta que llegue el momento apropiado».

• • •

Señor, en realidad necesitamos que nos ayudes a comunicar fielmente a nuestros hijos el buen regalo que quisiste que fuera el amor sexual, así como los límites que le pusiste. A veces, pareciera que todo el mundo conspira contra nosotros mientras estamos tratando de transmitirles a nuestros hijos que este buen regalo fue dado para disfrutarlo de manera santa y saludable. Con desesperación necesitamos que tu gracia obre en nosotros y a través nuestro para vencer la voz colectiva del mundo que nos rodea.

El amor destella como el fuego

Ponme como un sello sobre tu corazón,
como un sello sobre tu brazo.
Pues el amor es tan fuerte como la muerte,
y sus celos, tan duraderos como la tumba.
El amor destella como el fuego
con la llama más intensa.
Las muchas aguas no pueden apagar el amor,
ni los ríos pueden ahogarlo.
Si un hombre tratara de comprar amor
con toda su fortuna,
su oferta sería totalmente rechazada. CANTAR DE LOS CANTARES 8:6-7

LA MÚSICA POPULAR hace que el amor parezca algo tan romántico, tan simple, tan seguro. Las series cómicas hacen que el sexo casual se vea tan intrascendente y libre. Pero el amor es mucho más intenso que el romanticismo, mucho más complejo que palabras, mucho más peligroso que los sentimientos heridos. El deseo sexual mal usado o mal dirigido puede infligir daño severo. La única forma de evitar el peligro de algo con tanto poder es experimentarlo dentro de una relación segura y sellada con un compromiso de por vida.

La persona a la cual nos unimos, la persona con la cual nos acostamos, se lleva un pedazo de nosotros que nunca podremos recuperar por completo. La experiencia deja una marca profunda en el alma. Jugar con la intimidad sexual fuera del matrimonio es jugar con fuego. Quizás su hijo ya se quemó. Si es así, hay buenas nuevas en el evangelio: hay un bálsamo que puede sanar las cicatrices sexuales. Por sus heridas fuimos sanados.

Los líderes religiosos se ofendieron cuando encontraron a Jesús comiendo con personas sexualmente inmorales y arruinadas. Jesús les dijo: «La gente sana no necesita médico, los enfermos sí. No he venido a llamar a los que se creen justos, sino a los que saben que son pecadores y necesitan arrepentirse» (Lucas 5:31-32). Jesús vino por los enfermos; personas que fueron quemadas por el pecado sexual. Jesús no les da la espalda a las personas con cicatrices causadas por el pecado, incluso si fueron autoinfligidas.

• • •

Señor, sabes que yo nunca sabré que _____ quizás fue quemada por el sexo mal usado. Ayuda a _____ a caer en los brazos del amante de su alma. Solo tú puedes traer sanidad a los lugares ocultos del alma.

Armas de guerra

Somos humanos, pero no luchamos como lo hacen los humanos. Usamos las armas poderosas de Dios, no las del mundo, para derribar las fortalezas del razonamiento humano y para destruir argumentos falsos. Destruimos todo obstáculo de arrogancia que impide que la gente conozca a Dios. Capturamos los pensamientos rebeldes y enseñamos a las personas a obedecer a Cristo. 2 CORINTIOS 10:3-5

NO TENDEMOS A PENSAR EN NUESTRO HOGAR COMO una zona de guerra. Y, sin embargo, a veces en verdad sentimos que estamos bajo ataque. Sabemos que tenemos un enemigo que vino al mundo y se presenta a la puerta con la intención de «robar, matar y destruir» (Juan 10:10). Tiene la intención de robar la verdad de la Palabra de Dios implantada en el corazón de nuestros hijos para que solo les quede el razonamiento humano y los falsos argumentos. Tiene la intención de matar el fruto de la humildad que está floreciendo en la vida de nuestros hijos para que supongan con orgullo que no necesitan a Dios. Tiene la intención de destruir toda noción de que obedecer a Cristo los hará verdadera y eternamente felices para que solo les queden los pensamientos rebeldes de vivir la vida a su manera.

Una vez que nos damos cuenta de que nuestro hogar, en realidad, es una zona de guerra donde se está librando una batalla por el alma de quienes viven allí, nos damos cuenta de que no podemos derrotar al enemigo con nuestro propio poder. Necesitamos el poder divino. Y, por lo tanto, leemos la Palabra de Dios juntos en lugar de mirar televisión todo el día. Vivimos por fe, no solo mediante nuestro propio ingenio y trabajo esforzado. Dependemos del poder del Espíritu Santo, no simplemente de nuestras buenas intenciones. Y oramos juntos en lugar de perder el tiempo preocupándonos.

• • •

Dios, reconocemos que en nuestra familia hay ciertas formas arraigadas de relacionarnos los unos con los otros, contigo y con el mundo que nos rodea, y que somos incapaces de cambiar a menos que tú nos proveas tu poder divino. Hay algunas creencias profundamente arraigadas que se oponen a tu Palabra, algunas actitudes orgullosas y formas rebeldes de pensar que simplemente deben ser capturadas y destruidas. Por lo tanto, por favor, muéstranos cómo tomar tus armas para pelear la batalla. Queremos usar las armas que tú provees para pelear por el alma de _____.

Frutas amargas

Ahora cantaré para aquel a quien amo
un canto acerca de su viña.
Mi amado tenía una viña
en una colina rica y fértil.
Aró la tierra, le quitó las piedras
y sembró en ella las mejores vides.
En medio de su viña construyó una torre de vigilancia
y talló un lagar en las rocas cercanas.
Luego esperó una cosecha de uvas dulces,
pero las uvas que crecieron eran amargas. ISAÍAS 5 : 1 - 2

EN NUESTROS PEORES MOMENTOS COMO PADRES, cuando estamos mucho más conscientes de nuestros fracasos que de nuestros éxitos, necesitamos recordar que hasta nuestro Padre celestial perfecto crio hijos obstinados. En Isaías 1:2, dice: «Los hijos que crie y cuidé se han rebelado contra mí». Dios entiende estas luchas y decepciones.

En Isaías 5, habla de sus hijos como una viña que él preparó, protegió y cuidó con la expectativa de que diera frutos. Pero la viña dio uvas amargas. Quizás, como el Señor mismo, usted ha criado, protegido y cuidado a su hijo con la expectativa de que tuviera una vida devota a Dios y fructífera. Esperó con la expectativa de recibir uvas dulces. Pero en este momento, solo hay frutas amargas. Quizás sepamos intelectualmente que nuestros hijos son pecadores que necesitan un Salvador, pero todavía luchamos con la frustración, el temor, la culpa, las decepciones y el desánimo cuando vemos que nuestros hijos toman malas decisiones y actúan en formas que se dañan a sí mismos y a los demás.

Cuando escuchamos al Señor hacer la pregunta en Isaías 5:4: «¿Qué más podría hacer por mi viña, que no haya hecho ya?», sabemos que en realidad hay algo más que él hará. Él enviará a su Hijo amado, quien se refiere a sí mismo como «la vid verdadera» (Juan 15:1). La vid verdadera será aplastada y dará frutos. El Hijo dice: «Los que permanecen en mí y yo en ellos producirán mucho fruto» (Juan 15:5).

• • •

Señor, lo que _____ más necesita es permanecer en la vid que es Cristo. Una rama no puede producir frutos si es arrancada de la vid. Por eso, injerta a _____ en la vid de una forma que ella nunca pueda ser arrancada. Ayúdame a confiar en que tú te harás cargo de la cosecha en su vida.

Muerto

Entonces dije: «¡Todo se ha acabado para mí! Estoy condenado, porque soy un pecador. Tengo labios impuros, y vivo en medio de un pueblo de labios impuros; sin embargo, he visto al Rey, el SEÑOR de los Ejércitos Celestiales». Entonces uno de los serafines voló hacia mí con un carbón encendido que había tomado del altar con unas tenazas. Con él tocó mis labios y dijo: «¿Ves? Este carbón te ha tocado los labios. Ahora tu culpa ha sido quitada, y tus pecados perdonados». ISAÍAS 6:5-7

UN PROFETA ES ALGUIEN QUE HABLA POR DIOS. Entonces, sin duda, el profeta Isaías se sentía orgulloso de su habilidad para hablar. Sus labios hablaban por Dios mismo al pueblo de Israel. Si él viviera en esta época, hablaría en las conferencias más importantes y tendría millones de seguidores en las redes sociales. Sin lugar a duda, Isaías sentía acerca de sus labios lo mismo que un cirujano siente acerca de sus manos o un jugador de fútbol por sus pies.

Cuando vio la santidad de Dios, sin embargo, se vio a sí mismo y a sus labios desde una perspectiva diferente. A la luz abrasadora de la santidad de Dios, Isaías pudo ver que sus labios en realidad eran inadecuados para hablar por Dios. En la traducción de la Biblia Reina Valera 1960, la respuesta de Isaías se lee: «¡Ay de mí! que soy *muerto*» (énfasis añadido). Muerto. En la presencia de la pureza perfecta de Dios, la noción que Isaías tenía de sí mismo y de su propia bondad se vino abajo.

Como padres queremos motivar las áreas fuertes que tienen nuestros hijos. Pero estas habilidades y atributos también pueden hacerlos engreídos. Las fortalezas de nuestros hijos pueden entramarse tanto con su identidad que cuando resulta que son deficientes en algo, están «muertos». Podría ser que tengan un talento especial o buena apariencia o una posición fuerte en su grupo de pares. La realidad, sin embargo, es que si su confianza y esperanza están puestas en cualquier otra cosa que no sea la gracia de Dios, esa «unión» se romperá.

• • •

Señor queremos motivar de la mejor manera las fortalezas y habilidades de _____. Deseamos que _____ tenga la noción de que tiene algo que vale la pena para contribuir a tu causa en el mundo. Pero no anhelamos que la identidad de _____ esté anclada en sus puntos fuertes, sino que tu poder se manifieste en sus debilidades. Danos la sabiduría para saber cómo estimular y afirmar las fortalezas de _____ mientras que, al mismo tiempo, lo motivamos a encontrar su identidad en ti.

Para que el poder de Cristo pueda actuar a través de mí

Así que, para impedir que me volviera orgulloso, se me dio una espina en mi carne, un mensajero de Satanás para atormentarme e impedir que me volviera orgulloso.
En tres ocasiones distintas, le supliqué al Señor que me la quitara. Cada vez él me dijo: «Mi gracia es todo lo que necesitas; mi poder actúa mejor en la debilidad». Así que ahora me alegra jactarme de mis debilidades, para que el poder de Cristo pueda actuar a través de mí. Es por esto que me deleito en mis debilidades, y en los insultos, en privaciones, persecuciones y dificultades que sufro por Cristo. Pues, cuando soy débil, entonces soy fuerte. 2 CORINTIOS 12:7-10

LA «ESPINA» DE PABLO ERA MUCHO MÁS QUE UN LEVE MALESTAR. Le causaba una agonía implacable. Pablo pudo ver que era una provisión de Dios para evitar que cayera en el pecado del orgullo espiritual. Como la mayoría de nosotros, sin embargo, se resistía a tener una espina y le rogó a Dios que se la quitara. La respuesta de Dios no fue concederle la sanidad, sino darle más de sí mismo, diciéndole: «Mi gracia es todo lo que necesitas; mi poder actúa mejor en la debilidad».

Quizás usted le ha rogado algo a Dios y Dios le ha dicho que no a su ruego. Si es así, la provisión que Dios le prometió a Pablo es para usted. Él le dará la gracia que necesita para soportar con fidelidad. Su poder divino para perseverar no es para quienes piensan: *Yo puedo con esto.* Su poder funciona mejor en personas que reconocen que están enfrentando algo que supera su capacidad.

Hoy en día, el cristianismo a menudo es reducido a un método para hacer que la vida funcione bien. La fortaleza espiritual, sin embargo, no se trata de tener una conexión tan especial con Dios que podamos convencerlo a cambiar nuestras circunstancias. La experiencia sobrenatural que Dios *sí* ha prometido es el poder de Cristo descendiendo a descansar sobre usted cuando lo peor que pudiera imaginarse sucede. Él puede darle felicidad aun cuando no le quite la causa de su dolor atroz.

• • •

Señor, deseamos aferrarnos a tu promesa de gracia suficiente. Creemos que nos darás la gracia que necesitamos para enfrentar lo que sea. Nuestro deseo es que tanto tu bondad como tu gloria sean manifestadas en nuestra vida para que quienes nos rodean vean que tu poder divino es suficiente para proveernos paz en las adversidades.

Amor abnegado

Ahora voy a visitarlos por tercera vez y no les seré una carga. No busco lo que tienen, los busco a ustedes mismos. Después de todo, los hijos no mantienen a los padres. Al contrario, son los padres quienes mantienen a sus hijos. Con gusto me desgastaré por ustedes y también gastaré todo lo que tengo, aunque parece que cuanto más los amo, menos me aman ustedes a mí. 2 CORINTIOS 12:14-15

PABLO LES DIJO A LOS CORINTIOS QUE SE CONSIDERABA su padre espiritual. No quería que ellos gastaran su dinero para cuidar de él mientras él trabajaba con ellos. Incluso más que eso, Pablo les dijo que con gozo se desgastaría y gastaría todo lo que tenía para que los cristianos de Corinto crecieran hasta llegar a ser todo lo que Dios quería que fueran. Pablo estaba dispuesto a desgastarse para ver crecer a sus hijos en la fe.

Así como Pablo rehusaba usar a sus «hijos» para que lo hicieran rico, nosotros no queremos usar a nuestros hijos para que nos hagan quedar bien ante los demás. Y, aunque es probable que nosotros no nos veamos como quienes querrían usar a sus hijos así, lo que pone a prueba esa forma de percibirnos es cómo reaccionamos cuando nuestros hijos nos hacen quedar bien o mal. La ira o la vergüenza que manifestemos revelarán la verdad.

Así como Pablo llevaba una carga que escogió no colocar sobre sus «hijos», nosotros como padres llevamos el peso de muchas cargas que escogemos no poner sobre nuestros hijos. Y así como Pablo estaba escribiendo esta carta a los corintios irrespetuosos con el solo propósito de edificar a quienes lo habían tirado abajo, nosotros como padres seguimos buscando las formas de edificar a nuestros hijos, aun cuando nos hayan puesto los ojos en blanco por las ideas que les propusimos y no nos hayan tratado con el respeto que nos merecemos.

Pablo podía tratar a los corintios así porque así lo había tratado Cristo. Casi podemos oír a Cristo diciéndonos: «Con gusto me desgastaré por ustedes y también gastaré todo lo que tengo, aunque parece que cuanto más los amo, menos me aman ustedes a mí». Cristo se gastó a sí mismo por nosotros antes de que lo amáramos. Su Espíritu nos capacita para desgastarnos por nuestros hijos, incluso cuando ellos no son cariñosos.

• • •

Señor, a veces simplemente nos cansamos de desgastarnos por nuestros hijos; en especial, cuando parece que recibimos muy poco amor y respeto a cambio. Necesitamos que tu Espíritu de servicio nos ayude a darnos y a desgastarnos.

Examínense

Examínense para saber si su fe es genuina. Pruébense a sí mismos. Sin duda saben que Jesucristo está entre ustedes; de no ser así, ustedes han reprobado el examen de la fe genuina. 2 CORINTIOS 13:5

PABLO LE ESCRIBIÓ ESTA CARTA a la iglesia de Corinto para tratar dudas sobre la autenticidad de su autoridad apostólica. Los falsos maestros la habían cuestionado porque, al parecer, no impresionaba como orador y experimentaba sufrimientos significativos. El mensaje a la iglesia de Corinto era que Pablo no era auténtico.

Pablo los corrigió en cuanto a la verdadera fe en la vida del creyente. Es un tesoro en una vasija de barro. Es el poder de Cristo brillando a través de la debilidad humana. Llegando al final de su carta, los desafió a examinarse para ver si eran creyentes verdaderos. Deseaba que examinaran su propia vida en busca de evidencias de una santidad en constante crecimiento y de amor verdadero por Cristo. Su coqueteo con falsos maestros y su forma inmoral de vivir ponía en duda su condición espiritual. Los estaba desafiando a examinarse para ver si tenían vida espiritual verdadera.

A veces, las creencias y los pecados con los cuales coquetean nuestros hijos también ponen en duda su condición espiritual. La verdad es que no podemos saber con certeza la naturaleza verdadera de la conexión de nuestros hijos con Cristo. Pero tampoco deberíamos dar por sentado que porque han crecido en nuestro hogar y en la iglesia o porque «tomaron la decisión» o tuvieron una experiencia espiritual emocional, han pasado de muerte a vida espiritualmente hablando. Ciertamente algunos hijos criados en hogares cristianos responden al evangelio por el deseo de agradar a sus padres o de encajar y no por un arrepentimiento y fe verdaderos.

No podemos examinar a nuestros hijos y saber si su fe es verdadera, pero podemos animarlos a examinarse, no comparándose con los demás ni con las ideas culturales de lo que significa ser cristiano, sino poniendo su vida bajo la lupa de la Palabra de Dios para ver cómo son en realidad.

• • •

Señor, así como Pablo oró para que sus «hijos» en Corinto pasaran la prueba y se volvieran maduros, oramos por _____, que ella tenga el valor de examinarse, el entendimiento para ver lo que es verdadero y el gozo de saber que ella está conectada a ti de manera genuina y para salvación.

Una persona a quien agradar

Si alguien —ya sea nosotros o incluso un ángel del cielo— les predica otra Buena Noticia diferente de la que nosotros les hemos predicado, que le caiga la maldición de Dios. Repito lo que ya hemos dicho: si alguien predica otra Buena Noticia distinta de la que ustedes han recibido, que esa persona sea maldita. Queda claro que no es mi intención ganarme el favor de la gente, sino el de Dios. Si mi objetivo fuera agradar a la gente, no sería un siervo de Cristo. GÁLATAS 1:8-10

PABLO ESTABA DICIENDO ALGO QUE lo dejaría casi sin amigos. La mayoría de las personas no se sienten particularmente atraídas hacia alguien que maldice a otra persona. ¿A Pablo simplemente le gustaba herir susceptibilidades? ¿Era arrogante en sus creencias? ¿Era indiferente respecto a la vida de la gente que enfrentaba un futuro eterno separada de Cristo? No. Pablo estaba dispuesto a hablar así acerca de aquellos que predican un camino hacia la gracia de Dios que no sea a través de la fe en la obra terminada de Cristo, porque su deseo de agradar a Dios era mucho más alto en su lista de prioridades que el de agradar a la gente.

Esta es la clase de compromiso con la verdad del evangelio y con no ser esclavos de agradar a las personas que todos queremos. Y esto es lo que anhelamos para nuestros hijos.

Nuestra necesidad de aprobación está profundamente arraigada en nosotros. No es la búsqueda de aprobación y la satisfacción personal que provee lo que Cristo condena, sino buscar la aprobación en la fuente equivocada. Si estamos buscando siempre la aprobación de los demás, nunca será suficiente y nunca durará lo suficiente. En Cristo ya nos ha sido dada toda la aprobación que en realidad necesitamos y toda la aprobación que importa en realidad. Jesús fue el Hijo amado de Dios en quien Dios estuvo complacido por completo. Una vez que nos unimos a Cristo, esa aprobación nos empapa a todos. Unidos a Cristo, somos todos aceptados y aprobados.

Día tras día, cuando nuestros hijos vienen a casa, desgastados por la desaprobación de los demás, podemos seguir guiándolos hacia esa persona cuya aprobación en realidad importa, asegurándoles que como están en Cristo, ya tienen su aprobación divina.

• • •

Señor, por favor, haz que _____ sea una persona que viva para tu aprobación, no para la alabanza de los demás. Por medio de tu gracia grande y suficiente, achica y desactiva la necesidad más profunda de _____ de ser aprobado por la gente. Y, por el poder del Espíritu Santo, concédele a _____ mayor seguridad de que en ti ya tiene tu aceptación plena y eterna.

No deje de disciplinar a sus hijos

No dejes de disciplinar a tus hijos;
la vara de castigo no los matará.
La disciplina física
bien puede salvarlos de la muerte. PROVERBIOS 23:13-14

EL SEÑOR UTILIZA LA DISCIPLINA para revelarnos nuestros pecados y para entrenarnos de modo que vivamos correctamente. El escritor de Hebreos observa: «La disciplina de Dios siempre es buena para nosotros, a fin de que participemos de su santidad. Ninguna disciplina resulta agradable a la hora de recibirla. Al contrario, ¡es dolorosa! Pero después, produce la apacible cosecha de una vida recta para los que han sido entrenados por ella» (12:10-11). La disciplina de Dios sin duda tiene un propósito: que participemos de su santidad.

De la misma manera, debemos disciplinar a nuestros hijos. Queremos imprimir en ellos la seriedad del pecado y la importancia de vivir correctamente. Nuestra disciplina comparte el mismo propósito que la disciplina de Dios: que nuestros hijos lleguen a compartir su santidad y así sean salvos de la muerte eterna. Si nuestros hijos no sienten las consecuencias de sus pecados, no entenderán que el pecado demanda castigo. Y si ellos no tienen conocimiento del castigo, ¿cómo llegarán a entender alguna vez que necesitan a aquel que fue castigado en su lugar por causa de que ellos desobedecieron a Dios?

Tenemos la gran responsabilidad de disciplinar a nuestros hijos. Y tenemos el gran desafío de hacerlo de una manera piadosa y llena de gracia. Demasiadas veces actuamos por temor, vergüenza, ira o frustración. Disciplinamos de una forma impulsiva y descontrolada en lugar de hacerlo con propósito y razonamiento. Hablamos a partir del deseo de avergonzar o manipular a nuestros hijos en lugar de guiarlos hacia el arrepentimiento y la restauración. Lo que necesitamos es que la gracia de Cristo rebose en nuestra vida de modo que podamos disciplinar a nuestros hijos en esa gracia.

• • •

Señor, sálvame de mi pecado de descargar mi ira o frustración en _____ bajo la excusa de la «disciplina». Muéstrame cómo disciplinar de una forma que te revele como Padre y entrene a _____ en la piedad.

Una nueva identidad

Mi antiguo yo ha sido crucificado con Cristo. Ya no vivo yo, sino que Cristo vive en mí. Así que vivo en este cuerpo terrenal confiando en el Hijo de Dios, quien me amó y se entregó a sí mismo por mí. Yo no tomo la gracia de Dios como algo sin sentido. Pues, si cumplir la ley pudiera hacernos justos ante Dios, entonces no habría sido necesario que Cristo muriera. GÁLATAS 2:20-21

PARTE DE CRECER ES DESCUBRIR QUIÉNES SOMOS. Nuestros hijos están en el proceso de descubrir su identidad. La buena nueva es que Cristo se ofrece a sí mismo para ser su nueva identidad. Si ellos no lo aceptan, vivirán con una identidad inferior, fundada en qué hacen o cómo son catalogados: el chico popular, el atleta, el erudito, el estudioso, el bonito, el rebelde, el que sigue las reglas, el comediante, el cínico, la víctima, el músico. Pero cuando se vean unidos a Cristo, vivirán vidas de gozo y de paz.

En lugar de permitir que el mundo que los rodea los defina según sus términos, queremos que la verdad acerca de la identidad en Cristo, que se encuentra en la Palabra de Dios, moldee la forma en que nuestros hijos se perciben. Según las Escrituras, nuestros hijos que están en Cristo pueden afirmar:

Soy amigo de Jesús.
Ya no soy esclavo del pecado.
Fui aceptado por Cristo.
Mi cuerpo es el templo del Espíritu Santo que habita en mí.
Soy una nueva creación en Cristo.
Fui bendecido con toda bendición espiritual en los lugares celestiales.
Soy escogido, santo y libre de culpa ante Dios.
Soy obra de Dios creado para producir buenas obras.
Soy miembro del cuerpo de Cristo y participante de su promesa.
Soy ciudadano del cielo.
Mi vida está escondida con Cristo en Dios.

• • •

Señor, para que _____ piense por sí misma así, debe ser transformada por la renovación de su mente. Solo puede suceder si tú, por tu Espíritu, usas tu Palabra para convencer a _____ de su identidad verdadera y eterna. Ayúdame a ver si todavía no está convencida y dame las palabras correctas para guiarla a entender quién es en ti.

El camino de la fe o el camino de la ley

Sin embargo, los que dependen de la ley para hacerse justos ante Dios están bajo la maldición de Dios, porque las Escrituras dicen: «Maldito es todo el que no cumple ni obedece cada uno de los mandatos que están escritos en el libro de la ley de Dios». Queda claro, entonces, que nadie puede hacerse justo ante Dios por tratar de cumplir la ley, ya que las Escrituras dicen: «Es por medio de la fe que el justo tiene vida». El camino de la fe es muy diferente del camino de la ley, que dice: «Es mediante la obediencia a la ley que una persona tiene vida». GÁLATAS 3:10-12

NUESTROS HIJOS TIENEN UN ENEMIGO QUE no deja de esforzarse para tentarlos a pensar y a sentir que debido a que pertenecen a una familia que habla de Dios, que va a la iglesia y lee la Biblia, están bajo la bendición de Dios. La carta a los Gálatas se refiere a un grupo de personas que hacía todas esas cosas y aun así estaba bajo la maldición de Dios.

El asunto en cuestión en esta porción de la carta de Pablo era definitivo para determinar si los gálatas podían esperar experimentar bendición divina o maldición divina. Y la respuesta no dependía de si ellos iban a la iglesia o no. Dependía de si ellos habían o no llegado a entender su completa incapacidad para cumplir con la ley de Dios y, por lo tanto, si habían aceptado a Cristo, quien obedeció la ley de manera perfecta en lugar de ellos. Tristemente, ellos todavía estaban tratando, a través de sus actividades religiosas y su buen comportamiento, de ganar la bendición divina que tanto anhelaban.

Los esfuerzos por llenar el banco de alimentos local o construir pozos de agua en África o hacer compromisos para guardar el sexo para el matrimonio o rehusar comprar boletos de lotería pueden ser formas de obedecer la ley con esfuerzos humanos para ganar el favor de Dios o pueden ser hechos en dependencia del poder de Cristo, por amor a Cristo y por un deseo de darle la gloria. El asunto de la maldición o la bendición depende de *cómo* obedecemos y de *quién* se lleva el crédito.

• • •

Señor, deseamos que _____ obedezca tu Palabra y viva una vida santa. Queremos que _____ espere y experimente tu bendición divina, no tu maldición divina. Lo que no queremos es que _____ quede atrapado en solo tratar de vivir por la ley cuando no tiene poder para vivir así y que, además, no tenga noción de que tú puedes perdonarlo cuando no pueda vivir así.

Un hijo de Dios

Sin embargo, cuando se cumplió el tiempo establecido, Dios envió a su Hijo, nacido de una mujer y sujeto a la ley. Dios lo envió para que comprara la libertad de los que éramos esclavos de la ley, a fin de poder adoptarnos como sus propios hijos; y debido a que somos sus hijos, Dios envió al Espíritu de su Hijo a nuestro corazón, el cual nos impulsa a exclamar «Abba, Padre». Ahora ya no eres un esclavo sino un hijo de Dios, y como eres su hijo, Dios te ha hecho su heredero. GÁLATAS 4:4-7

COMO PADRES, estamos bastante seguros de que nadie conoce a nuestros hijos como nosotros, ama a nuestros hijos como nosotros, puede guiarlos y cuidarlos como nosotros. No por nada es tan difícil dejar a nuestro hijo con la niñera por primera vez o en la casa de los abuelos por una noche. Pensamos que si tan solo pudiéramos controlar el medio ambiente, evitar los peligros y seguir las estrategias correctas de crianza, podríamos asegurarnos de que nuestros hijos tuvieran una niñez segura y feliz y, como resultado, una adultez exitosa. En otras palabras, pensamos que podemos ser Dios para nuestros hijos.

Pero en esto, subestimamos enormemente la paternidad de Dios, así como sobrevaloramos la nuestra. Cuando nuestros hijos están fuera de nuestro alcance visual, no están fuera del alcance visual de Dios. En este mismo momento, Dios está cuidando activamente a nuestros hijos.

Esta realidad provee libertad a las mamás y a los papás que han arruinado las cosas y no pueden encontrar la forma de arreglarlas. No tenemos que ser los padres perfectos y, sin lugar a duda, nunca podremos llegar a serlo. Nuestros hijos, sin embargo, sí tienen un Padre perfecto. Un Padre que los conoce mejor que usted y conoce lo que necesitan más que usted. Los ama más que usted y tiene más poder que usted para actuar por amor. Ha sacrificado más por ellos que lo que usted sacrificó y podrá cuidarlos más allá de su limitado tiempo de vida.

• • •

Abba, Padre, enviaste a tu Hijo para comprar mi libertad para que pudieras adoptarme como tu propio hijo. Y, gracias a que soy tu hijo, voy a heredar todo lo que tienes para darles a tus hijos. Qué Padre amoroso, salvador, cariñoso y generoso eres. Me confiaste la crianza de _____ durante mi tiempo limitado de vida, pero tú eres su verdadero Padre.

Anhelo por Dios

Oh Dios, tú eres mi Dios;
de todo corazón te busco.
Mi alma tiene sed de ti;
todo mi cuerpo te anhela
en esta tierra reseca y agotada
donde no hay agua. SALMO 63:1

DAVID ES EL REY DE JUDÁ, pero no duerme en su cama en el palacio de Jerusalén. Duerme en una cueva en el desierto, huyendo de «los que traman» destruirlo (versículo 9). Lo que en realidad duele es que quienes quieren matarlo están liderados por su propio hijo. El hijo que ama no solo está separado de él, sino que es su enemigo.

¿Qué hace David? Ora. El Salmo 63 es su oración no solo a Dios, sino a *su* Dios. Lo que es interesante es que no pide ni protección contra Absalón ni la victoria sobre él ni su reconciliación. La cercanía de Dios y la satisfacción en Dios es lo que David anhela. Piensa en la presencia de Dios que descendió para habitar con su pueblo en el lugar santísimo del tabernáculo. Esa es la presencia que David quiere conocer en el desierto.

En medio de dificultades increíbles, los ojos de David no están enfocados en sus circunstancias, sino en la gloria de Dios que vio en el tabernáculo. Cuando su vida está siendo amenazada, no se aferra a la supervivencia. En lugar de eso, está convencido de que su «amor inagotable es mejor que la vida misma» (versículo 3). No está ocupado orquestando un plan defensivo ni ofensivo, sino que está levantando sus manos a Dios en oración. No permanece despierto por las noches preocupándose por lo que podría suceder, sino que está acostado meditando acerca de Dios y de todos los beneficios de pertenecerle. No se está aferrando a su título ni a sus privilegios ni a sus planes, sino que, por el contrario, está aferrándose a Dios, confiado en que el Señor lo ha tomado y lo sostiene firmemente en sus manos.

Cuando estamos en desacuerdo con nuestros hijos o preocupados por ellos, podemos sentir como si estuviéramos en una tierra reseca y agotada donde no hay agua. David nos muestra hacia dónde dirigirnos, qué hacer, a quién anhelar. Nos dirigimos a nuestro Dios y levantamos nuestras manos a él en oración para decirle cuánto lo necesitamos.

· · ·

Señor, debido a que tú eres mi ayudador, canto de gozo bajo la sombra de tus alas. Me aferro a ti; tu diestra fuerte me sostiene con firmeza.

¿Qué clase de fruto?

En cambio, la clase de fruto que el Espíritu Santo produce en nuestra vida es: amor, alegría, paz, paciencia, gentileza, bondad, fidelidad, humildad y control propio. ¡No existen leyes contra esas cosas! GÁLATAS 5:22-23

ES FÁCIL LEER ESTA LISTA DEL FRUTO QUE PRODUCE EL ESPÍRITU Santo en la vida del creyente y convertirla en una lista de cosas que hacer. Pablo, sin embargo, habla de fruto, no de frutos. No es una lista de actividades que debemos tildar. Este fruto florece de manera natural en la vida de aquellos en quienes habita el Espíritu Santo.

Así como el manzano no da naranjas y los naranjos no dan manzanas, quienes no tienen el Espíritu Santo no pueden producir la clase de fruto que solo el Espíritu Santo produce. Producen la clase de frutos que producen por naturaleza las personas que están muertas en lo espiritual. Cuando el Espíritu Santo viene a vivir y a obrar en la vida de una persona, podemos estar seguros de que él producirá el fruto. Por supuesto que lleva tiempo y el fruto del Espíritu crece muy despacio. El crecimiento a veces es imperceptible, pero la presencia del Espíritu en la vida de nuestros hijos garantiza que ocurrirá.

Como padres, no es nuestra tarea producir hijos que se comporten conforme a esta lista de fruto. Somos instrumentos de la obra permanente del Espíritu Santo en su vida. Él produce el fruto. Y tiene visión a largo plazo. El darnos cuenta de esto remodela nuestras prioridades de padres. En lugar de empujarlos a que produzcan estas virtudes por la fuerza de su propia voluntad, los guiamos hacia Cristo, quien viene a morar en nuestro interior y produce esta clase de fruto por el poder de su Espíritu. Esta realidad quita una carga pesada de nuestros hombros. Nos ayuda a ver a nuestros hijos no como un reflejo de quienes somos, ni como el resultado de nuestra paternidad excelente o de calidad inferior, sino como personas únicas en quienes el Espíritu está obrando a su manera, en su tiempo, para producir su fruto según él ve conveniente.

• • •

Espíritu Santo, eres el Maestro Jardinero. Sabes lo que estás haciendo en la vida de _____ y en la mía. Anhelo tener una cosecha abundante de amor por _____, gozo en _____, paciencia con _____, amabilidad hacia _____, bondad ante _____, fidelidad a mis promesas a _____, gentileza en mi comportamiento hacia _____ y dominio propio en mi respuestas a _____. Por favor, genera ese fruto en mí.

No se dé por vencido

No se dejen engañar: nadie puede burlarse de la justicia de Dios. Siempre se cosecha lo que se siembra. Los que viven solo para satisfacer los deseos de su propia naturaleza pecaminosa cosecharán, de esa naturaleza, destrucción y muerte; pero los que viven para agradar al Espíritu, del Espíritu, cosecharán vida eterna. Así que no nos cansemos de hacer el bien. A su debido tiempo, cosecharemos numerosas bendiciones si no nos damos por vencidos. GÁLATAS 6:7-9

MIENTRAS PABLO ESTÁ LLEGANDO A LA CONCLUSIÓN de su carta a los Gálatas, tiene una advertencia sobria para ellos. No pueden «sembrar» una vida de gratificación y de pecado o legalismo desalmado en desacuerdo con el Espíritu y esperar «cosechar» la clase de vida abundante, eterna que viene del Espíritu. La evidencia de que en verdad han sido «crucificados con Cristo» será que ellos sigan buscando la vida que refleja la pureza de Cristo en dependencia de la gracia de Cristo. Por lo tanto, junto con su advertencia de cosechar destrucción y muerte si viven para agradarse a sí mismos viene la promesa de cosechar bendiciones si viven para agradar al Espíritu.

La imagen de sembrar y cosechar nos lleva a preguntarnos: ¿Qué estamos sembrando en la vida de nuestros hijos? ¿A quién quieren agradar con su forma de vivir? ¿Les estamos advirtiendo acerca de lo que pueden esperar si viven solo para satisfacer su naturaleza pecaminosa y los estamos animando respecto a lo que pueden esperar si viven para agradar al Espíritu?

Todos necesitamos ánimo para seguir avanzando y no abandonar. Por lo tanto, cuando veamos que la decisión de agradar al Espíritu en lugar de agradar a la naturaleza pecaminosa está germinando dentro de ellos, debemos animarlos a seguir adelante, a seguir creciendo, a seguir disfrutando la sonrisa de Dios por la clase vida que viven. Podemos asegurarles que un día la cosecha de bendición será abundante, hermosa y eterna.

• • •

Señor, sé que con mucha frecuencia deseo abandonar mi propia búsqueda de una vida vivida de acuerdo con el Espíritu y empoderada por el Espíritu. A veces me canso de hacer lo bueno y lo correcto. Por favor, ayúdame a dar a _____ el mismo ánimo que yo necesito para seguir sembrando la semilla de vivir para agradar al Espíritu. Recuérdame seguir guiando a _____ hacia la recompensa que prometiste: una cosecha de felicidad y santidad.

Toda bendición espiritual

La plenitud de Aquel que todo lo llena en todo. EFESIOS 1:23, RVR60

Toda alabanza sea dada a Dios, el Padre de nuestro Señor Jesucristo, quien ha bendecido a _____ con toda bendición espiritual en los lugares celestiales, porque _____ está unido a Cristo. Incluso antes de que creara el mundo, Dios ya amaba a _____ y escogió a _____ en Cristo para que sea santo y sin pecado delante de sus ojos. Dios decidió de ante mano adoptar a _____ en su familia atrayendo a _____ hacia sí mismo a través de Jesucristo. Esto es lo que él quería hacer, y le dio un gran placer hacerlo. Por eso alabamos a Dios por la gracia gloriosa que derramó sobre _____, quien pertenece a su Hijo amado. Dios es tan rico en bondad y gracia que compró la libertad de _____ con la sangre de su Hijo y perdonó los pecados de _____. Ha derramado su bondad sobre _____, junto con toda sabiduría y entendimiento.

Dios ahora ha revelado a _____ su plan oculto respecto a Cristo, un plan de llevar a cabo su propia buena voluntad. Y este es el plan: en el tiempo apropiado, traerá todas las cosas bajo la autoridad de Cristo; todo lo que está en el cielo y en la tierra. Además, debido a que _____ está unido a Cristo, _____ ha recibido una herencia de parte de Dios porque él escogió a _____ de ante mano, y hace que todas las cosas funcionen conforme a su plan.

El propósito de Dios fue que los judíos, quienes fueron los primeros en confiar en Cristo, trajeran alabanza y gloria a Dios. Y ahora los gentiles también han escuchado la verdad, las buenas nuevas que Dios salva. Y cuando _____ creyó en Cristo, él identificó a _____ como suyo dando a _____ el Espíritu Santo, quien había prometido hace mucho tiempo atrás. El Espíritu es la garantía de que Dios le dará a _____ la herencia que prometió y que él ha comprado a _____ para que sea suyo. Lo hizo para que le demos alabanza y gloria.

Oro de manera constante por _____, pidiéndole a Dios, el glorioso Padre de nuestro Señor Jesucristo, que le dé a _____ sabiduría y entendimiento espiritual para que _____ pueda crecer en el conocimiento de Dios. Oro para que el corazón de _____ sea inundado con luz para que _____ pueda entender la esperanza segura que Dios ha dado a quienes llamó; es decir a su pueblo santo que son su herencia rica y gloriosa. ADAPTADA DE EFESIOS 1:3-18

Pero Dios

Antes ustedes estaban muertos a causa de su desobediencia y sus muchos pecados. Vivían en pecado, igual que el resto de la gente, obedeciendo al diablo —el líder de los poderes del mundo invisible—, quien es el espíritu que actúa en el corazón de los que se niegan a obedecer a Dios. Todos vivíamos así en el pasado, siguiendo los deseos de nuestras pasiones y la inclinación de nuestra naturaleza pecaminosa. Por nuestra propia naturaleza, éramos objeto del enojo de Dios igual que todos los demás. Pero Dios es tan rico en misericordia y nos amó tanto que, a pesar de que estábamos muertos por causa de nuestros pecados, nos dio vida cuando levantó a Cristo de los muertos. (¡Es solo por la gracia de Dios que ustedes han sido salvados!). Pues nos levantó de los muertos junto con Cristo y nos sentó con él en los lugares celestiales, porque estamos unidos a Cristo Jesús. De modo que, en los tiempos futuros, Dios puede ponernos como ejemplos de la increíble riqueza de la gracia y la bondad que nos tuvo, como se ve en todo lo que ha hecho por nosotros, que estamos unidos a Cristo Jesús. EFESIOS 2:1-7

HEMOS DESARROLLADO MUCHOS TÉRMINOS para describir a los cristianos. Hablamos de «ser salvo» o «aceptar a Cristo» o «pedirle a Cristo que entre a nuestro corazón». Efesios 2, sin embargo, nos provee las palabras que describen esta realidad: «Estábamos muertos [pero Dios] nos levantó de los muertos». Esto nos ayuda a entender mejor a nuestros hijos, quienes nacieron físicamente vivos pero espiritualmente muertos. No enfermos. *Muertos.* Incapaces de responderle a Dios. El Espíritu completa la regeneración a través de la Palabra. Por eso es que los llevamos a la iglesia donde escuchan los mensajes y las enseñanzas de la Palabra de Dios y por eso leemos juntos la Biblia en casa. No podemos darles vida espiritual, *pero Dios sí puede* y lo hace por medio de su Palabra.

Decir que Dios es rico en misericordia es decir que no es tacaño con ella. La derrama sobre quienes acuden a él por ella. Ama obrar en la vida de quienes están muertos por causa del pecado para darles vida.

• • •

Señor, cuando pensamos en el siglo venidero, cuando distinguirás a quienes estaban muertos, pero fueron vivificados por estar unidos a Cristo, cuánto anhelamos que _____ sea un ejemplo glorioso de la riqueza increíble de tu gracia y bondad hacia los pecadores. No tenemos el poder para generar vida espiritual en la vida de nuestros hijos, ¡pero tú sí! Por favor, une a _____ a Cristo. Levanta a _____ de los muertos. Sienta a _____ con Cristo en los lugares celestiales.

24 DE SEPTIEMBRE

Isaías 43:14–45:10
Efesios 3:1-21
Salmo 68:1-18
Proverbios 24:1-2

Raíces profundas y firmes

Pido en oración que, de sus gloriosos e inagotables recursos, los fortalezca con poder en el ser interior por medio de su Espíritu. Entonces Cristo habitará en el corazón de ustedes a medida que confíen en él. Echarán raíces profundas en el amor de Dios, y ellas los mantendrán fuertes. EFESIOS 3:16-17

PABLO TENÍA EL CORAZÓN DE UN PADRE, un padre que ora, hacia los creyentes de Éfeso. La carta que les escribió termina siendo una oración por ellos. Lo que Pablo quería para sus hijos espirituales de Éfeso, también es lo que queremos nosotros para nuestros hijos.

Deseamos que nuestros hijos tengan en su ser interior la fortaleza que da el Espíritu, específicamente la fortaleza para entender algo que es incomprensible sin esta fortaleza divina; la naturaleza expansiva del amor de Cristo. Anhelamos que la vida de nuestros hijos esté enraizada y afirmada en el amor de Cristo. No esperamos que simplemente canten «Jesús me ama». Deseamos que crean en lo profundo de su alma que Cristo los ama. A medida que sus raíces ganan profundidad en el amor de Cristo, sabemos que podrán soportar los golpes de un mundo cruel. Mientras se afirman más y más en su amor, no serán tan vulnerables a las falsas promesas.

Hay un poder obrando en nuestros hijos; el mismo poder que levantó a Jesús de los muertos. Por eso cuando oramos por ellos, sabemos que Aquel a quien oramos tiene el poder para producir más de lo que podemos pedir y pensar.

• • •

Caigo de rodillas y oro al Padre, el Creador de todo en el cielo y en la tierra. Ruego que, a partir de sus recursos gloriosos, ilimitados empodere a _____ con fortaleza interna a través de su Espíritu. Y que Cristo haga su hogar en el corazón de _____ en la medida que _____ confíe en él. Las raíces de _____ serán profundas en el amor de Dios y lo mantendrán fuerte.

Que _____ tenga el poder para entender, como todo el pueblo de Dios debería, cuán ancho, largo, alto y profundo es su amor. Que _____ experimente el amor de Cristo, a pesar de que es demasiado grande como para entenderlo por completo. Entonces _____ será hecho completo con toda la plenitud de vida y poder que viene de Dios.

Ahora toda la gloria sea dada a Dios, quien puede, a través de su poder que obra en _____, lograr infinitamente más de lo que podríamos pedir o pensar. ¡Gloria sea a él en la iglesia y en Cristo Jesús a través de todas las generaciones y para siempre! Amén.

Que todo el mundo me busque

¡Que todo el mundo me busque para la salvación!,
porque yo soy Dios; no hay otro. [...]
La gente declarará:
«El Señor es la fuente de mi justicia y de mi fortaleza». ISAÍAS 45:22, 24

DIOS ES EL ÚNICO DIOS. No hay otro. Y esto nos incluye a nosotros. A veces, como padres obramos como si la salvación de nuestros hijos y su santificación dependieran de nosotros; es decir, como si nuestras reglas, diligencia y sabiduría los moldearán para que sean todo que lo que Dios quiere que sean. No podemos ser Dios para nuestros hijos, sin embargo, a pesar de lo mucho que nos gustaría serlo. No podemos salvarlos. No podemos proveer para ellos todo lo que necesitan y necesitarán. No podemos prometerles que nunca les fallaremos ni los abandonaremos. No tenemos la capacidad para ver todo lo que está sucediendo dentro de ellos en el presente ni todo lo que les espera en el futuro. No podemos ser la fuente de toda su justicia y fortaleza.

Sí podemos mostrarles lo que significa acudir a Dios para ser salvos; no solo en referencia a esa vez que lo hicimos en el pasado, sino de una forma constante. Podemos permitirles a nuestros hijos que escuchen cuando invocamos a Dios para que nos libre de pecados tales como la lujuria, la codicia y el egoísmo. Podemos confesar ante ellos que nuestra justicia está estropeada por la apatía, el engaño y la hipocresía, razón por la cual necesitamos ser cubiertos por la justicia de otro.

Por lo tanto, a pesar de que no podemos ser Dios ni obligar a nuestros hijos a acudir a Dios, sí podemos *mostrarles* cómo vivir en dependencia radical de Dios en lugar de fingir que tenemos todo bajo control.

• • •

Señor, tú eres la fuente de toda nuestra justicia y fortaleza. Tú eres el Dios que salva.
Y por eso, Señor, acudimos a ti, no solo por nuestra salvación, sino por la salvación de
_____. Ayúdanos a recordar que solo tú eres Dios; que simplemente no podemos ser
Dios para la vida de _____. Mientras les ofreces tu salvación a quienes acuden a ti,
por favor, haz que _____ acuda a ti. Por favor, dale a _____ un corazón que
anhele la justicia que solo tú puedes dar y la fortaleza que solo tú suples.

26 DE SEPTIEMBRE

Isaías 48:12–50:11
Efesios 4:17-32
Salmo 69:1-18
Proverbios 24:5-6

Pónganse la nueva naturaleza

En cambio, dejen que el Espíritu les renueve los pensamientos y las actitudes.
EFESIOS 4:23

Señor, oro que no solo traigas a _____ a la vida espiritual, sino para que tu Espíritu empodere a _____ para que viva de una nueva manera, una manera que sea completamente diferente a la de sus pares que todavía están espiritualmente muertos, que están confundidos sin remedio. Su mente está llena de tinieblas; están muy lejos de la vida que tú das porque han cerrado su mente y endurecido su corazón contra ti. No tienen sentido de vergüenza. Viven para la lujuria y los placeres y practican con avidez todas clases de impurezas.

Pero debido a que _____ ha escuchado acerca de Jesús y ha aprendido la verdad que viene de ti, oramos que _____ se deshaga de su naturaleza pecaminosa y de su vieja manera de vivir, las cuales están corrompidas por la lujuria y el engaño. En lugar de eso, permite que tu Espíritu renueve los pensamientos y las actitudes de _____. Que _____ se vista de la nueva naturaleza, creada para ser como tú; verdaderamente justo y santo.

Ruego que _____ deje de mentir y que, por el contrario, diga la verdad incluso si hacerlo le costara algo. Oro que _____ no peque permitiendo que la ira lo controle, no permitas que siga enojado hasta que el sol se ponga, dándole cabida al maligno.

Ruego que _____ no robe, sino que use sus manos para trabajar bien y con empeño de modo que pueda compartir con generosidad con quienes tienen necesidad. Oro que _____ no use lenguaje repugnante ni agresivo, sino que todo lo que _____ hable sea bueno y útil para que sus palabras sean de edificación a quienes las escuchan.

Ruego que _____ no te cause dolor por la forma en que vive.

Oro que _____ se deshaga de toda amargura, ira, enojo, palabras duras y calumnia, así como de toda clase de comportamiento maligno y que, en lugar de eso, _____ sea amable, compasivo y esté dispuesto a perdonar así como tú lo perdonaste.

ADAPTADA DE EFESIOS 4:17-32

Porque ustedes son sus hijos queridos

Imiten a Dios como hijos muy amados [...]. Porque ustedes antes eran oscuridad y ahora son luz en el Señor. Vivan como hijos de luz. EFESIOS 5:1, 8, NVI

DESEAMOS QUE NUESTROS HIJOS HAGAN CIERTAS COSAS de cierta manera por cómo hacemos las cosas en nuestra familia. Es parte de lo que somos y lo que esperamos que sean. Asimismo, hay una forma en la que debemos vivir que es congruente con ser hijos de Dios. Si en verdad somos sus hijos, no tiene sentido vivir de ninguna otra forma.

En Efesios 5, Pablo llama a los cristianos de Éfeso a ser quienes son en realidad, no quienes solían ser antes de recibir a Cristo por la fe y de que su Espíritu viniera a morar en ellos. Solían ser tinieblas; ahora, eran luz. No se trata solo de que vivían en tinieblas ni que les gustaban las tinieblas; ellos *eran* tinieblas. Las tinieblas solían ser el centro de su identidad, pero ahora eran luz. La luz de Cristo se había vuelto el centro de su identidad. Cristo estaba en el centro operativo de su vida. Pablo quería que vivieran está nueva identidad en lugar de vivir en la incongruencia y la vergüenza de afirmar pertenecer a Cristo, pero estar viviendo para sí mismos.

Si todavía somos tinieblas, las obras de las tinieblas nos parecerán perfectamente normales. No habrá ningún sentido de incongruencia. Si en verdad somos luz, hacer lo que hacen las tinieblas quizás sea interesante por un momento, pero al final nos daremos cuenta de que es algo terriblemente malo. Aunque puede llevarnos algo de tiempo cambiar, tendremos la siguiente noción: *Debo dejar de vivir así.*

Anhelamos que nuestros hijos vivan según esta clase de identidad de familia y no según la identidad de la familia biológica. Si nuestros hijos tienen una comprensión firme de su identidad en Cristo, entonces, ya no estarán dispuestos a agradarse a sí mismos, sino que ansiarán agradar al Señor. En lugar de participar en las cosas que hace la gente de las tinieblas, ellos verán con claridad hacia dónde llevan esas cosas. En lugar de vivir como necios, vivirán según la sabiduría de Dios. En lugar de beber vino hasta saciarse, serán llenos del Espíritu.

• • •

Señor, sabemos lo dispuesto que estás a hacernos personas nuevas de adentro hacia afuera. Señor, cuando _____ participe en lo que pertenece a las tinieblas, haz que se sienta miserable. Y haz que la luz sea hermosa y tentadora. Vence la tendencia de _____ a buscar identidad en cualquier lugar que no sea en ser tu hijo.

La disciplina que proviene del Señor

Padres, no hagan enojar a sus hijos con la forma en que los tratan. Más bien, críenlos con la disciplina e instrucción que proviene del Señor. EFESIOS 6:4

ESTE VERSÍCULO DE EFESIOS HACE ECO DE UN VERSÍCULO de Colosenses: «Padres, no exasperen a sus hijos, para que no se desanimen» (Colosenses 3:21). Estos son, en realidad, los dos únicos mandamientos dirigidos a los padres en todo el Nuevo Testamento. ¿Escribió Pablo la misma instrucción dos veces porque los padres tienen una tendencia natural a encarar las cosas de una forma que provoca ira en sus hijos, a demandar cosas que exasperan a sus hijos o a esperar cosas que desaniman a sus hijos?

Nosotros sabemos qué es lo que desanima y provoca ira en nuestros hijos, cosas como: las burlas, los gritos, el castigo injusto y excesivo y la hipocresía. A veces nos resulta difícil, sin embargo, quebrar estos patrones. Por suerte, este pasaje nos provee un camino alternativo para interactuar con nuestros hijos: «La disciplina e instrucción que proviene del Señor». Cabe preguntarnos, ¿cómo disciplina e instruye nuestro Padre celestial a sus hijos?

No nos castiga por todos nuestros pecados; no nos trata con la severidad que merecemos. [...] El SEÑOR es como un padre con sus hijos, tierno y compasivo con los que le temen. (Salmo 103:10, 13)

¿Puede una madre olvidar a su niño de pecho? ¿Puede no sentir amor por el niño al que dio a luz? Pero aun si eso fuera posible, yo no los olvidaría a ustedes. (Isaías 49:15)

Si Dios no se guardó ni a su propio Hijo, sino que lo entregó por todos nosotros, ¿no nos dará también todo lo demás? (Romanos 8:32)

Criar hijos en la disciplina e instrucción que provienen del Señor es algo mucho más que criarlos en la iglesia o usando «principios bíblicos». Es disciplinarlos e instruirlos con la misma claridad y compasión, la misma firmeza y perdón, la misma dureza y ternura, la misma iniciativa e integridad con las cuales nuestro Padre nos cría a nosotros.

• • •

Señor, deseo deshacerme de toda amargura, ira, enojo y palabras duras como padre. En lugar de eso, deseo ser amable, compasivo y perdonador con _____, así como tú fuiste amable, compasivo y perdonador conmigo.

Crecimiento

Cada vez que pienso en ustedes, le doy gracias a mi Dios. Siempre que oro, pido por todos ustedes con alegría, porque han colaborado conmigo en dar a conocer la Buena Noticia acerca de Cristo desde el momento en que la escucharon por primera vez hasta ahora. Y estoy seguro de que Dios, quien comenzó la buena obra en ustedes, la continuará hasta que quede completamente terminada el día que Cristo Jesús vuelva. FILIPENSES 1:3-6

CUANDO PABLO PENSABA EN LOS CREYENTES DE FILIPO, se llenaba de agradecimiento y de gozo. Sus circunstancias (estaba en prisión esperando ser ejecutado) eran menos que alentadoras y, sin embargo, estaba lleno de gozo. ¿Por qué?

Sabía que ellos compartían con él la fe en Cristo y la estaban manifestando en el mundo. Tenía también confianza en que Dios estaba obrando en ellos y que nadie, ni siquiera su propia muerte, podría impedir que Dios terminara su obra de una manera gloriosa en su vida. Dios comenzó la obra, no Pablo, y Dios terminaría su obra en ellos.

Cada vez que ora por sus hijos, ¿presenta sus peticiones con gozo? Si su hijo está en Cristo, tiene toda la razón del mundo para estar gozoso sabiendo que la necesidad más grande de su hijo ha sido satisfecha. Y si su hijo no está en Cristo, tiene toda la razón del mundo para tener esperanza sabiendo que la necesidad más grande de su hijo solo puede ser satisfecha en Cristo.

Cuando ora por su hijo en quien Dios ha comenzado su obra, sin importar lo limitada que haya sido esa obra hasta este punto y sin importar cuánto le queda para crecer, puede estar seguro de que Dios terminará su obra. Quizás sea lenta. Quizás comience y se detenga. Tal vez tome un curso que no esperaba. De lo que sí puede estar seguro es que nunca quedará inconclusa. No se detendrá a mitad de camino ni será una obra tibia.

Llegará el día en que será completada la obra que Dios comenzó cuando llamó a su hijo. Hasta el último vestigio de pecado será destruido. Su hijo será perfeccionado en cuerpo y en alma. Por lo tanto, tenga paciencia con la forma de Dios y el tiempo de Dios. Tenga la certeza de que Dios terminará su obra en su hijo.

• • •

Oro que el amor de _____ abunde más y más, y que siga creciendo en conocimiento y entendimiento. Oro que entienda lo que en realidad importa para que viva una vida pura y libre de culpas hasta el día del regreso de Cristo. Que siempre sea lleno del fruto de la salvación, porque esto te dará toda la gloria y la alabanza a ti.

La misma actitud

No sean egoístas; no traten de impresionar a nadie. Sean humildes, es decir, considerando a los demás como mejores que ustedes. No se ocupen solo de sus propios intereses, sino también procuren interesarse en los demás.

Tengan la misma actitud que tuvo Cristo Jesús.
Aunque era Dios,
*   no consideró que el ser igual a Dios*
*   fuera algo a lo cual aferrarse.*
En cambio, renunció a sus privilegios divinos;
*   adoptó la humilde posición de un esclavo*
*   y nació como un ser humano.*
Cuando apareció en forma de hombre,
se humilló a sí mismo en obediencia a Dios
*   y murió en una cruz como morían los criminales.* FILIPENSES 2:3-8

LA MAYORÍA DE LOS PADRES, sean cristianos o no, quieren que sus hijos no sean egoístas, que no se esfuercen para impresionar a los demás, que interactúen con los demás con humildad y que estén dispuestos a satisfacer las necesidades de los demás. La pregunta es: ¿Es posible para alguno de nosotros, a pesar de nuestra conexión con Cristo, tener esta actitud de humildad y servicio profundos de manera auténtica y absoluta?

Si tener esta actitud es difícil para el cristiano, para el no creyente es imposible porque es el resultado de estar unido a Cristo. Nadie puede generar esta actitud en sí mismo. Es algo que se recibe en unión y comunión con Cristo. Es algo que Cristo crea en nosotros cuando comienza su obra en nuestra vida.

No tiene sentido tratar de vivir la vida cristiana si no se está unido a Cristo. Y, simplemente, no podemos esperar que un niño que todavía no se ha unido a Cristo viva en obediencia a él. Tener la misma actitud de Cristo requiere que tengamos a Cristo. Lo que es más significativo, requiere que él nos tenga a nosotros.

• • •

Señor, cómo deseamos que _____ tenga la misma actitud que tú tuviste: de siervo humilde, el cual sirve a los demás. ¡Para tener tu actitud, _____ te necesita a ti! Por lo tanto, toma a _____ y haz que _____ sea más como tú día a día. Implanta en _____ el deseo y el compromiso de tener la misma actitud que tuvo Cristo Jesús.

Perspectiva

En verdad Dios es bueno con Israel,
*   con los de corazón puro.*
Pero en cuanto a mí, casi perdí el equilibrio;
*   mis pies resbalaron y estuve a punto de caer,*
porque envidiaba a los orgullosos
*   cuando los veía prosperar a pesar de su maldad.* SALMO 73:1-3

ASAF COMIENZA EL SALMO 73 CON la conclusión a la cual ha llegado: que Dios es bueno con su pueblo. Luego, nos lleva consigo por el camino que lo guio a dicha conclusión. Reconoce que casi tropieza porque al mirar al mundo que lo rodeaba, parecía como si las personas que ni siquiera tenían en cuenta a Dios en realidad vivían muy bien: «¿Conservé puro mi corazón en vano?», se preguntaba (versículo 13). Pero entonces levantó los ojos a Dios en adoración y tuvo la claridad que necesitaba para saber a dónde conducía la vida vivida lejos de Dios. «Entonces entré en tu santuario, oh Dios, y por fin entendí el destino de los perversos» (versículo 17). Pudo ver que el camino de los perversos conducía a la ruina. Se dio cuenta de que, si miraba solo las apariencias, no vería la imagen completa de la realidad.

La adoración pone a Dios en el centro de nuestra visión de modo que finalmente podemos comenzar a ver las cosas como son en realidad. Nos libera de la distorsión. Esa es la razón por la cual estar en la iglesia como familia semana tras semana es prioritario si esperamos que nuestros hijos tengan perspectivas moldeadas por la verdad, lo auténtico y lo eterno. Toda la semana, el mundo trata de moldear la forma en que nuestros hijos piensan acerca de las cosas, por eso cada semana nos reunimos con el pueblo de Dios y acudimos a él para reajustar nuestra perspectiva para ver más allá de la vida en este mundo y mirar la eternidad.

. . .

Tú en verdad eres bueno con nosotros, Señor. ¡Qué bueno es estar cerca de ti! Soberano Señor, tú has sido nuestro refugio. Queremos contarles a todos sobre las cosas maravillosas que tú haces. Necesitamos que nos cuides de deslizarnos en la creencia de que esta vida es lo único que hay. Necesitamos que libres a _____ de pensar que dedicarte la vida no trae beneficios verdaderos. Libra a _____ de tal necedad; guía a _____ con tu consejo; dale a _____ un anhelo por ti que sea más grande que cualquier otra cosa en la tierra; lleva a _____ a un destino glorioso.

Al final de la carrera

Me concentro únicamente en esto: olvido el pasado y fijo la mirada en lo que tengo por delante, y así avanzo hasta llegar al final de la carrera para recibir el premio celestial al cual Dios nos llama por medio de Cristo Jesús. FILIPENSES 3:13-14

CUANDO NAVEGAMOS EN LAS REDES SOCIALES y observamos las publicaciones de las actividades y los logros de los amigos de nuestros hijos, repletas de fotografías impresionantes, quizás nos preguntemos si *hicimos* lo suficiente o si *somos* suficientes como padres. En momentos como esos necesitamos que se nos recuerde la meta final de la vida y, por consiguiente, la meta final de la paternidad: llegar al final de la carrera y recibir el premio celestial. No estamos criando a nuestros hijos solo para que tengan una vida «exitosa» aquí y ahora; los estamos criando para lo que hay más allá de esta vida. El llamado de Pablo a que nos enfoquemos en una sola cosa, lo que nos espera en el cielo, reajusta nuestra perspectiva sobre esta vida. Ante esta perspectiva, no ser invitado a la fiesta o no ser parte del equipo o no conseguir entrar a la universidad pierde el poder de aplastarnos. Un enfoque en el cielo y un sentido creciente de la expectativa de lo que nos espera allí implanta tanto en nosotros como en nuestros hijos la realidad que moldea la perspectiva de que las experiencias más excelentes y los placeres más grandiosos de esta vida nunca nos satisfarán por completo, sino que solo son anticipos de la satisfacción suprema de nuestro hogar futuro.

Enfocarse en lo que viene llena con propósito eterno nuestros días comunes de ser padres. Nuestra meta es alcanzar la nueva creación junto con nuestros hijos. Dejamos de tratar de forzar todo lo que nos espera en la nueva creación en el aquí y el ahora y, en lugar de eso, seguimos «adelante a fin de hacer mía esa perfección para la cual Cristo Jesús primeramente me hizo suyo» (Filipenses 3:12). Esta perspectiva nos libra de exigir perfección a nuestros hijos y de ser abatidos por sus imperfecciones. También nos libra de la carga de esperar ser padres perfectos. Por el contrario, podemos confesar nuestras fallas como padres a nuestros hijos y buscar el perdón de Jesús.

• • •

Te escuchamos llamándonos a seguir corriendo en esta carrera, la cual nos está guiando hacia la vida celestial contigo. Perdónanos por ser tan cortos de vista como para esperar experimentar todos los gozos y perfecciones del cielo en el aquí y el ahora. Llénanos con mayor expectativa de lo que vendrá para que nuestra espera gozosa inunde también a _____.

No se preocupen por nada

No se preocupen por nada; en cambio, oren por todo. Díganle a Dios lo que necesitan y denle gracias por todo lo que él ha hecho. Así experimentarán la paz de Dios, que supera todo lo que podemos entender. La paz de Dios cuidará su corazón y su mente mientras vivan en Cristo Jesús. FILIPENSES 4:6-7

COMO PADRES, tendemos a preocuparnos por muchas cosas: la seguridad de nuestros hijos cuando están en la calle, en la escuela... en cualquier lado y en todo tiempo. Nos preocupamos por su salud física, emocional y espiritual. Nos preocupamos por sus relaciones, logros y competencias ahora y en el futuro. Nos preocupamos por hacer un buen trabajo como padres. ¿Vemos los asuntos importantes? ¿Reaccionamos en exceso? ¿Reaccionamos como debemos ante las circunstancias? ¡Nos preocupamos por el tiempo que nuestros hijos tendrán que pasar en consejería para superar cómo fueron criados!

Tendemos a justificar nuestra preocupación al considerarla una indicación de cuánto los amamos, pero es un indicio de lo poco que confiamos en Dios. Por suerte, él no solo nos enseña a no preocuparnos, sino nos da una alternativa: la oración. Cada vez que nos levantamos en medio de la noche y repasamos en nuestra mente todos los «y si» y nos imaginamos los peores resultados, podemos transformar esas preocupaciones en oración. Podemos dejar nuestros temores ante nuestro Padre celestial, quien nos tiene en sus manos tanto a nosotros como a nuestros hijos. Cuando recordamos su bondad, fidelidad y poder en nuestras oraciones, descubrimos que la esperanza desplaza a la preocupación.

Este capítulo también nos da algo más en qué pensar; una opción para no consumir los pensamientos que producen preocupación. «Concéntrense en todo lo que es verdadero, todo lo honorable, todo lo justo, todo lo puro, todo lo bello y todo lo admirable. Piensen en cosas excelentes y dignas de alabanza» (versículo 8). En lugar de llenar nuestros pensamientos con temores imaginarios, podemos fijar nuestros pensamientos en lo que es verdadero; en lugar de pensar en lo que podría llegar a suceder, en lo que es puro; en lugar de pensar en lo que podría contaminarnos, en lo que es admirable en lugar de pensar en lo que nos preocupa.

• • •

Dios, en realidad no quiero alimentar mis preocupaciones acerca de _____. Deseo ser fiel en orar por _____. Creo que tú puedes darme paz incluso cuando la vida de _____ podría no ser lo que esperaba que fuera. Deseo que tu paz guarde mi corazón del temor y mi mente de la preocupación mientras vivo en ti y te busco en oración.

4 DE OCTUBRE

Jeremías 2:31–4:18
Colosenses 1:1-17
Salmo 76:1-12
Proverbios 24:21-22

No dejamos de orar

Así que, desde que supimos de ustedes, no dejamos de tenerlos presentes en nuestras oraciones. Le pedimos a Dios que les dé pleno conocimiento de su voluntad y que les conceda sabiduría y comprensión espiritual. Entonces la forma en que vivan siempre honrará y agradará al Señor, y sus vidas producirán toda clase de buenos frutos. Mientras tanto, irán creciendo a medida que aprendan a conocer a Dios más y más. COLOSENSES 1:9-10

PABLO HABÍA RECIBIDO UN INFORME BRILLANTE SOBRE la iglesia de Colosas. Ni siquiera conocía a los miembros de la iglesia personalmente, pero había orado fielmente por ellos. La conclusión era que eran fieles, que se amaban los unos a los otros y que su esperanza segura estaba en el cielo; no en las cosas de esta tierra. ¿Qué efecto tuvo este informe en Pablo? Sin lugar a duda, no causó que Pablo dejara de orar por ellos. Por el contrario, lo motivó a orar incluso con mayor fervor.

Muy a menudo, nos comprometemos a ser constantes en la oración cuando las cosas no van bien para nuestro hijo. Un sentido de desesperación nos impulsa a ponernos de rodillas. ¡Esa es una cosa muy buena! No hay mejor lugar al cual dirigirse. No hay mejor manera de ayudar que orar por nuestros hijos cuando tienen alguna necesidad. Así como las oraciones de Pablo por la iglesia de Colosas no cesaron cuando no había ninguna crisis, sin embargo, nosotros no deberíamos sentirnos tan satisfechos con nosotros mismos como para dejar de orar con fervor por nuestros hijos cuando las cosas van bien.

La lógica de Pablo lo llevó a orar incluso más cuando vio que Dios estaba obrando, pidiéndole al Señor que siguiera obrando en ellos e incluso que incrementara su obra en la vida de esos creyentes. Asimismo, debemos perseverar en oración cuando podemos ver con claridad que Dios está obrando en la vida de nuestros hijos. Podemos pedirle que incremente su conocimiento de lo que él en realidad quiere y que les dé mayor sabiduría y entendimiento para comprender sus caminos. También podemos pedirle que ayude a nuestros hijos a seguir viviendo de una manera que agrade al Señor y que genere toda clase de buenos frutos.

• • •

Señor, oramos y nunca dejaremos de orar por _____ porque siempre necesitará lo que solo tú puedes proveer. Dale conocimiento completo de tu voluntad, sabiduría y entendimiento espiritual. Dale todo lo que necesita para vivir en una forma que te honre y te agrade. Obra en _____ para que produzca toda clase de buenos frutos. Alimenta a _____ con tu Palabra para que crezca al aprender y conocerte más y más.

La verdad que se les enseñó

Por lo tanto, de la manera que recibieron a Cristo Jesús como Señor, ahora deben seguir sus pasos. Arráiguense profundamente en él y edifiquen toda la vida sobre él. Entonces la fe de ustedes se fortalecerá en la verdad que se les enseñó, y rebosarán de gratitud. COLOSENSES 2:6-7

A LA RAÍZ DE UN ÁRBOL LE LLEVA mucho tiempo enraizarse profundamente en la tierra. A lo largo de los años en que nuestros hijos están en nuestro hogar, estamos alimentando la tierra de su corazón cuando derramamos en ellos las verdades de las Escrituras y nuestro deleite en Dios. Así como la raíz de un árbol penetra la tierra, queremos que las «raíces» de nuestros hijos se sumerjan profundamente en Cristo. Anhelamos que estén enraizados en él para que puedan cargar con el peso de las dificultades de la vida en este mundo.

Les enseñamos la verdad, orando para que su fe se sumerja profundamente y crezca fuerte. Nos estamos aferrando a la promesa que cuando la Palabra de Dios es enviada, siempre produce frutos:

La lluvia y la nieve descienden de los cielos
y quedan en el suelo para regar la tierra.
Hacen crecer el grano,
y producen semillas para el agricultor
y pan para el hambriento.
Lo mismo sucede con mi palabra.
La envío y siempre produce fruto;
logrará todo lo que yo quiero,
y prosperará en todos los lugares donde yo la envíe. ISAÍAS 55:10-11

• • •

Señor, te rogamos que _____ no tenga una fe superficial, sino que sus raíces se sumer-jan profundamente en ti. Oramos que la tierra del corazón de _____ sea receptiva de tu Palabra cuando la predicamos, leemos y debatimos en nuestro hogar. Oramos que llegue el día en que _____ sobreabunde de agradecimiento por las raíces que crecieron profundamente y por el fundamento firme que fue formado en la verdad que le fue enseñada cuando estaba creciendo.

6 DE OCTUBRE

Jeremías 6:16–8:7
Colosenses 2:8-23
Salmo 78:1-31
Proverbios 24:26

De modo que cada generación volviera a poner su esperanza en Dios

Pues emitió sus leyes a Jacob;
entregó sus enseñanzas a Israel.
Les ordenó a nuestros antepasados
que se las enseñaran a sus hijos,
para que la siguiente generación las conociera
—incluso los niños que aún no habían nacido—,
y ellos, a su vez, las enseñarán a sus propios hijos.
De modo que cada generación volviera a poner su esperanza en Dios
y no olvidara sus gloriosos milagros,
sino que obedeciera sus mandamientos.
Entonces no serán obstinados, rebeldes e infieles
como sus antepasados,
quienes se negaron a entregar su corazón a Dios. SALMO 78:5-8

DIOS LE HA DADO SU PALABRA A SU PUEBLO y su intención siempre ha sido que cada generación le enseñe su Palabra a la próxima. No hay nueva revelación. La Palabra antigua de Dios sigue siendo lo que necesita saber cada generación.

Los padres deben enseñarles a sus hijos lo que Dios dijo. La Biblia debe ser el libro fundamental, lo que impregna todo en nuestro hogar. Nuestros hijos tienen la responsabilidad de poner su esperanza en Dios de una forma nueva y fresca. Su fe tiene que ser personal. No deben olvidar lo que Dios hizo según lo que está revelado en las Escrituras y deben decidir por sí mismos procurar vivir una vida de obediencia a Dios.

Podemos enseñar, pero no podemos obligar a nuestros hijos a tener conocimiento. Podemos convencerlos de memorizar la Palabra, pero no podemos generar en ellos ni receptividad ni respuesta a la verdad. No siempre aprenderán ni pondrán su esperanza en Dios porque nosotros pusimos nuestra esperanza en Dios. Lo que necesitamos es que Dios haga lo que solo él puede hacer para que nuestros hijos le entreguen el corazón.

• • •

Señor, sabemos que nuestra confianza en ti, nuestro amor por ti y nuestra obediencia a ti es personal. A medida que le enseñemos tu Palabra a _____, por favor, haz que en verdad entienda quién eres y qué hiciste. Por favor, haz que crea que la obediencia trae verdadero gozo. Por favor, haz que _____ vuelva a poner su esperanza en ti.

Vístanse

Dado que Dios los eligió para que sean su pueblo santo y amado por él, ustedes tienen que vestirse de tierna compasión, bondad, humildad, gentileza y paciencia. Sean comprensivos con las faltas de los demás y perdonen a todo el que los ofenda. Recuerden que el Señor los perdonó a ustedes, así que ustedes deben perdonar a otros. Sobre todo, vístanse de amor, lo cual nos une a todos en perfecta armonía. Y que la paz que viene de Cristo gobierne en sus corazones. Pues, como miembros de un mismo cuerpo, ustedes son llamados a vivir en paz. Y sean siempre agradecidos. COLOSENSES 3:12-15*

HAY UNA GRAN DIFERENCIA ENTRE las cosas que nuestros hijos hacen que ponen de manifiesto falta de carácter o de integridad, las cosas que son completamente pecaminosas y las cosas que simplemente nos sacan de quicio. Mientras están creciendo, nuestros hijos a menudo hacen cosas que nos molestan, frustran o avergüenzan. A veces somos tentados a convertir los asuntos menores en conflictos mayores, pero debemos pelear demasiadas batallas verdaderas por el alma de nuestros hijos como para transformar en un conflicto todo lo que nos molesta.

La batalla que debemos pelear es con nuestra propia persona interior despiadada, desagradable e impaciente. Esta es una lucha que debemos pelear por fe, a través del evangelio, en oración. Como recipientes de tanta misericordia, bondad, gentileza y paciencia de parte de Dios, debemos extender a nuestros hijos la misma misericordia, bondad, gentileza y paciencia a través de nuestras palabras y comportamiento.

Deseamos que nuestra familia esté unida por un sentido de armonía y paz que viene de la realidad que Cristo reina en nuestro corazón. Por lo tanto, como padres a quienes nuestro Padre celestial les mostró una gracia tan abundante, extendemos gracia a nuestros hijos. Somos comprensivos con las faltas de nuestros hijos y los perdonamos cuando nos ofenden. Nos resistimos a infligir una «lluvia de crítica quisquillosa [o] insultos solo porque son curiosos, inquietos, nerviosos, indefensos, desenfadados o distraídos».

Deseamos que nuestros hijos se sientan firmemente amados. Por eso, como hijos que fuimos muy amados por nuestro Padre celestial, nos vestimos de su manera de amar.

• • •

Señor, mientras nos preparamos para otro día de hacer nuestra parte como padres para crear un hogar marcado por la misericordia, la paciencia, el perdón, la armonía y la paz, recuérdanos lo generoso que fuiste con nosotros en todo esto. Ayúdanos a reconocer lo que es digno de confrontación y de corrección y lo que deberíamos dejar pasar con amor.

8 DE OCTUBRE

Jeremías 10:1–11:23
Colosenses 3:18–4:18
Salmo 78:56-72
Proverbios 24:28-29

No exasperen a sus hijos

Esposas, sujétese cada una a su esposo como corresponde a quienes pertenecen al Señor. Maridos, ame cada uno a su esposa y nunca la trate con aspereza. Hijos, obedezcan siempre a sus padres, porque eso agrada al Señor. Padres, no exasperen a sus hijos, para que no se desanimen. COLOSENSES 3:18-21

NINGUNO DE NOSOTROS NOS PROPONEMOS EXASPERAR A nuestros hijos, pero los suspiros profundos, los portazos y las expresiones contrariadas, a veces, revelan que eso es exactamente lo que hicimos. Cuando nos enojamos y comenzamos a despotricar con ira tratando de imponer más control del necesario, cuando menoscabamos a nuestros hijos o nos burlamos de ellos, quizás al final terminen haciendo lo que queremos que hagan, pero se sentirán conquistados, no educados; se desanimarán, no se sentirán disciplinados.

Por supuesto, la razón por la cual a veces criamos a nuestros hijos de esta forma es que somos pecadores criando a otros pecadores. Tenemos una agenda y esperamos que nuestros hijos cooperen con ella: salir a tiempo, por ejemplo, o hacer un trabajo de manera adecuada. Disfrutamos tener la razón y queremos ser respetados. Nuestras motivaciones siempre son una mezcla porque nuestro amor abnegado por nuestros hijos se ve infectado con nuestro egoísmo. La combinación de nuestros deseos egoístas con los deseos egoístas de nuestros hijos es la receta perfecta para dar a luz palabras duras y sentimientos heridos.

Pablo dice: «Que sus conversaciones sean cordiales y agradables, a fin de que ustedes tengan la respuesta adecuada para cada persona» (Colosenses 4:6). Pablo nos anima a no solo saturar con gracia nuestras interacciones con nuestros hijos, sino también a sopesar con cuidado el impacto que nuestras palabras causarán en ellos. Debemos ser lentos para la ira y lentos para hablar. Necesitamos que la gracia que hemos recibido fluya a través de nosotros y necesitamos que la sabiduría de lo alto haga su obra en nosotros para que, en lugar de exasperar y alejar a nuestros hijos, los animemos y afirmemos.

• • •

Señor, con tanta frecuencia señalo el comportamiento de _____ que no refleja tu gracia y amor mientras tolero ese mismo comportamiento en mí mismo. Por favor, genera humildad en mí para que pida perdón cuando soy duro y desagradable. Ayúdame a estar tan preocupado por mi propia necesidad de crecer en la gracia como estoy preocupado acerca de todo lo que _____ necesita crecer y cambiar.

Ayúdanos por el honor de tu propia fama

La gente dice: «Nuestra maldad nos alcanzó, SEÑOR,
  pero ayúdanos por el honor de tu propia fama.
Nos alejamos de ti
  y pecamos contra ti una y otra vez. [...]
  Somos conocidos como pueblo tuyo.
  ¡Por favor, no nos abandones ahora!». JEREMÍAS 14:7, 9

HABÍAN HEREDADO UNA TIERRA de la que fluía leche y miel. Era una tierra fructífera que hacía eco de la fertilidad del jardín de Edén, pero eso estaba en el pasado. Los pozos de agua estaban secos, la tierra estaba reseca y todos estaban confundidos y desesperados por la implacable sequía. Parecía que toda la creación gemía bajo el peso del pecado de Judá y que Dios se había vuelto «forastero en la tierra» (versículo 8, RVR60).

Jeremías estaba suplicándole a Dios a favor de su pueblo, sabiendo perfectamente bien que estaban recibiendo lo que se merecían. No había nada en Judá que Jeremías pudiera señalar como merecedor de la misericordia de Dios. Por otro lado, Jeremías enfatizó cosas específicas acerca de Dios en su súplica por misericordia: la credibilidad del nombre de Dios, el honor del trono de Dios y la estabilidad del pacto de Dios. Si Dios no perdonaba y restauraba a su pueblo, su nombre sería desprestigiado. Dios no podía ser Dios a menos que salvara a su pueblo. La gloria de Dios era dada a conocer mediante el ejercicio de su gracia. Por lo tanto, Jeremías insistió ante el Dios que llamó a este pueblo para que fuera su pueblo y le rogó que salvara a su pueblo por el bien de su propia reputación.

Jeremías nos enseña cómo orar por nuestros hijos cuando parece que todo en su vida se ha secado y entran en pánico. En lugar de pedirle a Dios que haga algo por amor a ellos, o basado en lo que se merecen, le pedimos que haga algo por amor a sí mismo, basado en quién él es y mantenemos nuestras oraciones enfocadas en la gloria de Dios.

• • •

Señor, pedimos tu ayuda, pero no porque hayamos hecho algo para merecerla. La verdad es que no hicimos nada como para que nos debieras algo. Pedimos tu ayuda porque sabemos que tú eres un Dios que ama salvar. Tú eres un Dios que hace llover su gracia sobre las personas que no la merecen. Por eso, envía las lluvias de tu gracia a nuestra vida y a la vida de _____. Sumérgenos en tu favor inmerecido para la gloria de tu nombre.

Esta palabra sigue actuando en ustedes

Por lo tanto, nunca dejamos de darle gracias a Dios de que cuando recibieron su mensaje de parte nuestra, ustedes no consideraron nuestras palabras como solo ideas humanas. Tomaron lo que dijimos como la misma palabra de Dios, la cual, por supuesto, lo es. Y esta palabra sigue actuando en ustedes los que creen. I TESALONICENSES 2:13

PABLO, SILAS Y TIMOTEO HABÍAN VENIDO A TESALÓNICA y traído las buenas nuevas. «No fue solo con palabras sino también con poder, porque el Espíritu Santo les dio plena certeza de que lo que decíamos era verdad», escribió Pablo en 1 Tesalonicenses 1:5. Ahora, a donde sea que fueran, seguían encontrándose con personas que les contaban acerca de la fe en Dios de los tesalonicenses. Y, por eso, Pablo, Silas y Timoteo simplemente no podían dejar de agradecerle a Dios. Le agradecían porque cuando llevaron el evangelio a Tesalónica, la gente de allí lo recibió. No pensaron que el evangelio era solo otra idea humana; por el contrario, escucharon el evangelio y lo recibieron como la misma Palabra del único Dios verdadero. Y lo que hacía que Pablo estuviera tan agradecido era que los informes que escuchaba confirmaban que la Palabra de Dios seguía actuando en aquellos que creían. La Palabra misma era viva y eficaz en ellos. Estaba produciendo resiliencia gozosa mientras eran perseguidos por la gente del lugar.

Es claro que Pablo en realidad creía que la Palabra de Dios es poderosa. Cuando las personas reciben las palabras de las Escrituras como la Palabra de Dios, cuando se someten a su autoridad y aceptan su obra de limpieza y empoderamiento, comienzan a cambiar.

¿Qué significa creer que la Palabra de Dios es lo que hace la obra de Dios en la vida de nuestros hijos? Nosotros hacemos nuestra parte para exponerlos a la Palabra *y* confiamos que la Palabra de Dios hará su obra en ellos. Confiamos que la Palabra de Dios los convencerá de pecado y los desafiará. Quizás no suceda ni cuándo ni cómo quisiéramos, pero confiamos que hará su obra. Dejamos de repetirles lo mismo una y otra vez, de manipularlos y de tratar de persuadirlos para apoyarnos en la oración y en la confianza y en esperar que Dios obre en la vida de nuestros hijos a través de su Palabra.

* * *

Señor, perdóname por intervenir en la vida de _____ como si mis palabras fueran lo que él más necesita y como si mis palabras tuvieran el poder para causar el crecimiento y el cambio profundo que necesita. Es tu Palabra lo que más necesita, tu Palabra la que tiene el poder para generar cambios verdaderos y duraderos.

El corazón humano

El corazón humano es lo más engañoso que hay,
y extremadamente perverso.
¿Quién realmente sabe qué tan malo es? JEREMÍAS 17:9

NUESTROS HIJOS ESCUCHAN ESTO A la vuelta de cada esquina: «Debes seguir tu corazón». Este es el consejo bien intencionado que se le da en todas las películas sensibleras y en las redes sociales a alguien que está tratando de tomar una decisión; en especial cuando se trata de asuntos del corazón. Suena muy hermoso. Sugiere que nuestro corazón nos guiará si tan solo tenemos el valor para escucharlo y poner en práctica lo que nos dice que hagamos.

Este mantra ignora la realidad sobre nuestro corazón, la cual la Biblia deja tan en claro: no podemos confiar en nuestro corazón. «El corazón humano es lo más engañoso que hay, y extremadamente perverso». En Mateo 15:19, Jesús nos cuenta exactamente qué es lo que oiremos si escuchamos y seguimos nuestro corazón: «Pues del corazón salen los malos pensamientos, el asesinato, el adulterio, toda inmoralidad sexual, el robo, la mentira y la calumnia». Esto significa que debemos oír a nuestro corazón solo para identificar lo que nos está diciendo respecto a nuestros deseos. Entonces podremos examinar esos deseos y llevarlos a Jesús como peticiones o confesiones.

Lo que debemos entender y lo que debemos ayudar a que nuestros hijos entiendan es que «nuestro corazón no fue diseñado para ser seguido, sino para ser guiado». Por lo tanto, en lugar de seguir nuestro corazón, lo cual nos lleva a hacer lo que deseamos, debemos enseñar a nuestro corazón a hacer lo que le agrada a Dios.

• • •

Señor, oramos que _____ confíe en el Señor con todo su corazón y que no dependa de su propio entendimiento ni de sus propios deseos. Que _____ busque tu voluntad en todo lo que haga y siga el camino que le muestras que debe seguir.

Nunca dejen de orar

Nunca dejen de orar. 1 TESALONICENSES 5:17

COMO PADRES, NOS ENCANTA SOLUCIONAR LAS COSAS. Cuando vemos que nuestro hijo tiene un problema, buscamos en la caja de herramientas de estrategias para la paternidad, buenos consejos, intervenciones detrás del escenario, un nuevo conjunto de reglas, y tratamos de encontrar lo que funcionaría para solucionar el problema. Y, por supuesto, ninguna de estas herramientas es mala. Solo se trata de que, a menudo, nuestra rápida disposición a confiar en estos métodos pone la necesidad de nuestros hijos en nuestras manos en lugar de colocarlas en las manos de Dios.

A lo largo de las Escrituras se nos anima a depender de Dios a través de la oración: «Nunca dejen de orar» (1 Tesalonicenses 5:17); «Sigan orando» (Romanos 12:12); «Dedíquense a la oración» (Colosenses 4:2); «Oren en el Espíritu en todo momento y en toda ocasión» (Efesios 6:18). Jesús les dijo a sus discípulos que «siempre debían orar y nunca darse por vencidos» (Lucas 18:1). En otras palabras, nuestras necesidades, así como las necesidades de nuestra familia y las del mundo, deberían mantenernos en un espíritu de dependencia constante expresada a través de la oración.

Por supuesto, este mandato de «nunca dejar de orar» habla más que de tan solo la naturaleza constante de la oración a lo largo del día. También nos desafía a no abandonar la oración. No dejar de orar que nuestro hijo en verdad conozca a Dios de una forma auténtica. No dejar de orar que nuestro hijo abra la Palabra de Dios por voluntad propia. No dejar de orar que Dios le dé amigos a nuestro hijo que lo acompañen en su búsqueda de santidad. No dejar de orar que Dios le dé a nuestra hija la gracia para ser soltera o para casarse. No dejar de orar que Dios convenza de pecado a nuestro hijo y le provea el poder para vencerlo. No dejar de orar que Dios desarrolle en nuestra hija amor por su iglesia, así como pasión por alcanzar a un mundo perdido con el evangelio.

Deje de tratar de solucionar las cosas. Pero nunca deje de orar. Deje de preocuparse. Pero nunca deje de orar. Deje de desesperarse. Pero nunca deje de orar.

• • •

Señor, perdóname por actuar como si criar a _____ dependiera solo de mis capacidades. Simplemente, no es así. Dependo por completo de ti para que me des todo lo que necesito para criar a _____ sabiamente y bien.

Seguimos orando por ustedes

Así que seguimos orando por ustedes, pidiéndole a nuestro Dios que los ayude para que vivan una vida digna de su llamado. Que él les dé el poder para llevar a cabo todas las cosas buenas que la fe los mueve a hacer. Entonces el nombre de nuestro Señor Jesús será honrado por la vida que llevan ustedes, y serán honrados junto con él. Todo esto se hace posible por la gracia de nuestro Dios y Señor, Jesucristo. 2 TESALONICENSES 1:11-12

PABLO CONOCÍA A DIOS DE MANERA ÍNTIMA y entendía la voluntad de Dios que le había sido revelada en las Escrituras. Debido a esto, cuando oraba por la gente que amaba, oraba por lo que sabía que Dios quería hacer y proveer. Sus oraciones nunca fueron generales ni genéricas, nunca fueron egoístas ni cortas de vista, nunca fueron por asuntos externos ni temporales. Cuando escuchamos la oración de Pablo por quienes amaba, descubrimos que tiene algo para enseñarnos a los padres sobre cómo orar por los hijos que amamos.

Pablo le pedía a Dios que capacitara a estos creyentes para vivir de tal forma que fueran dignos de ser identificados por el nombre que llevaban: el nombre de Cristo. En otras palabras, no deseaba que vivieran con hipocresía, llamándose cristianos mientras vivían de una forma que no era la de Cristo. Le pedía a Dios que les diera el poder espiritual que necesitaban para hacer las cosas que la Biblia les mandaba que hicieran; tales como ejercitar sus dones espirituales, perseverar durante la persecución y proveer para las necesidades de los pobres que estaban entre ellos. Mientras ellos vivieran, dieran y amaran así, el deseo más grande de Pablo, el cual lo había llevado a ponerse de rodillas ante Dios, estaba logrado: «El nombre de nuestro Señor Jesús será honrado». Eso no es todo: «Y serán honrados junto con él». Estas personas que amaba compartirían la honra que Jesús mismo había recibido.

· · ·

Señor, perdónanos por enfocarnos en los asuntos temporales cuando oramos por _____. Como sabemos que tú te preocupas por todas las áreas de nuestra vida, no queremos dejar de orar por las cosas que son más importantes para ti y por las cosas que darán a _____ gozo duradero y honra en la eternidad. Por eso, te pedimos que capacites a _____ para vivir una vida digna de tu llamado. Te pedimos que des a _____ el poder para lograr todas las cosas buenas que la fe lo impulsa a hacer. Entonces, el nombre del Señor Jesús será honrado por la forma en que _____ vive, y _____ será honrado juntamente con él. Todo esto es posible debido a tu gracia.

14 DE OCTUBRE

Toma de mi mano la copa

Esto me dijo el Señor, Dios de Israel: «Toma de mi mano la copa de mi enojo, que está llena hasta el borde, y haz que todas las naciones a las que te envíe beban de ella. Cuando la beban se tambalearán, enloquecidos por la guerra que enviaré contra ellos».
JEREMÍAS 25:15-16

EL SEÑOR LE DIO A JEREMÍAS UNA VISIÓN en la cual le pasaba una copa llena hasta el borde con su ira. Jeremías le llevó la copa primero a Jerusalén, la ciudad misma de Dios, y luego a todos los reinos del mundo y los hizo beber de ella. Es una imagen del juicio aterrador contra todos los reinos que se oponen al reino de Dios y hacen abominaciones. Es también una imagen del juicio que ha sido preparado para todos los pecadores que rechazan a Dios y a su Hijo, Jesucristo.

Cuando esta copa llena con la ira de Dios candente y lista para castigar todo lo malo, fue puesta ante Jesús, él oró: «¡Padre mío! Si es posible, que pase de mí esta copa de sufrimiento. Sin embargo, quiero que se haga tu voluntad, no la mía» (Mateo 26:39). Jesús agonizaba mientras anticipaba la angustia de beber de la copa del juicio y experimentar como resultado la relación quebrada con su Padre. Aun así, la bebió. Hasta la última gota.

Todos merecemos beber de esta copa, pero la buena noticia del evangelio es que el mismo Hijo de Dios consumió esta copa de juicio para que quienes ponen su fe en él no tengan que beberla. Gracias a que Jesús bebió la copa de la ira de Dios, a nosotros y a nuestros hijos se nos pasó otra copa; una llena no de ira, sino de salvación: «Levantaré la copa de la salvación y alabaré el nombre del Señor por salvarme» (Salmo 116:13).

• • •

Señor, merecemos beber de la copa amarga de tu ira, pero Cristo la vació en nuestro lugar. Ahora, tú nos alcanzas la copa de la salvación. Que _____ tome esta copa y beba abundantemente de ella con profundo agradecimiento.

¡La justicia y la paz se besaron!

El amor inagotable y la verdad se encontraron;
¡la justicia y la paz se besaron! SALMO 85:10

EN EL HUERTO DE EDÉN, la paz y la justicia caminaban de la mano, pero llegó el día en que la paz y la justicia se divorciaron. El pecado causó alienación entre ellas de modo que la paz y la justicia se separaron. La paz no regresaría, a menos que la justicia fuera satisfecha. La justicia no podía ser satisfecha, a menos que se hiciera el pago por el pecado. Entonces, en la cruz del calvario, el Justo fue crucificado. El Justo tomó el pecado sobre sí mismo para que la paz pudiera regresar a casa. La justicia y la paz se besaron.

En la cruz, la demanda inflexible de Dios por la verdad se enfrentó cara a cara con su misericordia; su demanda invariable por justicia perfecta se unió con la paz hecha posible por el sacrificio expiatorio de Cristo. «Tenemos paz con Dios gracias a lo que Jesucristo nuestro Señor hizo por nosotros» (Romanos 5:1). Esta paz es permanente porque no se trata de que Dios simplemente esté ignorando nuestros pecados y faltas, sino que Cristo se hizo cargo de ellos por completo y para siempre. La verdad acerca de nuestros pecados se encontró con la misericordia abundante de Dios en Cristo.

De todos los besos amorosos que nuestros hijos han disfrutado hasta ahora y que disfrutarán en el futuro, sin lugar a duda, este beso divino es el que les causará el gozo más duradero. Este es el beso que hace posible que ellos enfrenten la verdad sobre sí mismos con la confianza en que Dios los seguirá amando. Este es el beso que les trae paz cuando el enemigo les recuerda de manera continua todas las veces que no han podido vivir conforme a los estándares de la justicia de Dios.

• • •

¡Oh, Señor, estamos tan agradecidos por este beso divino! Nos deleitamos en la libertad de ser honestos contigo sobre nuestros fracasos, sabiendo que nos encontraremos con tu misericordia. Descansamos en la paz hecha posible por la justicia de Cristo que hemos recibido. Que _____ vea la belleza de este beso divino y disfrute del amor y la aceptación que hizo posible.

16 DE OCTUBRE

Jeremías 28:1–29:32
1 Timoteo 1:1-20
Salmo 86:1-17
Proverbios 25:17

Su gran paciencia

Le doy gracias a Cristo Jesús nuestro Señor, quien me ha dado fuerzas para llevar a cabo su obra. Él me consideró digno de confianza y me designó para servirlo, a pesar de que yo antes blasfemaba el nombre de Cristo. En mi insolencia, yo perseguía a su pueblo; pero Dios tuvo misericordia de mí, porque lo hacía por ignorancia y porque era un incrédulo. ¡Oh, qué tan generoso y lleno de gracia fue el Señor! Me llenó de la fe y del amor que provienen de Cristo Jesús. 1 TIMOTEO 1:12-14

PABLO CRECIÓ A LOS PIES DE GAMALIEL, el mejor maestro de las Escrituras del Antiguo Testamento de sus días. Leemos en Hechos que Pablo dijo: «Como estudiante de él, fui cuidadosamente entrenado en nuestras leyes y costumbres judías. Llegué a tener un gran celo por honrar a Dios en todo lo que hacía, tal como todos ustedes hoy. Perseguí a los seguidores del Camino, acosando a algunos hasta la muerte, y arresté tanto a hombres como a mujeres para arrojarlos en la cárcel» (Hechos 22:3-4).

Entonces aquí tenemos a Pablo, criado en un hogar intensamente religioso con la mejor educación posible en las Escrituras con el mejor maestro. Y, en lugar de ver a Cristo y creer en él, se volvió el perseguidor más rabioso de aquellos que recibieron a Cristo. Debido a que estuvo expuesto a tanta luz en las Escrituras y se enfureció contra esta, se describe a sí mismo como el peor de los pecadores. Si lo hubiéramos conocido en el pico de su violencia contra todos los seguidores de Cristo, nunca hubiéramos creído que él seguiría al Señor. Y sin duda no hubiéramos creído que serviría a Cristo y que guiaría a su pueblo en la forma en que lo hizo.

La historia de Pablo muestra que incluso alguien que crece en un hogar saturado con las Escrituras y que termina volviéndose violentamente contra Cristo no está más allá de la paciencia de Dios. Pablo escribió: «Pero Dios tuvo misericordia de mí, para que Cristo Jesús me usara como principal ejemplo de su gran paciencia aun con los peores pecadores. De esa manera, otros se darán cuenta de que también pueden creer en él y recibir la vida eterna» (1 Timoteo 1:16).

• • •

Señor, confieso que a menudo me impacienta no ver cambios en la vida de _____, ¡a pesar de que eres tan paciente conmigo! A menudo parece que te tomas tu tiempo para traer a los tuyos a tu redil. A veces permites que aquellos que te pertenecen se enojen contigo antes de doblar sus rodillas ante ti. Ayúdame a confiar en tu tiempo sabiendo que estás procurando con paciencia que _____ llegue a ser todo lo que quieres que sea.

Sus hijos volverán a usted

Pero ahora esto dice el SEÑOR:
«No llores más,
    porque te recompensaré —dice el SEÑOR—.
Tus hijos volverán a ti
    desde la tierra lejana del enemigo.
Hay esperanza para tu futuro —dice el SEÑOR—.
    Tus hijos volverán a su propia tierra.
Oí a Israel decir:
"Me disciplinaste severamente,
    como a un becerro que necesita ser entrenado para el yugo.
Hazme volver a ti y restáurame,
    porque solo tú eres el SEÑOR mi Dios"». JEREMÍAS 31:16-18

EN JEREMÍAS SOMOS TESTIGOS de una escena tierna donde un padre le da la bienvenida al hogar a su hijo obstinado después de años de estar separados. Es como la historia del hijo pródigo del Antiguo Testamento. A través de su profeta, el Señor revela el cambio que se producirá en su hijo rebelde. Escuchamos al hijo, Israel, expresar gratitud por la disciplina de su Padre, pena por la forma en que se apartó de su Padre, vergüenza por lo que hizo en los días de su juventud y deseo de ser restaurado (versículos 18-19).

Y, entonces, escuchamos al Padre hablarle al hijo. Para nuestra sorpresa, no le dice lo que esperaríamos de un Padre rechazado. No le dice: «Te lo dije antes de que sucediera» ni «¿Por qué te demoraste tanto?». En lugar de eso, Dios se refiere a Israel como su «Hijo querido» (versículo 20), y así expresa su deseo de mostrar misericordia, de darle la bienvenida a casa y la seguridad de su gracia. El Padre promete que «hará que algo nuevo suceda: Israel abrazará a su Dios» (versículo 22).

Qué hermoso es el corazón de Padre de Dios con su hijo rebelde: «A menudo tengo que castigarlo, pero aun así lo amo. Por eso mi corazón lo anhela y ciertamente le tendré misericordia» (versículo 20).

• • •

Padre Dios, cuando nuestros hijos nos desobedecen, cómo anhelamos que nuestro corazón con ellos sea tan amoroso y misericordioso como es tu corazón con tus hijos cuando ellos te desobedecen. Tú disciplinas, pero no dejas de amar. Deseas mostrar misericordia. Llénanos con la sabiduría y la voluntad para disciplinar, pero también con el corazón para amar y con las palabras para enamorar.

Instrucciones en el corazón

Pero este es el nuevo pacto que haré con el pueblo de Israel después de esos días —dice el SEÑOR—. Pondré mis instrucciones en lo más profundo de ellos y las escribiré en su corazón. Yo seré su Dios, y ellos serán mi pueblo. JEREMÍAS 31:33

DIOS HABÍA HECHO UN PACTO CON SU PUEBLO en el monte Sinaí cuando les dio los diez mandamientos y el resto de la ley, el cual es llamado el viejo pacto. El pueblo de Israel que estaba presente aquel día prometió obedecerlos. A lo largo de los años, las futuras generaciones renovaron el juramento de obedecerlos. Pero no lo cumplieron. No podían hacerlo. Mucho tiempo después, en esta profecía dada a Jeremías, Dios prometió que llegaría el día cuando haría un nuevo pacto con su pueblo que sería diferente al que había hecho en el monte Sinaí con sus ancestros.

El pecado sería tratado de manera diferente en el nuevo pacto. Ya no se le exigiría al pueblo de Dios que caminara hasta el templo llevando su carnero o chivo o ave para ofrecerlos como sacrificios por el pecado. Con un solo sacrificio, válido de una vez para siempre, todos los pecados de su pasado, presente y futuro serían borrados por completo. Las personas se relacionarían con Dios de una forma diferente. Bajo el viejo pacto, los sacerdotes entraban a la presencia de Dios en el templo, pero las personas comunes nunca podían ni siquiera acercarse. Bajo el nuevo pacto, Jesús los invitaría a acercarse basado en su registro perfecto de santidad. Dios le daría a su pueblo un poder nuevo para que lo entendieran y lo obedecieran.

A pesar de lo mucho que ansiamos cambiar y, a pesar de lo mucho que quisiéramos que nuestros hijos cambien, no podemos lograr por nuestros propios medios la clase de transformación que necesitamos. Dios debe hacer su obra en nosotros. Cuando él realiza este milagro en nuestro corazón, nos damos cuenta de que esperamos conocerlo de una forma nueva y diferente a la que estábamos acostumbrados. Nos damos cuenta de que la Biblia curiosamente es más bien tentadora y no aburrida. Nos sentimos atraídos hacia Cristo en lugar de tratar de mantenerlo a una cierta distancia. Nos damos cuenta de que estamos agradecidos por la convicción de pecado en lugar de estar reticentes a reconocer nuestros pecados.

• • •

Señor, soy incapaz de cambiar la disposición fundamental de mi alma. Necesito un milagro. Necesito que generes un nuevo corazón dentro de mí para que ya no camine en las mismas huellas profundas grabadas en mi corazón por los años de practicar el pecado.

Entrenarse en la sumisión a Dios

«El entrenamiento físico es bueno, pero entrenarse en la sumisión a Dios es mucho mejor, porque promete beneficios en esta vida y en la vida que viene». Esta declaración es digna de confianza, y todos deberían aceptarla. Es por eso que trabajamos con esmero y seguimos luchando, porque nuestra esperanza está puesta en el Dios viviente, quien es el Salvador de toda la humanidad y, en especial, de todos los creyentes. 1 TIMOTEO 4:8-10

DESDE SU NIÑEZ, queda impreso en nuestros hijos que si quieren tener buen estado físico, si quieren poder pegarle más fuerte a una pelota, hacerla llegar más lejos o correr una carrera más rápido, entonces, tendrán que practicar y entrenarse. Al parecer, esta noción era conocida incluso en los días cuando Pablo le escribió esta carta a Timoteo. Pablo, sin embargo, estaba animando a los creyentes a entrenarse para algo que tenía beneficios mucho más importantes que un cuerpo más saludable o que ganar un trofeo en el aquí y el ahora. Deseaba que los creyentes se entrenaran para algo que tendría beneficios para la eternidad. El entrenamiento físico tenía algunos beneficios limitados a corto plazo mientras que entrenarse en la sumisión a Dios era importante tanto ahora como para la eternidad.

Por lo tanto, aunque animamos a nuestros hijos a mantenerse físicamente en un buen estado, queremos mucho más que eso para ellos. Queremos animarlos a entrenarse para la sumisión a Dios de modo que sus músculos espirituales crezcan en lugar de volverse flácidos a medida que envejecen. Los animamos a levantar las pesas de persistir en entender quién es Dios y de conformar su vida a su carácter, rehusando dejar de esforzarse cuando sienten que los músculos le queman. Mientras se entrenan para la sumisión a Dios, crecerá en ellos una fuerza interior que los ayudará a no caer con tanta facilidad en la última moda espiritual y a no desanimarse con tanta facilidad cuando soplen vientos de dificultades en su vida. Se volverán cada vez más propensos a recibir la promesa de Dios y a predicarse la verdad a sí mismos en lugar de escucharse a sí mismos.

• • •

Señor, oro por _____, que sea rigurosa en su entrenamiento para la sumisión a ti. Mientras _____ se esfuerza y sigue luchando, oro que _____ vea algunos frutos de su esfuerzo: que se está volviendo más paciente que lo que solía ser, más abnegada, más receptiva a la convicción de pecado, que abandona con más rapidez las malas actitudes, que es menos propensa a ofenderse con facilidad y está menos interesada en contar a otros la historia que dañará la reputación de otra persona. Planta la esperanza de _____ firmemente en el Dios viviente quien cumplirá sus promesas de la vida que está por venir.

20 DE OCTUBRE

Jeremías 35:1–36:32
1 Timoteo 5:1-25
Salmo 89:14-37
Proverbios 25:25-27

No había calor para la Palabra de Dios

Luego el rey envió a Jehudí a buscar el rollo y Jehudí lo sacó de la habitación de Elisama y lo leyó al rey, con los funcionarios presentes. Era avanzado el otoño, así que el rey estaba en el cuarto del palacio acondicionado para el invierno, sentado junto a un brasero para calentarse. Cada vez que Jehudí terminaba de leer tres o cuatro columnas, el rey tomaba un cuchillo y cortaba esa sección del rollo. Luego lo lanzaba al fuego, sección por sección, hasta que quemó todo el rollo. Ni el rey ni sus asistentes mostraron ninguna señal de temor o arrepentimiento ante lo que habían oído.
JEREMÍAS 36:21-24

CUANDO LA PALABRA DEL SEÑOR VINO A JEREMÍAS, el Señor le dijo: «Toma un rollo y anota todos mis mensajes contra Israel, Judá y las demás naciones» (versículo 2). Era el deseo de Dios que «quizá los habitantes de Judá se arrepientan cuando vuelvan a escuchar todas las cosas terribles que tengo pensadas para ellos. Entonces perdonaré sus pecados y maldades» (versículo 3).

Un año después, su escriba, Baruc, tomó los rollos y los leyó en el templo. Mientras la mayoría de las personas estaban demasiado ocupadas para escuchar y responder, un hombre llamado Micaías se aferró a cada palabra de la profecía de Jeremías y la creyó. Cuando le leyeron el rollo al rey, sin embargo, este tuvo una respuesta muy diferente. Tomó un cuchillo y cortó cada sección que era leída y la tiró al fuego hasta que todo el rollo se quemó. Casi podemos oírlos tanto a él como a sus funcionarios reírse mientras rompían la Palabra de Dios y la echaban al fuego. En el frío de la habitación, no había calor para la Palabra de Dios; no había tristeza por el pecado, no había temor reverente, no había oídos para oír, no había corazón para obedecer.

Aunque esta escena de rechazo a la Palabra de Dios está lejos de nosotros en cuanto al tiempo, no está lejos de nosotros en lo que respecta a la realidad. Donde sea y cuando sea que la promesa de juicio de Dios por el pecado y su promesa de misericordia para los pecadores que se arrepienten son rechazadas, esta escena, en su esencia, se repite. Que nunca se repita entre nosotros. Que siempre recibamos cálidamente toda la Palabra de Dios en nuestro corazón y en nuestro hogar.

• • •

Señor, no queremos erigirnos en juicio contra tu Palabra, eligiendo lo que leeremos, lo que recibiremos, lo que obedeceremos y lo que rechazaremos. Anhelamos que nuestro hogar sea un lugar donde tu Palabra sea bienvenida y recibida cálidamente.

Gran riqueza

Ahora bien, la verdadera sumisión a Dios es una gran riqueza en sí misma cuando uno está contento con lo que tiene. Después de todo, no trajimos nada cuando vinimos a este mundo ni tampoco podremos llevarnos nada cuando lo dejemos. Así que, si tenemos suficiente alimento y ropa, estemos contentos. I TIMOTEO 6:6-8

PABLO LE RECOMENDÓ A TIMOTEO UNA CLASE de riqueza muy diferente: una vida ordenada en torno a disfrutar de Dios y de lo que él da en lugar de una vida gastada en procurar dinero. Deseaba que Timoteo, y nosotros, supiéramos que la sumisión que vence el deseo de las riquezas materiales produce gran riqueza espiritual.

Pablo presentó sus argumentos a favor de la verdadera sumisión con contentamiento al tener en cuenta lo que él había observado: «Algunas personas, en su intenso deseo por el dinero, se han desviado de la fe verdadera y se han causado muchas heridas dolorosas» (versículo 10). En otras palabras, Pablo había observado que algunas personas ponían su corazón en el dinero, solo para ver que, al final, les rompía el corazón. Estaban ciegas a la realidad de que no podían quedarse con lo que habían juntado debido a que nadie se va de esta vida con posesiones. Su dinero las hacía vulnerables a tentaciones poderosas y las llenaba de deseos que les causaban heridas dolorosas, las cuales finalmente las conducían a la ruina. Lo más significativo, su deseo de dinero y su justificación por buscarlo las alejaba de la fe verdadera.

Ante la realidad de que criamos a nuestros hijos en un mundo que nos presiona para que seamos exitosos y que le da gloria a quienes tienen más y mejores cosas, hay sola una forma de imprimir en ellos el gozo verdadero de estar satisfechos con tener suficiente comida para comer y suficientes ropas para vestir. Nosotros, como padres, debemos crecer en nuestra sumisión a Dios de tal forma que estemos cada vez más satisfechos con tener suficiente comida para comer y suficientes ropas para vestir. No siempre tenemos que tener la mejor comida disponible ni la ropa de última moda. Podemos estar satisfechos con lo «suficiente» y, como resultado, disfrutar de nuestra gran riqueza en la eternidad.

* * *

Dador de todas las cosas buenas, por favor, crea en _____ el deseo de ser sumiso a ti y de estar satisfecho con todo lo que tú provees. Por favor, haz que _____ anhele todas las bendiciones espirituales en Cristo en lugar de anhelar más y más dinero. Por favor, libra a _____ de las penas que causa el amor al dinero.

22 DE OCTUBRE

Jeremías 39:1–41:18
2 Timoteo 1:1-18
Salmo 90:1–91:16
Proverbios 26:1-2

Sin temor

Pues Dios no nos ha dado un espíritu de temor y timidez, sino de poder, amor y autodisciplina. 2 TIMOTEO 1:7

DURANTE LOS AÑOS QUE INVERTIMOS EN LA CRIANZA de nuestros hijos, encontramos muchas cosas que nos causan temor: los carros del supermercado llenos de gérmenes, las caricaturas obscenas, las camas elásticas, las pijamadas, Internet, el sistema de educación pública, el alcohol y las drogas, la influencia de amigos dudosos, las aventuras al aire libre... y, como si todo eso no fuera poco, llega el tiempo de ir a la universidad. Nuestros temores, sin embargo, no se limitan a lo que podría sucederles a nuestros hijos. Tememos perder el respeto o el control de nuestros hijos durante el proceso. Tememos que el hecho de ser padres débiles impacte a nuestros hijos de tal forma que les cueste superarlo.

¿Qué debemos hacer con todos estos temores tan genuinos? La realidad es que vivimos en un mundo arruinado donde suceden cosas realmente malas. El pecado arruinó este mundo y lo distorsionó. Por lo tanto, tiene muchas cosas que superan nuestro control. No podemos evitar los sentimientos de temor. Pero ¿podemos evitar ceder al temor, llenarnos de él y ser controlados por él?

Cuando nos damos cuenta de que estamos mirando hacia el futuro y comenzando a llenarnos de preocupaciones, debemos enfocar nuestra mirada en Cristo. Debemos aferrarnos a su amor y misericordia, su soberanía y suficiencia. En lugar de ceder al temor, debemos pedirle a Dios fe para confiar en que él proveerá la gracia que necesitamos para enfrentar lo que sea que se nos presente ahora y lo que pudiera venir en el futuro.

* * *

Señor, cuando sentimos que el temor está haciendo lo posible para quitarnos la fe, ayúdanos a ver que nuestro temor no viene de ti. Mientras tu Espíritu obre en nuestra vida y en nuestra familia, tenemos el poder espiritual que necesitamos para poner nuestra confianza en ti en lugar de entregarnos al temor. Podemos amar sin manipulación ni dominio. Podemos disciplinarnos para criar a _____ con una esperanza firme en tu gracia soberana y salvadora para _____ y para nosotros.

Soldado, atleta, agricultor

Soporta el sufrimiento junto conmigo como un buen soldado de Cristo Jesús. Ningún soldado se enreda en los asuntos de la vida civil, porque de ser así, no podría agradar al oficial que lo reclutó. Asimismo, ningún atleta puede obtener el premio a menos que siga las reglas. Y el agricultor que se esfuerza en su trabajo debería ser el primero en gozar del fruto de su labor. 2 TIMOTEO 2:3-6

MUCHOS NIÑOS EN LA IGLESIA HOY consideran al cristianismo una forma de vivir más y mejor y no como la muerte a la vida que están viviendo y el renacimiento a la nueva vida en Cristo. El joven Timoteo no se hubiera esforzado tanto si hubiera entendido las cosas así. En una carta escrita desde la prisión, Pablo no le advirtió a Timoteo el costo de servir a Cristo ni le dio estrategias para evitar el encarcelamiento que él estaba experimentando. Por el contrario, invitó a Timoteo a soportar el sufrimiento por el evangelio junto con él. Para ayudar a su pupilo a entender lo que significaba servir a Cristo, Pablo utilizó tres imágenes que le resultaban familiares a Timoteo: la de un soldado, la de un atleta y la de un agricultor.

Los soldados no esperan tener una vida segura o fácil. Aceptan las adversidades, los riesgos y el sufrimiento. Deben enfocarse en sus obligaciones y estar a disposición del oficial a cargo. Esa debía ser la actitud de Timoteo y de quienes deseaban servir a Cristo. Los atletas en los juegos griegos tenían que seguir las reglas para tener esperanza de ganar el premio, y nosotros no podemos desobedecer las leyes de Dios y esperar una corona. La vida de un agricultor no está llena de emoción, prestigio o reconocimiento. Pero tampoco está desprovista de gozo. Pablo promete que los cristianos que se esfuerzan por la causa de Cristo pueden esperar el gozo sobreabundante que resulta de una vida productiva y de ser parte de plantar y ver crecer el fruto del evangelio en la vida de los demás.

Estamos nadando en contra de la corriente cuando procuramos implantar en nuestros hijos este entendimiento de la vida en Cristo, pero así como Pablo utilizó el ejemplo del soldado, el atleta y el agricultor como herramientas de enseñanzas para instruir a Timoteo, nosotros podemos usarlas para enseñar a nuestros hijos.

• • •

Señor, por favor, desarrolla en _____ la obediencia de un buen soldado, la disciplina de un buen atleta y la voluntad para trabajar de un buen agricultor. Y, por favor, danos el gozo de celebrar con _____ la victoria por haber peleado sus batallas como soldado de Cristo, el premio por finalizar la carrera y la cosecha de su esfuerzo en tus campos.

Toda la Escritura es útil

Pero tú debes permanecer fiel a las cosas que se te han enseñado. Sabes que son verdad, porque sabes que puedes confiar en quienes te las enseñaron. Desde la niñez, se te han enseñado las sagradas Escrituras, las cuales te han dado la sabiduría para recibir la salvación que viene por confiar en Cristo Jesús. Toda la Escritura es inspirada por Dios y es útil para enseñarnos lo que es verdad y para hacernos ver lo que está mal en nuestra vida. Nos corrige cuando estamos equivocados y nos enseña a hacer lo correcto. Dios la usa para preparar y capacitar a su pueblo para que haga toda buena obra.
2 TIMOTEO 3:14-17

TODA LA ESCRITURA ES EXHALADA POR DIOS. Dios exhaló: «Que haya luz» y hubo luz. Eso fue bastante poderoso. El salmista escribió: «Por la palabra de Jehová fueron hechos los cielos, y todo el ejército de ellos por el aliento de su boca» (Salmo 33:6, RVR60). Él habló y fue hecho. ¿Cómo funciona el poder de la Palabra? ¿Qué podemos esperar que suceda en nuestros hijos si les enseñamos las Escrituras?

Las Escrituras harán sabios a nuestros hijos para la salvación por la fe en Jesús. Verán la sabiduría al poner su esperanza en Cristo. Y ¿no es ese nuestro mayor deseo para ellos?

Las Escrituras cambiarán lo que nuestros hijos creen. La Biblia no hace solo sugerencias; es mucho más fuerte que eso. Las Escrituras les enseñarán lo que deben creer y cuestionarán o rectificarán sus creencias equivocadas.

Las Escrituras pueden corregir el comportamiento aberrante de nuestros hijos cuando la leen, escuchan sus enseñanzas y las reciben. El Espíritu Santo usará la Palabra de Dios para mostrarles en qué aspectos de su vida se han desviado de la verdad. Luego, por la fe, el Espíritu Santo les dará el poder y el deseo de corregir su camino de modo que puedan agradar a Dios.

Las Escrituras proveerán lo que nuestros hijos necesitan. Los equiparán para que estén satisfechos cuando no tienen todo lo que necesitan, recordándoles que pueden hacer todas las cosas a través de Cristo que los fortalece. Los prepararán para sufrir recordándoles que están compartiendo los sufrimientos de Cristo. La Biblia los capacitará para relacionarse bien con los demás impulsándolos a considerar a los demás como superiores a ellos mismos.

• • •

Señor, hay algo que _____ necesita más que todos mis buenos consejos e instrucciones. ¡Tu Palabra! Por favor, úsala para hacer a _____ sabio para la salvación, para moldear lo que cree, para cambiar su comportamiento y para proveer lo que necesita.

Guardar la fe

En cuanto a mí, mi vida ya fue derramada como una ofrenda a Dios. Se acerca el tiempo de mi muerte. He peleado la buena batalla, he terminado la carrera y he permanecido fiel. Ahora me espera el premio, la corona de justicia que el Señor, el Juez justo, me dará el día de su regreso; y el premio no es solo para mí, sino para todos los que esperan con anhelo su venida. 2 TIMOTEO 4:6-8

EN LA VORÁGINE DE LA CRIANZA DE NUESTROS HIJOS, puede llegar a ser difícil imaginarse que llegará un día cuando nuestra tarea estará terminada y nos preparemos para partir de esta vida a la otra. Pero sin duda, ese día llegará. Algunos padres, cuando se despiden de sus hijos en el lecho de muerte, se enfrentan con muchos remordimientos y temores. Para otros, esas despedidas están llenas de amor y paz.

En las palabras finales de la carta de Pablo a su hijo en la fe, Timoteo, encontramos una despedida que podríamos esperar imitar, un logro que podríamos esperar ser capaces de reclamar como nuestro cuando nuestra vida se acerque al final. Pablo no tenía temor a la muerte. Había estado derramando su vida como una ofrenda, como un sacrificio vivo, durante treinta años. Pablo parecía estar en paz porque no veía su muerte como el fin. «Quisiera partir y estar con Cristo, lo cual sería mucho mejor para mí», había escrito mucho antes a los filipenses (1:23). Ahora su deseo estaba a punto de ser cumplido.

Pablo siguió peleando. No abandonó cuando las cosas se pusieron difíciles. Guardó la fe. Siguió creyendo en la palabra de Cristo, siguió confiando en su obra terminada y siguió cuidando el evangelio.

Cuando su vida haya terminado, ¿sus hijos podrán decir que, en lugar de ceder ante la presión del mundo, peleó la buena batalla de la fe; que en lugar de rendirse ante algún pecado que lo acosaba, terminó la carrera de la fe? ¿Podrán decir que permaneció fiel durante sus años de vida, en los fracasos y en los éxitos, en los buenos y en los malos tiempos?

• • •

Señor, cómo anhelo el día en que podré mirar a _____ al rostro y alabarte por la perseverancia que construiste en mí a lo largo de mi vida. Pon mi corazón, desde ahora, en el día en que recibiré el premio y estaré hombro a hombro con _____ porque con ansias hemos esperado tu venida.

¡El Señor es rey!

¡El SEÑOR es rey!
  ¡Que se goce la tierra!
  ¡Que se alegren las costas más lejanas! SALMO 97:1

SI BUSCÁRAMOS UN MENSAJE CENTRAL EN EL AMPLIO LIBRO de los Salmos, sin duda sería que el Señor es Rey y está sentado en su trono reinando sobre todas las cosas. Cuando llegamos a los Salmos 93–99, el salmista parece querer reafirmar eso mediante la repetición:

¡El SEÑOR es rey! Se viste de majestad. (Salmo 93:1)

Porque el SEÑOR es Dios grande, un gran Rey sobre todos los dioses. (Salmo 95:3)

Digan a todas las naciones: «¡El SEÑOR reina!». (Salmo 96:10)

¡El SEÑOR es rey! ¡Que tiemblen las naciones! Está sentado en su trono, entre los querubines. ¡Que se estremezca toda la tierra! (Salmo 99:1)

¡Qué buena noticia es para los padres saber que el Señor reina! El Señor reina sobre las riñas familiares y las luchas de sus hijos. Él reina sobre su crisis familiar y su aprieto económico. Reina sobre su anhelo que nunca se cumplió y sobre la frustración que siente por las cosas no deseadas que sí sucedieron. Dios sigue siendo el Rey y reina sobre el mundo y sobre su familia.

La buena noticia es que el Señor reina, pero debemos hacernos la siguiente pregunta: ¿Estamos dispuestos a someternos a su autoridad, a permitir que su Palabra tenga influencia sobre nuestra vida? El Señor que reina es un buen Rey. Podemos confiarle nuestra vida. Él no vino a ser servido; vino a servir a los demás y a dar su vida en rescate por muchos. No quiere desgastarnos; quiere levantarnos. No tiene la intención de aprovecharse de nosotros; quiere darnos los beneficios de pertenecer a él. Su aprobación no depende del trabajo que hagamos; él hizo todo lo necesario para traernos a su reino, a su hogar.

• • •

¡Rey de reyes, tu gobierno sobre el mundo, sobre nuestra vida y sobre nuestro hogar es motivo de gran alegría! Es nuestra fuente de seguridad. Nuestra identidad se funda en el hecho de que somos tus súbditos agradecidos. Ven y reina en nuestro hogar y en nuestro corazón.

Mostrando la belleza del evangelio

Tito, en cuanto a ti, fomenta la clase de vida que refleje la sana enseñanza. Enseña a los hombres mayores a ejercitar el control propio, a ser dignos de respeto y a vivir sabiamente. Deben tener una fe sólida y estar llenos de amor y paciencia.

De manera similar, enseña a las mujeres mayores a vivir de una manera que honre a Dios. No deben calumniar a nadie ni emborracharse. En cambio, deberían enseñarles a otros lo que es bueno. TITO 2:1-3

PABLO ESTABA DEJANDO A TITO EN LA ISLA de Creta con la tarea de poner en orden las iglesias nuevas que habían sido establecidas. Creta no era un lugar fácil donde ejercer el ministerio. Los habitantes de Creta eran conocidos por ser «mentirosos, animales crueles y glotones perezosos» (1:12). El Espíritu Santo, sin embargo, ahora estaba obrando en quienes habían depositado su fe en Cristo y, como resultado, su vida debía mostrar la belleza de Cristo a los no creyentes del lugar. Esto significaba que los hombres y las mujeres de todas las edades y posiciones en la iglesia debían vivir vidas serenas con sencillez, integridad, sumisión, sobriedad, sabiduría y fe. De esta manera ellos se diferenciarían de las multitudes y harían que el evangelio fuera atractivo para quienes observaran su vida transformada.

Lo que Pablo le instruyó a Tito que enseñara a la generación de creyentes de la isla de Creta es algo que nosotros también debemos aprender. Cada instrucción nos lleva a hacer un autoexamen. Para los papás: ¿Ejercito el dominio propio o la autocomplacencia? ¿Interactúo con mi familia y con los demás de una forma que es digna del respeto que tanto deseo de parte de mi esposa y de mis hijos? ¿Estoy lleno de amor y de paciencia o tengo mal genio cuando estoy en casa? Para las mamás: ¿Tengo cuidado de honrar a Dios con mi vida y de honrar a los demás en mis conversaciones? ¿Soy sobria o esclava del vino? ¿Sigo aprendiendo para estar preparada para enseñar y capacitar a otros? ¿Soy adecuadamente sumisa u obstinadamente resuelta?

• • •

Señor, no nos gustaría que la Palabra de Dios fuera avergonzada por nuestra falta de dominio propio, comportamiento necio, esclavitud al alcohol o por falta de amor de los unos por los otros. Ayúdanos a estar abiertos a un cambio radical para que mostremos la esperanza del evangelio al mundo que nos rodea.

28 DE OCTUBRE

Jeremías 51:54–52:34
Tito 3:1-15
Salmo 100:1-5
Proverbios 26:18-19

Siempre dispuestos a hacer lo que es bueno

Recuérdales a los creyentes que se sometan al gobierno y a sus funcionarios. Tienen que ser obedientes, siempre dispuestos a hacer lo que es bueno. No deben calumniar a nadie y tienen que evitar pleitos. En cambio, deben ser amables y mostrar verdadera humildad en el trato con todos. TITO 3:1-2

LA META DE PABLO EN ESTA CARTA que prepara a Tito para liderar a las iglesias de Creta ha sido «enseñarles a conocer la verdad que les muestra cómo vivir una vida dedicada a Dios» a través de Tito (1:1). La gracia que había venido a ellos debía producir una vida que agradara a Dios. Tanto para los cretenses como para nosotros, eso significa que «se nos instruye a que nos apartemos de la vida mundana y de los placeres pecaminosos. En este mundo maligno, debemos vivir con sabiduría, justicia y devoción a Dios» (2:12).

Pablo le dice a Tito que sea claro sobre lo que Dios exige de su pueblo, y nosotros debemos ser claros con nuestros hijos sobre cómo vivir de manera consistente con lo que decimos que creemos. Queremos motivarlos con valor a vivir vidas que agraden a Dios.

Encabezando la lista de características de la vida que agrada a Dios está la sumisión a las autoridades del gobierno. No deben «calumniar a nadie» y deben «evitar pleitos. Deben ser amables y mostrar verdadera humildad en el trato con todos». Si pensamos que fue más fácil en los días de Tito, tenemos que recordar que «estos eran los tiempos de los Césares, de los territorios ocupados por los ejércitos y de los coliseos».

Cuando procuramos determinar lo que debe ser la vida que agrada a Dios en nuestro hogar, nos damos cuenta de que las leyes que obedecemos y el lenguaje que usamos en cualquier ámbito para hablar sobre los asuntos del gobierno y de los funcionarios se verán afectados si queremos obedecer la instrucción de Pablo de someternos «al gobierno y a sus funcionarios». Lo cual significa que no debemos tergiversar ni las motivaciones de las personas ni lo que las personas digan. Que evitaremos comportamientos conflictivos, rigurosos y arrogantes y mostraremos verdadera humildad a todos.

● ● ●

Señor, queremos y necesitamos que tu gracia obre en nuestra vida para ayudarnos a estar dispuestos a someternos a las autoridades y para generar en nosotros un compromiso con la integridad en lo que decimos acerca de los demás. Ayúdanos como padres a tratar a las personas con gentileza y humildad para que nuestros hijos puedan seguir nuestro ejemplo.

Una vida de integridad

Cantaré de tu amor y de tu justicia, oh SEÑOR;
  te alabaré con canciones.
Tendré cuidado de llevar una vida intachable;
  ¿cuándo vendrás a ayudarme?
Viviré con integridad
  en mi propio hogar.
Me negaré a mirar
  cualquier cosa vil o vulgar.
Detesto a los que actúan de manera deshonesta;
  no tendré nada que ver con ellos.
Rechazaré las ideas perversas
  y me mantendré alejado de toda clase de mal.
No toleraré a los que calumnian a sus vecinos;
  no soportaré la presunción ni el orgullo. SALMO 101:1-5

EL REY DAVID MANIFIESTA su determinación de gobernar al pueblo de Dios con integridad. Nadie cumplió esta meta sino el verdadero Hijo de David, Jesús. Fue el único Rey que cantó este salmo y lo vivió de manera perfecta.

El Salmo 101 describe la clase de vida de integridad que le corresponde no solo a un rey, sino también a quienes viven bajo su gobierno. Como David, necesitamos la determinación para permitir que la gracia de Dios obre en todas las áreas de nuestra vida.

• • •

Señor, por favor, dale a _____ un corazón lleno de alabanza a ti para que cante de tu amor y tu justicia. Apresúrate a ayudar a _____ en su búsqueda de vivir una vida intachable; una vida en la cual no haya ninguna culpa porque él está dispuesto a confesar sus pecados y a arrepentirse de ellos. Infunde en _____ el compromiso necesario para vivir una vida de integridad en su propio hogar. Haz que _____ sea la misma persona en privado que es en público, para que no tenga nada que esconder, para que no tenga una vida secreta que lo avergüence. Dale a _____ la determinación para no mirar las imágenes repugnantes y obscenas que son accesibles con tanta facilidad. Rodéalo de amigos y colegas que estén comprometidos con ser íntegros tanto en sus negocios como en sus relaciones. Dale a _____ aversión por lo malvado y por la perversidad. Desarrolla en _____ amor por la honestidad y humildad verdadera.

Me atrevo a tener esperanza

Siempre tengo presente este terrible tiempo
  mientras me lamento por mi pérdida.
No obstante, aún me atrevo a tener esperanza
  cuando recuerdo lo siguiente:
¡El fiel amor del SEÑOR nunca se acaba!
  Sus misericordias jamás terminan.
Grande es su fidelidad;
  sus misericordias son nuevas cada mañana.
Me digo: «El SEÑOR es mi herencia,
  por lo tanto, ¡esperaré en él!». LAMENTACIONES 3:20-24

ES MARAVILLOSO QUE LA BIBLIA INCLUYA EL LIBRO de Lamentaciones: un libro de lamentos divinamente inspirados causados por el sufrimiento insoportable y la esperanza perdida. El libro nos asegura que Dios no espera una respuesta estoica de su pueblo, como si los daños que nos hacen no tuvieran ningún efecto, como si de alguna manera fuéramos inmunes a sentir las pérdidas de manera profunda y desesperada. Lo bueno de Lamentaciones es que no es simplemente un desahogo por la desesperación. Clamándole a Dios, el escritor de Lamentaciones busca entender su sufrimiento. Y queda claro que eso es lo que sucede.

Parece que la sola mención del nombre divino (versículo 22) lo hace pensar sobre las perfecciones de Dios; su amor fiel que nunca termina, sus misericordias que nunca cesan. Por eso, en lugar de seguir escuchando sus pensamientos desesperados, comienza a contestarse a sí mismo. Es como si dijera: *¡Alma mía, todo lo que necesitas lo tienes para siempre! Por lo tanto, dale la espalda a tu desesperación y aférrate a la esperanza en Dios.*

Es bueno saber que nuestro Padre celestial no silencia los lamentos de sus hijos. Nosotros tampoco deberíamos descartar los lamentos de nuestros hijos por las pérdidas reales que experimentan. Por el contrario, podemos animarlos a acudir a Dios con sus penas en lugar de alejarse de él.

• • •

Señor, cuando las penas de esta vida opriman a _____, que _____ te busque para derramar su lamento y ganar entendimiento en lugar de apartarse de ti y llenarse de amargura. Llena a _____ con la esperanza que deriva solo de la promesa de tu amor inagotable, de tu abundante misericordia ahora y de la herencia venidera.

Lamentaciones 4:1–5:22
Hebreos 2:1-18
Salmo 103:1-22
Proverbios 26:23

Puede ayudarnos

Por lo tanto, era necesario que en todo sentido él se hiciera semejante a nosotros, sus hermanos, para que fuera nuestro Sumo Sacerdote fiel y misericordioso, delante de Dios. Entonces podría ofrecer un sacrificio que quitaría los pecados del pueblo. Debido a que él mismo ha pasado por sufrimientos y pruebas, puede ayudarnos cuando pasamos por pruebas. HEBREOS 2:17-18

CUANDO NUESTROS HIJOS NACEN, dependen por completo de nosotros. Conforme crecen, aprenden a hacer algunas cosas por sí mismos y se vuelven menos dependientes. La meta de la paternidad no es solo criar hijos que no necesiten más a sus padres ni que sean del todo autosuficientes. La meta de los padres es criar hijos que sepan a quién acudir y que estén dispuestos a ir al lugar correcto cuando necesitan ayuda. Aquí, en Hebreos, descubrimos el recurso que nuestros hijos necesitan cuando están enfrentando una tentación. No necesitan tanto a sus padres como necesitan a su Hermano, Jesús.

«Por lo tanto, Jesús y los que él hace santos tienen el mismo Padre. Por esa razón, Jesús no se avergüenza de llamarlos sus hermanos» (versículo 11). El hecho de que Jesús nos llame hermanos y hermanas es una afirmación de intimidad, de experiencias compartidas y de lealtad. Jesús fue hecho como uno de nosotros en todos los sentidos; incluyendo ser vulnerable a la tentación.

Tendemos a pensar que debe haber sido más fácil para Jesús resistir las tentaciones que Satanás puso en su camino que lo que es para nosotros resistir las tentaciones que Satanás pone en el nuestro, pero Jesús no acudió a su deidad inherente para vencer la tentación. La enfrentó con su humanidad plena, usando las mismas armas que tenemos a nuestra disposición: la Palabra de Dios, el Espíritu Santo y la confianza en su Padre celestial. Cuando nuestros hijos acuden a su hermano, Jesús, en medio de las tentaciones, él los guía a estos mismos recursos. Jesús los ayuda a luchar contra la tentación de una forma que solo él puede.

• • •

Señor, cuando _____ se sienta tentada a hacer lo fácil en lugar de hacer lo correcto, recuérdale que Jesús sabe cómo se siente ella porque él fue tentado de la misma manera. Cuando _____ se sienta agobiada por las demandas de tiempo y energía, recuérdale que Jesús sabe cómo se siente. Cuando _____ se sienta aplastada por las penas de este mundo arruinado, recuérdale que Jesús sabe cómo se siente.

Hijos rebeldes

«Hijo de hombre» —me dijo—, «te envío a la nación de Israel, un pueblo desobediente que se ha rebelado contra mí. Ellos y sus antepasados se han puesto en mi contra hasta el día de hoy». EZEQUIEL 2:3

«LOS HIJOS QUE CRIE Y CUIDÉ SE HAN rebelado contra mí» (Isaías 1:2). ¿Quién dijo eso? Dios. Quizás este contemplando la forma de vivir de su hijo y piense que es un mal padre. Piensa que falló. Lea esto: nadie podría haber sido un mejor padre que Dios y; sin embargo, sus hijos se rebelaron contra él. Sus hijos hicieron cosas ofensivamente necias, autodestructivas y malvadas. Si su corazón está quebrantado por causa de la rebelión de su hijo, su Padre sabe exactamente cómo se siente.

Adán, el primer hijo de Dios, escuchó el mandato de Dios de no comer del árbol del conocimiento del bien y del mal que estaba en el huerto. Pero se rebeló contra Dios y comió. El segundo hijo de Dios, la nación de Israel, escuchó la Palabra que Dios le había dado a Moisés en Sinaí. Escuchó que no tenía que tener otros dioses aparte de su Dios, que no tenía que adorar ídolos ni usar mal el nombre de Dios, que debía santificar el día de descanso, que no debía asesinar ni cometer adulterio ni mentir ni codiciar. Aun así, este hijo también se rebeló y rehusó obedecer la ley de Dios.

Lo que los hijos de Israel necesitaban no era un padre más perfecto. Ya tenía un Padre perfecto. Lo que necesitaban era que naciera un hermano en la familia humana disfuncional, uno que no se rebelara. Este hermano cargaría toda la rebelión horrible de sus hermanos y hermanas sobre él, para que fuera clavada en la cruz.

• • •

Señor, me ayuda recordar que tu entiendes el quebrantamiento de tener un hijo rebelde. En este mismo momento, me siento en comunión profunda contigo a través de esta experiencia compartida. Sé que hay algo que _____ necesita más que un padre perfecto. Mi única esperanza como hijo rebelde, y la única esperanza de _____ como hijo rebelde, es estar unido por la fe a tu único hijo que no se rebeló. Necesitamos que la obediencia perfecta de Jesús sea trasferida a nuestra cuenta. Y necesitamos más que eso; necesitamos que su obediencia alegre se vuelva una realidad creciente en nuestra vida. Padre, haz la obra de transformación que solo tú puedes hacer para cambiarnos de hijos rebeldes a hijos obedientes.

La Palabra de Dios es poderosa

Pues la palabra de Dios es viva y poderosa. Es más cortante que cualquier espada de dos filos; penetra entre el alma y el espíritu, entre la articulación y la médula del hueso. Deja al descubierto nuestros pensamientos y deseos más íntimos. No hay nada en toda la creación que esté oculto a Dios. Todo está desnudo y expuesto ante sus ojos; y es a él a quien rendimos cuentas. HEBREOS 4:12-13

EL PODER DE NUESTRAS PALABRAS en la vida de nuestros hijos tiene límite. Nuestra capacidad de verlos y saber qué sucede en ellos tiene límite. Incluso las cuentas que nos rinden tienen límite. La Palabra de Dios tiene el poder verdadero y la capacidad de penetrar sus pensamientos y motivaciones. Los prepara para rendirle cuentas a él.

A menudo, el desafío para nosotros como padres es confiar en que la Palabra de Dios en realidad hará su obra en nuestros hijos. Ahora bien, cuando confiamos en que su Palabra funciona, podemos dejar de esforzarnos tanto para convencerlos o coaccionarlos. No tenemos que sentir como si hubiéramos fallado cuando no vemos la respuesta por la cual oramos. Tenemos que confiar en que la Palabra de Dios está obrando en formas y en lugares que no podemos ver.

Cuando la Palabra de Dios comienza a obrar en la vida de nuestros hijos, saca a la luz las creencias superficiales y las expectativas incorrectas que se volvieron parte de sus pensamientos. Cuestiona sus suposiciones sobre cómo funciona esta vida con Dios. Los ídolos salen de detrás de las tinieblas donde ya no podrán ser mimados ni protegidos. La Palabra de Dios los ayuda a ver las artimañas que emplean para usar a Dios en lugar de amar a Dios. Penetra la superficie de la religiosidad e, incluso, del conocimiento bíblico acumulado para revelar el estado de su alma y la incongruencia de su comportamiento.

No depende de nosotros crear cambios en nuestros hijos; sí depende de nosotros traerlos bajo la Palabra de Dios y, luego, confiar en que Dios los convencerá y los cambiará. Sabemos que lo hará porque su Palabra es eficaz.

• • •

Señor, obra en _____ para poner su vida bajo la influencia y la autoridad de tu Palabra. Guía a _____ para que se haga responsable de las expectativas de tu Palabra, se someta a sus exigencias y acepte su verdad. Humilla a _____ para que permita que la Palabra juzgue sus pensamientos y motivaciones. Usa tu Palabra para moldear sus perspectivas, establecer sus prioridades y mostrarle lo que es valioso y hermoso.

Jesús aprendió obediencia por las cosas que sufrió

Mientras estuvo aquí en la tierra, Jesús ofreció oraciones y súplicas con gran clamor y lágrimas al que podía rescatarlo de la muerte. Y Dios oyó sus oraciones por la gran reverencia que Jesús le tenía. Aunque era Hijo de Dios, Jesús aprendió obediencia por las cosas que sufrió. De ese modo, Dios lo hizo apto para ser el Sumo Sacerdote perfecto, y Jesús llegó a ser la fuente de salvación eterna para todos los que lo obedecen.
HEBREOS 5:7-9

¿SABE LO QUE ES OFRECER ORACIONES Y SÚPLICAS con gran clamor y lágrimas? Jesús también lo sabe. ¿Sabe lo que es pedirle a Dios la fortaleza necesaria para someterse a sus planes cuando sus planes le causan dolor? Jesús también lo sabe. Esa es la razón por la cual él puede tratarnos con compasión cuando estamos en el fragor de la batalla respecto a obedecer o no. Jesús es amable con nosotros porque él ha clamado a Dios al igual que nosotros.

¿Qué significa este pasaje cuando dice que Jesús «aprendió obediencia» por las cosas que sufrió? ¿Antes de esto fue desobediente de alguna manera? No. Esto significa que su obediencia fue probada y demostrada. La suya no fue obediencia automática. Fue obediencia auténtica. Jesús oró, rogó, clamó y derramó lágrimas por su obediencia. Jesús aprendió a través de su propia experiencia lo que significa pagar un precio para seguir a Dios.

Dios el Padre también experimentó el dolor de ver a su Hijo sufrir. Ningún padre ha amado a su hijo tan perfectamente como nuestro Padre celestial amó a Jesús; sin embargo, en su amor había lugar para la agonía de su Hijo. Si el Padre no hubiera permitido que el Hijo sufriera, el glorioso bien de volverse «la fuente de salvación eterna para todos los que lo obedecen» no se hubiese logrado.

• • •

Padre celestial, tu propio Hijo, Jesús, aprendió obediencia por lo que sufrió, por eso te pido que _____ aprenda obediencia y la ponga de manifiesto en medio del sufrimiento de esta vida. Ayúdame a no hacer siempre una entrada triunfal para salvar a _____ del sufrimiento para que puedas lograr el bien que quieres para su vida en el sufrimiento y a través de él.

Imposible

Pues es imposible lograr que vuelvan a arrepentirse los que una vez fueron iluminados —aquellos que experimentaron las cosas buenas del cielo y fueron partícipes del Espíritu Santo, que saborearon la bondad de la palabra de Dios y el poder del mundo venidero— y que luego se alejan de Dios. Es imposible lograr que esas personas vuelvan a arrepentirse; al rechazar al Hijo de Dios, ellos mismos lo clavan otra vez en la cruz y lo exponen a la vergüenza pública. HEBREOS 6:4-6

ESTE PASAJE PUEDE SER MUY DESCONCERTANTE; en especial para los padres cuyos hijos parecían amar las cosas de Cristo en un momento dado, pero ahora parecen estar alejándose de la fe. Si no somos cuidadosos, podemos interpretar que estos versículos dicen que una persona con fe verdadera puede perderla y, luego, ser excluida de la restauración.

Eso no es lo que estos versículos están diciendo. Aquellos que están unidos a Cristo de manera auténtica nunca pueden ser separados de él. Jesús nunca negará a quienes fueron adoptados por él. Aquellos que recibieron vida en Cristo nunca la perderán.

Es posible que quienes «gustaron del don celestial» (6:4, RVR60) y de «la bondad de la palabra de Dios» y fueron «iluminados» por la luz de Cristo que se derrama en la vida de las personas, e incluso se hayan beneficiado de la obra del Espíritu Santo en este mundo, nunca hayan consumido ni tragado ni se hayan comprometido con el mensaje del evangelio. Es posible mordisquear los bordes de la vida en Cristo y decidir: *En realidad esto no me gusta. No es para mí. No vale la pena.* No lo quiero. Esa es la persona de quien está hablando este pasaje. El Espíritu Santo nos hará probar las riquezas de Cristo, pero no nos obligará a comerlas.

Este pasaje no está describiendo creyentes que están en peligro de perder su salvación. Está hablando de no creyentes que están en peligro de perder su oportunidad de recibir la salvación. Está hablando de quienes ven de cerca quién es Jesús y lo que ofrece, aquellos que experimentan de manera personal algo del gozo, la esperanza y las bendiciones que Jesús les da y deciden que no quieren a Cristo. La salvación queda fuera de su alcance para siempre, no porque Dios retire la oferta, sino porque ellos endurecieron su corazón y la rechazaron.

• • •

Señor, _____ ha visto de cerca quién eres y lo que ofreces. Permitiste que _____ experimentara el gozo y la bendición y la esperanza que tú das. Por favor, no permitas que _____ pruebe todo lo que ofreces y luego rehúse aferrarse a ti por completo. No permitas que _____ rechace la generosa oferta de ti mismo.

5 DE NOVIEMBRE

Ezequiel 12:1–14:11
Hebreos 7:1-17
Salmo 105:37-45
Proverbios 27:3

Una vida que no puede ser destruida

Jesús llegó a ser sacerdote, no por cumplir con la ley del requisito físico de pertenecer a la tribu de Leví, sino por el poder de una vida que no puede ser destruida. HEBREOS 7:16

TODOS SABÍAN QUE NADIE PODÍA SER sacerdote a menos que perteneciera a la tribu de Leví. El escritor de esta carta estaba tratando de convencer al pueblo hebreo que alguien (Jesús) quien ni siquiera era descendiente de Aarón, era el Sumo Sacerdote perfecto. Elaboró su argumento recordándoles que mil años antes de Aarón, hubo un sacerdote de Dios quien fue designado por Dios y respetado por Abraham: Melquisedec. Jesús no es sacerdote por linaje, como los sacerdotes aarónicos; es sacerdote por designación, como Melquisedec. Jesús es sacerdote por quién él es, no por la familia de donde desciende.

En el sacerdocio del Antiguo Testamento, servir no tenía nada que ver con el carácter, la capacidad, la personalidad ni la santidad. Tenía que ver con la familia en la cual se nacía. El sacerdocio de Jesús, sin embargo, tiene que ver con quién él es, lo que ha logrado y lo que está haciendo incluso ahora.

Gracias a que Jesús, nuestro Mediador ante Dios, tiene una vida que no puede ser destruida, no habrá ni siquiera un día en el cual él no esté ante el trono de Dios rogando a favor nuestro. No habrá ni un día en el cual no esté intercediendo por nuestras necesidades ante Dios. Nunca habrá ni un día en el cual su registro perfecto de justicia deje de cubrirnos.

Gracias a que Jesús tiene una vida que no puede ser destruida, quienes estamos unidos a él tenemos una vida que no puede ser destruida. ¡Qué seguridad que nos da esta realidad! ¡Qué antídoto contra el temor que nos ofrece! Si su hija está unida a Cristo, no solo tiene todo para ganar en la vida venidera porque Jesús está intercediendo por ella ante el Padre celestial; su hija no tiene nada que temer en esta vida. Tampoco usted. Cuando su hijo está unido a Jesús, su vida no puede ser destruida porque la vida de Jesús no puede ser destruida. Como Jesús, su hijo podría pasar por la muerte física, pero como Jesús, puede estar seguro de que se levantará de nuevo.

• • •

Señor, estoy agradecido porque la vida de _____ no depende de que yo ruegue por él delante de tu trono. Jesús está allí intercediendo, sosteniendo, guardando y mediando por _____. Por eso puedo descansar. El poder de una vida que no puede ser destruida está protegiendo y preservando la vida de _____.

¡Vive!

Dale [a Jerusalén] este mensaje de parte del SEÑOR Soberano: «¡No eres más que una cananea! Tu padre era amorreo y tu madre hitita. El día en que naciste, nadie se preocupó por ti. No te cortaron el cordón umbilical ni te lavaron ni te frotaron con sal ni te envolvieron en pañales. Nadie puso el más mínimo interés en ti; nadie tuvo compasión de ti ni te cuidó. El día de tu nacimiento, no fuiste deseada; te arrojaron en el campo y te abandonaron para que murieras.

Sin embargo, llegué yo y te vi ahí, pataleando indefensa en tu propia sangre. Mientras estabas allí tirada dije: "¡Vive!"; y te ayudé a florecer como una planta del campo. Creciste y te convertiste en una joya preciosa. Te crecieron los pechos y te salió el vello, pero seguías desnuda». EZEQUIEL 16:3-7

EZEQUIEL ESTABA HABLANDO DE PARTE de Dios a los judíos cautivos que habían sido arrastrados lejos de Jerusalén al exilio en Babilonia. A través de su profeta, Dios imprimió en su pueblo todo lo que había hecho por ellos y la forma en que ellos habían pecado contra su bondad. En Ezequiel 16, el Señor le habla a su pueblo y los describe como un bebé descartado, abandonado al lado del camino, no deseado, sin nadie que lo cuide, dejado allí para que muera... hasta que él, el Padre que no habían conocido, pasó por allí. Vino al campo y vio a esta criatura descartada a quien nadie quería y dijo: «¡Vive!». ¡Qué acto de gracia! Dios quiso que su pueblo viviera; los ayudó a desarrollarse; los nutrió para que crecieran fuertes.

Esto es verdad para quienes somos hijos de Dios. Estábamos desamparados y destinados a morir hasta que Dios puso su amor en nosotros y nos dio vida. Fuimos rescatados cuando deberíamos haber perecido porque estábamos inmóviles y éramos inútiles. Pero el Padre pasó por ahí y nos vio tendidos allí y dijo: «¡Vive!».

• • •

Tú eres el Padre que toma hijos descartados y los haces tuyos. Haznos tus hijos. Llámanos a la vida. Tú traes despertar donde tú quieres, cuando quieres y a quien tú quieres. Tu poder que da vida no es activado por nuestras maquinaciones ni tácticas, sino por tu Espíritu. Por eso, te pedimos que pases por aquí y nos veas, y veas a _____. ¡Llámanos a la vida como solo tú puedes hacerlo! ¡Ayúdanos a desarrollarnos! ¡Nútrenos para que crezcamos de modo que lleguemos a ser tu joya preciosa!

Mejor pacto, mejores promesas

Pero ahora a Jesús, nuestro Sumo Sacerdote, se le ha dado un ministerio que es muy superior al sacerdocio antiguo porque él es mediador a nuestro favor de un mejor pacto con Dios basado en promesas mejores. HEBREOS 8:6

DIOS HIZO UN PACTO CON ISRAEL EN LOS DÍAS de Moisés que fue fundado sobre la gracia: «Yo soy el SEÑOR tu Dios, quien te rescató de la tierra de Egipto, donde eras esclavo» (Éxodo 20:2). Dios estableció los términos de este pacto: «Ahora bien, *si* me obedecen y cumplen mi pacto, ustedes serán mi tesoro especial entre todas las naciones de la tierra; porque toda la tierra me pertenece» (Éxodo 19:5, énfasis añadido). En esencia les dijo: «Si me obedecen, los bendeciré y si me desobedecen, los maldeciré».

Ellos no obedecieron. Pero Dios no descartó a su pueblo. Hizo una nueva promesa a través del profeta Jeremías: «Pondré mis instrucciones en lo más profundo de ellos y las escribiré en su corazón. Yo seré su Dios, y ellos serán mi pueblo» (31:33). El nuevo pacto fue inaugurado por Jesús. Jesús reemplazó la naturaleza «Si [...] ustedes» de nuestra relación con Dios con «Yo haré». El viejo pacto de amenazas legales fue reemplazado por el nuevo pacto de provisión completa en la persona de Cristo. Este nuevo pacto no elimina la ley, sino que la incorpora en nuestro corazón. Nos cambia de personas que buscan la santidad a través de los esfuerzos por modificar el comportamiento a personas que anhelan santidad interior auténtica que fluye de corazones llenos del Espíritu Santo.

Solo cuando el Espíritu Santo nos despierta a la belleza de Cristo podemos finalmente ver que esto es a lo que la ley tenía el propósito de guiarnos todo el tiempo; no a tener un mejor comportamiento, sino hacia Cristo. Este es el desafío para nosotros como padres: guiar a nuestros hijos no solo a tener un mejor comportamiento, sino a Cristo.

• • •

Señor, nos diste un mejor pacto con mejores promesas que las que diste a través del antiguo pacto. Ya no vivimos bajo el temor de «Si [...] ustedes», sino en la libertad de «¡Todo está cumplido!». Por eso, te pedimos que nos libres de imprimir en nuestros hijos un evangelio de esforzarse más para cumplir con los estándares que están fuera de ellos. Por el contrario, ayúdanos a comunicar las buenas nuevas con tanta claridad que ellos vivan en libertad bajo el nuevo pacto, el cual nos empodera desde adentro para vivir vidas santas.

Los pecados del padre

La persona que peque es la que morirá. El hijo no será castigado por los pecados del padre ni el padre será castigado por los pecados del hijo. Los justos serán recompensados por su propia conducta recta y las personas perversas serán castigadas por su propia perversidad. Ahora bien, si los perversos abandonan sus pecados y comienzan a obedecer mis decretos y a hacer lo que es justo y correcto, ciertamente vivirán y no morirán. Todos los pecados pasados serán olvidados y vivirán por las acciones justas que han hecho.

EZEQUIEL 18:20-22

MIENTRAS SUFRÍAN EN EL EXILIO, el pueblo de Israel repetía este proverbio: «Los padres comieron uvas agrias, pero la boca de sus hijos se frunce por el sabor» (Jeremías 31:29; Ezequiel 18:2). Cada vez que repetían estas palabras, ellos se quejaban de que estaban siendo castigados por los pecados de sus padres. En otras palabras, estaban acusando a Dios de injusticia.

Para corregirlos, Dios les dijo que era verdad que sus padres y abuelos habían pecado y merecían ser castigados, pero que esta generación más joven no era, de hecho, inocente. Ellos, en realidad, habían repetido el pecado de sus padres con mayor intensidad. Por lo tanto, el castigo que estaba siendo derramado sobre ellos era ciertamente merecido. Siguiendo el ejemplo de sus padres, los hijos también habían estado comiendo las uvas agrias del pecado.

El problema no era la injusticia de Dios; el problema era el pecado de ellos, el cual simplemente no querían reconocer. Aunque Ezequiel los dejó sin excusas, sin embargo, nos los dejó aplastados bajo el peso de la realidad de estar recibiendo lo que se merecían. Les prometió gracia y misericordia. Les rogó que acudieran a Dios y vivieran. Les prometió que aquel contra quién habían pecado olvidaría los pecados que habían cometido en el pasado.

• • •

Padre Justo, como padres sabemos exactamente lo que nos merecemos. Nos merecemos comer las uvas agrias del juicio por todos los ídolos que hemos servido y las leyes que hemos quebrado. Pero, en lugar de eso, tú nos alimentas con la mejor comida. Nos bendices en lugar de maldecirnos. Te pedimos, Señor, que extiendas esta bendición a _____. Haz que _____ se aparte del pecado y acuda a ti. Inunda la vida de _____ con las buenas nuevas de que los pecados pasados serán olvidados y que el futuro estará lleno de vida.

Nos purificará la conciencia

Bajo el sistema antiguo, la sangre de cabras y toros y las cenizas de una novilla podían limpiar el cuerpo de las personas que estaban ceremonialmente impuras. Imagínense cuánto más la sangre de Cristo nos purificará la conciencia de acciones pecaminosas para que adoremos al Dios viviente. Pues por el poder del Espíritu eterno, Cristo se ofreció a sí mismo a Dios como sacrificio perfecto por nuestros pecados. HEBREOS 9:13-14

A LA MAYORÍA DE LA GENTE AFLIGIDA por la culpa se les dice que deben ver a un terapeuta porque se considera improductiva e innecesaria. Esto ignora el regalo que Dios nos ha dado en la forma de una conciencia. Es esa voz interna que se sienta a juzgar a nuestra voluntad. Nos acusa cuando violamos sus estándares y nos aprueba cuando los cumplimos. Cuando nos molesta, tenemos dos opciones. El método del mundo es procurar matar o silenciar la conciencia a través de la automedicación o la autojustificación. La otra opción es contrastar nuestros sentimientos de culpa con la verdad de la Palabra de Dios y aplicar la Palabra a nuestra realidad, corrigiendo con la verdad los sentimientos falsos de culpa o confesándole la culpa verdadera a un Dios de gracia. Quienes le pertenecemos podemos esperar que nos perdone y que limpie nuestra conciencia.

Cuando nuestros hijos experimentan culpa auténtica por haber violado lo que las Escrituras revelan como algo que sin duda desagrada a Dios, tenemos motivos para celebrar. Una conciencia que es sensible al pecado es un gran regalo, una señal de la obra de convicción de pecado del Espíritu Santo. También es importante que nuestros hijos tengan confianza en el remedio disponible para una conciencia que necesita ser limpiada: la sangre de Cristo. Las buenas nuevas del evangelio que deseamos compartir con nuestros hijos una y otra vez, en especial en los tiempos oscuros y difíciles de enfrentar el pecado, es que Cristo ha quitado todas nuestras culpas verdaderas y está obrando en nosotros mediante su Espíritu, llenándonos con nuevos deseos de agradarle.

• • •

Señor, te agradezco por haberle dado una conciencia a _____. Te ruego que sea moldeada por tu Palabra y no por el mundo. Que sea sensible al pecado sin ser propenso a ceder ante las dudas dañinas sobre su posición delante de ti. Desarróllale una conciencia que le dé una valoración confiable y que lo ayude a confesar con rapidez sus pecados, a estar dispuesto a experimentar pena por haber pecado y a estar profundamente consciente de la limpieza y el perdón disponibles en Cristo.

Han sido santificados

Pues mediante esa única ofrenda, él perfeccionó para siempre a los que está haciendo santos. HEBREOS 10:14

TENGA EN CUENTA CUÁNDO SUCEDIERON ESTAS COSAS: Él «*perfeccionó*»: algo que ya fue hecho. A aquellos que «*está haciendo santos*»: algo que está sucediendo en este momento. La perfección fue lograda en el pasado; sin embargo, el proceso de ser hechos santos es continuo.

¿En qué sentido fuimos perfeccionados entonces? Nuestros registros fueron limpiados. Fuimos perdonados por completo. Nuestras deudas fueron pagadas. Gracias a que estamos en Cristo, legalmente estamos en la presencia de Dios sin ninguna causa por la cual ser condenados. Él no tiene en cuenta nuestros pecados. Estamos cubiertos, no en los puntos y las manchas que dejaron nuestros fracasos y errores, sino con las vestiduras de justicia que nos dio Cristo en lugar de los harapos marcados por el pecado que teníamos puestos.

Si somos perfectos, ¿por qué necesitamos seguir siendo santificados entonces? Porque, aunque nuestra posición sin pecado delante de Dios está asegurada por la justicia de Cristo, sabemos que esa no es la realidad en nuestra vida. Todavía nos falta mucho para que la santidad nos caracterice todos los días.

La buena nueva del evangelio es que, a pesar de que seguimos tropezando con algunos de los mismos pecados de siempre, estamos siendo santificados. Ya que el Espíritu Santo está obrando en nosotros mediante su Palabra, estamos cada vez más cerca de ser lo que se ha declarado que somos en la corte del cielo. La brecha entre lo que somos en Cristo y lo que somos en la carne se va cerrando a medida que identificamos, confesamos y abandonamos nuestros pecados. Nos estamos convirtiendo en la realidad de lo que se declaró que somos al unirnos a Jesús.

¿Estamos celebrando la santidad que vemos que crece de manera constante en nuestros hijos? De alguna manera nos resulta cada vez más natural identificar lo que necesita ser cambiado. Alabar a Dios en público por su obra en nuestros hijos y aprobar a nuestros hijos por el cambio que vemos en ellos es recibir y celebrar los propósitos santificadores de Dios.

• • •

Señor, te alabo por ser un Dios incansable en lo que concierne a la santidad. Tú eres santo y, a medida que nos sometemos a ti, nos santificas.

11 DE NOVIEMBRE

Ezequiel 23:1-49
Hebreos 10:18-39
Salmo 109:1-31
Proverbios 27:13

Lo aceptaron con alegría

Acuérdense de los primeros tiempos, cuando recién aprendían acerca de Cristo. Recuerden cómo permanecieron fieles, aunque tuvieron que soportar terrible sufrimiento. Algunas veces los ponían en ridículo públicamente y los golpeaban, otras veces ustedes ayudaban a los que pasaban por lo mismo. Sufrieron junto con los que fueron metidos en la cárcel y, cuando a ustedes les quitaron todos sus bienes, lo aceptaron con alegría. Sabían que en el futuro les esperaban cosas mejores, que durarán para siempre. HEBREOS 10:32-34

NO ERA FÁCIL SER CRISTIANO para los primeros cristianos a quienes se dirigía el escritor de Hebreos con el propósito de que siguieran a Cristo. Por ser seguidores de Jesús, eran excluidos de la comunidad comercial, rechazados por sus familiares, declarados no gratos en el templo y a algunos les confiscaban las propiedades. Cuando a estos creyentes les quitaron todo lo que les pertenecía, lo «aceptaron con alegría», lo cual es impresionante. Cuando lo consideramos con cuidado, nos preguntamos cómo puede ser cierto. Y, de manera más significativa, nos preguntamos si nosotros haríamos lo mismo.

El escritor a los Hebreos nos cuenta por qué estos primeros cristianos podían responder así ante las pérdidas en medio de la persecución. Ellos «sabían que en el futuro les esperaban cosas mejores, que [durarían] para siempre». Podían desprenderse de sus posesiones mundanas porque sabían que lo que les esperaba en el cielo era mucho mejor.

Nuestros hijos saben de manera instintiva qué es lo que en realidad nos hace felices y lo que tiene el poder para robarnos el gozo. Como resultado, saben si Cristo es nuestra verdadera satisfacción o, simplemente, una tradición heredada. Saben si él es la pasión de nuestra vida o si simplemente estamos haciendo las cosas por hacerlas. Esta realidad se hace evidente cuando nuestro compromiso con Cristo nos cuesta algo, por ejemplo, tener que invertir nuestro tiempo en un proyecto de servicio, en lugar de un evento deportivo u ofrendar para la obra del evangelio el dinero que íbamos a gastar en las vacaciones. Cuando aceptamos las pérdidas financieras, la pérdida de la salud, la pérdida de un ascenso en el trabajo, la pérdida de oportunidades o de la libertad con gozo auténtico en lugar de sentir autocompasión o resentimiento, les mostramos a nuestros hijos que no estamos dependiendo de que este mundo nos haga felices. Se evidencia que nuestro gozo está anclado en la vida venidera.

• • •

Señor, todo lo que eres, y todo lo que provees ahora y en la vida venidera, es todo lo que necesito y más de lo que podría haber soñado alguna vez. Aumenta mi confianza en lo que has preparado para mí para que responda a las pérdidas de esta vida con gozo y contentamiento.

La fe

La fe demuestra la realidad de lo que esperamos; es la evidencia de las cosas que no podemos ver. HEBREOS 11:1

CUANDO DECIMOS QUE «ESPERAMOS» ALGO, lo que en realidad estamos diciendo es que no estamos seguros de que vaya a suceder, pero nos gustaría que fuera así. Este es un deseo, no esperanza bíblica. No hay nada incierto acerca de la esperanza bíblica. Lo que la Biblia promete quizás todavía no se haya hecho realidad, pero es seguro.

¿Cómo podemos saberlo? ¿Cuál es el fundamento para nuestra esperanza? Dios lo ha prometido. Tener fe es arriesgarlo todo y creer que lo que Dios ha prometido es confiable. Noé le creyó a Dios cuando le advirtió del diluvio, y construyó el barco. Abraham creyó lo que Dios le dijo cuando le prometió que lo bendeciría, como resultado siguió sus instrucciones y fue al lugar al cual Dios le dijo que fuera. Ya que Sara le creyó a Dios cuando le dijo que tendría un hijo, ella confió en él incluso en su edad avanzada.

Hebreos 11 dice: «Todas estas personas murieron aun creyendo lo que Dios les había prometido. Y aunque no recibieron lo prometido, lo vieron desde lejos y lo aceptaron con gusto» (versículo 13). Ellos murieron esperando al Mesías prometido. No recibieron nada de lo que Dios les había prometido en esta vida. Pero lo que recibieron en la otra vida fue mucho mejor de lo que hubieran podido imaginarse.

Por el contrario, el cristianismo moderno en su mayoría se fundamenta en aprovechar el poder de Dios para conseguir lo que deseamos aquí y ahora y para mejorar como personas aquí y ahora. La esencia de nuestra fe, sin embargo, no tiene nada que ver con eso. Esperamos que nuestros hijos estén dispuestos a dar un paso para seguir a un Dios que nunca vieron con sus ojos, cuya voz nunca escucharon con sus oídos, confiando en una realidad que la voz colectiva del mundo dice que no existe y que no importa. Deseamos que crean que hay algo que se puede encontrar solo en Dios que es más duradero, más confiable y más placentero que cualquier otra cosa de este mundo; y que luego vivan en esa confianza.

* * *

Señor, por favor, no permitas que _____ se conforme con una clase de fe genérica, domesticada que es aceptable para el mundo. Por el contrario, llena a _____ con una confianza contracultural que anticipe todo lo que has prometido; no para aquí y ahora, sino en el hogar celestial.

Mejor sufrir por causa de Cristo

Fue por la fe que Moisés, cuando ya fue adulto, rehusó llamarse hijo de la hija del faraón. Prefirió ser maltratado con el pueblo de Dios a disfrutar de los placeres momentáneos del pecado. Consideró que era mejor sufrir por causa de Cristo que poseer los tesoros de Egipto, pues tenía la mirada puesta en la gran recompensa que recibiría. HEBREOS 11:24-26

«MOISÉS FUE INSTRUIDO EN TODA LA SABIDURÍA de los egipcios» (Hechos 7:22, NVI). Es probable que haya aprendido lingüística, matemática, astronomía, arquitectura, música, medicina, leyes y el fino arte de la diplomacia. La ironía es que la instrucción que Moisés necesitaría para sacar a su pueblo de Egipto y pastorearlos en el desierto fue provista por la familia del faraón. Aunque el libro de Éxodo no nos cuenta lo que sucedió en la vida de Moisés durante estos años, el escritor de Hebreos nos permite ver lo que motivó a Moisés, lo que este valoraba y dónde escogió poner su confianza. Moisés «consideró que era mejor sufrir por causa de Cristo que poseer los tesoros de Egipto».

Moisés había vivido varios años en el hogar hebreo de sus padres creyentes antes de ser educado en los salones del palacio del faraón. Por lo tanto, sabía acerca de Cristo, el retoño de la mujer que Dios había prometido que un día nacería y pondría fin al sufrimiento y a la crueldad en este mundo. Moisés se aferró a esta promesa. Fue su confianza en Cristo lo que le permitió alejarse de las riquezas, el poder y los privilegios del mundo. Tenía los ojos y el corazón puestos en algo mejor que los tesoros de Egipto: la recompensa que le esperaba en el cielo por invertir todas sus esperanzas en el Cristo prometido. Moisés estaba dispuesto a dejar pasar los placeres temporales por el placer verdadero que sería suyo para siempre.

¿Cómo lo hizo? «Fue por la fe». Sus padres le contaron sobre la promesa de Dios, y él se aferró a ella y vivió a la luz de esa promesa.

• • •

Señor, le hemos contado a _____ acerca de ti y de tus promesas. Por favor, dale a _____ la fe para aferrarse a esas promesas y para vivir a la luz de ellas. Por favor, dale a _____ la fe para escoger compartir la opresión del pueblo de Dios en lugar de disfrutar de los placeres pasajeros del pecado. Por favor, moldea la perspectiva de _____ para que vea que es mejor sufrir por tu causa que poseer los placeres de este mundo. Por favor, dale a _____ ojos para mirar hacia la gran recompensa venidera.

La cosecha de una vida recta

Pues nuestros padres terrenales nos disciplinaron durante algunos años e hicieron lo mejor que pudieron, pero la disciplina de Dios siempre es buena para nosotros, a fin de que participemos de su santidad. Ninguna disciplina resulta agradable a la hora de recibirla. Al contrario, ¡es dolorosa! Pero después, produce la apacible cosecha de una vida recta para los que han sido entrenados por ella. HEBREOS 12:10-11

LA HONESTIDAD DE ESTOS VERSÍCULOS ES INTERESANTE. Como padres «terrenales», agradecemos la forma en que nos describe el autor; estamos haciendo lo mejor que podemos en lo que respecta a disciplinar a nuestros hijos. Queda claro, sin embargo, que el escritor está marcando un contraste entre nuestra paternidad y la de nuestro Padre celestial. «La disciplina de Dios siempre es buena para nosotros». Dios es el padre perfecto. Su disciplina nunca es tan severa o inapropiada. No siempre sabemos cuál es la mejor forma de disciplinar a nuestros hijos. Pero Dios sí lo sabe. Él siempre sabe lo que es correcto y hace lo que es correcto.

Su intención al disciplinarnos es que «participemos de su santidad». Dios quiere que sus hijos tengan el parecido familiar. Quiere que vivamos de una forma que muestre que compartimos las pasiones y las prioridades de nuestro Padre.

Por supuesto, también agradecemos la honestidad del escritor cuando dice que «ninguna disciplina resulta agradable a la hora de recibirla. Al contrario, ¡es dolorosa!». La disciplina nunca resulta agradable. Se siente como dificultad y pérdida. Como sus hijos, podemos soportarla porque tenemos la confianza de que *tiene un propósito*. Dios nunca nos disciplina para castigarnos. Nunca lo hace porque sí. Nunca es demasiado severo. Siempre lo hace por amor. Dios sabe que la disciplina «produce la apacible cosecha de una vida recta para los que han sido entrenados por ella» y ese es su propósito. Cuando estamos dispuestos a ser entrenados por la disciplina, a ser moldeados por ella, sucede algo hermoso. Algo brota en nuestra vida: la apacible cosecha de una vida recta.

• • •

Padre Celestial, sigo necesitando tu disciplina amorosa. De hecho, me asombra que puedas usar incluso los desafíos de la paternidad para moldearme. La paternidad tiene una forma de exponer mis ídolos y de traer a la superficie las áreas en las cuales hay necesidad de la cosecha de una vida recta. Por lo tanto, sigue amándome a través de la disciplina con la que solo tú me puedes disciplinar.

Inconmovible

Tengan cuidado de no negarse a escuchar a Aquel que habla. [...] Cuando Dios habló desde el monte Sinaí, su voz hizo temblar la tierra, pero ahora él hace otra promesa: «Una vez más, haré temblar no solo la tierra, sino también los cielos». Eso significa que toda la creación será agitada y removida, para que solo permanezcan las cosas inconmovibles. Ya que estamos recibiendo un reino inconmovible, seamos agradecidos y agrademos a Dios adorándolo con santo temor y reverencia. HEBREOS 12:25-28

CUANDO DIOS HABLÓ DESDE EL MONTE SINAÍ, estaba literalmente estableciendo la ley, la fuerza de su voz hizo temblar la tierra. Éxodo 19:18 dice: «El monte estaba cubierto de humo, porque el SEÑOR había descendido sobre él en medio de fuego. Era tanto el humo que salía del monte, que parecía un horno; todo el monte se sacudía violentamente» (NVI).

Esa no fue la última vez que la tierra tembló. «Entonces Jesús volvió a gritar con fuerza y entregó su espíritu. En ese momento, la cortina del santuario del Templo se rasgó en dos, de arriba a abajo. La tierra tembló y se partieron las rocas» (Mateo 27:50-51, NVI). ¿Por qué tembló la tierra? Porque estaba descendiendo el juico de Dios para castigar el pecado.

Aquí, en Hebreos 12, el escritor revela que la tierra volverá a temblar en el futuro, cuando Cristo venga a eliminar para siempre el pecado de este mundo. «Para que solo permanezcan las cosas inconmovibles», escribe.

Tenga en cuenta que el escritor dice que «ya que estamos recibiendo un reino inconmovible». Evidentemente, no podemos crear una vida perfectamente segura para nuestros hijos. Tienen que recibirla. Pero podemos guiarlos hacia lo que necesitan saber para recibir esta vida eterna e indudablemente segura. Podemos transmitirles la advertencia que nos deja el escritor de Hebreos: «Tengan cuidado de no negarse a escuchar a Aquel que habla». Podemos orar que Dios haga que nuestros hijos sean inconmovibles.

· · ·

Señor, tú eres el único que puede proveer la seguridad que _____ necesita. Por eso, te agradecemos por haber hablado en el pasado y por seguir hablándonos a través de tu Palabra, llama a _____ y adviértele sobre el temblor que vendrá en el futuro. Que _____ te adore con temor y reverencia, y que de ese modo esté seguro cuando la tierra vuelva a temblar.

Acuérdense de los líderes que les enseñaron

Acuérdense de los líderes que les enseñaron la palabra de Dios. Piensen en todo lo bueno que haya resultado de su vida y sigan el ejemplo de su fe. HEBREOS 13:7

COMO PADRES, NUESTRA RESPONSABILIDAD es criar a nuestros hijos con «la disciplina e instrucción que proviene del Señor» (Efesios 6:4). También sabemos que se pueden beneficiar en gran manera de otras voces que les hablen de la Palabra de Dios y que les sirvan como modelos ejemplares de fe. Por lo tanto, tiene sentido orar que Dios les dé maestros de escuela dominical que cautiven su corazón e imaginación con la Biblia; líderes de jóvenes que los acompañen y los escuchen, que se rían con ellos y los guíen con sabiduría a alejarse del mundo y a acercase a la Palabra de Dios; influencias en la universidad y en los lugares de trabajo para que vivan vidas santas de fe sólida y contagiosa. Oramos que reciban la Palabra que se predica todas las semanas, en lugar de considerar el mensaje algo para los adultos o, al crecer, algo muy desactualizado.

El escritor a los Hebreos tiene muchas instrucciones para nosotros en relación con los líderes que nos enseñan la Palabra de Dios. Debemos *recordarlos*, *pensar* en todos los buenos ejemplos que nos dieron con su vida y *seguir* su ejemplo de fe. También nos dice: «Obedezcan a sus líderes espirituales y hagan lo que ellos dicen. Su tarea es cuidar el alma de ustedes y tienen que rendir cuentas a Dios. Denles motivos para que la hagan con alegría y no con dolor. Esto último ciertamente no los beneficiará a ustedes» (versículo 17). Estas cosas deberían caracterizar la forma en que hablamos acerca de los pastores de nuestra iglesia y la forma en que interactuamos con ellos. Sabemos que nuestros hijos, por lo general, son más propensos a hacer lo que hacemos que lo que decimos. Están escuchando cuando nos quejamos o criticamos y cuando reconocemos y honramos a quienes nos enseñan la Palabra de Dios.

• • •

Señor, te agradecemos por los maestros que pusiste en nuestra vida y sobre nuestra alma para enseñarnos tu Palabra. Nos has bendecido con líderes que te aman y viven para ti. Te pedimos que hagas eso en la vida de _____. Por favor, en cada etapa de su vida, bendice a _____ con líderes espirituales que reconozcan que deben responder ante ti por cómo velan por el alma de _____. Y, por favor, haz que les dé razones para hacerlo con alegría y no con dolor.

La tentación viene de nuestros propios deseos

Cuando sean tentados, acuérdense de no decir: «Dios me está tentando». Dios nunca es tentado a hacer el mal y jamás tienta a nadie. La tentación viene de nuestros propios deseos, los cuales nos seducen y nos arrastran. De esos deseos nacen los actos pecaminosos, y el pecado, cuando se deja crecer, da a luz la muerte. SANTIAGO 1:13-15

COMO PADRES, NUESTRO INSTINTO ES PROTEGER A nuestros hijos de cualquier cosa que pudiera tentarlos a pecar. Si pudiéramos, pondríamos un vallado entre nuestro hogar y el resto del mundo, pero esta idea no tiene en cuenta una realidad importante. El pecado ya ha infectado a nuestros hijos. Nacieron con una condición preexistente. La mayor influencia pecaminosa que tienen es su propia depravación. Como padres tenemos que prevenirlos más del pecado que está en su interior que del pecado que está afuera.

Esto significa que todos nuestros intentos por criar a nuestros hijos dentro de un capullo seguro y espiritual son en vano porque la tentación opera dentro del capullo, dentro del corazón de nuestros hijos, al nivel de sus propios deseos.

Entonces, si construir un vallado alrededor de nuestros hijos no los protegerá contra el pecado, ¿hay algo más que podamos hacer para animarlos a no cometer pecados impulsados por sus deseos? En nuestro hogar podemos crear una atmósfera que de manera continua contraste sus emociones con todo lo que es «verdadero, todo lo honorable, todo lo justo, todo lo puro, todo lo bello y todo lo admirable» (Filipenses 4:8). A medida que estas cosas buenas vayan obrando en su mente, moldearán sus emociones. Los fortalecerán desde adentro, influyendo en sus deseos para que no sean seducidos y arrastrados al pecado con facilidad.

• • •

Señor, es fácil como padres criar a nuestros hijos por temor, y tener más temor de que Satanás y el mundo lo atrapen que mantener la confianza en que tu fidelidad terminará la buena obra que comenzaste. Por eso, Señor, sigue obrando en _____ para santificar sus pensamientos y sus deseos. Dale a _____ la posibilidad de ganar la batalla contra el pecado.

Lentos para enojarse

Mis amados hermanos, quiero que entiendan lo siguiente: todos ustedes deben ser rápidos para escuchar, lentos para hablar y lentos para enojarse. El enojo humano no produce la rectitud que Dios desea. SANTIAGO 1:19-20

COMO PADRES, LLEGAMOS A RESPONDER a nuestros hijos de manera impaciente y grosera. Estamos frustrados por estar atrasados. Estamos molestos por su actitud, la situación, la inactividad o el desorden. Nos desquitamos con ellos y lo justificamos con la necesidad de enseñarles respeto, orden y puntualidad.

Santiago nos llama a no descargar nuestra ira sobre nuestros hijos. Nos desafía a reconsiderar la idea de que nuestra ira no solo está justificada, sino que también es efectiva. Nos desafía a reconsiderar las suposiciones de que la pasión de nuestro enojo atrapa la atención de nuestros hijos y los impulsa hacia el cambio.

¿Qué pasaría si tomáramos en serio esta amonestación cuando interactuamos con nuestros hijos, desde que son bebés, en su etapa de adolescentes y, luego, de adultos? ¿Qué pasaría si en realidad creyéramos que nuestro enojo en realidad no produce la rectitud que Dios desea en nosotros ni en nuestros hijos, sino que en verdad hace daño? ¿Qué pasaría si estuviéramos dispuestos a cambiar el ritmo y el patrón de nuestro enojo instintivo y a reemplazarlo con la disposición a escuchar para extraer lo que en realidad está sucediendo en el corazón de nuestros hijos? ¿Qué pasaría si, en lugar de dar rienda suelta a nuestras acusaciones y quejas, nos tomáramos un tiempo antes de responder, asegurándonos de que nuestras palabras fueran amables y tiernas? ¿Qué sucedería si fuéramos lentos para hablar y, por el contrario, nos tomáramos un tiempo para escuchar, para ver, para amar y para cambiar nuestra respuesta por una respuesta de gracia?

En esencia, Santiago nos llama a criar a nuestros hijos de la forma en que estamos siendo criados por Dios. «El Señor es compasivo y misericordioso, lento para enojarse y está lleno de amor inagotable. [...] El Señor es como un padre con sus hijos, tierno y compasivo con los que le temen. Pues él sabe lo débiles que somos; se acuerda de que somos tan solo polvo» (Salmo 103:8, 13-14).

• • •

Señor, eres nuestro modelo de cómo criar hijos. Cuando hacemos cosas malas, tú no pierdes los estribos. Eres lento para la ira. Estás lleno de amor y de ternura. Llénanos con tu amor, tu ternura y tu paciencia para que podamos derramarlos en _____.

19 DE NOVIEMBRE

Ezequiel 39:1–40:27
Santiago 2:18–3:18
Salmo 118:1-18
Proverbios 28:2

La lengua

De la misma manera, la lengua es algo pequeño que pronuncia grandes discursos. Así también una sola chispa puede incendiar todo un bosque. De todas las partes del cuerpo, la lengua es una llama de fuego. Es un mundo entero de maldad que corrompe todo el cuerpo. Puede incendiar toda la vida, porque el infierno mismo la enciende.
SANTIAGO 3:5-6

«GRANDES DISCURSOS». La mayoría de los padres dimos esos discursos en más de una ocasión; discursos acerca de compartir, de decir la verdad, de ser amables los unos con los otros, de terminar el trabajo asignado. Demasiados discursos grandes. Con la mejor de las intenciones, es fácil para nosotros usar nuestra autoridad como padres para perforar la mente de nuestros hijos con nuestros discursos. También sabemos que nuestra lengua fue llama de fuego en nuestro hogar; encendida por la chispa de la frustración que deja quemaduras en lo profundo del alma de nuestros hijos a través de palabras severas y valoraciones dolorosas. Nuestras palabras y, quizás lo más significativo, nuestro tono desdeñoso y denigrante quemaron lugares tiernos dentro de nuestros hijos.

Nuestra expresión facial y lenguaje corporal pueden comunicar a nuestros hijos que son una molestia, que no son importantes, que son difíciles, decepcionantes y estúpidos. A veces, usamos el sarcasmo o los insultos de tal forma que nuestros hijos los asimilan como nuestra valoración real de ellos.

Jesús manifestó: «Pues lo que está en el corazón determina lo que uno dice» (Mateo 12:34). La forma en que les hablamos y les respondemos a nuestros hijos, tanto en términos de lo que decimos como del tono en que lo decimos, pone de manifiesto la condición de nuestro corazón. Por eso, Dios utiliza la tarea de criar a los hijos para revelar nuestra necesidad de un cambio profundo de corazón que sea producido por el Espíritu Santo; la clase de cambio que transforma la manera en que hablamos a nuestros hijos y acerca de ellos.

• • •

Señor, soy un padre con labios impuros y vivo en medio de gente con labios impuros. Si no tuviera la posibilidad de que Jesús limpiara mi lengua, ablandara mi corazón y renovara mi mente, no tendría esperanza de que mi lengua se volviera una fuente de bendición, de modo que sería solo una fuente de maldición para _____. Crea en mí un corazón limpio, oh Dios, y renueva un espíritu recto dentro de mí. Concédeme el privilegio de hablar al corazón de _____ a partir de este corazón limpio y este espíritu recto.

323

Envidian lo que otros tienen

Desean lo que no tienen, entonces traman y hasta matan para conseguirlo. Envidian lo que otros tienen, pero no pueden obtenerlo, por eso luchan y les hacen la guerra para quitárselo. Sin embargo, no tienen lo que desean porque no se lo piden a Dios. Aun cuando se lo piden, tampoco lo reciben porque lo piden con malas intenciones: desean solamente lo que les dará placer. SANTIAGO 4:2-3

A PESAR DE LO VERGONZOSO QUE ES ADMITIRLO, la mayoría de nosotros envidiamos a otros padres y a sus hijos en algún momento. Cuando nos cuesta quedar embarazados, podemos sentir envidia por las parejas que pareciera que con solo mirarse quedan embarazados. Podemos envidiar a quienes tienen bebés que duermen toda la noche desde muy pequeños, niños que ya saben leer, chicos de la primaria que parecen tener más amigos que nuestro hijo, adolescentes que consiguen el rol principal en la obra del colegio o la posición de liderazgo en el equipo de fútbol cuando nuestro hijo no lo logra o los jóvenes adultos a quienes parece que les cuesta menos que a nuestro hijo avanzar en sus estudios y seguir su vocación.

Como es su costumbre, Santiago llega al corazón del asunto: nuestras motivaciones. Esperamos que nuestros hijos nos hagan quedar bien, pero Dios tiene otros propósitos para nuestra paternidad. Su meta no es hacernos impresionantes, sino santos. En lugar de darnos gloria, Dios quiere que la forma en que criamos a nuestros hijos le dé gloria a él. Por lo tanto, Dios nos provee exactamente lo que necesitamos para vencer los celos y la envidia: «Y él da gracia con generosidad. Como dicen las Escrituras: "Dios se opone a los orgullosos, pero da gracia a los humildes"» (Santiago 4:6).

• • •

Nos humillamos ante ti, Dios, mencionando y confesando nuestro pecado de celos. Perdónanos por querer tener éxito como padres para quedar bien ante los demás en lugar de ansiar que nuestra necesidad de tu gracia ponga de manifiesto tu gloria y tu bondad. Necesitamos tu poder para resistir los intentos del diablo de torcer y distorsionar nuestra paternidad y arruinar nuestras relaciones tentándonos a estar celosos de otros padres y de sus hijos. Necesitamos tu gracia para resistir nuestro deseo de ser impresionantes. Nos acercamos a ti, y confiamos que te acercarás a nosotros.

21 DE NOVIEMBRE

Ezequiel 42:1–43:27
Santiago 5:1-20
Salmo 119:1-16
Proverbios 28:6-7

Confiésense los pecados

Confiésense los pecados unos a otros y oren los unos por los otros, para que sean sanados. La oración ferviente de una persona justa tiene mucho poder y da resultados maravillosos. SANTIAGO 5:16

NO ES DIFÍCIL RECONOCER FRENTE A NUESTROS HIJOS que somos pecadores y necesitamos el perdón de Dios en un sentido general. Tampoco lo es confesar pecados de hace mucho tiempo. Lo que es difícil es confesar pecados actuales. Es difícil ser tan vulnerables y confesar que el chisme que nos escucharon decir, la codicia que moldeó nuestro último trato comercial, el no cambiar un canal inapropiado y la apatía que nos permite quejarnos sobre los vecinos y nunca compartirles el evangelio son pecado.

Preferimos ser la voz de la virtud y la autoridad para nuestros hijos, no quien lidere la confesión y el arrepentimiento. Pero ¿cómo podemos esperar que nuestros hijos confiesen su pecado y oren los unos por los otros como un medio para experimentar sanidad del pecado si nunca confesamos nuestros pecados ante ellos? ¿Cómo podemos sorprendernos cuando nuestros hijos mienten acerca de sus pecados o los esconden si nosotros vivimos en autonegación de nuestros propios pecados o buscamos mantenerlos en secreto?

Cuando les mostramos a nuestros hijos un patrón regular de confesión y arrepentimiento sincero con el ejemplo, les mostramos cómo trata con el pecado en su vida un verdadero seguidor de Jesús. Escuchar a papá confesarle sus pecados a menudo a mamá y a sus hijos, pero en especial confesar sus pecados a Dios; escuchar cuando ora por perdón y le pide que su familia a través de las oraciones derrote algún pecado en particular y, luego, verlo experimentar el gozo por la relación restaurada con Dios y por una consciencia purificada indudablemente convencerá a nuestros hijos de que no tienen que ser perfectos y que pueden vencer al pecado en comunidad.

. . .

Señor, confieso que fui lento para confesarme. Cuando tengo el valor para nombrar y reconocer mis pecados, prefiero que sea algo entre tú y yo. No me gusta ni la vergüenza ni el rendir cuentas que conlleva el confesarles mis pecados a quienes sabrán si hubo un cambio en mi vida. Pero más que a mi privacidad, amo a alguien demasiado como para desobedecer tu Palabra así. Señor, mientras confieso mis pecados en la presencia de _____, por favor, úsalo para animar a _____ a sacar su pecado a la luz y para que sepa que tanto tú como yo estamos dispuestos a extenderle gracia y misericordia.

Una herencia que no tiene precio

Que toda la alabanza sea para Dios, el Padre de nuestro Señor Jesucristo. Es por su gran misericordia que hemos nacido de nuevo, porque Dios levantó a Jesucristo de los muertos. Ahora vivimos con gran expectación y tenemos una herencia que no tiene precio, una herencia que está reservada en el cielo para ustedes, pura y sin mancha, que no puede cambiar ni deteriorarse. Por la fe que tienen, Dios los protege con su poder hasta que reciban esta salvación, la cual está lista para ser revelada en el día final, a fin de que todos la vean. 1 PEDRO 1:3-5

QUIZÁS PUEDA O QUIZÁS NO PUEDA DEJARLES a sus hijos una herencia financiera. Si ellos están unidos a Cristo, sin embargo, puede estar seguro de que son herederos de una herencia mucho mejor que la que podría proveerles. Cualquier riqueza que les dejemos a nuestros hijos es vulnerable: vulnerable al mal uso, a la inestabilidad del mercado, a los robos y a la pérdida de valor. La herencia que les espera a nuestros hijos que están unidos a Cristo está fuera del alcance de cualquier fuerza que pudiera desvalorizarla o contaminarla.

El nuevo nacimiento inserta a nuestros hijos en una nueva familia en la cual tienen participación en la más grandiosa de todas las herencias. Está siendo guardada, no en una bóveda, sino en el cielo, el lugar de la seguridad y las riquezas supremas, el lugar de gozo y satisfacción increíbles. Nadie que pertenece a la familia de Dios será decepcionado cuando se nos entregue la herencia en el último día. Estaremos llenos de gozo por recibir todo lo que Dios tiene para nosotros y por todo lo que Dios será para nosotros.

Dios hace más que solo guardar una herencia para nosotros y para nuestros hijos. También nos guarda a nosotros para la herencia. A través de la fe Dios «[nos] protege con su poder hasta que [recibamos] esta salvación». La salvación de sus hijos no depende de su capacidad para aferrarse a Cristo, sino de la capacidad de Cristo para asegurarlos en sus manos. Cristo está guardando una herencia para sus hijos y está guardando a sus hijos para esa herencia.

• • •

Veo tus manos extendidas, Señor, extendiéndose hacia _____. En una mano sostienes la herencia y en la otra sostienes a _____. Ambos están seguros contigo. Y cuando vengas, los traerás a ambos contigo y la herencia será de _____ para que la disfrute para siempre.

Ezequiel 45:13–46:24
1 Pedro 1:13–2:10
Salmo 119:33-48
Proverbios 28:11

Pongan su esperanza completamente
en la gracia

Por eso, dispónganse para actuar con inteligencia; tengan dominio propio; pongan
su esperanza completamente en la gracia que se les dará cuando se revele Jesucristo.
Como hijos obedientes, no se amolden a los malos deseos que tenían antes, cuando
vivían en la ignorancia. Más bien, sean ustedes santos en todo lo que hagan, como
también es santo quien los llamó; pues está escrito: «Sean santos, porque yo soy santo».
I PEDRO 1:13-16, NVI

PEDRO HABLA DEL FUTURO que les espera a quienes han nacido de nuevo a una
esperanza viva. Les habla a quienes pueden esperar vidas resucitadas en la presencia de
Dios a través de la vida resucitada de Jesús. Pedro no busca que respondamos «qué lindo»,
sino que pensemos sobre esto con sobriedad y que pongamos nuestra esperanza por
completo «en la gracia que se les dará cuando se revele Jesucristo». Quiere que nuestra
vida en Cristo sea tanto una fuerza que nos impulse como una fuerza que nos equilibre.

Esto también tiene que ver con la esencia de lo que anhelamos para nuestros hijos.
No nos interesa que sean adultos que van a la iglesia para cumplir o que tengan un sentido indefinido de espiritualidad. No queremos que la fe sea algo con lo que crecieron
y que no tenga ningún valor para ellos. Sí queremos que tengan un optimismo bien
fundado y apasionado acerca de aquello por lo cual están viviendo.

A medida que «pongan su esperanza completamente en la gracia» que los rescatará
del sufrimiento de esta vida y los recompensará con una herencia en la vida venidera,
cambiará su forma de vivir aquí y ahora. Esta nueva pasión los motivará a vivir una vida
santa. Los jóvenes que ponen toda su esperanza en la gracia que se les dará en la revelación de Jesucristo serán bastante diferentes a la mayoría de la gente del mundo. Serán
quienes Dios los llamó a ser: llenos de esperanza inconmovible y pasión por la santidad.

• • •

Santo Señor, podemos poner la gloriosa verdad de la esperanza en Cristo delante de
_____. Pero solo tú puedes obrar en la vida de _____ para que ella ponga por
completo su esperanza en la gracia que vendrá cuando tú regreses. Solo tú puedes revelar
la inutilidad de las pasiones del mundo y reemplazarlas con pasión por la santidad. Por
eso, como eres tú quien llamó a _____ a esta esperanza y santidad, crea esta expec-
tativa segura y esta pasión en lo profundo del alma de _____.

La belleza que no se desvanece

No se interesen tanto por la belleza externa: los peinados extravagantes, las joyas costosas o la ropa elegante. En cambio, vístanse con la belleza interior, la que no se desvanece, la belleza de un espíritu tierno y sereno, que es tan precioso a los ojos de Dios. I PEDRO 3:3-4

PEDRO LES DICE A LAS MUJERES que no se interesen tanto en peinados extravagantes, joyas costosas o ropa elegante. Nos preguntamos si estuvo casado o si estuvo en contacto con una mujer. Estar interesadas en nuestra apariencia parece algo inherente a ser mujer; en especial una mujer joven que crece en una cultura obsesionada con la belleza física. Y, debido a que nuestra cultura rinde culto al atractivo físico, la idea de ser hermosas «por dentro» es repugnante para la mayoría de las mujeres. Suena como un lenguaje codificado para «fea». ¿Qué es lo que Pedro está recomendando aquí entonces?

La idea en este pasaje no es prohibir los peinados que nos hagan vernos bien ni las ropas elegantes. Se refiere al valor ampliamente superior de la belleza interior en contraste con ser esclavas de la moda y la apariencia. Pedro está recomendando modestia y dominio en lo que se refiera a la forma de vestirnos. Incluso más que eso, nos está ayudando a valorar lo que Dios valora más que lo que valora el mundo. Nos está diciendo en qué pone Dios un alto precio, lo que es precioso para Dios, lo que llama su atención. Esta cualidad, un espíritu tierno y sereno, viene de adentro y tiene el potencial de volverse más hermoso con la edad, contrario a la belleza externa que se desvanece con el tiempo.

Pedro nos está llamando a ir en contra de la cultura en lo que respecta a determinar la hermosura. Sus palabras nos desafían como mamás a estar más interesadas en vestirnos con un espíritu sereno y tierno, una confianza profunda y perdurable en Dios y menos interesadas en estar a la última moda. Si seguimos las instrucciones de Pedro, tendremos más probabilidades de guiar a nuestras hijas a valorar esta clase de belleza.

• • •

Señor, estar más interesadas en ser hermosas por dentro que en vestirnos para tener una apariencia atractiva parece una tarea imposible en nuestra cultura obsesionada con la imagen. Será realidad en nuestra vida solo si estamos unidas a Cristo, quien no tenía ni belleza ni majestad para atraernos a él ni nada en su apariencia por lo cual desearlo. Llénanos con el Espíritu de Cristo, quien estuvo dispuesto a cargar con nuestra fealdad para que pudiéramos volvernos hermosas para Dios.

Decidido a no contaminarse

Luego el rey ordenó a Aspenaz, jefe del Estado Mayor, que trajera al palacio a algunos de los jóvenes de la familia real de Judá y de otras familias nobles, que habían sido llevados a Babilonia como cautivos. «Selecciona solo a jóvenes sanos, fuertes y bien parecidos —le dijo—. Asegúrate de que sean instruidos en todas las ramas del saber, que estén dotados de conocimiento y de buen juicio y que sean aptos para servir en el palacio real. Enseña a estos jóvenes el idioma y la literatura de Babilonia». DANIEL 1:3-4

EL REY DE BABILONIA ENVIÓ A SUS SOLDADOS a los hogares de Jerusalén para que juntaran a los mejores y más brillantes jóvenes; lo suficientemente jóvenes como para no estar tan arraigados en las costumbres de Jerusalén ni para resistirse a las costumbres de Babilonia. Una vez en el palacio, se hizo todo esfuerzo por convertirlos en babilonios. Cada nombre era una declaración de fe en el Dios de los judíos, así que los reemplazaron con aquellos que hacían referencia a deidades babilonias. Daniel y sus amigos al parecer estaban dispuestos a aceptar nuevos nombres, aprender la lengua y leer la literatura pero no a «contaminarse con la comida y el vino dados por el rey» (versículo 8).

No sabemos con exactitud por qué Daniel trazó los límites aquí, en lo que respecta a la comida. Quizás sabía que una vez que probara la buena vida, sería difícil hacer algo que lo pusiera en riesgo de perderla. Tal vez, Daniel reconocía el mensaje que les estaban enviando con cada comida: *El palacio del rey es el lugar donde debes estar; aquí es donde están las puertas de las oportunidades; prueba el éxito; este es el camino más rápido; disfrútalo.* Quizás Daniel sabía que si recibía todo lo que le ponían al frente en Babilonia, no pasaría mucho tiempo hasta que su alma estuviera obsesionada al punto de pensar simplemente que no podía vivir sin eso. Tal vez Daniel reconocía que necesitaba un recordatorio diario de que Babilonia no era su hogar y que pertenecía a otro Reino y a otro Rey.

• • •

Señor, este mundo le abre puertas de oportunidades a _____ para intoxicarlo con los esplendores de la vida en el reino del mundo. No permitas que se obsesione tanto con las cosas buenas que el mundo ofrece y pierda su sentido de identidad como ciudadano de una nación santa separada para Dios. No permitas que la obediencia a tu ley se vuelva algo arcaico o algo cultural que recuerda pero ya no practica. Ayuda a _____ a poner una guarda a su corazón para que todos los días cuando diga que no a algo, esto le sea un recordatorio de que pertenece a otro Reino, a otro Rey.

Jamás serviremos a sus dioses

Sadrac, Mesac y Abed-nego contestaron: «Oh Nabucodonosor, no necesitamos defendernos delante de usted. Si nos arrojan al horno ardiente, el Dios a quien servimos es capaz de salvarnos. Él nos rescatará de su poder, su majestad; pero aunque no lo hiciera, deseamos dejar en claro ante usted que jamás serviremos a sus dioses ni rendiremos culto a la estatua de oro que usted ha levantado». DANIEL 3:16-18

SOLO IMAGÍNESE LA ESCENA. Miles de personas de todo el reino de Babilonia juntas para hacer la dedicación de la imagen de oro de veintisiete metros de altura que Nabucodonosor había levantado. Nabucodonosor tenía la intención de unificar a todos los pueblos conquistados de diversas tierras poniendo delante de ellos un objeto de adoración: su propia grandeza. Una orquesta de clase mundial proveía la música mientras la gente se postraba para adorar a la imagen de oro. Sin lugar a duda el sentido común les gritaba a Sadrac, Mesac y Abed-nego: *Mantengan un perfil bajo y vivan para pelear otra guerra... No ganan nada con morir ahora cuando tienen posiciones de influencia tan valiosas... Lo que importa es lo que hay en su corazón. Por lo tanto, inclinarse para adorar a la imagen no es gran cosa.* En medio del mar de gente con el rostro hacia la tierra, sin embargo, tres hombres siguieron de pie, sabiendo muy bien que los siervos del rey estaban avivando un fuego donde echarían a aquellos que rehusaran adorar a la imagen.

Estos tres hombres escucharon la interpretación de Daniel del sueño del rey; la revelación de Dios acerca de que todos los poderes del mundo se volverían polvo y serían arrastrados por el viento. Evidentemente esta revelación fue más impresionante que la imagen ante la cual se les había ordenado que se inclinaran y la persona que se los había ordenado. Sabían que eran parte de un Reino que vendría, el cual no podía ser destruido ni siquiera por el fuego. Por lo tanto, les tenían menos miedo a las llamas. Su confianza en su verdadero Rey y en su capacidad para liberarlos era mucho mayor que el temor a un rey humano y a su capacidad para destruirlos.

• • •

Señor, por favor llena a _____ con una comprensión profunda de pertenecer a un Reino que no puede ser destruido. Dale a _____ el valor para enfrentar el fuego de la persecución. En los fuegos de la vida, que _____ experimente tu presencia como nunca antes.

Todo

Mediante su divino poder, Dios nos ha dado todo lo que necesitamos para llevar una vida de rectitud. Todo esto lo recibimos al llegar a conocer a aquel que nos llamó por medio de su maravillosa gloria y excelencia; y debido a su gloria y excelencia, nos ha dado grandes y preciosas promesas. Estas promesas hacen posible que ustedes participen de la naturaleza divina y escapen de la corrupción del mundo, causada por los deseos humanos. 2 PEDRO 1:3-4

«TODO LO QUE NECESITAMOS». ¿En verdad? Esta es una afirmación extraordinaria.

La mayoría de las personas estarían de acuerdo con que, en Cristo, Dios nos ha dado todo lo que necesitamos en lo que respecta a la fe, pero eso no es lo que Pedro está afirmando aquí. Pedro dice que en Cristo no solo tenemos todo lo que necesitamos para la fe, sino todo lo que necesitamos para centrar todas las áreas de nuestra vida en Dios.

Por el hecho de que como padres compartimos la naturaleza divina, tenemos la sabiduría que necesitamos para decidir cuándo decir que sí y cuándo decir que no. Tenemos los recursos para ser pacientes y bondadosos cuando estamos bajo presión. Tenemos el valor que necesitamos para enfrentar un diagnóstico difícil. Tenemos el consuelo que necesitamos en medio de la pérdida. Tenemos la sanidad que necesitamos para las heridas del pasado. Tenemos la fortaleza que necesitamos cuando estamos agobiados.

De la misma manera, cuando nuestros hijos llegan a conocer a aquel que los llamó a compartir su naturaleza divina, Dios les da todo lo que necesitan para vivir vidas que le agraden. Tienen el entendimiento que necesitan para aferrarse al evangelio y para vivir a la luz del evangelio. Tienen el fruto del Espíritu Santo que comienza a brotar y a crecer en ellos. Tienen los recursos espirituales que necesitan para enfrentar las burlas, las decepciones, la soledad, los cambios de humor, el fracaso y el rechazo, así como el éxito y la popularidad.

• • •

Señor, es un alivio que me recuerdes que no depende de mí suplir todo lo que _____ necesita. Simplemente no estoy a la altura de la tarea. Pero tú eres tan bueno y poderoso como para darle a _____ todo lo que necesita para vivir una vida que te agrade a ti. Dale a _____ la fe que necesita para aferrarse a tus promesas, compartir tu naturaleza y así escapar de la corrupción del mundo causada por los deseos humanos.

No dio la medida

Este es el mensaje que se escribió: MENE, MENE, TEKEL y PARSIN. [...] Tekel significa «pesado»: usted ha sido pesado en la balanza y no dio la medida. DANIEL 5:25, 27

DANIEL RELATA QUE NABUCODONOSOR tomó «los objetos sagrados del templo de Dios» y «los puso en la casa del tesoro del templo de su dios» en Babilonia (1:2). En Daniel 5:2 leemos que, muchos años más tarde, el rey Belsasar ofreció un gran banquete y «mandó traer las copas de oro y plata que su antecesor, Nabucodonosor, había sacado del templo» para beber de esos objetos exóticos y brindar por sus dioses.

El verdadero dueño de las copas hizo que un silencio mortal se diseminara por todo el banquete. Una mano humana apareció y comenzó a escribir en la pared palabras que nadie podía entender: *Mene, mene, tekel y Parsin*. Las piernas del rey comenzaron a temblar de temor. Convocado para decirle al rey lo que significaban las palabras, Daniel dijo: «Desafió con soberbia al Señor del cielo y mandó traer [...] estas copas que pertenecían al templo. Usted, sus nobles, sus esposas y sus concubinas estuvieron bebiendo vino en estas copas mientras rendían culto a dioses de plata, oro, bronce, hierro, madera y piedra, dioses que no pueden ver ni oír, ni saben absolutamente nada. ¡Pero usted no honró al Dios que le da el aliento de vida y controla su destino!» (Daniel 5:23).

Daniel explicó que las palabras en la pared significaban que Dios había contado los días del reinado de Belsasar, que este había sido pesado en la balanza de la justicia de Dios y que no había dado la medida. Su reino sería dividido.

El rey Belsasar vio las palabras que la mano había escrito en la pared: había sido pesado «en balanza y [...] hallado falto» (5:27, RVR60). Los días de su reino fueron contados. Nosotros también merecemos que las palabras «pesado y no dio la medida», «reino dividido» y «días numerados» sean inscritas en las paredes de nuestra vida. En lugar de eso, quienes estamos unidos a Cristo tenemos escrito a través de nuestra vida: «Hechos dignos por el valor de Cristo», «coherederos de un reino eterno» y «contados entre aquellos cuyas vidas tienen valor eterno».

. . .

Señor, nunca podremos estar a la altura de todo lo que deberíamos ser como padres, y _____ nunca estará a la altura de tus estándares de santidad. Necesitamos la gracia hecha posible a través del único que dio la medida. Escribe tu historia de gracia sobre la vida de _____.

29 DE NOVIEMBRE

Daniel 6:1-28
2 Pedro 3:1-18
Salmo 119:129-152
Proverbios 28:21-22

Paciente

El Señor no tarda en cumplir su promesa, según entienden algunos la tardanza. Más bien, él tiene paciencia con ustedes, porque no quiere que nadie perezca, sino que todos se arrepientan. 2 PEDRO 3:9, NVI

ESTE ES EL CORAZÓN DE DIOS HACIA NOSOTROS y hacia nuestros hijos: su deseo es que no perezcamos, sino que todos nos arrepintamos.

A veces, cuando estamos esperando que quienes amamos vengan al arrepentimiento o crezcan en la gracia, puede parecernos que Dios es demasiado lento, pero ¿acaso no obró Dios siempre poco a poco para cumplir con sus propósitos?

Después de que Adán y Eva desobedecieran en el huerto, Dios comenzó a obrar lentamente, a lo largo de los siglos, hasta que «se cumplió el tiempo establecido», cuando «Dios envió a su Hijo» (Gálatas 4:4) para que se hiciera cargo del desastre de la Caída. Esto significa que, durante todos esos años, Dios estaba preparando al mundo para la venida del Salvador. Dios fue paciente con sus hijos, enviando profeta tras profeta con advertencia tras advertencia, dándoles tiempo para responder a su misericordia. Considere la paciencia de Jesús. Los más cercanos a él fueron lentos para entender y lentos de corazón para creer todo lo que los profetas habían hablado y todo lo que Jesús les había enseñado. Pero Jesús no renunció. Trabajó con paciencia y envió su Espíritu para que transformara en apóstoles a un grupo de hombres confundidos, quienes, a partir de ese momento, proclamarían con valor la verdad del evangelio.

Dios no exige reconocimiento inmediato, arrepentimiento instantáneo ni madurez inmediata a sus hijos. Como resultado, nosotros tampoco deberíamos exigirles a nuestros hijos que respondan a la gracia de Dios en nuestro tiempo. Dios está dispuesto a soportar una y otra vez las mismas cosas en situaciones repetidas ordenadas por su gracia soberana. Debemos darle tiempo a Dios para que obre en la vida de nuestros hijos. Deberíamos tener la esperanza de que él obre tanto en sus fallas como en su obediencia. Después de todo, ¿no es así como obra en nosotros?

• • •

Te agradezco, Dios, por tu paciencia conmigo y con _____. Por favor, lléname con tu paciencia mientras espero que tu gracia poderosa logre todo lo que tienes la intención de lograr en la vida de _____.

Para que puedan participar plenamente de nuestra alegría

Les anunciamos al que existe desde el principio, a quien hemos visto y oído. Lo vimos con nuestros propios ojos y lo tocamos con nuestras propias manos. Él es la Palabra de vida. Él, quien es la vida misma, nos fue revelado, y nosotros lo vimos; y ahora testificamos y anunciamos a ustedes que él es la vida eterna. Estaba con el Padre, y luego nos fue revelado. Les anunciamos lo que nosotros mismos hemos visto y oído, para que ustedes tengan comunión con nosotros; y nuestra comunión es con el Padre y con su Hijo, Jesucristo. Escribimos estas cosas para que ustedes puedan participar plenamente de nuestra alegría. 1 JUAN 1:1-4

JUAN Y LOS DEMÁS APÓSTOLES DISFRUTARON la comunión cara a cara con el Hijo de Dios quien existió desde el principio y se hizo carne: Jesucristo. Al estar unidos a él por la fe, entraron en la comunión que Jesús tiene con su Padre. Juan deseaba que sus compañeros creyentes también entraran a esta comunión.

La comunión es la experiencia de compartir algo significativo con los demás. Es el placer de ser parte de un grupo en el cual están de acuerdo sobre lo más importante. Es tener valores similares y responder con la misma clase de afecto a lo que en realidad importa. Por lo tanto, decir que tenemos comunión con el Padre y con su Hijo significa que llegamos a compartir sus valores y a disfrutar de su presencia.

La relación que tanto Juan como los otros apóstoles disfrutaban con el Padre a través del Hijo había traído a su vida un gozo inexpresable e interminable, incluso cuando todos ellos enfrentaron persecuciones severas. Y había más gozo esperando a Juan. Juan anhelaba que aquellos a quienes les estaba escribiendo, a quienes se dirigía como «Mis queridos hijos» a lo largo de esta epístola, entraran en esta comunión que compartía con el Padre y con el Hijo. De esa manera, su gozo sería completo.

El gozo es mejor compartido. Y si Jesús es el gozo de nuestra vida, nuestro gozo aumenta cuando lo compartimos con quienes amamos. Es por eso que anhelamos que nuestros hijos compartan el gozo de nuestra comunión con el Padre a través del Hijo.

• • •

Señor, este es el gozo que anhelamos: compartir el gozo de la comunión con el Padre y con el Hijo con _____. Revélate de una manera nueva y fresca a _____. Haz que _____ tenga una comunión cada vez más cercana contigo.

No amen a este mundo

No amen a este mundo ni las cosas que les ofrece, porque cuando aman al mundo no tienen el amor del Padre en ustedes. Pues el mundo solo ofrece un intenso deseo por el placer físico, un deseo insaciable por todo lo que vemos, y el orgullo de nuestros logros y posesiones. Nada de eso proviene del Padre, sino que viene del mundo; y este mundo se acaba junto con todo lo que la gente tanto desea; pero el que hace lo que a Dios le agrada vivirá para siempre. 1 JUAN 2:15-17

¿CUÁL ES «EL MUNDO»? Juan también escribió: «Dios amó tanto al mundo que dio a su único Hijo, para que todo el que crea en él no se pierda, sino que tenga vida eterna» (Juan 3:16). Queda claro que *mundo* tiene un amplio rango de significados.

Cuando Juan escribe que no debemos amar al mundo, se refiere al mundo que abandonó a su Creador y que vive fuera de su gobierno. Amar a este mundo significa amar los valores y las búsquedas del mundo que se oponen a Dios. Juan dice que no debemos amar ni a este mundo «ni las cosas que les ofrece». ¿Esto significa que no debemos comprar ropa de moda ni ir a Disney? Juan parece preocuparse más por lo que hay en nuestro interior. Nos advierte acerca de nuestros deseos internos de placer físico, posesiones materiales y gloria personal. Amar las cosas del mundo, según Juan, tiene que ver con mirar con lujuria, contemplar la codicia y vestirse para impresionar o seducir. Juan quiere que entendamos que simplemente no podemos amar todo lo que Dios es y tiene para darnos y, al mismo tiempo, amar a este mundo y todo lo que tiene que ofrecernos.

El mundo tiene un gran atractivo tanto para nosotros como para nuestros hijos. Constantemente nos incita a tener una relación amorosa, ofreciéndonos placeres en todas las formas posibles. Pero también nos miente. Rehúsa decirnos que el mundo no durará. La verdad es que el mundo se está acabando, mientras que «el que hace lo que a Dios le agrada vivirá para siempre».

• • •

Señor, necesitamos sabiduría para pelear esta batalla contra el mundo en nuestro hogar. Ayúdanos a reconocer la batalla interna con el mundo que está teniendo lugar en _____ mientras el mundo busca moldear y satisfacer los anhelos de _____ que solo tú puedes satisfacer de verdad. Esta batalla de por vida con lo mundano no se puede ganar simplemente con poder ni decisión personal, sino solo si nuestro amor por el mundo es reemplazado por el amor que nunca decepciona.

Hijos de Dios

Ya que sabemos que Cristo es justo, también sabemos que todos los que hacen lo que es justo son hijos de Dios.

Miren con cuánto amor nos ama nuestro Padre que nos llama sus hijos, ¡y eso es lo que somos! 1 JUAN 2:29–3:1

«NOS LLAMA SUS HIJOS». Qué hermosa imagen. Dios nos señala y dice: «Son míos. Esos son mis hijos». Esto es amor y gracia increíbles, debido a que todos estamos muy conscientes de la disparidad que hay entre la conducta de Cristo, quien es perfectamente justo, y la nuestra, quienes no lo somos en lo más mínimo.

Aquellos que en verdad son hijos de Dios no son completamente injustos. El pecado es la excepción, no la regla, en su vida. «Los que han nacido en la familia de Dios no se caracterizan por practicar el pecado, porque la vida de Dios está en ellos» (1 Juan 3:9). En otras palabras, nuestra orientación y metas han cambiado. Aunque todavía tenemos comportamientos pecaminosos recurrentes, algunos que nos acosarán de por vida y otros a los cuales finalmente conquistaremos o controlaremos, nuestro estilo de vida está caracterizado por la prevalencia de nuevos hábitos de santidad. Han tenido y seguirán teniendo lugar cambios radicales y verdaderos tanto por dentro como por fuera.

Nuestro Padre no está en el cielo entretenido o frustrado por nuestros esfuerzos para vivir de una forma que le agrade. Como el padre que valora el portalápices que su hijo le hizo en la escuela o la mamá que disfruta la tostada quemada que le preparó su niña para el día de la madre, Dios está feliz por nuestros intentos de obedecerle, incluso cuando no lo logramos. Somos sus hijos y nos ama de manera incondicional.

Tenemos la oportunidad de reflejar la forma en que nuestro Padre celestial nos ama cuando amamos, validamos y animamos los esfuerzos de nuestros hijos por vivir una vida de santidad. Nuestra sonrisa en su vida sirve como un reflejo borroso y; sin embargo, significativo de la sonrisa de Dios.

• • •

Señor, _____ es tu hija. Ayúdala a dejar de lado de manera decisiva los grandes pecados que no deben tener lugar en la vida de un miembro de tu familia. Y ayúdala a arrancar de raíz los pequeños pecados: los pedazos de mundanalidad, ceder ante la presión, inconsistencia e indiscreción que no te reflejan a ti.

Amor verdadero

Conocemos lo que es el amor verdadero, porque Jesús entregó su vida por nosotros.
I JUAN 3:16

CUANDO NUESTROS HIJOS SON BEBÉS, inocentes y dependientes, los «te amo» nos salen de manera natural. Sean increíbles o terribles, les decimos una y otra vez que los amamos. A medida que crecen, los «te amo» con facilidad pueden ser reemplazados por: «¡Tu habitación es un desastre!» y «¿Por qué te sacaste estas notas?». Y viceversa. Las páginas coloreadas con crayones que decían: «Los amo, mami y papi» a menudo son reemplazadas por miradas de desacuerdo, suspiros profundos y portazos. En esos momentos, en lugar de decir «te amo», damos rienda suelta a nuestra frustración. Cuando se dejan llevar por esas cosas que con tanto empeño les enseñamos a rechazar, nuestra palabras y expresiones a menudo comunican más desprecio y condena que afecto. No es que ya no los amemos, sino que nuestro amor produce emociones más volátiles: dolor, rechazo, decepción y enojo. Cuando el desorden de nuestros hijos invade nuestro mundo ordenado, puede ser difícil decir «te amo» de una forma que lo escuchen y lo reciban.

Ese es precisamente el momento en el cual más necesitan escuchar que los amamos. Ahí es cuando decir «te amo» tiene el poder para penetrar los corazones más duros. Nuestro «te amo» planta una semilla que, con el tiempo, puede echar raíces y llevar frutos. En los momentos más oscuros con nuestros hijos, expresarles amor verdadero y tierno tiene el poder para ablandar su corazón.

Debido a que esta es la forma en que Jesús nos amó podemos comunicarles amor a nuestros hijos incluso cuando ellos están demasiado endurecidos como para comprometerse con Jesús. Jesús nos amó cuando estábamos en la oscuridad, cuando nuestra vida era un desastre, cuando estábamos llenos de rebeliones; no cuando éramos dulces e inocentes. El «te amo» de Jesús expresado en la cruz penetró nuestro corazón y lo ablandó. Su amor hacia nosotros nos capacita para decirles a nuestros hijos en medio del desorden y la enemistad: «Te amo. No importa cuánto insistas por hacer lo que te parece mejor, no importa lo que hagas o no hagas, siempre te amaré».

• • •

Señor, cuando tenga un costo para mí amar a _____, recuérdame lo que te costó amarme cuando era la peor versión de mí mismo. Que tu amor eterno y abundante fluya a través de mí e inunde a _____.

Póngalos a prueba

Queridos amigos, no les crean a todos los que afirman hablar de parte del Espíritu. Pónganlos a prueba para averiguar si el espíritu que tienen realmente proviene de Dios, porque hay muchos falsos profetas en el mundo. Esta es la manera en que sabremos si tienen o no el Espíritu de Dios: si una persona que afirma ser profeta reconoce que Jesucristo vino en un cuerpo humano, esa persona tiene el Espíritu de Dios. 1 JUAN 4:1-2

EL APÓSTOL CONFRONTABA las creencias heréticas de sus días, las cuales afirmaban que Jesús no había venido en carne, que solo parecía tener cuerpo. Juan definió la verdad de Jesús: existió en la eternidad pasada como el hijo de Dios y, cuando vino como el Cristo, tomó forma corporal para ser como el resto de los seres humanos.

Juan no estaba satisfecho con que sus hijos espirituales tuvieran un entendimiento nublado o emotivo de la persona y la obra de Jesús. Juan esperaba que tuvieran cuidado porque no «todos los que afirman hablar de parte del Espíritu» eran confiables. Les advirtió no seguir las voces de moda y les dijo que siguieran al pie de la letra lo que los apóstoles habían enseñado y escrito acerca de Jesús.

Incluso en la actualidad, algunos que hablan acerca de Jesús suenan muy espirituales, pero subestiman o distorsionan quién es y lo que vino a cumplir. Hay un Jesús a quién le oran antes de una competencia de canto y a quién le agradecen en las entregas de premios y en los campeonatos deportivos. Junto con él está el Jesús activista social, el gran maestro Jesús, el pacifista Jesús, el rebelde Jesús y muchos más.

Parte de criar a nuestros hijos para que conozcan y amen a Jesús es analizar de cerca la doctrina de aquellos que les hablan de la persona y la obra de Jesús. Juan escribe sobre personas que «pertenecen a este mundo, por eso hablan desde el punto de vista del mundo, y el mundo les presta atención». Luego continúa: «Nosotros pertenecemos a Dios, y los que conocen a Dios nos prestan atención» (1 Juan 4:5-6). «Nosotros» son los apóstoles. Podemos discernir si alguien está hablando la verdad si su enseñanza se conforma con lo que los apóstoles escribieron y enseñaron acerca de él en las Escrituras.

• • •

Señor, necesito mayor claridad respecto a quién eres para estar equipado para reconocer cuando están enseñando sobre ti equivocadamente. Ayúdame a saber cuándo debería preocuparme por las voces que _____ está escuchando y dame sabiduría para saber cómo cuestionar esas voces y cómo guiar a _____ a la verdad de las Escrituras.

5 DE DICIEMBRE

Oseas 1:1–3:5
1 Juan 5:1-21
Salmo 124:1-8
Proverbios 29:5-8

Los mantiene protegidos

Sabemos que los hijos de Dios no se caracterizan por practicar el pecado, porque el Hijo de Dios los mantiene protegidos, y el maligno no puede tocarlos. 1 JUAN 5:18

TODOS QUEREMOS MANTENER PROTEGIDOS a nuestros hijos. Y, en un mundo que puede parecer tan amenazador, queremos asegurarles que están a salvo. Pero ¿qué seguridad podemos prometerles en este mundo? Los cristianos llegamos a tener los mismos cánceres y experimentamos las mismas catástrofes que cualquier otra persona. Además, muchos cristianos son objetos de maltratos *porque* son creyentes. Jesús dijo: «Habrá grandes terremotos, hambres y plagas en muchos países, y sucederán cosas aterradoras [...]. Pero antes [...], habrá un tiempo de gran persecución. Los arrastrarán a las sinagogas y a las prisiones, y serán sometidos a juicio ante reyes y gobernantes, todo por ser mis seguidores [...]. Aun sus seres más cercanos [...] los traicionarán. Incluso a algunos de ustedes los matarán» (Lucas 21:11-12, 16). Luego, añadió: «Pero ni un solo cabello de su cabeza perecerá» (Lucas 21:18).

¿Cómo unimos ambas cosas? ¿Cómo se las comunicamos a nuestros hijos para que puedan descansar en la perfecta seguridad provista para quienes estamos en Cristo? Juan expresa acerca de quienes estamos unidos a Jesús: «El Hijo de Dios los mantiene protegidos, y el maligno no puede tocarlos». Aunque Satanás quiere hacernos daño tanto a nosotros como a nuestros hijos y quiere tenernos con él para la eternidad, Cristo nos ha arrebatado de las garras del maligno. Una vez que Cristo nos toma en sus manos, una vez que su vida fluye en la nuestra, nada ni nadie puede quitarle esa vida. Una vez que nuestros hijos están en sus manos, están fuera del alcance de Satanás.

Simplemente no podemos prometerles seguridad física perfecta a nuestros hijos en este mundo, pero sí podemos asegurarles que si están en Cristo, están perfecta y eternamente seguros. La inmoralidad de este mundo podría impactarlos y el enemigo podría tentarlos, pero el maligno nunca podrá tenerlos. Cristo murió para salvarlos y él vive para cuidarlos. Él intercede por ellos a la diestra del Padre. Él los ha comprado con su propia sangre y nunca los soltará.

• • •

Señor, tú eres Señor incluso sobre el maligno. Quienes te pertenecemos estamos perfecta y eternamente seguros. Y quienes se oponen a ti están completa y eternamente condenados. Toma a _____ y sostenla de forma segura.

Los que confían en el Señor

Los que confían en el SEÑOR están seguros como el monte Sion;
  no serán vencidos, sino que permanecerán para siempre.
Así como las montañas rodean a Jerusalén,
  así rodea el SEÑOR a su pueblo, ahora y siempre. SALMO 125:1-2

«LOS QUE CONFÍAN EN EL SEÑOR». ¿Se identifica? ¿En verdad? Confiar en el Señor es el fundamento de la fe y de la relación con Cristo, pero en realidad puede ser difícil vivir así constantemente; en especial, cuando se trata de nuestros hijos.

El Salmo 125 nos llama a la cordura como padres cuando estamos tentados a poner nuestra confianza en cualquier cosa que no sea en Dios. Nos dice que nuestra vida está segura como el monte Sion. En otras palabras, si el monte Sion puede venirse abajo nuestra vida puede desmoronarse y ser destruida. Nuestra vida no solo tiene la estabilidad del monte Sion; también tiene la protección de aquel que hizo las montañas. Nuestra protección es su proyecto personal. No fue asignada a seres inferiores. Jehová mismo rodea a su pueblo. Su protección no es ocasional ni temporal. Es ahora y para siempre.

Por supuesto, la razón por la cual el monte Sion, el lugar donde habita el pueblo de Dios, no puede ser conmovido es por lo que sucedió en la colina del Gólgota. La tarde en que Cristo murió, «la tierra tembló, las rocas se partieron en dos» (Mateo 27:51). Tres días más tarde, la tierra tembló de nuevo cuando hicieron rodar la piedra que cubría la entrada de su sepulcro. La única razón por la cual «rodea el Señor a su pueblo, ahora y siempre» es por aquel viernes cuando el Padre no rodeó a su Hijo.

Confiar en Dios significa conectarnos a la única persona que permanecerá para siempre y entregar a nuestros hijos en sus manos. Simplemente no podemos proveer esta clase de seguridad a nuestros hijos. A pesar de lo mucho que los amamos, no podemos rodearlos con esta clase de protección impenetrable. Por lo tanto, confiamos en que el Señor será su seguridad y protección.

• • •

Señor, quiero hacer más que solo hablar de confiar en ti. Quiero confiarte mi vida y la vida de _____ de manera profunda, consistente y completa.

7 DE DICIEMBRE

Oseas 6:1–9:17
3 Juan 1:1-15
Salmo 126:1-6
Proverbios 29:12-14

Fuerte en espíritu

Yo, Juan, el anciano, le escribo esta carta a Gayo, mi querido amigo, a quien amo en la verdad. Querido amigo, espero que te encuentres bien, y que estés tan saludable en cuerpo, así como eres fuerte en espíritu. Hace poco regresaron algunos de los maestros itinerantes, y me alegraron mucho cuando me contaron de tu fidelidad y de que vives de acuerdo con la verdad. No hay nada que me cause más alegría que oír que mis hijos siguen la verdad. 3 JUAN 1:1-4

LA BREVE CARTA DE 3 JUAN, es una carta personal que el apóstol Juan le escribe a un hombre llamado Gayo. Gayo era uno de los hijos espirituales amados de Juan que había guardado la fe y apoyado la prédica del evangelio. Juan llama a este amigo «amado» y revela el contenido de sus oraciones por él. «Amado, yo deseo que tú seas prosperado en todas las cosas, y que tengas salud, así como prospera tu alma» (versículo 2, RVR60). Su oración por Gayo era que tuviera tanto buena salud física como buena salud espiritual.

En la iglesia, por lo general hacemos muchos pedidos de oración por condiciones de salud. Nos interesamos mutuamente por estos asuntos, pero no lo hacemos con tanta dedicación cuando se trata de enfermedades del alma. Nos cuesta pedir oración cuando nuestra alma está enferma. Y lo mismo sucede en nuestra familia. Podemos estar muy en sintonía con la salud física de nuestros hijos, mientras que, en raras ocasiones, o incluso nunca, nos preocupamos por el estado de su alma.

Lo que causa que el alma se enferme es conocer la verdad acerca de Cristo y luego resistirla o rechazarla. La incongruencia que existe entre afirmar que pertenecemos a Cristo mientras vivimos como gente que pertenece al mundo le quita vitalidad al alma. A Juan le causó un gozo inmenso escuchar que Gayo, su hijo espiritual, estaba viviendo conforme a la verdad del evangelio. De la misma manera, nuestro gozo más grande deriva de escuchar y ver que nuestros hijos no están luchando con una enfermedad del alma causada por la incoherencia de no vivir conforme a lo que afirman creer, sino que están siguiendo la verdad.

• • •

¡Señor, concédeme este privilegio! Dame el gozo de escuchar que _____ está siguiendo la verdad. Libra a _____ de la enfermedad del alma causada por la hipocresía y el no identificarse con Cristo. Permite que _____ experimente la fortaleza de espíritu que resulta de vivir según tu Palabra.

8 DE DICIEMBRE

Oseas 10:1–14:9
Judas 1:1-25
Salmo 127:1-5
Proverbios 29:15-17

Quien es poderoso para evitar que caigan

Y ahora, que toda la gloria sea para Dios, quien es poderoso para evitar que caigan, y para llevarlos sin mancha y con gran alegría a su gloriosa presencia. Que toda la gloria sea para él, quien es el único Dios, nuestro Salvador por medio de Jesucristo nuestro Señor. ¡Toda la gloria, la majestad, el poder y la autoridad le pertenecen a él desde antes de todos los tiempos, en el presente y por toda la eternidad! Amén. JUDAS 24-25

JUDAS NOS DICE que somos *llamados* y *amados* por nuestro Padre celestial y *protegidos* «con el cuidado de Jesucristo» (versículo 1). Termina su breve carta con la seguridad de que Dios es poderoso para evitar que caigamos y para llevarnos a su gloriosa presencia donde no tendrá ninguna validez cualquier acusación de pecado contra nosotros.

Entre estas dos afirmaciones está el recordatorio sobre los israelitas que fueron rescatados de Egipto, quienes, por causa de su infidelidad, no fueron guardados, sino destruidos (versículo 5); de los ángeles que se revelaron y fueron guardados pero no para salvación, sino para juicio (versículo 6); y de las personas que en los días de Judas afirmaban estar en Cristo pero vivían vidas inmorales y rebeldes (versículo 10), quienes tampoco serían guardadas, sino que estaban provocando su propia destrucción.

Necesita que Dios obre en la vida de su hijo para mantenerlo espiritualmente vivo, para que siga a Cristo toda su vida y para que Dios lo lleve a su presencia lleno de gozo y sin temor a ser condenado. Dios es el dador de esta vida y quien la sostiene momento a momento. Su hijo también participa: «Ustedes, queridos amigos, deben edificarse unos a otros en su más santísima fe, orar en el poder del Espíritu Santo y esperar la misericordia de nuestro Señor Jesucristo, quien les dará vida eterna. De esta manera, *se mantendrán seguros en el amor de Dios*» (versículos 20-21, énfasis añadido). Aun cuando su hijo esté siendo cuidado por Dios, debe mantenerse seguro en el amor de Dios y ser parte del pueblo de Dios. Como creyentes, nos edificamos unos a otros en la fe orando en el poder del Espíritu Santo y esperando expectantes el día en que Dios nos llevará a su gloriosa presencia.

· · ·

Ahora toda la gloria sea para ti, Dios, quien eres poderoso para evitar que _____ caiga y quien llevará a _____ con gran gozo y sin mancha a su gloriosa presencia. Toda la gloria sea solo para ti que eres Dios, nuestro Salvador a través de Jesucristo nuestro Señor. ¡Toda la gloria, majestad, poder y autoridad son tuyos antes de todos los tiempos, y en el presente y más allá de todos los tiempos! Amén.

342

Años perdidos

Las eras se llenarán de trigo, y los lagares rebosarán de vino y aceite.
  Y os restituiré los años que comió la oruga, el saltón, el revoltón y la langosta, mi gran ejército que envié contra vosotros. JOEL 2:24-25, RVR60

EL PUEBLO DE DIOS HABÍA SUFRIDO LA PÉRDIDA de su cosecha, y langostas marchaban como un ejército a través de sus campos sembrados. Por cuatro años, las langostas habían arrasado con todos los viñedos, los árboles y los sembradíos. Pero no era simplemente un desastre natural; era juicio divino. En medio de la hambruna, el Señor llamó a su pueblo a través de su profeta Joel, invitándolos a volver a él con una promesa increíble: «Os restituiré los años que comió la oruga, el saltón, el revoltón y la langosta».

En medio de la devastación, vino la promesa de un increíble cambio de los eventos si el pueblo de Dios acudir al Señor, quien es misericordioso y compasivo. «Está deseoso de desistir y no de castigar», expresa Joel acerca del Señor (versículo 13).

Este mismo Señor misericordioso y compasivo restaura lo que las consecuencias del pecado nos han quitado; todos los años de servicio alegre a Cristo que nos robaron la apatía y la falta de tiempo, todos los años en que la amargura y el enojo nos robaron la posibilidad de amar, todos los años indulgentes perdidos intentando llenar el vacío con alcohol y todos los años sin Cristo resistiendo al llamado del amor del Salvador. El Señor restaura los años desenfocados, aquellos cuando usted no les dio a sus hijos la atención que necesitaban. Restaura los años de enojo, aquellos en los cuales usted era más propenso a gritar o golpear que a escuchar y amar. Restaura los años de exigencia, cuando usted impuso pautas rígidas que ahuyentaron a su hijo.

Anímese. Hay esperanza. Dios puede restaurar los años que se comieron las conductas pecaminosas y las prioridades equivocadas. Puede profundizar su comunión con usted para que su amor por él sea más profundo que el amor que conoció hasta ahora. Puede multiplicar su productividad para que su impacto para Cristo sea mayor que lo que fue alguna vez. Puede derribar las barreras entre usted y su hijo para que el afecto mutuo pueda volverse más fuerte que lo que pudiera haberse imaginado alguna vez.

• • •

Señor, no merezco la clase de restauración que prometes. Pero sé que eres un Dios de gracia, que das a tu pueblo lo que no nos merecemos y nunca podríamos ganar. Por eso, dado el hecho de que acudo a ti, restaura los años que la conducta pecaminosa me ha robado.

¡No me amas como al principio!

Yo sé todo lo que haces. He visto tu arduo trabajo y tu paciencia con perseverancia. Sé que no toleras a la gente malvada. Has puesto a prueba las pretensiones de esos que dicen ser apóstoles, pero no lo son. Has descubierto que son mentirosos. Has sufrido por mi nombre con paciencia sin darte por vencido. Pero tengo una queja en tu contra. ¡No me amas a mí ni se aman entre ustedes como al principio! ¡Mira hasta dónde has caído! Vuélvete a mí y haz las obras que hacías al principio. APOCALIPSIS 2:2-5

CADA UNA DE LAS CARTAS QUE JUAN ESCRIBIÓ para las siete iglesias de Asia abordaba su fidelidad a Cristo en medio de una cultura pagana amenazante. Dos de las siete iglesias recibieron solo elogios y ninguna crítica de parte de Jesús. Una de las iglesias recibió solo críticas y ningún elogio. Pero cuatro de las iglesias tuvieron comentarios mixtos. Jesús les dijo a cuatro de ellas que tenía algo contra ellas; incluyendo a la iglesia de Éfeso.

La iglesia de Éfeso fue elogiada por su arduo trabajo y por sufrir con paciencia, pero había un problema significativo: simplemente no amaban a Jesús de la forma como lo habían amado. Entonces, Jesús los llamó a acudir a él y a vivir para él. Los llamó a declarar su evangelio con valor como lo hicieron la primera vez que vinieron a él.

A veces, como padres, podemos tener este mismo llamado de atención de parte de nuestros hijos. Anhelamos que se aferren a Cristo y se vuelvan apasionados por él y oramos que suceda. ¡Y luego sucede! Les entusiasma leer la Biblia y estar con los demás creyentes para adorar al Señor. Su entusiasmo puede desafiarnos a evaluar nuestra pasión por Cristo. Quieren que sirvamos al Señor Jesús con el mismo entusiasmo que ellos lo sirven, incluso si hacerlo nos saca de nuestra comodidad.

Quizás esta sea una de las muchas maneras en que el Señor usa a nuestros hijos para santificarnos como padres. A veces, su amor apasionado y tierno por Jesús nos recuerda del amor tierno y apasionado por Jesús que una vez tuvimos, el cual con el paso de los años puede haber menguado.

* * *

Señor, deseo amarte como lo hice cuando nuestro amor era nuevo. ¿Cómo puedo orar que _____ ame a Cristo si mi amor por ti se ha enfriado? Provoca en mí una pasión nueva por ti para que vuelva a hacer las cosas como solía hacerlas cuando comencé esta vida contigo.

11 DE DICIEMBRE

Amós 4:1–6:14
Apocalipsis 2:18–3:6
Salmo 130:1-8
Proverbios 29:21-22

El día del Señor

Qué aflicción les espera a ustedes que dicen:
«¡Si tan solo hoy fuera el día del SEÑOR!».
No tienen la menor idea de lo que desean.
Ese día no traerá luz, sino oscuridad. AMÓS 5:18

A VECES, PARECIERA COMO QUE PASAMOS mucho tiempo de nuestra vida enfocados en algún día en el futuro. Mientras estábamos creciendo, anhelábamos ese último día de clases que nos lanzaría a un tiempo de diversión y libertad. Ahora, como padres ¡a menudo no vemos la hora de que las clases comiencen de nuevo! Sin embargo, también vendrán días a los cuales les temeremos.

Hay un día sobre el cual se habla en toda las Escrituras; un día de intervención divina en la historia de la humanidad llamado «el día del Señor» o, a veces, simplemente «el día» o «ese día». La Biblia describe este día como un día en que se levantarán las cargas, se conferirá la honra, se logrará la salvación, se completará la redención, se disfrutará de la abundancia; el día en que la satisfacción será plena y la sanidad abundante. Suena como un día para anhelar. Y lo es. Pero esto no es todo lo que la Biblia nos dice acerca de ese día.

También descubrimos en las Escrituras que el día del Señor será un día de humillación, destrucción, crueldad, muerte, oscuridad, retribución, aflicción, angustia y ruina. Cuando leemos estas descripciones, ese día parece un día para temer. ¿Cuál es entonces? El día del Señor, el día en que Cristo regrese, ¿será un día de llanto o un día de gozo? ¿Será un día de pérdidas increíbles o un día de ganancias indescriptibles?

La realidad es que será ambos. Aquellos que hayan temido al Señor, creyendo su evangelio, y que estén unidos a Cristo por la fe pueden levantarse todas las mañanas preguntándose, con ansiedad en el corazón, si este será el día en que Dios intervendrá en la historia de la humanidad. Quienes hayan rechazado la oferta de misericordia de parte de Dios y hayan ignorado la invitación de su gracia a la seguridad de su redil deberían levantarse cada mañana pensando acerca de su venida con una sensación de temor enfermizo.

• • •

Señor, mientras esperamos el día, tu día cuando vengas a castigar y a terminar con la maldad y a poner todas las cosas en orden en tu mundo, anhelamos que sea un día lleno de gozo y victoria para todos en nuestra familia. Anhelamos experimentar la gloria de tu venida codo a codo con _____. Llénanos a todos con expectativa alegre por tu día.

Una plomada

Luego me mostró otra visión. Vi al Señor de pie al lado de una pared que se había construido usando una plomada. Usaba la plomada para ver si aún estaba derecha. Entonces el SEÑOR me dijo:

—Amós, ¿qué ves?

—Una plomada —contesté.

Y el Señor respondió:

—Probaré a mi pueblo con esta plomada. Ya no pasaré por alto sus pecados.

AMÓS 7:7-8

«SI VALE LA PENA HACER ALGO, VALE LA PENA HACERLO BIEN». Establecemos tales parámetros para nuestros hijos a menudo. También sabemos que nuestros valores estrictos pueden serles una fuente de gran desánimo, dándoles la sensación de que nunca nos satisfacen. A pesar de lo mucho que necesitan un ideal al cual aspirar, también necesitan misericordia cuando no lo pueden lograr.

Eso recibimos como hijos de Dios. «Nadie puede alcanzar la meta gloriosa establecida por Dios» (Romanos 3:23). El profeta Amós recibió una visión donde los hijos de Israel no habían alcanzado su meta rigurosa. Amós vio una plomada, una cuerda con un peso atado que ayuda al constructor a mantener recta (o «vertical») la pared de una estructura. Funciona con un nivel que muestra si la pared se está torciendo, lo cual la haría vulnerable a colapsar. Comparada con la «plomada» de la ley perfecta de Dios entregada en el Sinaí, la nación de Israel estaba torcida y destinada a colapsar.

Una plomada es una medida implacable como la ley de Dios. Y la realidad es que estamos torcidos sin remedio. Pero la buena nueva del evangelio es que Jesús nos dice: «¿No eres lo suficientemente bueno? Yo sí. Viví de manera perfecta conforme a los valores de Dios. Y por la gracia a través de la fe, te transferiré mi registro personal perfecto para que cuando Dios te pruebe con esta plomada, en lugar de condenarte, te bendiga por mi santidad». ¡Que este amor tan magnánimo nos inspire a extenderles gracia a nuestros hijos cuando no sean tan buenos como para cumplir con nuestros estándares!

• • •

Señor, ayúdame a tratar el hecho de que _____ no viva conforme a mis estándares con la misma gracia que me extendiste a mí. Tu cruz se ha convertido en la plomada por la cual mi vida es juzgada. Tú tomaste la condenación que merecía por causa de mi perversidad y me diste la gracia que me adhiere a tu santidad.

13 DE DICIEMBRE

Abdías 1:1-21
Apocalipsis 4:1-11
Salmo 132:1-18
Proverbios 29:24-25

Un trono en el cielo

Entonces, mientras miraba, vi una puerta abierta en el cielo, y la misma voz que había escuchado antes me habló como un toque de trompeta. La voz dijo: «Sube aquí, y te mostraré lo que tiene que suceder después de esto». Y al instante, yo estaba en el Espíritu y vi un trono en el cielo y a alguien sentado en él. APOCALIPSIS 4:1-2

MIENTRAS JUAN SUFRÍA EN LA ISLA DE PATMOS por causa de su testimonio valiente de Jesús, se le permitió mirar en el cielo y escribir lo que vio. Cuando leemos sus palabras en Apocalipsis, podemos ser testigos de lo que sufrieron los cristianos en el primer siglo y lo que los creyentes en apuros en todas las épocas necesitaban ver. Nos permite echar un vistazo a la realidad sublime que, junto con nuestros hijos, necesitamos ver: Dios en el trono.

La atracción principal del cielo, el punto focal de este universo, es Dios gobernando y reinando, rodeado por un mar de cristal que refleja de manera perfecta su gloria.

Nuestra cultura occidental moderna propone que amar es decirle a nuestra hija que es especial, única y que todo lo que hace es maravilloso. Se supone que no debemos tirar a la basura su trabajo de la clase de arte. Se le entrega una distinción solo por participar. Esto con facilidad podría darle la impresión de que el mundo gira en torno a ella, aunque eso simplemente no es verdad. Nuestros hijos son miembros queridos de la familia, pero no son el centro.

El evangelio de la prosperidad es el que enseña que somos el centro del universo y que Dios está aquí para hacernos felices. Mientras que el evangelio bíblico enseña que, aunque el amor de Dios por sus hijos sobreabunda, fuimos hechos para él. Dios está en el centro del universo; no nosotros ni tampoco nuestros hijos.

• • •

Señor, tú demostraste tu amor por nosotros, no haciéndonos el centro de tu universo, sino yendo a la cruz para que podamos disfrutar de establecerte como el punto central de nuestra vida y como la fuente de nuestro gozo para siempre. Queremos ponerte en el lugar que te corresponde: en el centro de nuestra familia, en el trono de nuestra vida.

La fuente de la salvación

Pues mi salvación viene solo del SEÑOR. JONÁS 2:9

EL LIBRO DE JONÁS TERMINA SIN DECIRNOS QUÉ le sucedió al profeta después de que estuvo sentado fuera de Nínive, lleno de resentimiento porque Dios había salvado a la ciudad malvada. El hecho de que tengamos este libro que nos da detalles de la confesión honesta de Jonás sobre su huida, resurrección y resentimiento es evidencia de que Dios no había terminado su obra en la vida del profeta. No hay duda de que anhelaba que esta verdad tuviera el rol protagónico en su historia, por eso, encontramos la conclusión definitiva de Jonás en el centro mismo del libro: «Mi salvación viene solo del SEÑOR». Esta verdad, la cual estuvo presente a lo largo de la vida y las experiencias de Jonás, marca toda la diferencia del mundo para nosotros y para nuestros hijos si también el Señor es el centro de nuestra vida.

La salvación comienza y termina con el Señor. Es su obra de principio a fin. Él es quien la inicia y la completa. Él *nos ha salvado* poniendo nuestros pecados sobre Cristo y acreditándonos la justicia de Cristo. Él *nos está salvando* mediante la santificación a través de su Palabra y de su Espíritu. Y él *nos salvará* glorificándonos en la resurrección.

Nuestra salvación y la de nuestros hijos no están en nuestras manos ni en las de ellos. No está determinada por nuestra capacidad para encontrar al Señor, entenderlo y confiar en él; ni tampoco depende de nuestra capacidad para cambiar. Nuestra salvación viene a través del sacrificio de otra persona, de la obediencia de otra persona. ¡Alabado sea Dios porque esa salvación viene solo del Señor!

• • •

Señor, no tenemos mayor necesidad, ni oración más desesperada, que pedirte que nos salves tanto a nosotros como a nuestros hijos. No tenemos capacidad para salvarnos a nosotros mismos ni a nuestros hijos. ¡Solo tú puedes salvarnos! Y rehusamos suponer que tú nos salvarás, invocamos tu nombre y te pedimos que nos salves. Leer la historia de Jonás, nos llena de esperanza porque en ella de manera repetida rescatas a quienes no hicieron nada para merecer tu salvación, sino solo clamar por ella.

La ira del Cordero

Entonces todo el mundo —los reyes de la tierra, los gobernantes, los generales, los ricos, los poderosos, todo esclavo y hombre libre— se escondió en las cuevas y entre las rocas de las montañas. Y gritaban a las montañas y a las rocas: «Caigan sobre nosotros y escóndannos del rostro de aquel que se sienta en el trono, y de la ira del Cordero; porque ha llegado el gran día de su ira, ¿y quién podrá sobrevivir?». APOCALIPSIS 6:15-17

NO SERÍA UNA EXAGERACIÓN DECIR QUE la Biblia es la historia de un cordero desde el principio hasta el final. A lo largo del Antiguo Testamento, Dios deja en claro que quienes quieran estar en paz con él pueden hacerlo solo mediante el Cordero que él ha provisto.

El Cordero de Dios todavía estará en el centro de los propósitos de Dios cuando traiga a su fin la historia de la humanidad en este mundo. Cuando a Juan, en la isla de Patmos, se le permitió ver la realidad final, vio al Cordero en el trono: «Entonces vi a un Cordero que parecía que había sido sacrificado» (5:6), como el centro de todo. Delante de este Cordero están aquellos que fueron lavados en su sangre de modo que sus vestimentas están blancas. Estas personas no tienen nada que temer. Luego, están aquellos que no vieron la necesidad de ser lavados y cubiertos por la sangre del Cordero; ellos tienen toda la razón del mundo para temer. Están aquellos que se han escondido en el Cordero y aquellos que tratan de esconderse del Cordero.

Los que persistieron en sus pecados, quienes no vieron necesidad de confesión ni de purificación, no podrán estar frente al trono de Dios y caerán al piso aterrorizados, con la esperanza de que las rocas y las montañas les caigan encima. Pero aquellos que cayeron sobre sus rostros ante el Cordero y se sometieron a su obra purificadora caerán al piso; no aterrorizados, tratando de esconderse del Cordero, sino en adoración, alabando al Cordero.

• • •

Señor, anhelamos el día cuando nos presentaremos delante de tu trono. Ese día no tendremos necesidad de protección contra el Cordero, sino que seremos protegidos por él para siempre. La purificación que comenzó cuando creímos habrá terminado, y estaremos delante de él en un ambiente purificado como personas purificadas. Pero, Señor, no queremos estar allí solos. Anhelamos que _____ esté allí con nosotros. Por favor, llama a _____; cubre y purifícalo con la sangre del Cordero.

¿Qué podemos presentar al Señor?

¿Qué podemos presentar al SEÑOR?
  ¿Debemos traerle ofrendas quemadas?
¿Debemos inclinarnos ante el Dios Altísimo
  con ofrendas de becerros de solo un año?
¿Debemos ofrecerle miles de carneros
  y diez mil ríos de aceite de oliva?
¿Debemos sacrificar a nuestros hijos mayores
  para pagar por nuestros pecados? MIQUEAS 6:6-7

ES COMO SI EL PUEBLO DE JUDÁ le dijera a Dios: «¿Qué quieres de nosotros?». Cuando se enteraron que Dios no estaba satisfecho con sus sacrificios, comenzaron a elaborar una serie de propuestas para satisfacer al Dios que, según ellos, era imposible de satisfacer. Comenzaron ofreciendo un becerro de un año; luego, subieron la apuesta a miles de carneros; saltaron a ridículos diez mil ríos de aceite y, finalmente, a la ofrenda atroz de un primogénito. Miqueas los interrumpió, manifestando simple y claramente qué era lo que el Señor requería: no era un sacrificio atroz; era sencillamente obediencia de corazón. «¡No! Oh pueblo, el SEÑOR te ha dicho lo que es bueno, y lo que él exige de ti: que hagas lo que es correcto, que ames la compasión y que camines humildemente con tu Dios» (6:8).

Esto es lo que Dios quiere de sus hijos: que actuemos con justicia, que hagamos lo correcto incluso cuando tiene un alto precio y que amemos la misericordia. Dios quiere que caminemos humildemente con él. Vivir así es tener la alabanza a nuestro Dios a flor de labios y tomar en el corazón la decisión definitiva de serle obedientes. Por supuesto que nuestros hijos pueden testificar si esto nos describe o no. Cuando alguien le hace daño o lo decepciona, ¿sus hijos lo ven ahogarse en resentimiento? ¿Lo escuchan despotricar acerca de la ofensa hablando por teléfono con sus amigos? O ¿ven que ama mostrar misericordia? ¿Ven en usted que el amor cubre una multitud de pecados?

• • •

Señor, nunca haremos justicia ni amaremos la misericordia ni caminaremos humildemente contigo de manera perfecta. Pero sabemos que Jesús vivió así en nuestro lugar y nos transfiere su registro perfecto de justicia a quienes estamos unidos a él por la fe. Como él vive en nosotros por medio de su Espíritu, estamos descubriendo el poder que necesitamos para hacer justicia, amar la misericordia y, de ese modo, caminar humildemente en tus caminos delante de ti y delante de _____.

Solo lo suficiente

Oh Dios, te ruego dos favores;
concédemelos antes de que muera.
Primero, ayúdame a no mentir jamás.
Segundo, ¡no me des pobreza ni riqueza!
Dame solo lo suficiente para satisfacer mis necesidades.
Pues si me hago rico, podría negarte y decir: «¿Quién es el SEÑOR?».
Y si soy demasiado pobre, podría robar y así ofender el santo nombre de Dios.

PROVERBIOS 30:7-9

ESTA ES LA ÚNICA ORACIÓN en todo el libro de Proverbios y aparece bajo el encabezado: «Los dichos de Agur, hijo de Jaqué». Muestra una forma sabia de orar por el futuro de nuestro hijo, aunque esta oración va en contra de la corriente del sueño del mundo.

La meta de Agur para su vida era nunca ser pobre y nunca ser rico porque ambas condiciones lo harían vulnerable a la tentación de volverse ciego a su necesidad de Dios y de deshonrarlo al robar por temor de que el Señor no lo cuide. Agur quería vivir en dependencia constante de Dios, haciendo tanto bien como pudiera con su dinero.

Nuestra cultura materialista no promueve el éxito de nuestros hijos cuando se trata de que tomen decisiones económicas sabias. Por lo tanto, nuestros hijos necesitan que su vida financiera esté moldeada por la perspectiva que las Escrituras muestran sobre el dinero. Necesitan ver que mamá y papá viven con alegría en dependencia de Dios, en lugar de estar en la búsqueda constante de ahorrar más o gastar más. Esa es una razón por la cual Pablo dice: «Pero los que viven con la ambición de hacerse ricos caen en tentación y quedan atrapados por muchos deseos necios y dañinos que los hunden en la ruina y la destrucción» (1 Timoteo 6:9). Las riquezas son un regalo de Dios, pero también pueden ser peligrosas para el alma.

• • •

Oh Dios, te ruego dos favores;
Permite que _____ los reciba antes de que muera.
Primero, ayuda a _____ a no decir nunca una mentira.
Segundo, ¡no le des a _____ ni pobreza ni riqueza!
Dale a _____ solo lo suficiente para satisfacer sus necesidades.
No permitas que _____ te niegue y diga: «¿Quién es el SEÑOR?».
En lugar de eso, permite que _____ glorifique tu santo nombre.

Aunque...

Al oír esto, me estremecí por dentro;
mis labios temblaron de miedo.
Se me doblaron las piernas, caí
y temblé de terror.
Esperaré en silencio el día venidero
cuando la catástrofe golpee al pueblo invasor.
Aunque las higueras no florezcan
y no haya uvas en las vides,
aunque se pierda la cosecha de oliva
y los campos queden vacíos y no den fruto,
aunque los rebaños mueran en los campos
y los establos estén vacíos,
¡aun así me alegraré en el Señor!
¡Me gozaré en el Dios de mi salvación! HABACUC 3:16-18

EL SEÑOR LE REVELÓ A HABACUC que haría una obra de purificación trayendo a los babilonios para que los llevaran al cautiverio. Ya que Habacuc vivía entre el pueblo de Dios, esta palabra significaba que él y su familia estaban por ser atacados. Queda claro que sintió temor por lo que sucedería, pero rehusó permitir que lo controlara.

En lugar de orar en contra de lo que vendría, Habacuc confió su vida y quizás su muerte a Dios. Confió el futuro de su familia a Dios. Escogió vivir por fe; no la clase de fe que creía que Dios se manifestaría milagrosamente y los protegería del sufrimiento, sino la fe en que Dios los preservaría a través del sufrimiento. Habacuc nos muestra que vivir por fe significa depositar nuestra fe en Dios a pesar de lo suceda en esta vida. Habacuc descubrió la puerta a un gozo que no depende de las circunstancias: confiar en que Dios está en control tanto de los procesos como de los resultados.

• • •

Señor, a veces la posibilidad de una catástrofe que pudiera venir causa que nuestra familia se sienta terriblemente atemorizada. Estamos tentados solo a pedirte que nos protejas de la dificultad, pero lo que en realidad queremos es ser una familia que vive por fe en medio de las peores circunstancias. Queremos ser una familia que enfrenta las incertidumbres del futuro confiando apaciblemente en ti. Tú eres lo suficientemente fuerte como para preservarnos a través de las peores cosas que pasan en este mundo.

19 DE DICIEMBRE

Poderoso guerrero

Aquel día dirán a Jerusalén:
   «No temas, Sión, ni te desanimes,
porque el SEÑOR tu Dios, está en medio de ti
   como poderoso guerrero que salva.
Se deleitará en ti con gozo,
   te renovará con su amor,
   se alegrará por ti con cantos». SOFONÍAS 3:16-17, NVI

JOSÍAS SE CONVIRTIÓ EN REY a los ocho años y heredó un país que se había rebelado contra Dios. Cuando a la edad de dieciséis años Josías descubrió el rollo de la ley en el templo, inició una reforma masiva en todo el país para que su pueblo volviera a ser fiel a la ley de Dios. El profeta Sofonías parece haber sido parte de los esfuerzos de reforma de Josías para su pueblo. Sofonías describió el juicio que se merecían por su pluralismo religioso, el descuido de la oración y el estancamiento espiritual. Les dijo: «Busquen al SEÑOR los que son humildes y sigan sus mandamientos. Procuren hacer lo que es correcto y vivir con humildad» (2:3). Sofonías representó a Yahveh como un poderoso guerrero que traería juicio, pero salvaría al remanente que lo buscara como Rey.

Para quienes lo buscaran, había esperanza. El libro profético de Sofonías termina con una canción de esperanza y victoria que el mismo Señor canta para su pueblo. La canción del Señor anticipa la celebración que vendrá cuando recupere el pueblo que escogió, cuando su vergüenza sea quitada. Él vivirá en medio de ellos, se encargará de sus opresores y traerá la salvación para los marginados.

Y nos llama a cantar junto con él: «¡Canta, oh hija de Sion; grita fuerte, oh Israel! ¡Alégrate y gózate con todo tu corazón, oh hija de Jerusalén! Pues el SEÑOR quitará su mano de juicio y dispersará a los ejércitos de tus enemigos. ¡El SEÑOR mismo, el Rey de Israel, vivirá en medio de ti! Por fin, se habrán terminado tus aflicciones y nunca jamás temerás el desastre. En ese día, la proclama en Jerusalén será: "¡Ánimo, Sion! ¡No temas!"» (3:14-16).

. . .

Señor, debido a que tú cantas esta canción de salvación para nosotros, nosotros también podemos cantarla para nuestros hijos. Quitaste tu mano de juicio de nosotros y la pusiste sobre tu propio Hijo. Eres un Salvador poderoso que se deleita en _____. Tu amor calma nuestros temores sobre el futuro y quita la vergüenza del pasado.

353

Prioridades

«Esto es lo que dice el SEÑOR de los Ejércitos Celestiales: el pueblo alega: "Todavía no ha llegado el momento para reconstruir la casa del SEÑOR"». Entonces el SEÑOR envió el siguiente mensaje por medio del profeta Hageo: «¿Por qué viven ustedes en casas lujosas mientras mi casa permanece en ruinas?». HAGEO 1:2-4

DE REGRESO A JERUSALÉN, después de setenta largos años de exilio en Babilonia, el pueblo de Dios estaba lleno de expectativas por vivir en una Jerusalén restaurada, adorar en un templo reconstruido y recapturar la gloria pasada de Israel como nación. Cuando llegaron a Jerusalén, sin embargo, que ahora era una pila de escombros carbonizados, se desanimaron con rapidez y, después de un corto tiempo, suspendieron sus esfuerzos por reconstruir el templo. Durante dieciséis años, no avanzaron en la reconstrucción de la casa de Dios.

Fue en este contexto que Dios envió a su profeta, Hageo, quien desafió al pueblo a retomar sus esfuerzos para reconstruir la casa de Dios. «Todavía no ha llegado el momento» protestaron, sugiriendo que la providencia del Señor de alguna forma había evitado que hicieran el trabajo. La realidad es que estaban demasiado preocupados en mejorar su estilo de vida como para dedicarse al trabajo de reconstruir la casa de Dios. Por lo tanto, Hageo los exhortó a que examinaran sus prioridades.

Sin duda, no sería exagerado vernos a nosotros mismos en estos ancestros espirituales. Las demandas de la vida moderna con su tráfico enmarañado, jornadas de trabajo hasta tarde en la noche, la agenda deportiva y las tareas de la casa nos proveen abundantes excusas para decir: «Todavía no ha llegado el momento» de permitir que Dios nos use para construir su reino en este mundo. Por eso, Hageo también nos está hablando a nosotros, exhortándonos para que examinemos nuestras prioridades y nos entreguemos a hacer la obra del evangelio en el mundo.

• • •

Señor, perdónanos por poner tanta energía en la construcción de nuestras casas y por cuidar de nuestras propiedades mientras que invertimos muy poco en tu obra en el mundo. Como familia anhelamos que nos utilices. Muéstranos lo obsesionados que estamos por construir nuestro propio reino como para dedicarnos a construir el tuyo.

21 DE DICIEMBRE

Zacarías 1:1-21
Apocalipsis 12:1-17
Salmo 140:1-13
Proverbios 30:17

El acusador

Luego oí una fuerte voz que resonaba por todo el cielo:

«Por fin han llegado
la salvación y el poder,
el reino de nuestro Dios,
y la autoridad de su Cristo.
Pues el acusador de nuestros hermanos
—el que los acusa delante de nuestro Dios día y noche—
ha sido lanzado a la tierra.
Ellos lo han vencido por medio de la sangre del Cordero
y por el testimonio que dieron». APOCALIPSIS 12:10-11

UN ENEMIGO MUY REAL ACECHA EN LOS PASILLOS de nuestro hogar buscando hablarle al corazón de quienes vivimos allí. Pedro nos advierte: «¡Estén alerta! Cuídense de su gran enemigo, el diablo, porque anda al acecho como un león rugiente, buscando a quién devorar» (1 Pedro 5:8). ¿Cómo devora el diablo?

Su estrategia para atrapar a quienes no están en Cristo es mantenerlos en la oscuridad respecto a sus pecados y motivarlos para que piensen en cualquier otra cosa menos en sus pecados. Su estrategia es muy diferente con quienes están en Cristo. Trabaja en contra de los creyentes, recordándoles sus pecados y fallas con el propósito de desanimarlos. Quiere que piensen más en sus pecados que en su Salvador y en su poder para salvar, purificar y perdonar.

Cuando Satanás viene a acusarnos, necesitamos reconocer que estamos en una batalla espiritual y debemos defendernos con la verdad: «Por lo tanto, ya no hay condenación para los que pertenecen a Cristo Jesús» (Romanos 8:1). Nos defendemos preguntando: «¿Quién se atreve a acusarnos a nosotros, a quienes Dios ha elegido para sí? Nadie, porque Dios mismo nos puso en la relación correcta con él. Entonces, ¿quién nos condenará? Nadie [...]. Ni siquiera los poderes del infierno pueden separarnos del amor de Dios» (Romanos 8:33-34, 38).

• • •

Señor, ayúdanos a reconocer y a rechazar la voz del acusador cuando quiere recordarme todas mis fallas y atarme a ellas. Y ayúdame a reconocer cuando el acusador busque devorar a _____ y comerla con culpas falsas, para que pueda animarla con la verdad.

En un solo día

Escúchenme, oh Jesúa, sumo sacerdote, y ustedes los demás sacerdotes. Ustedes son símbolos de lo que está por venir. Pronto traeré a mi siervo llamado el Retoño. Miren ahora la joya que he puesto ante Jesúa, una sola piedra con siete facetas. Grabaré una inscripción en ella, dice el SEÑOR de los Ejércitos Celestiales, y en un solo día quitaré los pecados de esta tierra. ZACARÍAS 3:8-9

EN EL TIEMPO DE ZACARÍAS, el pueblo de Dios estaba comenzando una nueva etapa. Estaban de regreso en su tierra natal y eran libres, pero su futuro era incierto. Entre otras muchas preocupaciones, se preguntaban si caerían en los viejos pecados que habían plagado a sus antepasados y que resultaron en el exilio del pueblo o si su futuro estaría marcado por su fidelidad a Dios. El Señor le dio a su profeta Zacarías una serie de visiones para asegurarle a su pueblo que estaba obrando en todos los aspectos de su redención.

En una de las visiones, Zacarías vio la reincorporación de un sumo sacerdote llamado Jesúa. Por supuesto, el nombre hebreo Jesúa es «Jesús» en griego. Como resultado de esta realidad, de inmediato nos surge la idea de que el Señor le estaba mostrando a Zacarías algo acerca del Gran Sumo Sacerdote que vendría. Es más, en la visión a Jesúa se le dice que tanto él como todos los demás sacerdotes del Antiguo Testamento «son símbolo de lo que está por venir» (versículo 8). Por lo tanto, Jesúa, el sacerdote de la visión de Zacarías, es una sombra del gran Sacerdote que vendría. Aun así, hay algunas diferencias clave.

Las vestiduras de Jesúa estaban inmundas por causa del pecado, por eso Dios le dio vestiduras nuevas y finas; a Jesús le quitaron sus ropas porque cargó sobre él nuestros pecados. Mientras que colocaron un turbante limpio con la inscripción «Santo para el SEÑOR» en la cabeza de Jesúa, una corona de espinas fue colocada en la cabeza de Jesús. Mientras que el Señor rechazó las acusaciones que Satanás hizo contra Jesúa, el Señor por voluntad propia puso la culpa de la humanidad sobre Jesús. De esta manera, Dios quitaría «en un solo día [...] los pecados de esta tierra» (versículo 9).

* * *

Señor, mientras nuestra familia se prepara para celebrar el nacimiento de tu Hijo, estamos conscientes de la razón por la cual nació. Vino a la tierra para este día; el día en que quitaste los pecados de tus hijos poniéndolos sobre él. Te alabamos y te agradecemos por quitar nuestros pecados, por quitar los pecados de _____ y por quitar los pecados de todos tus hijos en un solo día a través de este sacrificio único.

Su nombre escrito en la frente

Luego vi al Cordero de pie sobre el monte Sion, y con él había 144.000 que tenían el nombre del Cordero y el de su Padre escrito en la frente. APOCALIPSIS 14:1

MIENTRAS NOS PREPARAMOS PARA CELEBRAR el nacimiento de Jesús, lo vemos como el pequeño cordero de María, débil y vulnerable, acostado en un establo. Sabemos, sin embargo, que, aunque la primera vez vino en debilidad, cuando regrese, vendrá en poder. Será el Cordero en el trono, rodeado por quienes hayan puesto su esperanza en él, quienes fueron marcados por su sangre salvadora, quienes fueron transformados por completo a su semejanza.

En el sacerdocio del Antiguo Testamento, el sacerdote usaba un turbante de lino fino con una placa de oro fijada en el frente que tenía grabada las palabras «Santo para el SEÑOR». Esto significaba que, tanto el sacerdote como el pueblo que representaba, habían sido separados por Dios y para Dios para que fueran una nación santa. Cuando llegamos al libro de Apocalipsis, vemos que lo que Dios siempre quiso para su pueblo es que fueran un reino de sacerdotes, que representara y manifestara su gloria en toda su creación. En la visión que Juan tuvo acerca del futuro, vemos que personas de «todo pueblo, tribu lengua y nación» fueron transformadas «en un reino de sacerdotes para nuestro Dios» (Apocalipsis 5:9-10).

A lo largo del libro de Apocalipsis, todo el pueblo de Dios es vestido como sacerdote con vestiduras blancas de lino fino. Su pureza no es como una vestidura que se pone para cubrir la naturaleza pecaminosa, sino perfección interior verdadera que le pertenece porque fue lavado por la sangre del Cordero. Tales sacerdotes no entran al lugar santísimo solo una vez al año. Por el contrario, toda la tierra se ha convertido en el trono de Dios donde «verán su rostro y tendrán su nombre escrito en la frente» (Apocalipsis 22:4). Y cuando entremos a la presencia del Cordero, el lema «Santo para el SEÑOR» es uno que llevaremos escrito en nuestro mismo ser. Somos su propiedad.

• • •

Señor, mientras nos reunimos en torno al establo en nuestro pensamiento esta Navidad, nuestro corazón se conmueve por el anhelo de reunirnos alrededor de tu trono y de estar allí con todos nuestros amados. Por favor, pon tu sello de pertenencia en el mismo ser de _____. Protege a _____ de ser marcada por la bestia que gobierna este mundo y de ser reclamada como su propiedad y presérvala para que sea parte del gran coro que canta un cántico nuevo delante de tu trono.

Muéstrame por dónde debo andar

Hazme oír cada mañana acerca de tu amor inagotable,
porque en ti confío.
Muéstrame por dónde debo andar,
porque a ti me entrego. SALMO 143:8

DAVID ESTABA EN UNA SITUACIÓN OSCURA Y DIFÍCIL. «El enemigo me ha perseguido; me ha tirado al suelo y me obliga a vivir en la oscuridad como los que están en la tumba» (versículo 3). Estaba esperando en la oscuridad y no sabía qué sucedería. ¿Qué hizo? Le contó su situación a Dios: «A ti levanto mis manos en oración» (versículo 6).

El Adviento es un tiempo de expectativas, de espera que la Luz atraviese la oscuridad. Como padres, sabemos mucho de esperar. Nuestra tarea casi nunca produce resultados inmediatos. Nos preguntamos a menudo si nuestros esfuerzos por criar bien a nuestros hijos tienen algún efecto duradero. Nuestra inversión está orientada hacia el futuro, un depósito que hacemos en los años todavía no vistos. También esperamos en la oscuridad y nos preguntamos qué sucederá, pero tenemos un Señor que escucha. Invocamos al Señor que nos prometió mostrarnos a dónde ir cuando no podamos ver el camino.

· · ·

Señor, permíteme escuchar de tu amor inagotable cada mañana, incluyendo esta mañana
mientras nos preparamos para celebrar el nacimiento de tu Hijo,
porque estoy confiando en ti.
Muéstrame hacia dónde dirigirme en este camino de criar bien a _____,
porque me entrego a ti.
Rescátame de mis enemigos: el desánimo y el temor por el futuro de _____,
SEÑOR;
Corro a ti para que me escondas.
Enséñame a hacer tu voluntad,
porque tú eres mi Dios.
Que tu precioso Espíritu me guie hacia adelante
con pasos firmes.
Estoy criando a _____ para la gloria de tu nombre, Oh SEÑOR, no para la mía.
Por tu fidelidad, sácame de esta aflicción.
Soy tu siervo. ADAPTADA DEL SALMO 143:8-12

25 DE DICIEMBRE

Zacarías 8:1-23
Apocalipsis 16:1-21
Salmo 144:1-15
Proverbios 30:29-31

Hemos oído que Dios está contigo

Entre las demás naciones, Judá e Israel se convirtieron en símbolo de una nación maldita. ¡Pues ya no lo serán más! Ahora los rescataré y los haré símbolo y fuente de bendición. Así que no tengan miedo. ¡Sean fuertes y sigan con la reconstrucción del templo! ZACARÍAS 8:13

EL NACIMIENTO DE JESÚS ES EL CUMPLIMIENTO de una promesa dada primeramente en el huerto cuando Dios prometió que un día un niño nacería, un descendiente de Eva, quien aplastaría la cabeza de la serpiente. Luego podemos trazar la promesa hasta Abraham. Dios prometió bendecirlo y le dijo: «Todas las familias de la tierra serán bendecidas por medio de ti» (Génesis 12:3).

Aquí en Zacarías, la promesa de una bendición y de ser una bendición se les hace de nuevo a los descendientes de Abraham quienes regresaron a la tierra que Dios les había dado a sus antepasados muchos siglos antes. Debe haber sido difícil para ellos creer porque sus circunstancias hacían que pareciera que estaban bajo la maldición de Dios en lugar de ser los recipientes o canales de su bendición. Zacarías estaba diciendo que no solo no proyectarían ninguna noción de ser malditos, sino que Dios los haría tanto un símbolo como una fuente de bendición.

¿Cómo sucedería esto? Dios vendría a ellos. Obraría en ellos de tal forma que «La gente de una ciudad dirá a la gente de otra: "Vengan con nosotros a Jerusalén para pedir que el Señor nos bendiga. Adoremos al Señor de los Ejércitos Celestiales. Yo estoy decidido a ir". [...] El Señor de los Ejércitos Celestiales dice: en aquellos días, diez hombres de naciones e idiomas diferentes agarrarán por la manga a un judío y le dirán: "Por favor, permítenos acompañarte, porque hemos oído que Dios está contigo"» (Zacarías 8:21, 23).

Mientras celebramos la venida de aquel que fue prometido en el jardín, que le fue prometido a Abraham, aquel que es Emanuel —Dios con nosotros—, anhelamos que Dios cumpla la promesa que hizo a través de Zacarías. Anhelamos vivir con tanta paz y gozo que la gente, vecinos, compañeros de trabajo y miembros de la familia que no están en Cristo se aferren a nosotros y nos digan: «Por favor, permítenos acompañarte, porque hemos oído que Dios está contigo».

• • •

Señor, por favor, obra en nuestra familia hoy para hacernos tanto un símbolo como una fuente de bendición que viene solo a través de Cristo. Haznos fuertes para continuar siendo los instrumentos que usas para construir tu templo espiritual, tu iglesia, en la actualidad.

Su Rey

¡Alégrate, oh pueblo de Sion!
¡Grita de triunfo, oh pueblo de Jerusalén!
Mira, tu rey viene hacia ti.
Él es justo y victorioso,
pero es humilde, montado en un burro:
montado en la cría de una burra. ZACARÍAS 9:9

EL ÁNGEL QUE LE DIO EL MENSAJE A MARÍA le dijo sin lugar a duda que el niño que llevaba en su vientre sería rey. «El Señor Dios le dará el trono de su antepasado David» (Lucas 1:32). Pero Jesús no nació en un palacio, sino en un lugar donde se guardan los animales y durmió en el comedero de los animales. No sería un rey como los demás, pero los sabios vinieron buscando al «rey de los judíos que acaba de nacer» (Mateo 2:2).

Cuando Jesús comenzó su ministerio, el pueblo se preguntaba si él en verdad era el Rey que Dios había prometido que vendría. Leemos que en una ocasión, «cuando Jesús vio que estaban dispuestos a hacerlo rey a la fuerza, se escabulló hacia las colinas él solo» (Juan 6:15). Finalmente, llegó el día cuando Jesús estaba preparado para presentarse como el Rey de su pueblo, pero no lo hizo como los demás reyes del mundo antiguo solían hacerlo. Para presentarse en todo su poder y esplendor, los reyes de la antigüedad entraban a las ciudades que gobernaban montados a horcajadas de un robusto semental blanco. Cuando Jesús entró a Jerusalén, la cuidad real, sin embargo, no llegó en un corcel de guerra. Entró humildemente, montado en un burro.

Aun cuando sus compatriotas judíos tenían la profecía de Zacarías, no reconocieron, o quizás no quisieron reconocer, lo que Jesús estaba diciendo acerca de sí mismo cuando entró a Jerusalén así. Al llegar en un burro, en lugar de un caballo de guerra, Jesús estaba diciendo: «No vengo a matarlos, sino a servirlos. No vengo con una espada, sino con la salvación». Esta es la clase de Rey que vino a nosotros, la clase de Rey que nos invita tanto a nosotros como a nuestros hijos a someternos a su reinado de amor. Él es justo, siempre hace lo correcto. Aunque venció al imperio de la muerte y del infierno, es humilde.

• • •

Señor, viniste de una forma modesta y humilde a nosotros, tu pueblo. Y el mundo te crucificó en lugar de inclinarse ante ti. Perdónanos. Dale a _____ ojos para ver que eres un buen Rey. Vence toda resistencia y rebelión. Haz que _____ se someta a tu gobierno de amor.

Vendrán corriendo

Yo fortaleceré a Judá y salvaré a Israel;
los restauraré a causa de mi compasión.
Será como si nunca los hubiera rechazado,
porque yo soy el SEÑOR su Dios, que escuchará sus lamentos.
El pueblo de Israel será como poderosos guerreros,
y sus corazones se alegrarán como si tomaran vino.
Sus hijos también verán esto y se alegrarán;
sus corazones se gozarán en el SEÑOR.
Cuando los llame con un silbido, vendrán corriendo,
porque los he redimido.
De los pocos que queden,
volverán a ser tan numerosos como eran antes. ZACARÍAS 10:6-8

EN LOS TIEMPOS BÍBLICOS, los pastores pastoreaban sus manadas con silbidos o gritos agudos. Esa es la imagen que utiliza Zacarías para describir la forma en que Dios vendría y guiaría a su pueblo. Los pastores del pueblo de Dios habían fallado en cuanto a guiarlos en los caminos del Señor, pero él prometió enviar a un verdadero Pastor.

Algunos padres educaron a sus hijos pequeños para que vengan corriendo cuando mamá o papá abren la puerta y silban. ¡Oh, si tan solo fuera así de fácil lograr que nuestros hijos vinieran a Dios cuando están vagando lejos de él! Aunque no tenemos la capacidad para generar en nuestros hijos alegría y sensibilidad hacia Dios simplemente con un silbido, Dios sí la tiene. Es más, eso es lo que prometió que haría en la vida de su pueblo y de sus hijos. «Cuando los llame con un silbido, vendrán corriendo, porque los he redimido», anuncia.

Aquí hay esperanza para la oveja perdida. Nuestra confianza no está fundada sobre su capacidad para encontrar el camino a Dios. Sin la ayuda de Dios, ninguno de nosotros podría correr en su dirección ni tampoco querríamos hacerlo. Nuestra esperanza es que el Pastor venga a buscar a su oveja perdida, a sacarla del peligro y a llevarla sobre su hombro a la seguridad de su redil. Cuando él silbe, ellas vendrán corriendo.

• • •

Gran Pastor, estamos esperando que tú hagas tu obra de restauración, esperando escuchar tu silbido y estamos atentos para ver a _____ correr hacia ti.

Brotará un manantial

En aquel día brotará un manantial para la dinastía de David y para el pueblo de Jerusalén; una fuente que los limpiará de todos sus pecados e impurezas. ZACARÍAS 13:1

EN TODAS LAS PROFECÍAS DE ZACARÍAS, Dios manifestó una y otra vez de una variedad de formas que estaba por hacer algo bueno para los exiliados que acababan de regresar y vivían en Jerusalén y en sus alrededores. Estas eran personas que habían cometido pecados morales y sociales con descaro; eran rebeldes pasivos y moralmente apáticos. Zacarías los cortejaba con visiones increíbles del futuro en las cuales Dios traía paz y restauración. Esto sería logrado por el Mesías, quien «[derramaría] un espíritu de gracia y oración sobre la familia de David y sobre los habitantes de Jerusalén» (12:10). Cuando el Mesías vino a proclamar la gracia, sin embargo, su pueblo lo atravesó. Su costado atravesado sería el medio por el cual brotaría un manantial donde podríamos purificarnos de nuestros pecados.

Durante el ministerio de Zacarías, el pueblo estaba trabajando en la reconstrucción del templo, donde reanudarían la ofrenda de animales como sacrificio por el pecado. Zacarías les prometía algo mucho mejor que un manantial de sangre de animales que fluiría en el templo reconstruido. Este manantial no fluiría del cuello de un animal, sino del costado atravesado del Hijo de Dios. La sangre de este manantial no solo cubriría sus pecados; los purificaría de sus pecados y les daría poder para decirle no al pecado.

• • •

Señor, abriste un manantial de purificación y nos invitaste a lavarnos de nuestros pecados. No permitas que _____ se resista ni rechace tu invitación a ser lavada en tu manantial. Purifica los pecados que dejaron manchas vergonzosas en el interior de la vida de _____. Haz a _____ tan pura como solo tú puedes hacerla.

El libro de la vida

*Vi a los muertos, tanto grandes como pequeños, de pie delante del trono de Dios.
Los libros fueron abiertos, entre ellos el libro de la vida. A los muertos se les juzgó de
acuerdo a las cosas que habían hecho, según lo que estaba escrito en los libros. [...] Y
todo el que no tenía su nombre registrado en el libro de la vida fue lanzado al lago
de fuego.* APOCALIPSIS 20:12, 15

EL APÓSTOL JUAN RECIBE LA VISIÓN de lo que sucederá al final de la historia de
la humanidad y dice: «Vi un gran trono blanco y al que estaba sentado en él» (versículo 11). Todos los seres humanos estaban de pie ante el trono. Dos libros se abrieron.
La primer clase de libro, el de la vida, es un registro de los nombres de aquellos a quienes
Dios llama suyos. Es una lista de quienes Dios escogió «en Cristo para que seamos santos
e intachables a sus ojos» y a quienes él «decidió de antemano [adoptar] como miembros
de su familia al acercarnos a sí mismo por medio de Jesucristo» (Efesios 1:4-5). Este
libro aparece a lo largo de las Escrituras. Leemos acerca de él por primera vez en Éxodo
cuando Moisés está dispuesto a que su nombre sea borrado del libro del Señor a cambio
del perdón para su pueblo (Éxodo 32:32, RVR60). El salmista escribió acerca del libro
del Señor en el cual se encuentran los nombres de aquellos «escritos entre los justos»
(Salmo 69:28, RVR60). El profeta Daniel escribió que el pueblo de Dios sería liberado.
Y ¿quiénes serían? «Todos los que se hallen escritos en el libro» (Daniel 12:1, RVR60).

«Los libros» que Juan menciona son bastante diferentes al libro de la vida. Son un
registro de todo lo que los seres humanos hicimos o dejamos de hacer. A nadie le gustaría
ser juzgado solo según lo que está registrado en «los libros». Ningún registro de nuestras
acciones podría describir suficientes buenas obras como para salvarnos. Lo que esperamos es ser juzgados según lo que está en el libro de la vida, nuestros nombres escritos por
la mano de Dios de tal forma que nunca podrán ser borrados. A pesar de lo agradecidos
que estamos porque nuestros hijos son parte de nuestra familia, anhelamos que sean
parte para siempre de esta familia cuyos nombres están escritos en el libro de la vida.

• • •

*Señor, en fe oro que cuando abras los libros, lo que encuentres no traiga condenación,
sino la confirmación que _____ es tuyo. Ruego que no sea un registro de las obras
débiles de la carne de _____ sino de la justicia de Cristo, tanto la imputada por
gracia como la impartida a través de la gracia del poder santificador del Espíritu Santo.*

La ciudad santa

Así que me llevó en el Espíritu a una montaña grande y alta, y me mostró la ciudad santa, Jerusalén, que descendía del cielo, desde la presencia de Dios. [...] La muralla de la ciudad era alta y ancha, y tenía doce puertas vigiladas por doce ángeles. Los nombres de las doce tribus de Israel estaban escritos en las puertas. Había tres puertas a cada lado: al oriente, al norte, al sur y al occidente. La muralla de la ciudad estaba fundada sobre doce piedras, las cuales llevaban escritos los nombres de los doce apóstoles del Cordero. APOCALIPSIS 21:10, 12-14

EL APÓSTOL JUAN DESCRIBIÓ LA FORMA en que descendería del cielo, desde la presencia de Dios, la nueva Jerusalén. Para llegar a entender el significado de eso, necesitamos pensar por un minuto en la vieja Jerusalén. David capturó Jerusalén de los jebuseos paganos y, luego, la deshonró con adulterio y asesinato. Esta fue la ciudad que posteriormente se hizo tristemente célebre por el sacrificio de los niños y hechicerías prohibidas por la ley. Esta era la ciudad que se burló de la integridad de Jeremías y hacía oídos sordos a las prédicas de Isaías. Jerusalén es la ciudad que rechazó y crucificó a Jesús. ¿No sería este lugar el menos indicado para servir como modelo de nuestro hogar celestial? ¿Qué entendimiento nos da esto de la naturaleza del cielo?

Esto nos dice que Dios está haciendo una ciudad santa a partir de una ciudad de hombres que aman a los ídolos, desafían a Dios y rechazan a Cristo. Dios está tomando a las mamás y a los papás que adoran a los ídolos del placer y del orgullo, a los hijos e hijas que aman aborrecer a Dios, a las familias que de manera continua rechazan las riquezas de Cristo por las baratijas del mundo y nos está rehaciendo en una ciudad en la cual tiene el propósito de vivir.

Los fundamentos de esta ciudad están construidos sobre los doce hijos de Israel y los doce apóstoles. En otras palabras, esta ciudad santa de Dios está siendo edificada sobre el fundamento de la gracia de Dios obrando en la vida de seres humanos comunes, temerosos, infieles e inconstantes. Esto significa que no hay nada tan malvado y fuera del alcance de la redención, nada tan oscuro o indigno que hayamos hecho como para que nuestra vida no pueda, incluso ahora, ser incorporada a las piedras del fundamento de la nueva cuidad del cielo.

• • •

¡Señor, en realidad estás haciendo todas las cosas nuevas! Tu santa ciudad estará llena de pecadores incuestionables, pero perdonados. Y eso nos da esperanza.

31 DE DICIEMBRE

Malaquías 3:1–4:6
Apocalipsis 22:1-21
Salmo 150:1-6
Proverbios 31:25-31

Hará volver el corazón

Miren, les envío al profeta Elías antes de que llegue el gran y terrible día del SEÑOR. Sus predicaciones harán volver el corazón de los padres hacia sus hijos y el corazón de los hijos hacia sus padres. De lo contrario, vendré y haré caer una maldición sobre la tierra». MALAQUÍAS 4:5-6

LA HISTORIA QUE COMENZÓ EN GÉNESIS 1 donde Dios bendice en repetidas ocasiones todo lo que había creado, termina aquí en Malaquías 4 donde Dios amenaza: «Vendré y haré caer una maldición sobre la tierra». Hay una promesa final, sin embargo, acechando detrás de la amenaza. En el último versículo del último libro del Antiguo Testamento, encontramos una dosis enorme de esperanza del evangelio específicamente para los padres.

Dios le prometió a su pueblo que enviaría a alguien que predicaría su Palabra antes de la venida del Mesías. Como resultado del ministerio de este profeta, muchos padres e hijos acudieron a Dios. Con su fe renovada, también volverían los unos a los otros. La reconciliación con Dios resultaría en la reconciliación entre generaciones. El arrepentimiento daría como resultado sanidad para toda la familia.

Cuatrocientos años después un ángel se apareció a un sacerdote llamado Zacarías en el templo de Jerusalén y le dijo que su esposa tendría un hijo a quien debían nombrar Juan. «Será un hombre con el espíritu y el poder de Elías; preparará a la gente para la venida del Señor. Inclinará el corazón de los padres hacia los hijos y hará que los rebeldes acepten la sabiduría de los justos» (Lucas 1:17).

Así como el Espíritu Santo obró a través de su profeta Juan el Bautista para hacer una obra en el corazón de los padres y de los hijos en sus días, el Espíritu Santo sigue obrando en la vida de los padres y de los hijos que tienen el corazón endurecido para ablandar su corazón de modo que vuelvan el uno al otro. El poder de la gracia de Dios es la esperanza de todos los padres e hijos que anhelan la reconciliación y una relación nueva.

• • •

Padre, abriste tu corazón a mí en Jesucristo. Tu gracia obrando en mí está haciendo volver mi corazón a mis padres de modo que mi deseo de honrarlos como tú ordenaste está creciendo. Y tu gracia está causando que mi corazón se abra hacia _____, con la confianza de que tu gracia está obrando en su corazón también.

Notas

4 de enero: Porciones adaptadas del libro de Nancy Guthrie, *The Wisdom of God: Seeing Jesus in the Psalms and Wisdom Books* [La sabiduría de Dios: Jesús en los Salmos y los libros de sabiduría] (Wheaton, IL: Crossway, 2012), 195.

9 de enero: Porciones adaptadas del artículo de Nancy Guthrie, «Is Anything Too Hard for the Lord?» [¿Hay algo demasiado difícil para el Señor?] en *ESV Women's Devotional Bible* [La biblia devocional ESV para mujeres] (Wheaton, IL: Crossway, 2014), 19.

10 de enero: Porciones adaptadas del libro de Nancy Guthrie, *Hearing Jesus Speak into Your Sorrow* (Carol Stream, IL: Tyndale House, 2009), 24–25. Publicado en español como *Escuchando a Jesús en medio de tu dolor*.

16 de enero: Porciones adaptadas del libro de Nancy Guthrie, *The Promised One: Seeing Jesus in Genesis* [El Prometido: Jesús en Génesis] (Wheaton, IL: Crossway, 2011), 221–222.

17 de enero: Porciones adaptadas del libro de Nancy Guthrie, *The Promised One: Seeing Jesus in Genesis* [El Prometido: Jesús en Génesis] (Wheaton, IL: Crossway, 2011), 264.

31 de enero: Porciones adaptadas del libro de Nancy Guthrie, *The Lamb of God: Seeing Jesus in Exodus, Leviticus, Numbers, and Deuteronomy* [El Cordero de Dios: Jesús en Éxodo, Levítico, Números y Deuteronomio] (Wheaton, IL: Crossway, 2012), 80–81.

2 de febrero: Porciones adaptadas del artículo de Nancy Guthrie, «Grumbling and Grace in the Wilderness» [Quejas y gracia en el desierto] en *ESV Women's Devotional Bible* [La biblia devocional ESV para mujeres] (Wheaton, IL: Crossway, 2014), 86.

6 de febrero: Porciones adaptadas del libro de Nancy Guthrie, *The Lamb of God: Seeing Jesus in Exodus, Leviticus, Numbers, and Deuteronomy* [El Cordero de Dios: Jesús en Éxodo, Levítico, Números y Deuteronomio] (Wheaton, IL: Crossway, 2012), 126–127.

9 de febrero: Porciones adaptadas del libro de Nancy Guthrie, *Hearing Jesus Speak into Your Sorrow* (Carol Stream, IL: Tyndale House, 2009), 17. Publicado en español como *Escuchando a Jesús en medio de tu dolor*.

12 de febrero: El sermón de John Piper, «The Lord, a God Merciful and Gracious» [El Señor, un Dios misericordioso y lleno de gracia] (impartido en Bethlehem Baptist Church

en Mineápolis el 7 de octubre de 1984), me ayudó a entender los versículos de este día.

15 de febrero: Porciones adaptadas del libro de Nancy Guthrie, *The Lamb of God: Seeing Jesus in Exodus, Leviticus, Numbers, and Deuteronomy* [El Cordero de Dios: Jesús en Éxodo, Levítico, Números y Deuteronomio] (Wheaton, IL: Crossway, 2012), 175.

17 de febrero: Porciones adaptadas del libro de Nancy Guthrie, *The Lamb of God: Seeing Jesus in Exodus, Leviticus, Numbers, and Deuteronomy* [El Cordero de Dios: Jesús en Éxodo, Levítico, Números y Deuteronomio] (Wheaton, IL: Crossway, 2012), 202.

18 de febrero: Porciones adaptadas del libro de Nancy Guthrie, *One Year of Dinner Table Devotions and Discussion Starters* [Devocional en un año: Discusiones para la cena] (Carol Stream, IL: Tyndale House, 2008), 8 de enero.

21 de febrero: Porciones adaptadas del libro de Nancy Guthrie, *The Lamb of God: Seeing Jesus in Exodus, Leviticus, Numbers, and Deuteronomy* [El Cordero de Dios: Jesús en Éxodo, Levítico, Números y Deuteronomio] (Wheaton, IL: Crossway, 2012), 204–205, 208.

5 de marzo: El sermón de John Piper, «Love Your Neighbor as Yourself, Part 2» [Ama a tu prójimo como a ti mismo, segunda parte] (impartido en Bethlehem Baptist Church en Mineápolis el 7 de mayo de 1995), me ayudó a entender el mandamiento del pasaje de hoy.

8 de marzo: Porciones adaptadas del libro de Nancy Guthrie, *The Lamb of God: Seeing Jesus in Exodus, Leviticus, Numbers, and Deuteronomy* [El Cordero de Dios: Jesús en Éxodo, Levítico, Números y Deuteronomio] (Wheaton, IL: Crossway, 2012), 223–224.

11 de marzo: Porciones adaptadas del libro de Nancy Guthrie, *The Wisdom of God: Seeing Jesus in the Psalms and Wisdom Books* [La sabiduría de Dios: Jesús en los Salmos y los libros de sabiduría] (Wheaton, IL: Crossway, 2012), 173–174.

13 de marzo: El sermón de John Piper, «He Will Turn the Hearts of the Fathers to the Children» [Él hará volver el corazón de los padres hacia los hijos] (impartido en Bethlehem Baptist Church en Mineápolis el 27 de diciembre de 1987), me ayudó a entender los versículos de hoy.

14 de marzo: Porciones adaptadas del libro de Nancy Guthrie, *The Lamb of God: Seeing Jesus in Exodus, Leviticus, Numbers, and Deuteronomy* [El Cordero de Dios: Jesús en Éxodo, Levítico, Números y Deuteronomio] (Wheaton, IL: Crossway, 2012), 230–231.

23 de marzo: Citas tomadas del libro de Paul David Tripp, *New Morning Mercies: A Gospel Devotional* (Wheaton, IL: Crossway, 2014), 23 de febrero. Publicado en español como *Nuevas misericordias cada mañana*.

30 de marzo: Porciones adaptadas del libro de Nancy Guthrie, *The One Year Book of Hope* [Devocional en un año: El libro de esperanza] (Carol Stream, IL: Tyndale House, 2005), 378.

2 de abril: El libro de Christopher Wright, *Deuteronomy*, New International Biblical Commentary [Deuteronomio: Comentario Bíblico de la Nueva Versión Internacional] (Peabody, MA: Hendrickson Publishers, 1996), 235–236, me ayudó a entender el pasaje de hoy.

13 de abril: El artículo de Chad Bird, «When Valleys of Trouble Become Doorways of Hope» [Cuando los valles de angustia se convierten en puertas de esperanza], *Flying Scroll* (blog), 30 de septiembre del 2015, me ayudó a entender la historia de hoy.

14 de abril:	Porciones adaptadas del libro de Nancy Guthrie, *Hearing Jesus Speak into Your Sorrow* (Carol Stream, IL: Tyndale House, 2009), 103. Publicado en español como *Escuchando a Jesús en medio de tu dolor*.
15 de abril:	El libro de Derek Kidner, *Psalms 73–150*, Kidner Classic Commentaries [Salmos 73–150. Comentarios clásicos de Kidner] (Downers Grove, IL: InterVarsity, 2008), 302–303, me ayudó a entender el salmo del día de hoy.
21 de abril:	El artículo de Kathy Keller, «Don't Take It from Me: Reasons You Should Not Marry an Unbeliever» [No me lo quites: Razones por las cuales no debes casarte con un no creyente], *The Gospel Coalition* (blog), 22 de enero del 2012, me ayudó a entender el tema de hoy.
22 de abril:	El sermón de Kim Riddlebarger, «We Will Serve the Lord» [Serviremos al Señor] (impartido en Christ Reformed Church, Anaheim, CA, el 11 de noviembre del 2007), me ayudó a entender el pasaje de hoy.
24 de abril:	Porciones adaptadas de libro de Nancy Guthrie, *The Son of David: Seeing Jesus in the Historical Books* [El Hijo de David: Jesús en los libros históricos] (Wheaton, IL: Crossway, 2013), 71–72.
5 de mayo:	Porciones adaptadas del libro de Nancy Guthrie, *The Son of David: Seeing Jesus in the Historical Books* [El Hijo de David: Jesús en los libros históricos] (Wheaton, IL: Crossway, 2013), 97.
11 de mayo:	Porciones adaptadas del libro de Nancy Guthrie, *The Lamb of God: Seeing Jesus in Exodus, Leviticus, Numbers, and Deuteronomy* [El Cordero de Dios: Jesús en Éxodo, Levítico, Números y Deuteronomio] (Wheaton, IL: Crossway, 2012), 105.
14 de mayo:	Porciones adaptadas del libro de Nancy Guthrie, *The Son of David: Seeing Jesus in the Historical Books* [El Hijo de David: Jesús en los libros históricos] (Wheaton, IL: Crossway, 2013), página 127.
15 de mayo:	Porciones adaptadas del libro de Nancy Guthrie, *The Son of David: Seeing Jesus in the Historical Books* [El Hijo de David: Jesús en los libros históricos] (Wheaton, IL: Crossway, 2013), 129–134.
17 de mayo:	Porciones adaptadas del libro de Nancy Guthrie, *Hearing Jesus Speak into Your Sorrow* (Carol Stream, IL: Tyndale House, 2009), 73–74. Publicado en español como *Escuchando a Jesús en medio de tu dolor*.
20 de mayo:	Porciones adaptadas del libro de Nancy Guthrie, *Hearing Jesus Speak into Your Sorrow* (Carol Stream, IL: Tyndale House, 2009), 126. Publicado en español como *Escuchando a Jesús en medio de tu dolor*.
25 de mayo:	Porciones adaptadas del libro de Nancy Guthrie, *The Son of David: Seeing Jesus in the Historical Books* [El Hijo de David: Jesús en los libros históricos] (Wheaton, IL: Crossway Books, 2013), 157.
9 de junio:	El libro de Rose Marie Miller, Deborah Harrell y Jack Klumpenhower, *The Gospel-Centered Parent* [Padres centrados en el evangelio] (Greensboro, NC: New Growth Press, 2015), 10–12, me ayudó a entender el pasaje de hoy y de maneras más generales a lo largo de todo el libro.
24 de junio:	El artículo de Bob Deffinbaugh, «Wisdom and Child-Rearing (Part 1)» [La sabiduría y la crianza de los hijos (primera parte)], Bible.org, me ayudó con este pasaje.
28 de junio:	El libro de Peter J. Leithart, *1 and 2 Kings*, Brazos Theological Commentary on the Bible [1 y 2 Reyes: Comentario bíblico teológico Brazos] (Grand Rapids, MI: Brazos Press, 2006), 233–234, me ayudó con este pasaje.

29 de junio:	El libro de Peter J. Leithart, *1 and 2 Kings*, Brazos Theological Commentary on the Bible [1 y 2 Reyes: Comentario bíblico teológico Brazos] (Grand Rapids, MI: Brazos Press, 2006), 246–247, me ayudó con el pasaje de hoy.
3 de julio:	Porciones adaptadas del libro de Nancy Guthrie, *The Wisdom of God: Seeing Jesus in the Psalms and Wisdom Books* [La sabiduría de Dios: Jesús en los Salmos y los libros de sabiduría] (Wheaton, IL: Crossway Books, 2012), 89, 97–98.
13 de julio:	El sermón de Colin Smith, «Wrath» [Ira] (impartido en The Orchard Evangelical Free Church en Arlington Heights, Illinois, el 15 de julio del 2001), me ayudó con el pasaje de hoy.
14 de julio:	El libro de John Murray, *The Epistle to the Romans*, The New International Commentary on the New Testament [La epístola a los Romanos: Comentario del Nuevo Testamento de la Nueva Versión Internacional] (Grand Rapids, MI: Eerdmans, 1968), 77, me ayudó con el pasaje de hoy.
29 de julio:	El libro de Phillip D. Jensen y Tony Payne, *Guidance and the Voice of God* [La guía y la voz de Dios] (Sídney, Australia: Matthias Media, 1997), 97, me ayudó a entender esta ilustración de la Biblia como una brújula.
2 de agosto:	Porciones adaptadas del artículo de Nancy Guthrie, «Forgetting the God Who Does Not Forget His People» [Olvidando al Dios que no se olvida de su pueblo] en *ESV Women's Devotional Bible* [La biblia devocional ESV para mujeres] (Wheaton, IL: Crossway, 2014), 452.
5 de agosto:	Porciones adaptadas del libro de Nancy Guthrie, *The Son of David: Seeing Jesus in the Historical Books* [El Hijo de David: Jesús en los libros históricos] (Wheaton, IL: Crossway, 2013), 230–231.
9 de agosto:	El libro de Stephen T. Um, *1 Corinthians: The Word of the Cross*, Preaching the Word [1 Corintios: La palabra de la cruz. Predicando la Palabra] (Wheaton, IL: Crossway, 2015), 91–101, me ayudó con el pasaje difícil de hoy.
14 de agosto:	Porciones adaptadas de mi capítulo «Coming Together around God's Word» [Reuniéndonos en torno a la Palabra de Dios] en *God's Word, Our Story: Learning from the Book of Nehemiah* [La Palabra de Dios, Nuestra historia: Aprendiendo del libro de Nehemías] (Wheaton, IL: Crossway, 2016), 97–98.
19 de agosto:	Porciones adaptadas del libro de Nancy Guthrie, *The Son of David: Seeing Jesus in the Historical Books* [El Hijo de David: Jesús en los libros históricos] (Wheaton, IL: Crossway, 2013), 263–264.
21 de agosto:	El libro de Christopher Ash, *Job: The Wisdom of the Cross*, Preaching the Word [Job: La sabiduría de la cruz, Predicando la Palabra] (Wheaton, IL: Crossway, 2014), 34–35, me ayudó con el pasaje de hoy.
23 de agosto:	Porciones adaptadas del libro de Nancy Guthrie, *The Wisdom of God: Seeing Jesus in the Psalms and Wisdom Books* [La sabiduría de Dios: Jesús en los Salmos y los libros de sabiduría] (Wheaton, IL: Crossway Books, 2012), 50.
28 de agosto:	Porciones adaptadas del libro de Nancy Guthrie, *The Wisdom of God: Seeing Jesus in the Psalms and Wisdom Books* [La sabiduría de Dios: Jesús en los Salmos y los libros de sabiduría] (Wheaton, IL: Crossway Books, 2012), 75–77.
29 de agosto:	El artículo de Bob Sorge, «Why You Should Make a Covenant with Your Eyes» [Por qué debe hacer un pacto con sus ojos], *Charisma*, 8 de agosto del 2013, me ayudó con el pasaje de hoy.
2 de septiembre:	Porciones adaptadas del libro de Nancy Guthrie, *The Wisdom of God: Seeing Jesus in the Psalms and Wisdom Books* [La sabiduría de Dios: Jesús en los Salmos y los libros de sabiduría] (Wheaton, IL: Crossway, 2012), 218–230.

3 de septiembre:	El libro de Gary Thomas, *Sacred Parenting* [Paternidad sagrada] (Grand Rapids, MI: Zondervan, 2004), 20–21, me ayudó con el pasaje de hoy.
5 de septiembre:	Porciones adaptadas del libro de Nancy Guthrie, *The Wisdom of God: Seeing Jesus in the Psalms and Wisdom Books* [La sabiduría de Dios: Jesús en los Salmos y los libros de sabiduría] (Wheaton, IL: Crossway, 2012), 228–229.
6 de septiembre:	Porciones adaptadas del libro de Nancy Guthrie, *The Wisdom of God: Seeing Jesus in the Psalms and Wisdom Books* [La sabiduría de Dios: Jesús en los Salmos y los libros de sabiduría] (Wheaton, IL: Crossway, 2012), 246, 250–251.
7 de septiembre:	Porciones adaptadas del libro de Nancy Guthrie, *The Wisdom of God: Seeing Jesus in the Psalms and Wisdom Books* [La sabiduría de Dios: Jesús en los Salmos y los libros de sabiduría], (Wheaton, IL: Crossway, 2012), 252.
10 de septiembre:	El artículo de J. D. Greear, «3 Reasons God's Holiness Terrifies Us» [Tres razones por las cuales la santidad de Dios nos aterra], *J.D.Greear.com* (blog), 7 de septiembre del 2015, me ayudó con el pasaje de hoy.
28 de septiembre:	El sermón de John Piper, «Marriage Is Meant for Making Children... Disciples of Jesus, Part 2» [El matrimonio fue diseñado para tener hijos... Los discípulos de Jesús, segunda parte] (impartido en Bethlehem Baptist Church en Mineápolis el 17 de junio del 2007), me ayudó con el pasaje de hoy.
2 de octubre:	El artículo de Stephen Witmer, «Parents, You Can't Build Heaven Here» [Padres, no pueden construir el cielo aquí], *Desiring God* (blog), 28 de octubre del 2015, me ayudó con el pasaje de hoy.
6 de octubre:	El sermón de John Piper, «Raising Children Who Are Confident in God» [Criando hijos que estén confiados en Dios] (impartido en Bethlehem Baptist Church en Mineápolis el 25 de febrero de 1996), me ayudó con el pasaje de hoy.
7 de octubre:	Cita de Tim Kimmel, *Grace-Based Parenting* (Nashville: Thomas Nelson, 2004), 61. Publicado en español como *Crianza llena de gracia*.
8 de octubre:	El libro de Tim Kimmel, *Grace-Based Parenting* (Nashville: Thomas Nelson, 2004), 39, me ayudó con el pasaje de hoy. Publicado en español como *Crianza llena de gracia*.
11 de octubre:	Cita de Jon Bloom, «Don't Follow Your Heart» [No siga su corazón], *Desiring God* (blog), 9 de marzo del 2015.
18 de octubre:	Porciones adaptadas del libro de Nancy Guthrie, *The Word of the Lord: Seeing Jesus in the Prophets* [La Palabra del Señor: Jesús en los profetas] (Wheaton, IL: Crossway, 2014), 178–179.
20 de octubre:	Porciones adaptadas del libro de Nancy Guthrie, *The Word of the Lord: Seeing Jesus in the Prophets* [La Palabra del Señor: Jesús en los profetas] (Wheaton, IL: Crossway, 2014), 174.
23 de octubre:	El libro de John R. W. Stott, *Guard the Gospel: The Message of 2 Timothy* (Downers Grove, IL: InterVarsity, 1973), 52–58, me ayudó con el pasaje de hoy. Publicado en español como *El Mensaje de la Segunda Carta a Timoteo*.
28 de octubre:	Cita de Bryan Chapell, *1—2 Timothy and Titus: To Guard the Deposit. Preaching the Word* [1—2 Timoteo y Tito: Cuidar el depósito. Predicando la Palabra] (Wheaton, IL: Crossway, 2012), 389.
3 de noviembre:	Porciones adaptadas del libro de Nancy Guthrie, *Hoping for Something Better* [Esperando algo mejor] (Carol Stream, IL: Tyndale House, 2007), 64.
4 de noviembre:	Porciones adaptadas del libro de Nancy Guthrie, *Hoping for Something Better* [Esperando algo mejor] (Carol Stream, IL: Tyndale House, 2007), 83.
5 de noviembre:	Porciones adaptadas del libro de Nancy Guthrie, *Hoping for Something Better* [Esperando algo mejor] (Carol Stream, IL: Tyndale House, 2007), 68.

7 de noviembre: Porciones adaptadas del libro de Nancy Guthrie, *The One Year Book of Discovering Jesus in the Old Testament* [Devocional en un año: Descubriendo a Jesús en el Antiguo Testamento] (Carol Stream, IL: Tyndale House, 2010), 31 de octubre.

8 de noviembre: El libro de Iain M. Duguid, *Ezekiel*. The NIV Application Commentary [Ezequiel. El comentario de aplicación de la NVI] (Grand Rapids, MI: Zondervan, 1999), 234–244, me ayudó con el pasaje de hoy.

10 de noviembre: Porciones adaptadas del libro de Nancy Guthrie, *Hoping for Something Better* [Esperando algo mejor] (Carol Stream, IL: Tyndale House, 2007), 104–105.

12 de noviembre: Porciones adaptadas del libro de Nancy Guthrie, *Hoping for Something Better* [Esperando algo mejor] (Carol Stream, IL: Tyndale House, 2007), 124–125.

13 de noviembre: Porciones adaptadas del libro de Nancy Guthrie, *The Lamb of God: Seeing Jesus in Exodus, Leviticus, Numbers, and Deuteronomy* [El Cordero de Dios: Jesús en Éxodo, Levítico, Números y Deuteronomio] (Wheaton, IL: Crossway, 2012), 49–50.

14 de noviembre: Porciones adaptadas del libro de Nancy Guthrie, *Hearing Jesus Speak into Your Sorrow* (Carol Stream, IL: Tyndale House, 2009), 77. Publicado en español como *Escuchando a Jesús en medio de tu dolor*.

15 de noviembre: Porciones adaptadas del libro de Nancy Guthrie, *The Lamb of God: Seeing Jesus in Exodus, Leviticus, Numbers, and Deuteronomy* [El Cordero de Dios: Jesús en Éxodo, Levítico, Números y Deuteronomio] (Wheaton, IL: Crossway, 2012), 133.

17 de noviembre: El libro de Tim Kimmel, *Grace-Based Parenting* (Nashville: Thomas Nelson, 2004), 24, 215–216, me ayudó con el pasaje de hoy. Publicado en español como *Crianza llena de gracia*.

25 de noviembre: Porciones adaptadas del libro de Nancy Guthrie, *The Word of the Lord: Seeing Jesus in the Prophets* [La Palabra del Señor: Jesús en los profetas] (Wheaton, IL: Crossway, 2014), 196–198.

26 de noviembre: Porciones adaptadas del libro de Nancy Guthrie, *The Word of the Lord: Seeing Jesus in the Prophets* [La Palabra del Señor: Jesús en los profetas] (Wheaton, IL: Crossway, 2014), 200–201.

30 de noviembre: El sermón de John Piper, «Eternal Life Has Appeared in Christ» [La vida eterna ha aparecido en Cristo] (impartido en Bethlehem Baptist Church en Mineápolis el 27 de enero de 1985), me ayudó con el pasaje de hoy.

11 de diciembre: Porciones adaptadas de mi capítulo, «Ultimate Goals: Heading for That Day» [Metas definitivas: Encaminándonos a ese día], en *Word-Filled Women's Ministry: Loving and Serving the Church* [Ministerio mujeres llenas de la Palabra: Amando y sirviendo a la iglesia] (Wheaton, IL: Crossway, 2015), 227–228.

12 de diciembre: Adaptado del libro de Nancy Guthrie, *The One Year Book of Discovering Jesus in the Old Testament* [Devocional en un año: Descubriendo a Jesús en el Antiguo Testamento] (Carol Stream, IL: Tyndale House, 2010), 3 de diciembre.

16 de diciembre: Porciones adaptadas del libro de Nancy Guthrie, *The Word of the Lord: Seeing Jesus in the Prophets* [La Palabra del Señor: Jesús en los profetas] (Wheaton, IL: Crossway, 2014), 102.

18 de diciembre: Porciones adaptadas del libro de Nancy Guthrie, *The Word of the Lord: Seeing Jesus in the Prophets* [La Palabra del Señor: Jesús en los profetas] (Wheaton, IL: Crossway, 2014), 153–154.

28 de diciembre: Porciones adaptadas del libro de Nancy Guthrie, *The One Year Book of Discovering Jesus in the Old Testament* [Devocional en un año: Descubriendo a Jesús en el Antiguo Testamento] (Carol Stream, IL: Tyndale House, 2010), 19 de diciembre.

29 de diciembre: Porciones adaptadas del libro de Nancy Guthrie, *The One Year Book of Discovering Jesus in the Old Testament* [Devocional en un año: Descubriendo a Jesús en el Antiguo Testamento] (Carol Stream, IL: Tyndale House, 2010), 17 de noviembre.

30 de diciembre: Porciones adaptadas del libro de Nancy Guthrie, *The One Year Book of Discovering Jesus in the Old Testament* [Devocional en un año: Descubriendo a Jesús en el Antiguo Testamento] (Carol Stream, IL: Tyndale House, 2007), 30 de junio.

31 de diciembre: El sermón de John Piper, «He Will Turn the Hearts of the Fathers to the Children» [Él hará volver el corazón de los padres hacia los hijos] (impartido en Bethlehem Baptist Church en Mineápolis el 27 de diciembre de 1987), me ayudó con el pasaje de hoy.

Acerca de la autora

NANCY GUTHRIE enseña la Biblia tanto en su iglesia —Cornerstone Presbyterian Church en Franklin, Tennessee— como en conferencias alrededor del país y el mundo, incluyendo su Biblical Theology Workshop for Women (taller de teología bíblica para mujeres). Es la autora de varios libros y la anfitriona del pódcast *Help Me Teach the Bible* (Ayúdame a enseñar la Biblia) con la Coalición por el Evangelio. Ella y su esposo fundaron Respite Retreats (retiros de respiro) para parejas que han enfrentado la muerte de un hijo, y son los coanfitriones de la serie de videos GriefShare.